EXCEL MANAGEMENT SCIENCE

EXCEL 경영과학

홍관수 저

經文社

서 문

의사결정에 의하여 경영성과가 결정된다고 해도 과언이 아닐 정도로 경영에 있어서 의사결정은 매우 중요한 부분을 차지한다. 하지만 의사결정은 쉬운 일이 아니다. 의사결정에 관여되는 변수가 많을 경우에는 의사결정문제가 복잡해져서 유용한 의사결정기법의 도움이 없이는 합리적인 의사결정이 어렵다. 의사결정에 도움을 주는 기법들을 위한 학문이 바로 경영과학이다. 경영과학은 과학적이고 합리적인 이론에 기반을 두고 의사결정에 유용한 기법들을 개발하여 왔다.

경영과학은 경영학뿐만 아니라 사회과학, 인문, 공학, 의학 등 다양한 분야에서 컴퓨터의 발달과 더불어 활용도가 지속해서 증가하는 추세에 있다. 이러한 추세에 맞춰 누구나 쉽게 접할 수 있는 엑셀을 활용해 경영과학에 접근할 수 있도록 본서를 기술하였다. 따라서 본서는 다음 사항에 역점을 두었다. 첫째, 기존의 경영과학과 관련된 많은 책이 수리모형을 풀기 위한 알고리즘을 지나치게 강조하고 있어 많은 독자가 경영과학을 어려운 학문으로 인식하도록 만들었다. 이러한 알고리즘의 중요성이 간과되어서는 안 되지만 그보다 더 중요한 것은 실제 문제를 해결하기 위한 모형화와 해 찾기 능력을 기르는 것이다. 잘못된 모형으로부터 얻어진 해는 잘못된 의사결정으로 이어지기 때문이다. 따라서 기존에 개발된 기법들을 어떠한 상황에서 어떻게 적용할지에 초점을 맞추었다. 둘째, 수리모형을 풀기 위한 컴퓨터 소프트웨어가 많이 개발되었는데 이들 중 엑셀의 해 찾기(solver)는 해를 구하는 도구로 가장 널리 활용되고 있다. 본서에서는 실제 문제를 엑셀의 해 찾기를 활용하여 해를 구하는 방법에 역점을 두었다. 셋째, 대학 및 대학원생들뿐만 아니라 실무자들도 의사결정을 하는 데 필요한 아이디어를 얻을 수 있도록 기본적이고 중요한 개념을 먼저 소개한 후 이와 관련된 사례를 소개하여 이론과 실제를 동시에 이해할 수 있도록 정리하고자 하였다.

지금까지 경영과학을 강의하고 연구하면서 생각했던 바를 국내외의 논문과 저서 그리고 사례를 참조하여 독자들의 경영과학에 대한 이해를 높이고자 노력하였으나 충분치 못한 점은 앞으로의 연구와 독자들의 조언을 바탕으로 보완할 예정이다. 이 책을 통해 보다 많은 연구자가 경영과학을 정확히 이해하고 활용하게 되었으면 하는 바람이다. 마지막으로 본서의 출간을 위해 도움을 준 경문사 관계자와 모든 분께 감사를 드린다.

2019년 6월

저 자

차 례

제 1 장 의사결정과 경영과학

제 2 장 선형계획법: 모형화 및 도해법

제 3 장 선형계획법: 해 찾기

제 5 장 수송문제

제 7 장 정수계획문제

제 8 장 네트워크 모형

제 9 장 프로젝트관리

제 11 장 예측

CHAPTER

01

의사결정과 경영과학

제 1 절 서론

경영과학(management science)은 불확실한 경영환경에서 합리적인 의사결정을 위해 계량적 모형을 활용하여 최적의 대안을 도출하는 방법을 다루는 학문으로 정의할 수 있다. 즉, 불확실한 경영환경에서 신속하고 정확한 의사결정을 위해 계량적 분석기법의 적용을 목표로 하는 경영과학은 의사결정과 관련된 학문이라 할 수 있다. 문제를 어떻게 의사결정하는가에 따라 기업의 운명이 달라지므로 의사결정이 기업경영에 가장 중요한 요소로 자리 잡게 되었다. 1978년 노벨 경제학상 수상자인 사이몬(H. A. Simon)은 경영(management)을 의사결정과정(decision making process)으로 정의하였다.

과거에는 의사결정을 위해 논리적이고 체계적인 절차를 사용하기보다는 주로 개인적인 판단, 경험, 직관 또는 관찰 등과 같은 주관적인 방법이 주로 사용되었다. 과거에는 기업의 경영방식이나 환경이 단순하여 어느 정도까지는 예측이 쉽게 가능하였기 때문이다. 그러나 이러한 주관적인 방법은 급변하는 환경 또는 무한경쟁의 시대로 표현되는 현대의 의사결정문제를 합리적으로 해결해 주는 데는 한계가 있다. 현대의 문제를 효과적으로 의사결정을 하기 위해서는 다음과 같은 특징을 지닌 경영과학의 과학적이고 체계적인 방법의 필요성이 대두된다.

- 의사결정에 과학적 접근법의 적용
- 시스템 관점에서 문제를 파악
- 수리적 모형의 활용
- 부분 최적화(local optimization)가 아닌 전체 최적화(global optimization)를 추구
- 다수의 대안 중 최적의 대안 선택

경영학에서 중요한 학문 중의 하나인 경영과학은 의사결정을 지원하기 위한 도구와 방법을 연구하는 학문이다. 이러한 측면에서 경영과학은 합리적인 의사결정을 위하여 문제를 분석하고 대안을 선택하는 의사결정자의 논리적 사고의 함양에 크게 공헌할 것이다.

제 2 절 경영과학의 발전단계

경영과학은 전쟁의 역사와 관련이 깊다. 계량경영학(quantitative methods for business and management) 또는 OR(operations research)으로도 불리는 경영과학은 제2차 세계대전을 시발점으로 하여 비약적인 발전을 거듭한 학문이다.

제2차 세계대전 중 영국과 미국의 군사전문가, 공학자 및 과학자들이 팀을 구성하여 자원배분, 수송, 할당, 배치 등과 관련된 군사 문제를 연구하였는데 이것이 바로 경영과학을 탄생시킨 계기가 되었다. 제2차 세계대전 후 전쟁 중에 개발된 많은 수리적 모형의 활용이 기업이나 정부와 같은 일반 조직사회로 확산되어 경영과학이라는 학문 분야가 정립되기 시작하였다. 최근에 들어서 경영과학은 군사 관련 분야보다는 경영학과 같은 전공 분야에서 많이 활용되고 있다.

오늘날 경영과학기법은 제조, 유통, 수송, 금융, 의료, 교육, 군사 등의 영리 또는 비영리 조직의 문제해결에 이용되고 있다. 다음은 경영과학기법이 적용되는 전형적인 문제의 유형이다.

- 생산계획
- 재고관리
- 제품혼합
- 일정계획
- 수송계획
- 할당계획
- 공장입지
- 투자결정
- 시장조사
- 가격결정
- 품질관리
- 신용평가
- 인력관리
- 연구개발

제 3 절 의사결정과정

합리적인 의사결정을 위해 따라야 되는 과정을 의사결정과정(decision making process)이라 한다. 이러한 의사결정과정은 [그림 1-1]과 같은 단계를 거친다.

그림 1-1 의사결정과정

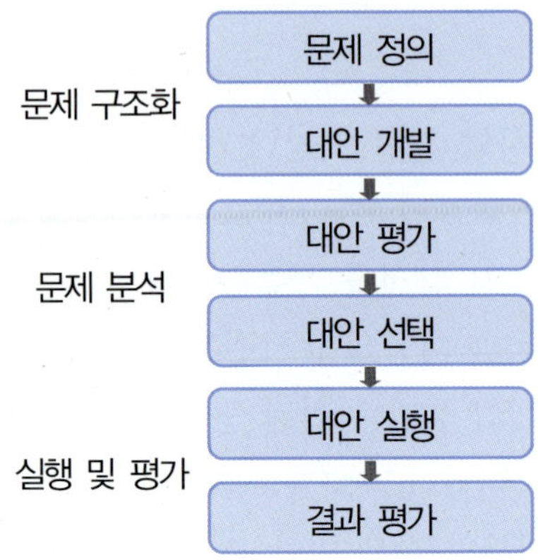

첫째는 결정해야 하는 문제나 상황을 정확히 정의하는 단계이다. 문제 해결에 필요한 올바른 대안을 개발하기 위해서는 의사결정의 필요성을 제기한 문제나 상황을 반드시 정확하게 이해하여야 한다.

둘째는 문제해결을 위한 가능한 여러 대안을 개발하는 단계이다. 이를 위해 의사결정자는 문제가 발생하는 원인이나 문제를 해결할 수 있는 방안에 대한 정보를 수집하여야 한다. 수집된 정보를 기초로 대안을 개발하는데 이를 위해서는 창의성이나 경험 및 복잡한 정보를 통합할 수 있는 능력이 요구된다.

셋째는 앞의 단계에서 제시된 대안들을 평가하는 단계이다. 이는 대안의 실행에서 예상되는 장단점을 서로 비교하는 단계이다.

넷째는 최종 대안을 선택하는 단계이다. 제시된 대안들 중에서 최선의 대안을 선택하는 단계이다.

마지막은 최종 대안을 실행하고 그 결과를 평가하는 단계이다. 이러한 평가는 다음의 의사결정에 도움을 주기 위해 사용되어진다.

세 번째와 네 번째 단계인 대안을 평가하고 선택할 때 정성적 분석과 정량적 분석 두 가지를 사용할 수 있다. 정성적 분석은 의사결정자들의 주관적인 경험, 직관, 육감, 통찰력, 판단력 등의 주관적인 요소에 의해 의사결정이 이루어지는 것이다. 이는 의사결정자가 과거의 유사 경험에 근거하여 현재의 문제를 해결하고자 하는 것이다. 하지만 문제와 관련된 경험이 부족하거나 문제가 복잡하면 정성적 분석으로 문제를 해결하는 데는 많은 한계를 가진다.

반면 정량적 분석은 정해진 방법으로 객관적인 자료를 분석하여 의사결정을 하는 것이다. 그러므로 정성적 분석에서 이용되는 주관적인 견해나 경험 등은 정량적인 분석에서는 배제하고 정해진 객관적인 절차를 따르는 것이다.

하지만 일반적으로 현실의 문제는 정량적 요소뿐만 아니라 정성적 요소도 포함되어 있다. 따라서 합리적인 최종 의사결정은 정량적 분석에 반영하기 힘든 정성적 분석을 함께 고려하여야 한다.

제4절 모형

1 모형의 유형

모형(model)이란 현실의 복잡한 실체를 단순화하여 명료하게 나타낸 것을 말한다. 이러한 모형을 사용하는 목적은 의사결정에 필요한 정보를 모형으로부터 추출하는 데 있다. 모형에는 여러 종류가 있는데 가장 널리 사용되는 모형의 분류기준은 추상화의 정도이다. [그림 1-2]는 추상화의 정도에 따른 모형의 분류체계를 나타낸다.

- **물리모형**(iconic models) : 실체를 물리적으로 확대 혹은 축소하여 복사한 것이다. 마네킹, 모형 비행기, 모형 건축물 등이 물리적 모형의 예이다. 실체와 유사한 물리적 특성을 지니고 있어 이해하기 쉬운 구조적(structured) 특징을 지니고 있다. 따라서 물리적 모형은 가장 비추상적이다.
- **그래프모형**(analog models) : 실체를 기호나 부호를 사용하여 나타낸 것이다. 지도, 청사진, 조직도 등이 그래프모형의 예이다.
- **수리모형**(mathematical models) : 실체를 수학적인 관계식으로 표현한 것이다. 경영문제를 이해하거나 예측하기 위해 경영과학에서는 수리모형을 사용하므로 모든 경영과학의 모형이 이 범주에 속한다. $z = 3x_1 + 2x_2$는 수리모형의 예이다. 수리모형에는 종속변수, 독립변수, 상수로 구성되어진다. 독립변수(x_1, x_2)는 의사결정자가 스스로 결정할 수 있는 변수들로서 모형의 결과에 영향을 준다. 예를 들

그림 1-2 모형의 분류체계

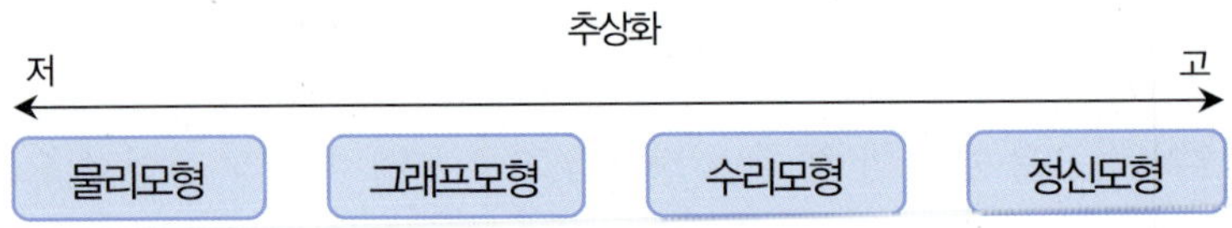

어서 생산량이나 판매가격 등은 의사결정자가 스스로 결정할 수 있는 독립변수이다. 매출액, 이익, 비용 등과 같은 종속변수(z)는 독립변수에 영향을 받고 모형의 결과나 목표를 나타낸다. 한편 계수인 3과 2는 확정된 상수이다.

- **정신모형**(mental models) : 상상의 실체를 추상적인 형태로 표현한 것이다. 외계인이나 귀신 등의 모습이 정신모형의 예라 할 수 있다. 물리적 형태를 갖추지 않고 실체를 개념상으로 나타내는 비구조적 특징을 지니고 있다. 따라서 정신모형이 가장 추상적이다.

2 모형화 과정

경영과학에서 모형화(modeling)는 현실의 복잡한 문제를 단순한 모형으로 만들고, 단순화된 모형을 분석하여 실제 문제에 대한 이해도를 높여 해결안을 찾아 그 해결안을 실제 경영에 적용하는 것에 목적을 두고 있다. 일반적인 경영과학의 모형화 과정은 [그림 1-3]과 같다.

(1) 문제의 정의

문제해결을 위한 첫 번째 단계는 조직에 잠재되어 있는 문제점을 찾아내는 것이다. 제기된 문제를 정확히 이해하고 또한 제기된 문제를 수리계획법을 이용하여 해결할 수 있는가를 검토한다. 이 단계는 가장 중요하면서도 어려운 부분이다. 왜냐하면 해결해야 할 문제를 정확하게 규명하지 못하면 의사결정의 전 과정이 잘 못 될 수 있기 때문이다. 이는 쓰레기를 넣으면 쓰레기가 나온다(GI GO, garbage in, garbage out)는 격언과 일맥상통하다.

그림 1-3 모형화 과정

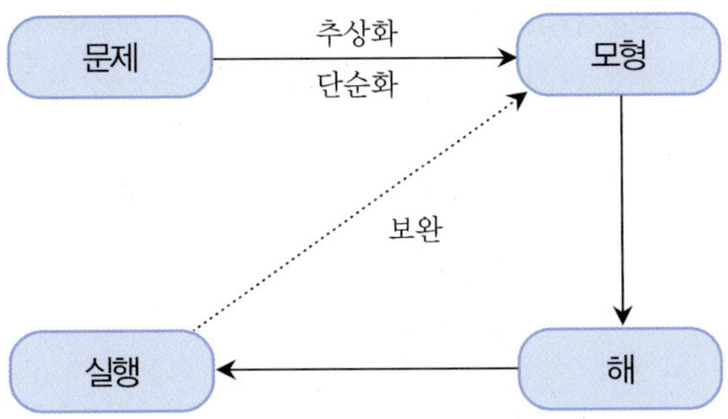

조직에 잠재되어 있는 문제점은 이론적인 측면에서도 발견되어질 수 있으나 일반적으로 해당 업무담당자가 가장 정확하게 이해하고 있기 때문에 이들을 적절하게 활용하여 문제점을 찾아내도록 하여야 한다.

(2) 모형의 개발

분석할 문제가 선정되면 그 다음 단계는 정리된 문제를 추상화와 단순화 과정을 거쳐 수리모형으로 만드는 것이다. 현실의 문제를 수학적인 관계식으로 표현하는 것을 추상화라 한다. 한편 복잡함을 제거하여 본질에 집중하는 것을 단순화라 한다. 현실 문제는 너무 복잡하기 때문에 실제를 그대로 모방하여 모형을 만든다는 것은 불가능하므로 어느 정도 단순화하여 추상화하여야 한다.

모형을 개발할 때 단순화의 개념은 중요하다. 단순화가 낮으면 모형의 구축과 해 찾기는 어렵지만 구해진 해에 대한 신뢰는 높아진다. 반대로 단순화가 높으면 모형의 구축과 해 찾기는 쉽지만 구해진 해에 대한 신뢰는 낮아진다. 따라서 실제 문제의 전체를 잘 대표하는 주요 변수를 찾아 모형에 포함함으로써 단순하면서도 해결방안을 제시하는 데 도움을 줄 수 있도록 모형이 개발되어야 한다. 이 단계에서는 개발될 모형이 실제 문제를 정확히 반영하고 있는지에 초점을 두어야 한다.

(3) 모형의 타당성 검증

개발된 모형의 타당성을 검증하기 위해 모형에 적합한 의사결정기법과 입력자료를 준비하여 해를 구하고 그 해의 타당성을 검토한다. 의사결정기법과 입력자료는 문제의 특징을 잘 나타내주는 것들로 선택해야 한다. 만일 의사결정문제에 비계량적인 요소가 있다면 이 요소도 감안하여 해의 타당성을 검토하여야 한다. 시간이 경과함에 따라 모형에 포함된 요소들 간의 관계, 목표에 대한 평가기준, 비계량적 요소 등이 변화하므로 이에 대한 타당성 역시 검토되어야 한다. 타당성이 부족하다면 문제의 정의부터 재검토하여 모형을 수정하고 보완하여야 한다.

(4) 모형의 해 찾기

타당성이 검증된 모형에 적합한 의사결정기법을 적용하여 최적해 또는 만족할만한 근사해를 찾아낸다. 모형을 개발할 때에 단순화 개념을 적용하므로 실제 문제와 수리적 모형은 일치하지 않는다. 그러므로 모형으로부터 도출된 최적해는 모형의 최적해이지 실제 문제의 최적해는 아니다. 따라서 단순화된 모형으로부터 도출된 최적해는 실제 문제의 근사해라 할 수 있다. 이러한 단점을 해결하기 위하여 최종 의사결정은 수리적 모형의 분석결과와 의사결정자의 주관적 분석결과를 결합하여 최종적으로 내려져야 할 것이다.

(5) 모형의 결과 시행

의사결정문제를 해결하기 위한 마지막 단계는 모형에서 구해진 해를 현실 문제에 적용하는 것이다. 모형의 해를 시행한 결과를 평가하여 얻은 정보는 모형의 보완에 사용되어진다. 이러한 평가의 목적은 지속해서 반복되는 문제 해결에 기여할 수 있는 모형을 개발하는 것이다.

제 5 절 의사결정문제의 분류

기업이 의사결정문제를 분류해야 하는 이유는 의사결정문제의 유형에 따라 차별화된 관리를 할 때 도움을 주기 때문이다. 예를 들어, 인간을 여러 체질로 구분하여 이를 바탕으로 생리 및 병리 현상을 설명하고 치료하면 효과적이고 효율적이다. 이처럼 의사결정문제를 분류하면 분류된 의사결정문제들은 특성, 정보, 지식, 해결 방법 등이 유사하기 때문에 가장 비슷한 사례를 참조하여 보다 쉽게 특정 문제를 해결할 수 있다.

의사결정문제를 유형에 따라 차별화된 관리를 하지 않으면 잘못된 의사결정을 초래하므로 기업이 의사결정능력을 높이기 위해서는 의사결정문제를 분류할 수 있어야 하고 또한 이를 체계적으로 관리할 수 있는 시스템을 갖추어야 한다. 따라서 의사결정문제에 맞는 관리방법을 선택해야만 의사결정은 효과적이고 효율적으로 해결되어 기업의 경쟁력 제고에 기여할 수 있다.

기업의 의사결정문제는 여러 기준에 의해서 분류할 수 있다. 분류에 가장 많이 사용하는 기준이 기능(function), 경영활동수준(managerial activity), 구조화(structurization)이다.

1 기능에 따른 분류

기업은 업무를 효율적이고 효과적으로 수행하기 위해 기능별로 조직되어 있는데 일반적으로 기업의 기능은 생산, 마케팅, 재무 등으로 구분된다. 〈표 1-1〉은 기업에서 발생할 수 있는 의사결정문제를 기능별로 분류한 예이다.

표 1-1 기능별 의사결정의 예

생산	마케팅	재무
원자재주문	판매실적관리	원가분석
단기생산계획	영업사원관리	단기예산수립
생산설비교체	가격결정	재무분석
생산설비확충	판매촉진	자금조달계획
장기생산계획	장기판매계획	장기투자계획
공장입지선정	신제품개발	인수합병

2 경영활동수준에 따른 분류

기업의 의사결정문제를 분류할 수 있는 두 번째 기준은 기업의 경영활동수준이다. 가장 전형적인 기업의 조직구조에 따른 의사결정은 [그림 1-4]와 같은 계층형이다.

그림 1-4 경영활동수준에 따른 의사결정

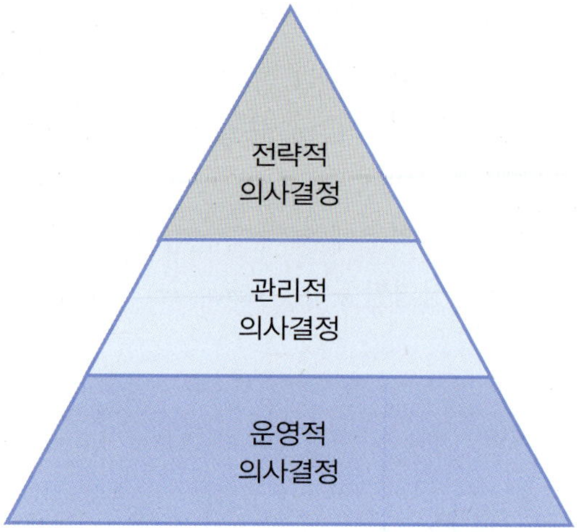

조직구조를 크게 상위관리자층, 중간관리자층, 하위관리자층으로 구분한다. 각 관리자층이 수행하는 의사결정의 성격에 따라 전략적 의사결정(strategic decision making), 관리적 의사결정(managerial decision making), 운영적 의사결정(operational decision making)으로 묘사한다.

- **운영적 의사결정** : 주로 하위관리자가 수행하는 일상적이면서 반복적이고 기본적인 업무활동과 관련된 의사결정이다. 예로는 매일 또는 매주 발생하는 주문처리, 판매관리, 재고관리 등이 있다.
- **관리적 의사결정** : 주로 중간관리자가 수행하는 관리활동에 관련된 의사결정이다. 예로는 중단기수요예측, 생산설비구입 등이 해당된다.
- **전략적 의사결정** : 주로 상위관리자가 수행하는 장기적인 전략을 수립하는 전략활동과 관련된 의사결정이다. 예로는 신제품개발, 장기판매계획, 공장입지선정 등이 있다.

〈표 1-1〉에서 분류한 기능별 의사결정을 경영활동수준별로 다시 세분화하면 〈표 1-2〉와 같이 분류할 수 있다. 〈표 1-3〉은 조직계층별로 의사결정에 필요한 정보의 특징을 분류해 놓은 것이다.

표 1-2 기능별 및 수준별 의사결정의 예

	생산	마케팅	재무
운영적 의사결정	원자재주문 단기생산계획	판매실적관리 영업사원관리	원가분석 단기예산수립
관리적 의사결정	생산설비교체 생산설비확충	가격결정 판매촉진	재무분석 자금조달계획
전략적 의사결정	장기생산계획 공장입지선정	장기판매계획 신제품개발	장기투자계획 인수합병

운영적 의사결정을 수행하는 데 필요한 정보의 대부분은 사실(facts)에 관한 내용으로 구체적이다. 이러한 정보는 주로 기업 내부 활동에서 발생되기 때문에 ERP(enterprise resource planning)나 정보시스템으로 생성될 수 있다. 이런 관점에서 볼 때 운영적 의사결정에서 필요로 하는 정보의 대부분은 계량적 자료로 기업 내부에서 확보 가능하다. 운영적 의사결정과 관련된 문제는 상대적으로 정형화가 쉽기 때문에 주로 계량적인 기법이 많이 사용된다.

반면 전략적 의사결정은 관리적 또는 운영적 의사결정에 비해 보다 중요하고, 복잡하고, 미래 지향적이고, 불확실성이 높고, 장기적인 특징을 가지고 있다. 그러므로 전략적 의사결정에서 필요로 하는 정보의 대부분은 외부에서 확보하여야 하고 광범위한 분야에 걸쳐 미래를 예시해 줄 수 있어야 한다. 전략적 의사결정과 관련된 문제는 상대적으로 정형화가 어렵기 때문에 주로 주관적인 기법이 많이 사용된다.

표 1-3 조직계층별 정보의 특성

정보의 성격	운영		전략
출처	내부자료	⟷	외부자료
관련 변수	적고 명확함	⟷	많고 불명확함
요약수준	상세	⟷	축약
시간지향도	단기	⟷	장기
정확도	높음	⟷	낮음
이용빈도	높음	⟷	낮음

3 의사결정의 구조화에 따른 분류

기업의 의사결정을 분류하는 세 번째 기준은 의사결정의 구조화 정도(structurization level)이다. 의사결정의 구조화 정도는 의사결정이 얼마나 체계화되어 있는 가에 따라 〈표 1-4〉와 같이 구조적 의사결정(structured decision), 반구조적 의사결정(semi-structured decision), 비구조적 의사결정(unstructured decision)으로 나누어질 수 있다.

- **구조적 의사결정** : 반복적이고 일상적으로 발생하는 정형화된 의사결정으로 처리절차가 규정되어 있어 전산화가 가능하다. 예로는 재고현황파악, 원자재주문, 신용등급 등과 같은 의사결정이 대표적인 구조적 의사결정이다. 운영적 및 관리적 수준의 구조적 의사결정은 ERP나 정보시스템으로 전산화가 되어 있다.
- **반구조적 의사결정** : 구조적 의사결정과 비구조적 의사결정의 중간 형태로 문제의 일부분은 정형화되어 있어 전산화가 가능하지만 나머지 부분은 전산화가 불가능하여 주관적인 판단이 요구되는 의사결정이다. 주식투자결정과 같은 의사결정은 전산화가 가능한 부분과 불가능한 부분으로 구성되어진 반구조적인 의사결정의 예이다.
- **비구조적 의사결정** : 비반복적이고 복잡한 의사결정으로 전산화가 어려운 의사결정이다. 문제와 관련된 많은 변수 간의 관계가 알려져 있지 않아 정형화가 어렵다. 인수합병, 신규사업결정 등과 같은 의사결정은 대표적인 비구조적인 의사결정의 예이다.

표 1-4 구조화별 의사결정

문제 유형	예	특징
구조적 (structured)	매출보고서 원자재주문 재고현황	반복적이고 일상적 업무 의사결정절차가 있어 전산화가 가능 객관적 분석
반구조적 (semi-structured)	장기수요예측 투자안선택 공장입지선정	정형화와 비정형화 공존 의사결정절차가 일부 있어 전산화가 일부 가능 객관적 및 주관적 분석 필요
비구조적 (unstructured)	경쟁사전략분석 신규사업결정 인수합병	변수들 간의 관계 복잡 의사결정절차가 없어 전산화가 불가능 주관적 분석

표 1-5 수준별 및 구조화별 의사결정의 예

	구조	반구조	비구조
운영	원자재 주문	업무성과평가	하위직원채용
관리	중장기생산계획	자금조달계획	보상시스템설계
전략	입지선정	신제품개발	신규사업결정

기업에 따라 의사결정의 구조화는 다를 수 있기 때문에 〈표 1-4〉의 구조화에 따른 예는 기업마다 서로 다를 수 있다. 기능과 계층으로 나눈 의사결정을 구조화 기준으로 다시 나누면 〈표 1-5〉와 같이 분류될 수 있다. 일반적으로 경영과학기법이 가장 효과적으로 적용될 수 있는 의사결정분야는 구조적 및 반구조적 의사결정의 운영적, 관리적 및 전략적 의사결정문제들이다.

제 6 절 의사결정기법의 분류

현실 문제를 해결하는 데 사용되는 의사결정기법은 아주 다양한 유형들이 존재한다. 이는 특정 문제에 적합한 특정 기법이 존재한다는 것을 의미한다. 예를 들어, 사람마다 체질이 다르므로 자신의 체질을 아는 것이 중요하다. 자신이 어느 체질에 속하는지를 제대로 알고 그에 맞는 식습관을 가진다면 더욱 건강한 삶을 누릴 수 있기 때문이다.

같은 이유로 의사결정기법을 적용하여 문제를 해결하고자 할 경우 해당 문제를 해결하는 데 가장 적합한 기법이 무엇인지를 먼저 정확하게 판단하는 것이 중요하다. 만약 특정 문제에 적합한 의사결정기법을 사용하지 않고 다른 기법을 사용한다면 잘못된 의사결정을 하게 될 것이다. 의사결정기법은 의사결정을 하는 환경에 따라 〈표 1-6〉과 같이 네 가지 유형으로 구분된다.

표 1-6 의사결정의 환경과 기법

확실 상황	위험 상황	불확실 상황	상충 상황
선형계획법 정수계획법 수송법 할당법 네트워크모형 PERT/CPM	의사결정분석 예측이론 마코브분석 대기행렬이론 시뮬레이션 PERT/CPM	의사결정분석모형 효용함수모형	게임이론

1) 확실성하의 의사결정

미래에 전개되는 상황을 확실히 알고 의사결정을 하는 경우이다. 예를 들어, 제품 A의 단위당 생산시간은 2시간, 단위당 판매이익은 5만 원 등과 같이 미래 상황에 대해 확정적인 값을 가지고 의사결정을 하는 경우이다. 수리모형에 사용되는 입력자료들이 이처럼 확정적인 값으로 주어졌을 때의 의사결정을 확실성하의 의사결정(decision making under certainty)이라 한다. 이러한 의사결정에 사용되는 기법을 확정적 계획법(deterministic programming)이라 하고 확정적 계획법은 확정적 모형을 사용한다. 선형계획법이 대표적인 확정적 계획법의 예이다.

2) 위험하의 의사결정

미래에 전개되는 상황을 정확히는 모르나 발생 확률이 알려져 있어 그 확률을 이용하여 의사결정을 하는 경우이다. 수리모형에 사용되는 입력자료들이 확정적인 값이 아니고 어떤 확률분포를 따르는 확률변수로 주어졌을 때의 의사결정을 위험하의 의사결정(decision making under risk)이라 한다. 이러한 의사결정에 사용되는 기법을 확률적 계획법(probabilistic programming)이라 하고 확률적 계획법은 확률적 모형을 사용한다. 위험하의 의사결정문제들을 분석하기 위해서는 여러 가지 통계학적 이론(probability theory)이 필요하다. 시뮬레이션이 대표적인 확률적 계획법의 예이다.

3) 불확실성하의 의사결정

미래에 전개되는 상황을 전혀 예측할 수 없어 확률조차 주어지지 않는 상태에서 의사결정을 하는 경우이다. 확률이 제시되지 않으므로 의사결정을 위한 특정 기준을 정하고 이 기준에 의거한 의사결정을 불확실성하의 의사결정(decision making under uncertainty)이라 한다. 이러한 의사결정에 사용되는 대표적인 기법이 의사결정분석(decision analysis)이다.

4) 상충하의 의사결정

미래에 전개되는 각 상황을 예측할 수 없고 또한 다른 의사결정자의 의사결정이 미래 상황에 영향을 주는 경우이다. 기업은 홀로 존재하는 것이 아니므로 대부분의 의사결정은 경쟁자의 대응을 염두에 두고 대안을 선택하게 된다. 예를 들어, 노사 간의 임금협상, 가격 결정, 테니스와 같은 스포츠 게임, 포커 게임 등이 상충하의 의사결정(decision making under conflict)의 예이다. 이러한 의사결정에 사용되는 대표적인 기법이 게임이론(game theory)이다.

연습문제

1. 경영환경의 변화와 이에 따른 경영과학의 역할에 대하여 설명하라.
2. 일반적인 의사결정과정에 대해 설명하라.
3. 모형의 유형에 대해 설명하라.
4. 모형의 개발목적에 대해 설명하라.
5. 모형화 과정에 대해 설명하라.
6. 모형화에서 단순화와 추상화의 중요성을 설명하라.
7. 의사결정문제를 분류하는 기준을 설명하라.
8. 의사결정문제를 분류하는 기준에 따른 문제의 예를 제시하라.
9. 경영과학이 적용될 수 있는 의사결정분야를 설명하라.
10. 의사결정기법을 분류하라.
11. 확실성, 위험, 불확실성, 상충하의 의사결정에 대해 설명하라.

CHAPTER

02

선형계획법: 모형화 및 도해법

제 1 절 서론

기업은 당면한 여러 가지 제약조건 하에서 주어진 목표를 달성할 수 있는 방법을 찾아야 한다. 자금, 인적자원, 에너지, 재료, 시간, 지식, 경험, 노하우 등이 기업이 당면한 제약조건이 될 수 있다. 한편 기업이 추구하는 목표는 매우 다양한데 가장 대표적인 예로는 이익 최대화 또는 비용 최소화이다. 당면한 제약조건 하에서 주어진 목표를 달성하려는 문제를 해결하고자 할 때 선형계획법(linear programming)이 사용되어질 수 있다.

예를 들면, 서비스생산계획, 인력계획, 예산편성, 광고계획 등의 분야에서 자금, 원재료, 인적자원, 기술, 시간 등과 같은 한정된 자원을 가지고 이익 최대화, 시장점유율 극대화, 비용 최소화 등의 목표를 달성해야 하는 문제에 선형계획법을 적용하여 해결책을 구할 수 있다. 기업의 단일 목표(single objective) 달성을 위해 한정된 자원을 최적 배분하는 수리계획법(mathematical programming)이 선형계획법이다.

선형계획법은 경영과학기법 중에서 가장 중요하며 널리 이용되는 수리적 기법이다. 왜냐하면 기업 활동에 있어 전형적인 의사결정문제가 자원의 효율적인 배분이므로 선형계획법의 실제 적용범위는 매우 넓고 또한 정수계획법, 수송법, 할당법, 목표계획법 등의 기초가 되기 때문이다.

이러한 선형계획법은 제2차 세계대전 중 물자, 장비, 시설, 자금, 용역 등과 같은 한정된 자원을 효과적이고도 효율적으로 관리하여 수송, 할당, 배치 등과 관련된 군사작전의 최적화를 위하여 개발되었다. 1947년에 댄지그(Georg Dantzig)가 발표한 심플렉스법(simplex method)으로 말미암아 대형의 선형계획모형을 효율적으로 계산할 수 있게 된 후 선형계획법은 획기적으로 발전하게 되었다.

제2차 세계대전 후 선형계획법은 군사문제 분야뿐만 아니라 경영문제의 해결에도 널리 사용되기 시작하였다. 선형계획법을 실제 기업 문제에 적용한 것은 찬스(A. Charnes)와 쿠퍼(W. W. Cooper)가 정유회사의 가솔린 혼합 문제를 효과적으로 해결한 것이 최초였다.

제 2 절 적용절차

선형계획법의 적용절차는 [그림 2-1]과 같이 나타낼 수 있다. 예를 들어, 서비스부서에서 한정된 자원을 가지고 여러 가지 서비스를 제공해야 할 때 각 서비스생산에 들어가는 자원들의 투입량과 그에 따른 이익이 다르기 때문에 서비스부서는 이익을 최대화하기 위해 어느 서비스를 얼마나 제공해야 할 것인가를 결정하여야 한다. 이러한 의사결정문제를 선형계획법으로 해결하기 위한 절차는 다음과 같다.

첫 번째 단계는 의사결정문제를 가장 잘 나타낼 수 있는 핵심변수를 포함하면서도 단순하고 현실적인 선형계획모형을 개발하는 것이다. 두 번째 단계는 의사결정문제를 선형계획모형으로 작성한 다음 도해법이나 엑셀로 모형에 대한 해를 도출하고 그 결과를 시행한다. 마지막 단계는 선형계획모형의 해를 실행한 결과를 평가하여 얻은 정보를 선형계획모형의 수정과 보완에 사용한다. 이러한 평가의 목적은 지속적해서 반복되는 문제 해결에 기여할 수 있는 선형계획모형을 개발하는 것이다. 요약하면 의사결정문제를 선형계획모형으로 변형한 다음 도해법 또는 엑셀로 모형에 대한 해를 도출하고 그 결과를 시행한다.

그림 2-1 선형계획법의 적용절차

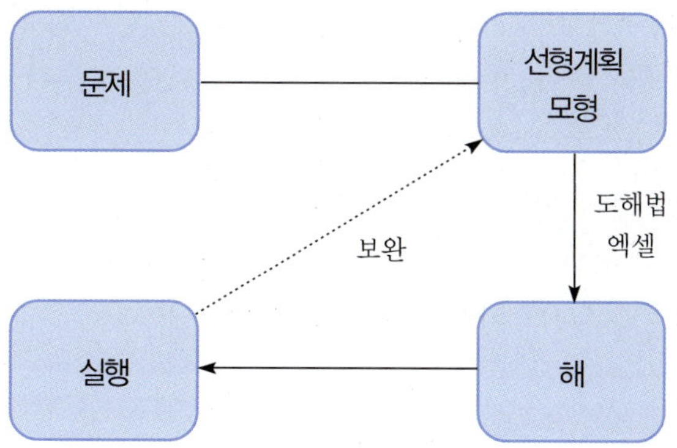

제3절 모형수립

선형계획모형의 수립과정은 [그림 2-2]와 같이 요약된다. [그림 2-2]처럼 선형계획모형은 의사결정변수(decision variables), 목적함수식(objective function), 제약식(constraints), 비음조건(non-negativity constraint)으로 구성된다.

1 의사결정변수

선형계획모형을 수립하는 첫 번째 단계는 문제에서 해결하고자 하는 변수들을 찾아내는 것이다. 이러한 변수들을 의사결정변수라 한다. 의사결정변수에 의해 목적함수 및 제약식이 결정되므로 선형계획모형을 작성하는 첫 번째 단계이자 가장 중요한 단계가 의사결정변수를 정확히 정의하는 것이다.

예를 들어, 투자회사에서 주식에 x_1금액을, 채권에 x_2금액을, 회사채에 x_3금액을 투자하기를 원한다면 이때 의사결정변수인 x_1, x_2, x_3는 각각 주식, 채권, 회사채에 투자하고자 하는 금액을 나타내는 것이다. x_1, x_2, x_3의 최종 투자금액은 투자회사에서 내리는 의사결정의 결과이다.

의사결정변수는 의사결정자가 스스로 결정할 수 있는 변수로서 모형의 결과에 영향을 주는 변수이다. 예를 들어, 투자 의사결정에서 각 대안의 투자금액은 의사결정자

그림 2-2 선형계획모형의 수립과정

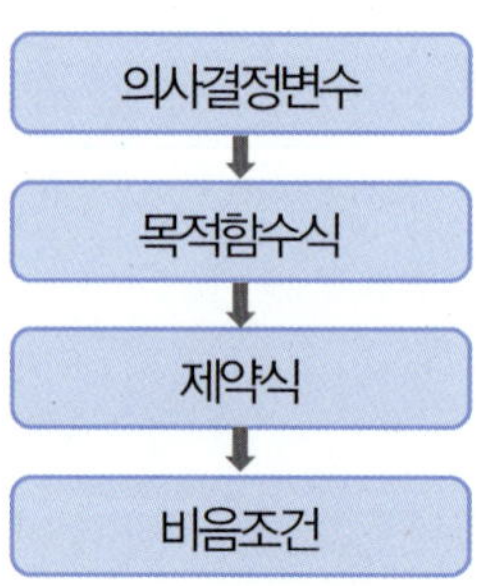

가 스스로 결정할 수 있는 변수이지만 어떠한 결정을 내리는가에 따라 목표의 달성정도는 달라진다.

의사결정변수는 의사결정자가 독립적으로 결정한다고 의사결정변수(decision variable), 의사결정자가 스스로 통제 가능하다고 통제가능변수(controllable variable), 또한 모형 내의 다른 변수들에 의해 영향을 받지 않는다고 독립변수(independent variables)라고도 한다.

2 목적함수식

목적함수식은 의사결정변수를 사용하여 목표를 수학적인 선형 관계로 표시한 것이다. 예를 들어, 치즈와 햄을 생산하여 이익을 최대화하기를 원하는 ABC푸드의 치즈와 햄의 개당 이익이 각각 200원과 300원일 때 의사결정변수와 목적함수식은 다음과 같이 작성한다.

의사결정변수

$x_1=$ 치즈의 생산량

$x_2=$ 햄의 생산량

목적함수

최대화 $z=200x_1+300x_2$

한편 제품 A와 B의 환경호르몬 배출량이 각각 20단위와 30단위라 할 때 환경호르몬의 배출량을 최소화하는 제품 A와 B의 생산량을 결정하는 의사결정변수와 목적함수식은 다음과 같다.

의사결정변수

$x_1=$ 제품 A의 생산량

$x_2=$ 제품 B의 생산량

목적함수

최소화 $z=20x_1+30x_2$

이처럼 선형계획법에서 목적함수는 목표 값을 최대화하거나 최소화하는 것으로 종속변수(dependent variables), 의사결정변수(decision variables), 매개변수(parameters)로 구성된다.

z로 표시하는 종속변수는 이윤 또는 비용과 같은 목표의 달성정도를 나타낸다. z는 의사결정변수에 의해서 영향을 받는다고 종속변수, 모형의 결과를 의미한다고 결과변수(outcome variable), 또는 대안을 평가하는 기준을 제시한다고 평가기준변수(criteria variable)라고도 한다.

한편 매개변수는 의사결정변수와 종속변수를 임시적으로 연결시켜 주는 가교역할을 해주는 계수(coefficient)로 값이 일정하게 고정된 상수(constant)를 사용한다. 상수는 주로 단기간 동안에 변화가 없을 때 사용한다.

3 제약식

제약식은 주어진 조건을 의사결정변수를 사용하여 수학적인 선형 관계로 표시함으로써 의사결정변수들의 실행 가능한 값의 범위를 제한한다. 위의 목적함수식에서 최대화문제는 많이 생산할수록 반면 최소화문제는 적게 생산할수록 바람직하다. 왜냐하면 제약식이 없기 때문이다. 하지만 제약조건을 추가하면 최대화문제는 무조건 많이 최소화문제는 무조건 적게 생산할 수 없게 된다.

예를 들어, 치즈와 햄을 생산하는 ABC푸드의 일주일 생산가능시간이 80시간인데 치즈는 개당 0.2분이 햄은 개당 0.3분의 생산시간이 소요된다면 이 경우 시간에 대한 제약식은 다음과 같이 표현한다.

$$0.2x_1 + 0.3x_2 \leq 80$$

이 제약식 때문에 이익을 최대화하기 위해 무조건 생산을 많이 할 수 없다. 따라서 제약조건을 충족하면서 이익을 최대화하여야 한다.

제약식은 의사결정변수(x_1, x_2), 계수(0.2, 0.3), 좌변과 우변의 관계($\leq$), 우변상수(80)로 구성된다. 제약식에서 좌변합계($0.2x_1+0.3x_2$)와 우변상수(80)의 관계는 문제에 따라 $\leq$, $\geq$ 혹은 $=$ 형태의 3가지의 부호로 나타낸다. 일반적으로 우변상수는 주어진 자원이고 좌변합계는 의사결정에 의해 실제 사용되어지는 자원의 양을 나타낸다.

예를 들어, 치즈 100개와 햄 100개를 생산한다면 좌변합계를 나타내는 실제 자원 사용량은 50시간($0.2\times100+0.3\times100$)이 된다. 이는 우변상수 80시간을 초과하지 않으므로 실행가능한 대안이 된다. 반면 치즈 200개와 햄 200개를 생산한다면 좌변합계는

100시간($0.2 \times 200 + 0.3 \times 200$)이 되어 우변상수 80시간을 초과하므로 이는 실행불가능한 대안이 된다.

제 4 절 모형수립의 예

다음의 예들을 통해 선형계획모형의 수립과정을 살펴보기로 한다.

예제 2-1

특수한 생크림과 치즈 케이크를 팔고 있는 ABC베이커리는 현재의 설비를 가지고 이익을 최대로 할 수 있는 각 케이크의 일주일 생산량을 결정하고자 한다. 한 박스를 팔 때 이익은 생크림 케이크는 10만 원이고 치즈 케이크는 12만 원이다. 이들 케이크는 작업공정과 마감공정을 거쳐 생산된다. 한 박스를 생산하기 위해 생크림 케이크는 작업에 4시간이 마감에 2시간이 소요되지만 치즈 케이크는 작업에 2시간이 마감에 6시간이 소요된다. 일주일 동안 작업공정과 마감공정의 최대가용시간은 각각 80시간과 60시간이다. 이상의 내용을 정리하면 다음과 같다.

제품 / 공정	생산소요시간		가용시간 (1주일당)
	생크림	치즈	
작업	4	2	80
마감	2	6	60
이익(만원)	10	12	

[예제 2-1]의 선형계획모형을 수립하는 절차는 다음과 같다.

1) 의사결정변수

ABC베이커리가 결정하고자 하는 변수의 값은 일주일에 생산하여야 할 생크림 케이크와 치즈 케이크의 수량이다. 따라서 의사결정변수는 다음과 같이 정의된다.

x_1 = 생크림 케이크의 일주일 생산량 (단위: 박스)

x_2 = 치즈 케이크의 일주일 생산량 (단위: 박스)

2) 목적함수

총이익은 두 종류의 케이크로부터 발생하는 이익의 합으로 표시된다. 생크림 케이크와 치즈 케이크의 박스당 이익은 각각 10만 원과 12만 원이므로 목적함수는 각 케이크의 박스당 이익(10, 12)에다 생산량(x_1, x_2)을 곱한 후 그 합($10x_1+12x_2$)으로 나타나는 총이익(z)의 최대화이다. 총이익을 최대화하는 일차함수식은 다음과 같이 표현된다.

최대화 $z=10x_1+12x_2$ (단위: 만원)

3) 제약식

실행 가능한 대안이 되기 위해서는 ABC베이커리가 지닌 모든 제약조건을 충족시켜야 한다. [예제 2-1]의 제약조건은 두 종류의 케이크를 만들기 위해 필요한 작업공정과 마감공정의 일주일 동안의 최대가용시간이 각각 80시간과 60시간이라는 것이다. 각 공정의 소요시간은 두 종류의 케이크를 생산하는 데 소요되는 시간의 합이 된다.

작업공정에서 생크림 케이크 생산에 소요되는 시간은 박스당 소요시간(4)에 생산량(x_1)을 곱한 $4x_1$(시간)이 된다. 반면 치즈 케이크 생산에 소요되는 시간 역시 박스당 소요시간(2)에 생산량(x_2)의 곱한 $2x_2$(시간)로 표시된다. 작업공정에 할당된 총가용시간은 80시간이므로 작업공정의 제약식은 다음과 같이 표시된다.

$4x_1+2x_2 \leq 80$ (작업공정)

마감공정에서 생크림 케이크 생산에 소요되는 시간은 박스당 소요시간(2)에다 생산량(x_1)을 곱한 $2x_1$(시간)이다. 반면 치즈 케이크 생산에 소요되는 시간은 박스당 소요시간(6)에다 생산량(x_2)을 곱한 $6x_2$(시간)로 표시된다. 마감공정에 할당된 총가용시간은 60시간이므로 마감공정의 제약식은 다음과 같이 표시된다.

$2x_1+6x_2 \leq 60$ (마감공정)

4) 비음조건

마지막으로 생크림 케이크와 치즈 케이크의 생산량은 음수가 될 수 없다는 비음조건을 추가하여야 한다.

$x_1 \geq 0, \quad x_2 \geq 0$

5) 완성된 선형계획모형

이상을 종합하여 [예제 2-1]의 선형계획모형을 완성하면 아래와 같다.

x_1 = 생크림 케이크의 일주일 생산량 (박스)

x_2 = 치즈 케이크의 일주일 생산량 (박스)

최대화 $z = 10x_1 + 12x_2$

제약조건 $4x_1 + 2x_2 \le 80$

$2x_1 + 6x_2 \le 60$

$x_1,\ x_2 \ge 0$

예제 2-2

K대학 영양사는 학생들의 건강을 위해 점심에 섬유질과 단백질의 최소필요섭취량을 제공하면서 비용을 최소화할 수 있는 빵과 햄의 수를 결정하고자 한다. 빵과 햄의 단위당 구입가격 및 영양소별 함유량, 그리고 최소필요섭취량은 다음과 같다.

영양소	빵	햄	최소필요섭취량
섬유질	2	1	40
단백질	3	4	120
단가(원)	12	10	

[예제 2-2]의 선형계획모형을 작성하는 절차는 다음과 같다.

1) 의사결정변수

K대학 영양사가 결정하고자 하는 변수의 값은 점심에 제공하는 학생 1인당 빵과 햄의 수이다. 따라서 의사결정변수는 다음과 같이 정의된다.

x_1 = 점심에 제공할 빵의 수

x_2 = 점심에 제공할 햄의 수

2) 목적함수

[예제 2-2]의 목적은 총비용을 최소화하는 것이므로 비용이 적은 대안이 더 바람직할 것이다. 총비용은 두 음식으로부터 발생하는 비용의 합으로 표시된다. 목적함수는 음식의 단위당 비용(12, 10)에 제공하는 음식의 수(x_1, x_2)를 곱한 후 그 합($12x_1 +$

$10x_2$)으로 나타나는 총비용(z)의 최소화이다. 총비용을 최소화하는 일차함수식은 다음과 같이 표현된다.

최소화 $z = 12x_1 + 10x_2$ (단위: 원)

3) 제약식

제약조건은 영양소별 최소필요섭취량 기준을 충족시키는 것이다. 섬유질의 경우 빵에는 개당 2단위가 햄에는 개당 1단위가 포함되어 있는데 최소한 40단위를 제공하여야 하므로 다음과 같이 표시할 수 있다.

$2x_1 + x_2 \geq 40$ (섬유질)

단백질의 경우 빵에는 개당 3단위가 햄에는 개당 4단위가 포함되어 있는데 최소한 120단위를 제공하여야 하므로 다음과 같이 표시된다.

$3x_1 + 4x_2 \geq 120$ (단백질)

4) 비음조건

마지막으로 점심에 제공해야 할 빵과 햄의 수는 음수가 될 수 없으므로 다음의 비음조건을 추가한다.

$x_1 \geq 0, \quad x_2 \geq 0$

5) 완성된 선형계획모형

이상을 종합하여 [예제 2-2]의 선형계획모형을 완성하면 아래와 같다.

x_1 = 점심에 제공할 빵의 수

x_2 = 점심에 제공할 햄의 수

최소화 $z = 12x_1 + 10x_2$

제약조건 $2x_1 + x_2 \geq 40$

$3x_1 + 4x_2 \geq 120$

$x_1,\ x_2 \geq 0$

예제 2-3

XYZ사료는 A와 B 두 종류의 사료를 생산한다. 1kg의 사료 A는 특수재료 2부대가

1kg의 사료 B는 특수재료 6부대가 필요하지만 하루에 이용 가능한 특수재료는 총 48부대이다. 하루에 사료 A는 1kg당 6g을 사료 B는 1kg당 2g을 각출하여 48g 이상을 지역단체에 기부하여야 한다. 규정에 의해 하루에 생산하는 사료 A는 B보다 정확히 8kg 많아야 한다. 사료 A와 B는 kg당 각각 2만원의 이익이 발생한다. XYZ사료는 주어진 조건을 만족시키면서 이익을 최대로 하는 사료 A와 B의 생산량을 결정하고자 한다.

[예제 2-3]의 선형계획모형을 작성하는 절차는 다음과 같다.

1) 의사결정변수

XYZ사료가 결정하고자 하는 변수의 값은 하루에 생산할 사료 A와 B의 양이다. 따라서 의사결정변수는 다음과 같이 정의된다.

x_1 = 사료 A의 하루 생산량 (단위: kg)

x_2 = 사료 B의 하루 생산량 (단위: kg)

2) 목적함수

총이익은 두 제품으로부터 발생하는 이익의 합으로 표시된다. 목적함수는 kg당 이익(2, 2)에 하루에 생산하는 양(x_1, x_2)을 곱한 후 그 합($2x_1+2x_2$)으로 나타나는 총이익(z)을 최대화하는 것이다. 총이익을 최대화하는 일차함수식은 다음과 같이 표현된다.

최대화 $z=2x_1+2x_2$ (단위: 만원)

3) 제약식

제약조건은 특수재료, 기부, 생산규정에 관한 것이다. 먼저 하루에 가능한 특수재료의 양은 48부대로 A는 kg당 2부대가 B는 kg당 6부대가 소요되므로 다음과 같이 표시할 수 있다.

$2x_1+6x_2 \le 48$ (특수재료)

기부는 48g 이상이어야 하고 A는 kg당 6g이 B는 kg당 2g이 각출되므로 다음과 같이 표시할 수 있다.

$6x_1+2x_2 \ge 48$ (기부)

생산규정에 의해 A는 B보다 8kg 많이 생산해야 하므로 다음과 같이 표시할 수 있다.

$x_1 = x_2 + 8$ 또는 $x_1 - x_2 = 8$ (생산규정)

4) 비음조건

마지막으로 생산해야 할 사료 A와 B의 양은 음수가 될 수 없으므로 다음의 비음조건을 추가한다.

$x_1 \geq 0, \quad x_2 \geq 0$

5) 완성된 선형계획모형

이상을 종합하여 [예제 2-3]의 선형계획모형을 완성하면 아래와 같다.

x_1 = 사료 A의 하루 생산량 (kg)

x_2 = 사료 B의 하루 생산량 (kg)

최대화 $z = 2x_1 + 2x_2$

제약조건
$$
\begin{aligned}
2x_1 + 6x_2 &\leq 48 \\
6x_1 + 2x_2 &\geq 48 \\
x_1 - x_2 &= 8 \\
x_1,\ x_2 &\geq 0
\end{aligned}
$$

제 5 절 도해법

선형계획모형이 작성된 후에는 모형에 대한 해를 구하여야 한다. 선형계획모형에 대한 해법으로는 도해법(graphical method)이나 심플렉스법(simplex method)에 근거한 컴퓨터 프로그램이 사용되고 있다. 도해법은 의사결정변수의 수가 둘일 경우에 사용된다. 그러나 대부분의 실제 문제들은 의사결정변수의 수가 많아 일반적으로 심플렉스법을 코딩한 엑셀과 같은 컴퓨터 프로그램을 이용하여 해를 구한다.

도해법은 선형계획법의 기본 개념과 해의 도출 과정을 직접 눈으로 살펴볼 수 있어 심플렉스법이나 엑셀 해법을 이해하는 데 도움을 준다. 본 절에서는 두 개의 의사결정변수를 갖는 간단한 선형계획문제를 도해법을 이용하여 해를 구하는 과정을 살펴보기로 한다. 도해법의 기본 절차는 다음의 3단계로 구성되어 있다.

- 단계 1 : 제약조건표시
- 단계 2 : 실행가능영역확인
- 단계 3 : 최적해규명

1 최대화문제

[예제 2-1]의 다음과 같은 선형계획법모형을 도해법으로 해를 구하는 과정에 대해 살펴보기로 한다.

x_1 = 생크림 케이크의 일주일 생산량 (박스)

x_2 = 치즈 케이크의 일주일 생산량 (박스)

최대화 $z = 10x_1 + 12x_2$ (이익, 단위: 만원)

제약조건 $4x_1 + 2x_2 \leq 80$ (작업공정)

$2x_1 + 6x_2 \leq 60$ (마감공정)

$x_1,\ x_2 \geq 0$

1) 제약조건표시

도해법의 첫 번째 단계는 다음의 제약식을 도표상에 표시하는 것이다.

$$4x_1 + 2x_2 \leq 80$$

$$2x_1 + 6x_2 \leq 60$$

$$x_1,\ x_2 \geq 0$$

제약식을 도표상에 표시하기 위해 x축에 x_1을 y축에 x_2를 둔다. 모든 의사결정 변수는 음수의 값을 가질 수 없다는 선형계획법의 비음조건으로 인해 x_1축과 x_2축으로 형성되는 4분면 중에서 [그림 2-3]처럼 1사분면만 고려된다.

먼저 작업공정에 대한 부등식($4x_1 + 2x_2 \leq 80$)을 등식($4x_1 + 2x_2 = 80$)으로 변경하여 직선을 그린다. $x_1 = 0$이면 $x_2 = 40$이고 $x_2 = 0$이면 $x_1 = 20$이 된다. 따라서 $x_1 = 20$과 $x_2 = 40$을 지나는 직선을 그리면 [그림 2-4]와 같이 된다. [그림 2-4]에서 직선으로 갈라진 두 개의 반평면 중에서 직선을 포함하여 직선의 좌측 하단의 반평면이 이 부등식을 만족하는 실행가능영역이 된다.

그림 2-3 도해법을 위한 좌표

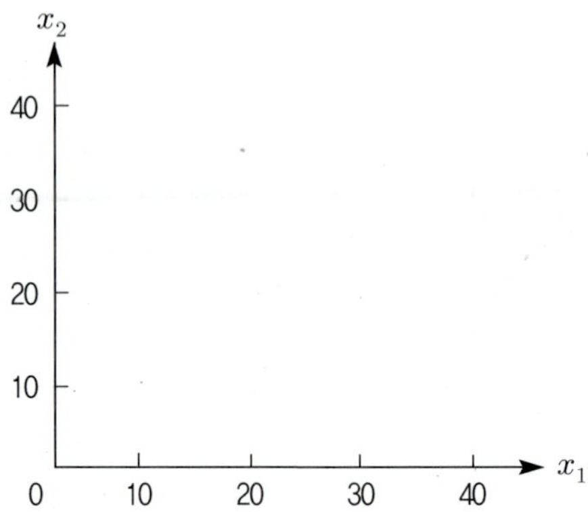

그림 2-4 ($4x_1 + 2x_2 \leq 80$)의 실행가능영역

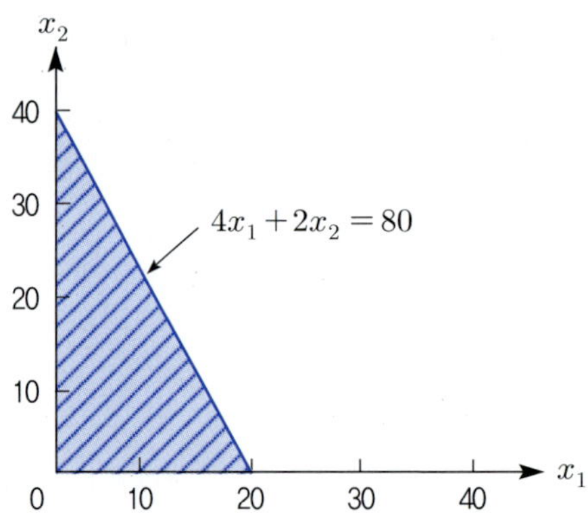

마감공정도 같은 방법으로 부등식($2x_1 + 6x_2 \leq 60$)을 등식($2x_1 + 6x_2 = 60$)으로 변경하여 직선을 그린다. $x_1 = 0$이면 $x_2 = 10$이고, $x_2 = 0$이면 $x_1 = 30$이 된다. 따라서 $x_1 = 30$과 $x_2 = 10$을 지나는 직선을 그리면 [그림 2-5]와 같이 된다. [그림 2-5]에서 직선으로 갈라진 두 개의 반평면 중에서 직선을 포함하여 직선의 좌측 하단의 반평면은 이 부등식을 만족한다.

그림 2-5 $(2x_1 + 6x_2 \leq 60)$의 실행가능영역

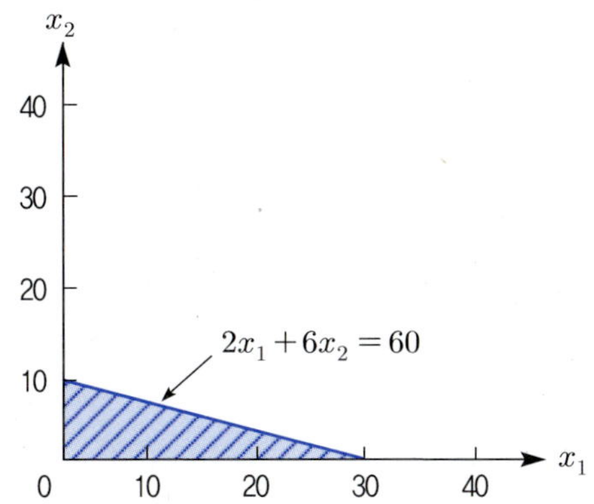

2) 실행가능영역확인

선형계획모형의 해는 모든 제약식을 만족해야 하므로 생산 가능한 두 제품의 조합은 [그림 2-4]와 [그림 2-5]의 빗금 친 영역의 공통영역이다. [그림 2-6]은 이들의 공통영역인 실행가능영역(feasible region)을 보여주고 있다. [그림 2-6]에서 실행가능영역 안에 있는 해 (x_1, x_2)를 실행가능해(feasible solution)라 한다.

그림 2-6 최대화문제의 실행가능영역

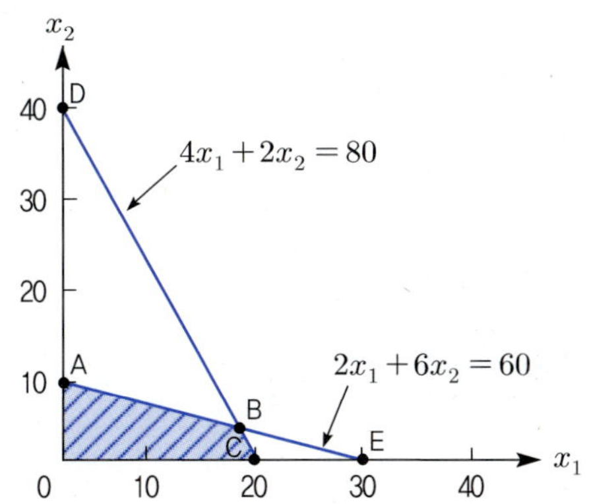

예를 들어, $(x_1, x_2)=(2, 2)$는 실행가능영역 안에 있으므로 실행가능해가 되지만 $(x_1, x_2)=(15, 15)$는 실행가능영역 밖에 있어 실행불가능해가 된다. [그림 2-6]의 점 0, A, B, C는 실행가능해이나 점 D, E는 실행불가능해이다.

3) 최적해규명

최적해를 규명하는 단계는 많은 실행가능해 중에서 최적해를 찾는 과정이다. 도해법에서 최적해를 구하는 방법으로는 기울기비교법, 꼭지점비교법, 등이익선법 등이 있으나 본 장에서는 등이익선법(최소화문제의 경우는 등비용선법)에 대해서 살펴보기로 한다.

등이익선이란 그 선상의 모든 점이 동일한 이익을 갖는 목적함수식으로 다음과 같이 표시한다.

$$z=10x_1+12x_2$$

의사결정변수의 값이 정해지지 않아 아직까지는 z값을 알 수 없으므로 이 함수는 하나의 직선으로 표시할 수 없다. 따라서 임으로 하나의 z값을 대입하여 등이익선을 그린다. [그림 2-7]에서 보듯이 $z=120$만 원에 해당되는 직선 위에 있는 점(x_1, x_2)의 목점함수 값은 모두 120만 원이므로 이 직선은 하나의 등이익선이 된다.

그림 2-7 등이익선법에 의한 최적해

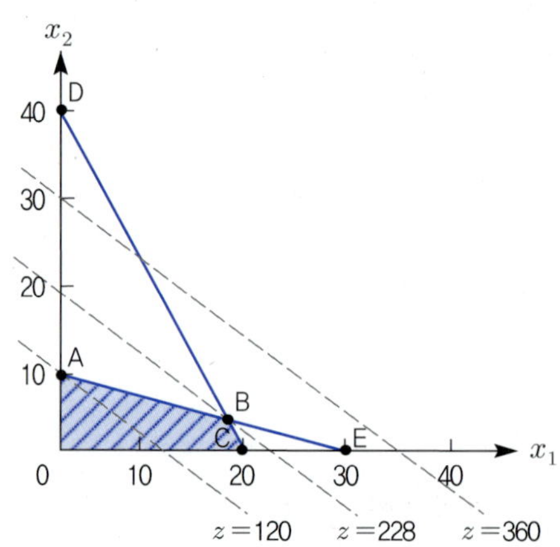

표 2-1 등이익선의 변화

목적함수	이익(z)	등이익선 좌표	증가율
$z=10x_1+12x_2$	120	(12,0), (0,10)	–
	228	(22.8,0), (0,19)	1.9
	360	(36,0), (0,30)	3.0

[그림 2-7]은 〈표 2-1〉과 같은 3개의 등이익선을 보여주고 있다. $z=120$만 원, $z=228$만 원, $z=360$만 원의 등이익선은 평행하다는 것을 알 수 있다. 왜냐하면 〈표 2-1〉에서처럼 이익이 120에서 1.9배와 3.0배 증가하면 x_1과 x_2의 값도 12와 10에서 동일한 비율로 증가된다. 이는 다음과 같이 계산되는 등이익선의 기울기는 모두 같기 때문이다.

$$\text{기울기} = -\frac{c_1}{c_2} = -\frac{10}{12}$$

$c_1 = x_1$의 계수

$c_2 = x_2$의 계수

기울기가 같은 등이익선은 도표상에 무수히 그려질 수 있으며 원점에서 멀어질수록 총이익은 증가하게 된다. 하지만 $z=360$만 원은 실행가능영역 밖에 있어 이 등이익선 위의 점(x_1, x_2)은 실행불가능해가 된다. 따라서 최대화문제에서는 등이익선이 실행가능영역 안에서 원점에서 멀리 가면 이익이 최대로 발생하는 최적해가 된다.

[그림 2-7]은 꼭지점 B에서 이익이 가장 많이 발생한다는 것을 보여준다. 점 B는 작업공정 제약식(직선 CD)과 마감공정 제약식(직선 AE)이 교차하는 점이므로 다음의 연립방정식을 풀면 해를 구할 수 있다.

$$4x_1+2x_2=80$$

$$2x_1+6x_2=60$$

두 식으로부터 구한 점 B의 값은 다음과 같다.

$$x_1=18, \quad x_2=4$$

점 B에서의 최대 이익은 다음과 같다.

$$z = 10 \times 18 + 12 \times 4 = 228$$

따라서 생크림 케이크(x_1)는 18박스를 치즈 케이크(x_2)는 4박스를 생산하는 것이 ABC베이커리의 최적 생산계획이다. 이 경우 총이익(z)으로 228만 원을 얻을 수 있다.

2 최소화문제

최대화문제에서 적용한 도해법의 절차는 최소화문제에서도 거의 동일하게 적용된다. [예제 2-2]의 최소화문제를 가지고 도해법을 살펴보기로 하자.

x_1 = 점심에 제공할 빵의 수

x_2 = 점심에 제공할 햄의 수

최소화 $z = 12x_1 + 10x_2$ (비용)

제약조건 $2x_1 + x_2 \geq 40$ (섬유질)

$3x_1 + 4x_2 \geq 120$ (단백질)

$x_1,\ x_2 \geq 0$

1) 제약조건표시

먼저 섬유질에 대한 부등식($2x_1 + x_2 \geq 40$)을 등식($2x_1 + x_2 = 40$)으로 변경하여 직선을 그린다. $x_1 = 0$이면 $x_2 = 40$이고, $x_2 = 0$이면 $x_1 = 20$이 된다. 따라서 $x_1 = 20$과 $x_2 = 40$을 지나는 직선을 그린다. [그림 2-8]에서 이 직선으로 갈라진 두 개의 반평면 중 직선을 포함하여 직선의 우측 상단의 반평면은 이 부등식을 만족한다.

단백질에 대한 제약식도 같은 방법으로 부등식($3x_1 + 4x_2 \geq 120$)을 등식($3x_1 + 4x_2 = 120$)으로 변경하여 직선을 그린다. $x_1 = 0$이면 $x_2 = 30$이고 $x_2 = 0$이면 $x_1 = 40$이 된다. 따라서 $x_1 = 40$과 $x_2 = 30$을 지나는 직선을 그린다. [그림 2-8]에서 이 직선으로 갈라진 두 개의 반평면 중 직선을 포함하여 직선의 우측 상단의 반평면은 이 부등식을 만족한다.

2) 실행가능영역확인

선형계획모형의 해는 모든 제약식을 만족시켜야 하므로 [그림 2-8]에서 두 제약조건의 공통부분인 빗금 친 영역이 실행가능영역이 된다.

그림 2-8 최소화문제의 실행가능영역

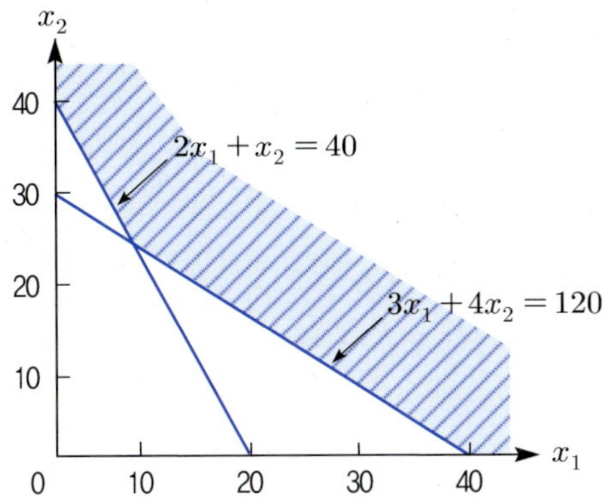

3) 최적해규명

등비용선(최대화문제의 경우는 등이익선)의 목적함수는 다음과 같다.

$$z = 12x_1 + 10x_2$$

의사결정변수의 값이 정해지지 않아 아직까지는 z값을 알 수 없으므로 이 함수는 하나의 직선으로 표시할 수 없다. 따라서 임의로 하나의 값을 대입하여 등비용선을 그린다. [그림 2-9]는 〈표 2-2〉와 같은 3개의 등비용선을 보여주고 있다.

[그림 2-9]에 있는 $z = 240$원에 해당되는 직선 위에 있는 점(x_1, x_2)의 목점함수 값은 모두 240원이므로 이 직선은 하나의 등비용선이 된다. $z = 240$원, $z = 336$원, $z = 480$원의 등비용선은 평행하다는 것을 알 수 있다. 〈표 2-2〉에서처럼 비용이 240에서 1.4배와 2.0배 증가하면 x_1과 x_2의 값도 20과 24에서 동일한 비율로 증가되어 등비용선의 기울기$(-c_1/c_2 = -12/10)$가 모두 같게 된다.

표 2-2 등비용선의 변화

목적함수	이익(z)	등이익선 좌표	증가율
$z = 12x_1 + 10x_2$	240	(20, 0), (0, 24)	–
	336	(28, 0), (0, 33.6)	1.4
	480	(40, 0), (0, 48)	2.0

그림 2-9 등비용선법에 의한 최적해

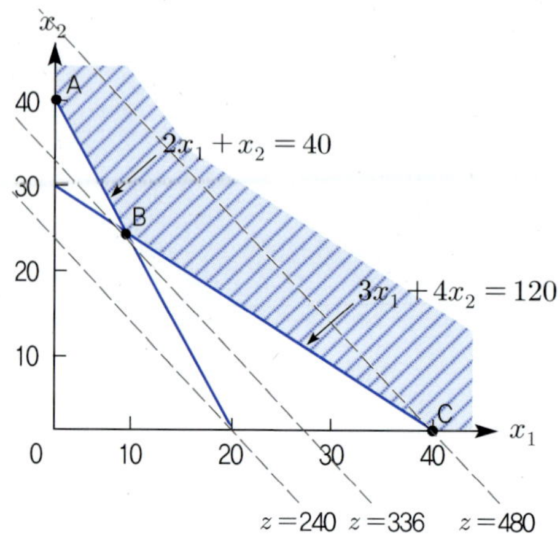

기울기가 같은 등비용선은 도표상에 무수히 그려질 수 있으며 원점에 가까워질수록 총비용은 감소하게 된다. 따라서 최소화문제는 실행가능영역 안에서 원점에 가장 가까운 등비용선에 최적해가 존재한다. [그림 2-9]에서는 등비용선이 꼭지점 B를 지날 때가 총비용이 최소가 된다. 점 B는 섬유질과 단백질의 제약식이 교차하는 점이므로 다음의 연립방정식을 풀면 해를 구할 수 있다.

$$2x_1+x_2=40$$
$$3x_1+4x_2=120$$

두 식으로부터 구한 점 B의 $(x_1,\ x_2)$의 값은 다음과 같다.

$$x_1=8,\quad x_2=24$$

점 B에서의 최소비용은 다음과 같다.

$$z=12\times 8+10\times 24=336$$

따라서 최적해는 빵(x_1) 8개와 햄(x_2) 24개를 제공하면 총비용(z)은 336원이 소요된다.

3 혼합제약식문제

지금까지 최대화문제에서는 $\leq$ 형태를 최소화문제에서는 $\geq$ 형태의 제약식을 가지는 경우를 살펴보았다. 그러나 실제 문제의 선형계획모형은 $\leq$ 형태와 $\geq$ 형태뿐만 아니라 등식(=)형태의 제약조건을 갖는 경우도 발생한다. [예제 2-3]의 선형계획모형을 통하여 다양한 형태의 제약식을 갖는 경우에 도해법을 적용하는 절차를 살펴보기로 하자.

x_1 = 사료 A의 하루 생산량 (kg)

x_2 = 사료 B의 하루 생산량 (kg)

최대화 $z = 2x_1 + 2x_2$ (이익, 단위: 만원)

제약조건 $2x_1 + 6x_2 \leq 48$ (특수재료)

$6x_1 + 2x_2 \geq 48$ (기부)

$x_1 - x_2 = 8$ (생산규정)

$x_1,\ x_2 \geq 0$

1) 제약조건표시

[예제 2-3]은 세 가지 형태의 제약조건을 모두 가지고 있는 문제로 이를 도표로 나타내면 [그림 2-10]과 같다.

그림 2-10 혼합제약식 문제의 실행가능영역

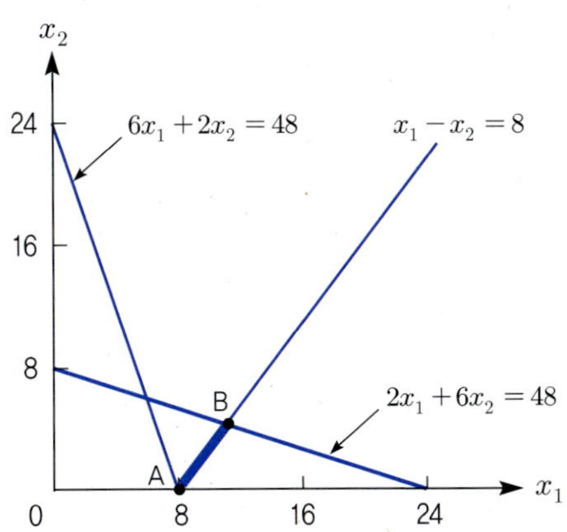

그림 2-11 혼합제약식문제의 최적해

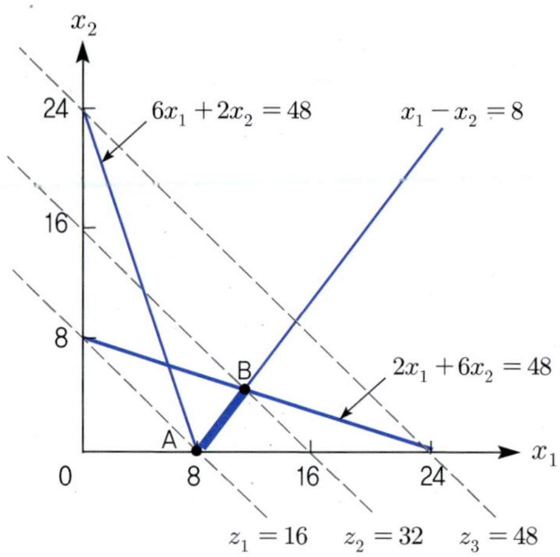

2) 실행가능영역확인

선형계획모형의 해는 모든 제약식을 만족시켜야 하므로 [그림 2-10]에서 실행가능해의 영역은 직선 AB이다.

3) 최적해규명

[그림 2-11]에서는 등이익선이 꼭지점 B를 지날 때가 총이익이 최대가 된다. 점 B는 특수재료와 생산규정의 제약식이 교차하는 점이므로 다음의 연립방정식을 풀면 해를 구할 수 있다.

$$2x_1+6x_2=48$$

$$x_1-x_2=8$$

두 식으로부터 구한 점 B의 (x_1, x_2)의 값은 다음과 같다.

$$x_1=12, \quad x_2=4$$

점 B에서의 최대이익은 다음과 같다.

$$z=2\times 12+2\times 4=32$$

따라서 사료 A(x_1)는 12kg을 사료 B(x_2)는 4kg을 생산하는 것이 최적해이다. 이때의 총이익(z)은 32만 원이다.

제 6 절 특수한 경우

선형계획모형이 항상 유일한 최적해를 갖는 것은 아니다. 때로는 다음과 같이 특수한 경우가 발생할 수도 있다.

1 실행불가능해

다음의 예를 살펴보자.

최대화 $z = 4x_1 + 6x_2$

제약조건 $x_1 \geq 4$

$x_2 \geq 6$

$2x_1 + x_2 \leq 4$

$x_1,\ x_2 \geq 0$

[그림 2-12]에서 보듯이 3개의 제약식은 공통부분이 없으므로 실행가능영역이 존재하지 않아 실행가능해를 구할 수 없다. 이처럼 실행불가능해를 갖는 문제(infeasible problem)란 실행가능영역이 존재하지 않아 실행가능해가 없는 경우이다. 이는 선형계획문제에서 제약조건들이 서로 상충되거나 상호배타적일 경우에 발생하게 된다. 일반

그림 2-12 실행불가능해

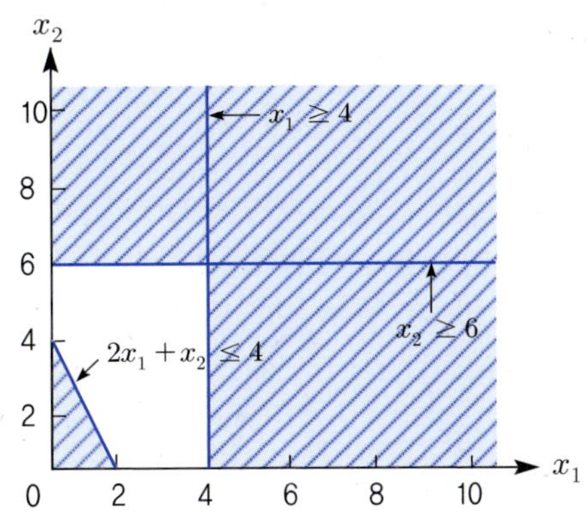

적으로 실행불가능해를 갖는 문제는 제약식을 잘못 설정하는 경우에 발생하므로 선형계획모형을 다시 검토하여야 한다.

2 무한해

다음의 예를 살펴보자.

최대화 $z = 3x_1 + 3x_2$

제약조건 $-x_1 + x_2 \le 10$

$x_1 \ge 20$

$x_2 \ge 10$

$x_1,\ x_2 \ge 0$

[그림 2-13]에서 보듯이 실행가능영역의 우측부분이 경계선으로 한정되지 않아 등이익선이 우측으로 끝없이 이동할 수 있으므로 총이익은 무한히 증가할 수 있다. 이처럼 무한해를 갖는 문제(unbounded problem)란 목적함수의 값이 제약조건의 제한을 받지 않고 무한히 증가하는 경우이다. 실제에서 무한해를 갖는 경우는 없으므로 무한해를 갖는 문제는 대개 중요한 제약조건을 누락하였거나 문제 설정을 잘못하였을 경우에 발생한다. 그러므로 무한해를 갖는 문제는 선형계획모형을 다시 검토하여야 한다.

그림 2-13 무한해

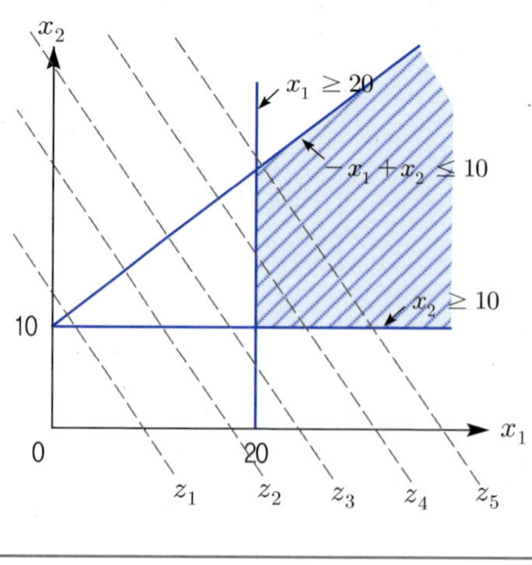

3 복수해

다음의 예를 살펴보자.

최대화 $z = 4x_1 + 3x_2$

목적함수 $x_1 + 2x_2 \le 4$

$8x_1 + 6x_2 \le 24$

$x_1,\ x_2 \ge 0$

[그림 2-14]에서 볼 수 있듯이 등이익선 z_2가 점 B와 C를 동시에 지나므로 점 B와 C뿐만 아니라 B와 C 사이의 모든 점이 최적해가 된다. 즉, 직선 BC 위의 모든 점이 동일한 목적함수의 값을 가진다. 이처럼 복수해 문제(multiple optimal solutions)란 최적해가 두 개 이상 존재하는 경우이다. 복수해는 도해법에서 등이익(등비용)선의 기울기가 실행가능영역을 구성하는 제약식의 기울기와 동일할 때 발생한다. 이 예제에서는 등이익선의 기울기($-c_1/c_2 = -4/3$)가 두 번째 제약식의 기울기($-c_1/c_2 = -8/6$)와 동일하여 복수의 최적해가 발생한다.

그림 2-14 복수해

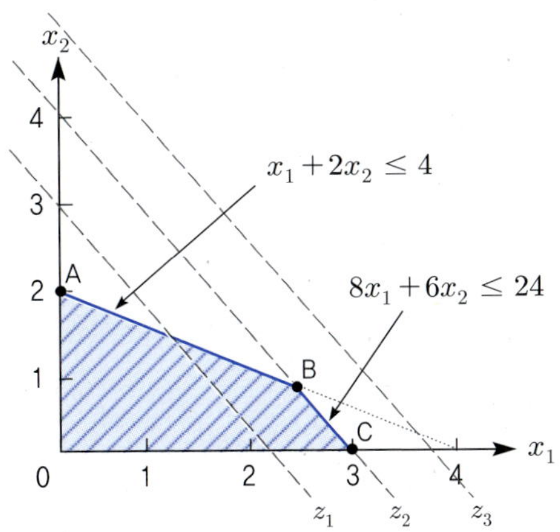

제 7 절 제약식의 유형

선형계획모형의 제약식은 다음과 같은 세 가지 유형으로 구분된다.

- **핵심제약식** : 최적해와 실행가능영역 모두에 영향을 주는 제약식이다. 핵심제약식의 좌변합계는 우변상수와 일치한다. 핵심(critical)제약식을 속박(binding)제약식이라고도 한다.
- **비핵심제약식** : 최적해에는 영향을 주지 않지만 실행가능영역에는 영향을 주는 제약식이다. 비핵심제약식의 좌변합계는 우변상수와 일반적으로 같지 않다. 비핵심제약식을 비속박제약식이라고도 한다.
- **불필요제약식** : 불필요제약식은 최적해와 실행가능영역 모두에 영향을 주지 않는 제약식이다. 불필요제약식은 모형에서 제거하더라도 현재의 최적해와 실행가능영역에는 아무런 영향이 없다.

[예제 2-1]의 경우 두 제약식은 모두 핵심제약식이다. [예제 2-1]의 해는 $(x_1, x_2)=(18, 4)$이므로 이 값을 두 제약식에 대입하면 다음과 같이 좌변합계와 우변상수는 일치한다.

$$4x_1 + 2x_2 \leq 80 \quad \rightarrow \quad 4(18) + 2(4) = 80 \text{ (작업공정)}$$

$$2x_1 + 6x_2 \leq 60 \quad \rightarrow \quad 2(18) + 6(4) = 60 \text{ (마감공정)}$$

이는 사용가능한 자원량을 모두 사용하여 좌변합계는 우변상수와 같다는 의미이다. [그림 2-7]에서 보듯이 첫 번째와 두 번째 제약식의 교차점에서 최적해가 존재한다는 것을 알 수 있다. 이 점에서는 두 제약식에 관련된 자원이 모두 사용되므로 여유분이 없음을 의미한다. 그러므로 첫 번째와 두 번째 제약식은 실행가능영역과 최적해 모두에 영향을 주는 핵심제약식이다.

[예제 2-2]의 경우 해는 $(x_1, x_2)=(8, 24)$이므로 이 값을 두 제약식에 대입하면 다음과 같다.

$$2x_1 + x_2 \geq 40 \quad \rightarrow \quad 2(8) + 1(24) = 40 \text{ (섬유질)}$$

$$3x_1 + 4x_2 \geq 120 \quad \rightarrow \quad 3(8) + 4(24) = 120 \text{ (단백질)}$$

[그림 2-9]에서 최적해인 점 B는 첫 번째와 두 번째 제약식이 교차하는 점이므로 첫 번째와 두 번째 제약식의 좌변합계는 우변상수와 일치한다. 그러므로 첫 번째와 두

번째 제약식은 실행가능영역과 최적해 모두에 영향을 주는 핵심제약식이다.

[예제 2-3]의 경우 해는 $(x_1, x_2)=(12, 4)$이므로 이 값을 세 제약식에 대입하면 다음과 같다.

$$2x_1 + 6x_2 \leq 48 \rightarrow 2(12) + 6(4) = 48 \quad \text{(특수재료)}$$
$$6x_1 + 2x_2 \geq 48 \rightarrow 6(12) + 2(4) = 80 \neq 48 \quad \text{(기부)}$$
$$x_1 - x_2 = 8 \rightarrow 1(12) - 1(4) = 8 \quad \text{(생산규정)}$$

[그림 2-11]에서 최적해인 점 B는 첫 번째와 세 번째 제약식이 교차하는 점이므로 첫 번째와 세 번째 제약식의 좌변합계는 우변상수와 일치한다. 그러므로 첫 번째와 세 번째 제약식은 실행가능영역과 최적해 모두에 영향을 주므로 핵심제약식이 된다. 반면 두 번째 제약식은 최적해와 실행가능영역 모두에 영향을 주지 않아 불필요제약식이 된다. 왜냐하면 두 번째 제약식을 제거하여도 현재의 최적해 $(x_1, x_2, z)=(12, 4, 32)$는 변하지 않기 때문이다.

제 8 절 가정

선형계획법은 주어진 가정을 충족시켜야 한다. 만약 가정을 충족시키지 못하면 선형계획법이 아닌 다른 기법으로 문제를 해결하여야 한다. 따라서 선형계획법은 다음의 가정으로 인해 실제 적용에 제약을 받는다.

1 선형성

목적함수식 및 제약식이 선형(linearity)이라는 가정은 다음의 두 가지 조건을 만족할 수 있어야 한다는 것을 의미한다.

(1) 비례성

비례성(proportionality)이란 목적함수식과 제약식에 있는 변수들의 관계가 일차함수로 표시할 수 있어야 한다는 가정이다. [예제 2-1]에서 치즈 케이크의 이익은 치즈 케이크의 생산량에 비례하고 또한 치즈 케이크 생산에 소요되는 각 공정의 작업소요시간은 치즈 케이크 생산량에 비례한다. 예를 들어, 작업공정에서 치즈 케이크는 1박스 생산에 2시간이 소요되므로 20박스는 40시간, 100박스는 200시간, 500박스는 1,000시간 그리고 1,000박스는 2,000시간이 소요된다는 것을 의미한다. 그러나 학습효과 등에 의해 생산량이 작업시간에 비례적으로 증가하지 않는 경우에는 선형계획법이 아닌 비선형계획법(nonlinear programming)으로 문제를 해결하여야 한다.

(2) 가산성

가산성(additivity)이란 [예제 2-1]의 이익은 생크림 케이크와 치즈 케이크에서 얻은 이익의 합이 되고 또한 각 공정의 작업소요시간은 각 케이크 생산에 소요되는 시간의 합과 같다는 가정이다. 그러나 두 제품을 동시에 생산함으로써 각각 따로 생산하는 경우보다 작업소요시간을 줄일 수 있다면 이는 가산성의 조건을 만족하지 못하게 된다. 이런 경우에는 선형계획법이 아닌 비선형계획법(nonlinear programming)으로 문제를 해결하여야 한다.

2 분할성

분할성(divisibility)이란 의사결정변수의 값이 정수 또는 분수의 값도 가질 수 있다는 가정이다. [예제 2-1]에서 생크림 케이크와 치즈 케이크의 생산량은 각각 5개, 4개 등 정수의 값뿐만 아니라 4.5개, 5.333개 등 실수의 값도 가능하다는 것을 말한다. 그러나 종업원 17.3명, 비행기 4.2대 등은 실행불가능하거나 무의미하다고 할 수 있다. 이와 같이 의사결정변수의 값이 정수에 국한된 해를 구해야 하는 경우는 선형계획법의 특수 형태인 정수계획법(integer programming)으로 문제를 해결하여야 한다.

3 확정성

선형계획모형에서 사용되는 목적함수식과 제약식의 모든 매개변수는 확정적인 값을 가져야 한다는 가정이다. 이는 선형계획법에서는 문제의 상황이 일정 기간 동안 변하지 않는 정적인 상태(static state)에 있다고 가정하기 때문이다. 예를 들어, [예제 2-1]에서는 치즈 케이크를 위한 작업공정의 소요시간이 2시간이라 하였는데 이는 치즈 케이크의 박스당 작업시간이 항상 정확히 2시간 소요된다고 가정하는 것이다. 그러나 정확히 소요 시간을 추정할 수 없어 무작위 매개변수(random parameter)를 사용하는 경우에는 확률적 선형계획법(stocastic linear programming)으로 문제를 해결하여야 한다.

연습문제

1. 선형계획법은 어떤 유형의 문제에 적용되는지를 설명하라.
2. 선형계획법의 중요성을 설명하라.
3. 선형계획법의 적용절차를 설명하라.
4. 선형계획모형을 수립하는 단계를 설명하라.
5. 비음조건의 의미를 설명하라.
6. 선형계획법의 해는 어떤 방법으로 구할 수 있는지를 설명하라.
7. 도해법의 적용절차에 대해 설명하라.
8. 등이익선과 등비용선을 비교 설명하라.
9. 선형계획모형의 해는 어떤 유형이 있는지를 설명하라.
10. 핵심, 비핵심, 불필요 제약식을 비교 설명하라.
11. 선형계획법의 가정을 설명하라.
12. 선형계획법을 적용할 수 있는 문제를 생각해보고 이를 모형화하라.
13. 다음의 선형계획문제를 도해법을 사용하여 최적해를 구하라.

최대화 $z = 2x_1 + 3x_2$

제약조건 $x_1 + 4x_2 \le 10$

$4x_1 + x_2 \le 10$

$x_1,\ x_2 \ge 0$

14. 다음의 선형계획문제를 도해법을 사용하여 최적해를 구하라.

최대화 $z = 5x_1 + 4x_2$

제약조건 $3x_1 + 5x_2 \le 15$

$2x_1 + 4x_2 \le 20$

$x_1,\ x_2 \ge 0$

15. 다음의 선형계획문제를 도해법을 사용하여 최적해를 구하라.

최대화 $z = x_1 + 3x_2$

제약조건 $x_1 + 4x_2 \leq 12$

$x_1 - x_2 = 2$

$x_1,\ x_2 \geq 0$

16. 다음의 선형계획문제를 도해법을 사용하여 최적해를 구하라.

최소화 $z = 4x_1 + 3x_2$

제약조건 $2x_1 + x_2 \geq 12$

$x_1 + 2x_2 \geq 10$

$x_1 + x_2 \geq 15$

$x_1,\ x_2 \geq 0$

17. 다음의 선형계획문제를 도해법을 사용하여 최적해를 구하라.

최소화 $z = x_1 + 2x_2$

제약조건 $2x_1 + x_2 \geq 12$

$2x_1 - 2x_2 = 6$

$x_1 + 2x_2 \leq 12$

$x_1,\ x_2 \geq 0$

18. 다음의 선형계획문제를 도해법을 사용하여 최적해를 구하라.

최소화 $z = 4x_1 + 2x_2$

제약조건 $2x_1 + x_2 \leq 10$

$x_1 + 2x_2 \leq 10$

$x_2 \geq 5$

$x_1,\ x_2 \geq 0$

19. 다음의 선형계획문제를 도해법을 사용하여 최적해를 구하라.

최소화 $z = 4x_1 + 2x_2$

제약조건 $2x_1 + x_2 \leq 10$

$x_1 + 2x_2 \leq 10$

$x_1 \geq 10$

$x_1,\ x_2 \geq 0$

20. 다음의 선형계획문제를 도해법을 사용하여 최적해를 구하라.

최대화 $z = x_1 + 2x_2$

제약조건 $2x_1 + x_2 \geq 10$

$x_1 + 2x_2 \geq 10$

$x_1 \geq 10$

$x_1,\ x_2 \geq 0$

21. 다음의 선형계획문제를 도해법을 사용하여 최적해를 구하라.

최대화 $z = 4x_1 + 2x_2$

제약조건 $x_1 + 2x_2 \leq 10$

$2x_1 + x_2 \leq 10$

$x_1,\ x_2 \geq 0$

22. 다음의 선형계획문제를 도해법을 사용하여 최적해를 구하라.

최소화 $z = 3x_1 + 2x_2$

제약조건 $x_1 + x_2 \geq 10$

$x_1 + x_2 \leq 10$

$x_1 = 10$

$x_1,\ x_2 \geq 0$

23. 다음의 선형계획문제를 도해법을 사용하여 최적해를 구하라.

최대화 $z = x_1 + 2x_2$

제약조건 $2x_1 + x_2 \geq 10$

$x_1 + 2x_2 \geq 10$

$x_1 - 2x_2 = 10$

$x_1,\ x_2 \geq 0$

24. 다음의 선형계획문제를 도해법을 사용하여 최적해를 구하라.

최대화 $z = x_1 + 5x_2$

제약조건 $2x_1 + 10x_2 \leq 20$

$2x_1 + 5x_2 \leq 20$

$x_1,\ x_2 \geq 0$

25. 대륙전자(주)에서는 일반용과 고급용 두 종류의 휴대폰 케이스를 생산하고 있다. 휴대폰 케이스는 기본작업과 마감작업의 두 단계를 거쳐 생산된다. 휴대폰 케이스 1개를 만들기 위해 각 작업장에서 소요되는 시간과 주당가용노동시간은 다음과 같다.

	일반용	고급용	노동력(시간, 주)
기본	4	2	1200
마감	2	4	1000

고객과의 계약에 의해 고급용은 일반용보다 10개 더 생산하여야 한다. 한 개당 이익은 일반용이 10만 원이고 고급용은 15만 원이다. 이 회사의 이익을 최대화하기 위한 선형계획모형을 작성하고 최적해를 구하라.

26. 대경농원(주)은 농지 A와 농지 B 두 곳에서 과일을 재배하고 있다. 농지 A와 B는 모두 최소 100평 이상 재배하려고 한다. 평당 수확물은 농지 A는 8단위가 농지 B는 4단위가 예상된다. 평당 재배비용은 농지 A는 6만 원이 농지 B는 3만 원이 소요된다. 평당 농약 사용은 농지 A는 13단위가 농지 B는 10단위가 소요된다. 대경농원은 총재배비용을 3,000만 원 이내에서 총수확물이 4,000단위 이상이 되도록 하면서 농약사용이 최소화되기를 바란다. 이를 위한 선형계획모형을 작성하고 최적해를 구하라.

27. 희성사료는 X와 Y의 두 종류의 사료를 생산하고 있다. 준비공정과 마감공정을 필요로 하는 사료별 공정의 소요시간과 공정가용능력 그리고 판매이익이 다음과 같다. 희성사료의 이익을 최대화하기 위한 선형계획모형을 작성하고 최적해를 구하라.

	X	Y	가용능력
준비	4	6	80
마감	6	4	90
이익	16만	20만	

28. 동원상사의 영양사는 비용을 최소화하면서 종업원들이 단백질과 철분의 최소필요량을 섭취할 수 있도록 점심을 준비하여야 한다. 이 영양분들은 우유와 참치를 통해 공급되고 있다. 우유 한 컵에는 반드시 치즈 두 조각이 제공되어야 한다. 우유 1컵과 참치 1 조각의 단위당 구입 가격 및 영양소별 함유량과 최소필요섭취량은 다음과 같다. 최소비용으로 1인당 최소섭취량을 제공할 수

있는 우유와 참치의 양을 구하라.

	우유	참치	최소필요섭취량
단백질	4	2	80
철분	2	6	90
단가(백원)	10	18	

29. 어느 식당에서 음료 A와 B를 이용하여 두 가지 종류의 칵테일 x_A와 x_B를 만들어 판매한다. 한 병 판매하면 칵테일 x_A는 3만 원이 x_B는 2만 원의 이익이 발생한다. x_A를 한 병 만들기 위해서는 음료 A는 2컵이 음료 B는 6컵이 소요된다. 한편 x_B를 한 병 만들기 위해서는 음료 A는 4컵이 음료 B는 2컵이 소요된다. 현재 40컵의 음료 A와 40컵의 음료 B를 보유하고 있을 경우에 이익을 최대화하기 위해서 칵테일 x_A와 x_B를 각각 얼마나 만들어 판매해야 하는지를 알고자 한다. 이를 위한 선형계획모형을 수립하고 해를 구하라.

CHAPTER

03

선형계획법: 해 찾기

제 1 절 서론

제2장에서는 의사결정변수의 수가 2개인 단순한 선형계획모형의 해를 구하기 위하여 도해법을 이용하는 과정에 대해 살펴보았다. 하지만 현실의 문제들은 의사결정변수의 수가 3개 이상이므로 도해법으로 해를 구하는 것이 불가능하다. 따라서 복잡한 선형계획모형의 해를 구하기 위해서는 대수적 절차인 심플렉스법을 이용하여야 한다.

도해법으로 선형계획모형을 풀어 최적해가 존재한다면 최적해는 항상 실행가능영역의 한 꼭지점에서 구해지기 때문에 최적해의 탐색은 결국 꼭지점에 국한된다. 이러한 기본 원리에 입각하여 댄지그(G. Dantzig)에 의해 개발된 수학적 절차가 심플렉스법(simplex method)이다.

심플렉스법은 도해법처럼 실행가능영역의 모든 꼭지점을 탐색하는 것이 아니라 원점에서 시작하여 목적함수 값을 향상시킬 수 있을 때까지 인접 꼭지점으로 이동하는 과정을 반복한다. 이러한 과정을 반복적 연산과정(iterative process) 또는 알고리즘(algorithm)이라 한다. 심플렉스법의 계산 절차는 간단하나 손으로 해를 구하는 데는 인내와 기술이 필요하므로 실제로는 심플렉스법의 연산과정을 코딩한 컴퓨터 프로그램을 사용한다.

최근에 선형계획문제를 모형화한 다음 이에 필요한 자료를 입력하면 쉽게 해를 얻는 컴퓨터 소프트웨어가 많이 개발되었다. 엑셀을 가지고 최적해를 편리하게 구할 수 있기 때문에 여기서는 엑셀의 최적화 도구인 해 찾기(solver)를 이용하여 선형계획모형의 최적해를 구하는 방법에 대해 알아보기로 한다.

제 2 절 해 찾기 메뉴

선형계획모형의 최적해를 구하는 데 필요한 [해 찾기] 메뉴를 설치하기 위해 다음을 수행한다.

① 먼저 엑셀의 왼쪽 상단에 있는 [파일]을 클릭한다.

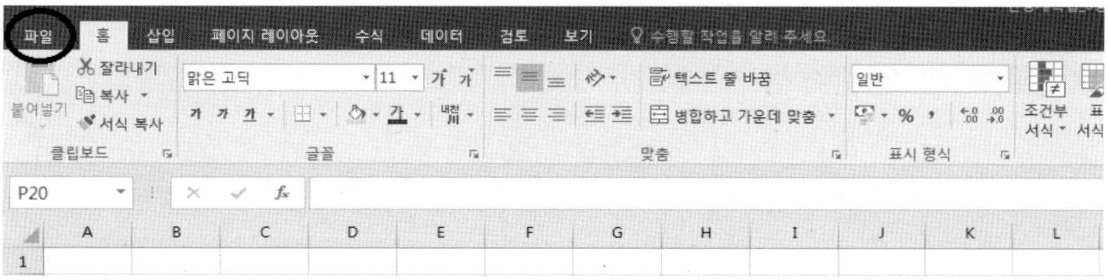

② [옵션]을 선택한다.

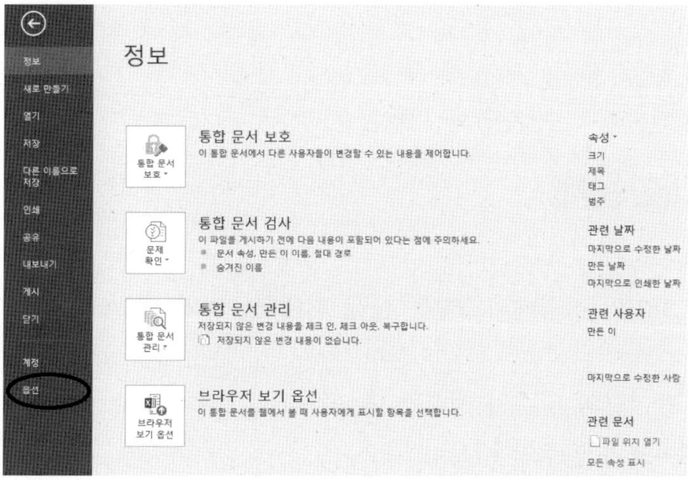

③ [옵션] 창에서 [추가 기능]과 [이동]을 클릭한다. [추가 기능] 창에서 [해 찾기 추가 기능]을 추가하여 [확인]을 누른 다음 [옵션] 창에서 [확인]을 클릭한다.

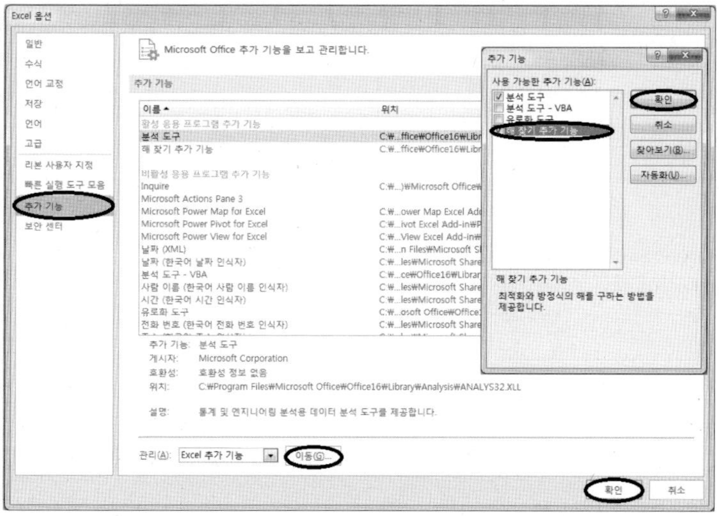

④ 이상의 과정을 마치면 [데이터] 메뉴에서 오른쪽 상단에 [해 찾기] 메뉴가 생긴 것을 확인 할 수 있다.

선형계획문제를 엑셀의 [해 찾기] 메뉴를 이용하여 최적해를 구하기 위해서는 [그림 3-1]과 같은 단계를 따른다.

제 3 절 최대화문제

다음과 같은 [예제 2-1]의 선형계획모형을 통해 최대화문제의 엑셀 해법에 대해 살펴보기로 한다.

x_1 = 생크림 케이크의 일주일 생산량 (박스)

x_2 = 치즈 케이크의 일주일 생산량 (박스)

최소화 $z = 10x_1 + 12x_2$ (이익, 단위: 만원)

제약조건 $4x_1 + 2x_2 \le 80$ (작업공정)

$2x_1 + 6x_2 \le 60$ (마감공정)

$x_1,\ x_2 \ge 0$

그림 3-1 엑셀의 해 찾기 절차

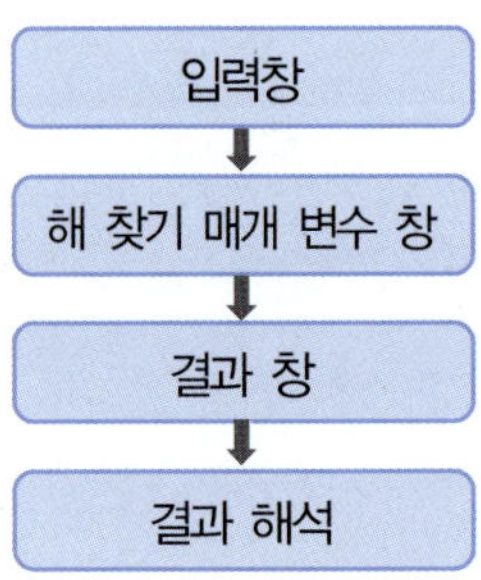

1) 입력 창

[예제 2-1]의 최대화문제를 엑셀의 [해 찾기] 메뉴를 이용하여 최적해를 구하기 위해서는 선형계획모형을 다음과 같이 엑셀의 워크시트에 입력한다.

	A	B	C	D	E	F	G
1							
2		x1	x2	z			
3	해			0			
4							
5	최대화	10	12	좌변합계		우변상수	
6	식1	4	2	0	<=	80	
7	식2	2	6	0	<=	60	
8							

해(B3:D3)와 좌변합계(D6:D7)에는 다음과 같이 입력하고 나머지 부분은 화면에 있는 내용대로 입력한다.

		셀 주소	입력	비고
해	x_1, x_2	B3:C3		
	z	D3	= B3 * 10 + C3 * 12 또는 = B3 * B5 + C3 * C5 또는 = SUMPRODUCT(B3:C3, B5:C5)	$z = 10x_1 + 12x_2$
좌변합계	식1	D6	= B3 * 4 + C3 * 2 또는 = B3 * B6 + C3 * C6 또는 = SUMPRODUCT(B3:C3, B6:C6)	$4x_1 + 2x_2 \leq 80$
	식2	D7	= B3 * 2 + C3 * 6 또는 = B3 * B7 + C3 * C7 또는 = SUMPRODUCT(B3:C3, B7:C7)	$2x_1 + 6x_2 \leq 60$

셀 D6에 =SUMPRODUCT($B$3:$C$3, B6:C6)를 입력하고 이를 셀 D7에 복사하는 셀 복사 방법을 사용하여도 된다. 본서에서는 위의 표와 같은 개별 입력 방식대신에 셀 복사 방법을 사용하기로 한다.

2) 해 찾기 매개 변수 창

[데이터] → [해 찾기] 메뉴를 실행하여 [해 찾기 매개 변수] 창에서 다음을 수행한다.

① **[목표 설정:(T)]**

목적함수 z의 셀 주소를 지정한다. 여기서는 D3을 지정한다.

② **[대상:]**

최대화 또는 최소화를 지정해 준다. 여기서는 최대값(M)을 지정해 준다.

③ **[변수 셀 변경:(B)]**

의사결정변수의 셀 주소를 지정한다. 여기서는 B3:C3를 지정한다.

④ **[제한 조건에 종속:(U)]**

좌변합계와 우변상수 간의 관계를 지정한다. [추가]를 클릭하여 [제한 조건 추가] 창에서 식 1의 조건인 D6 <= F6을 지정한 다음 [추가]를 클릭한다. 같은 방법으로 식 2의 조건인 D7 <= F7을 지정한 다음 [확인]을 클릭하여 [해 찾기 매개 변수] 창으로 돌아간다.

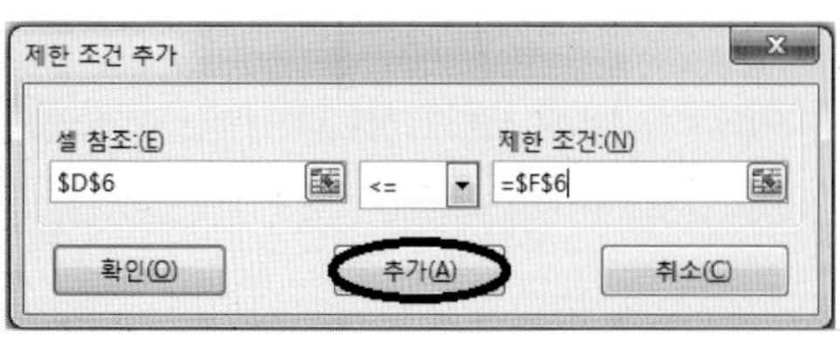

식 1과 2의 부등호가 같으므로 다음과 같이 한꺼번에 식 1과 2의 조건인 D6:D7 < = F6:F7을 지정하여도 된다.

⑤ [제한되지 않는 변수를 음이 아닌 수로 설정(K)]

비음조건을 지정해준다. 여기서는 기본 값을 그대로 사용한다.

⑥ [해법 선택:(E)]

선형계획법을 의미하는 [단순 LP]로 지정한다.

⑦ [해 찾기]

마지막으로 해를 찾기 위해 [해 찾기]를 클릭한다.

3) 결과 창

이상의 과정을 실행하면 다음과 같이 [예제 2-1]의 해를 찾을 수 있다.

	A	B	C	D	E	F	G
1							
2		x1	x2	z			
3	해	18	4	228			
4							
5	최대화	10	12	좌변합계		우변상수	
6	식1	4	2	80	<=	80	
7	식2	2	6	60	<=	60	
8							

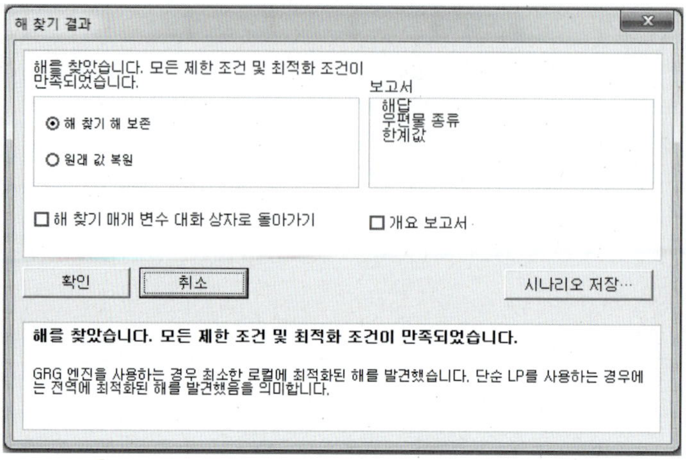

4) 결과 해석

ABC베이커리는 x_1(생크림 케이크) 18개와 x_2(치즈 케이크) 4개를 생산하여 판매하면 228만 원의 z(판매수익)를 얻게 된다. 즉, 최적해는 $x_1 = 18$, $x_2 = 4$, $z = 228$이다. 좌변합계와 우변상수의 값이 80과 60으로 일치하는 것을 볼 수 있다. 이는 주어진 자원인 시간을 전부 사용하였지만 초과하지는 않아 제약조건을 충족시켰다는 것을 알 수 있다.

제 4 절 최소화문제

다음과 같은 [예제 2-2]의 선형계획모형을 통해 최소화문제의 엑셀 해법에 대해 살펴보기로 한다.

x_1 = 점심에 제공할 빵의 수

x_2 = 점심에 제공할 햄의 수

최소화 $z = 12x_1 + 10x_2$ (비용)

제약조건 $2x_1 + x_2 \geq 40$ (섬유질)

$3x_1 + 4x_2 \geq 120$ (단백질)

$x_1, x_2 \geq 0$

1) 입력 창

[예제 2-2]의 최소화문제를 엑셀의 [해 찾기] 메뉴를 이용하여 최적해를 구하기 위해서는 선형계획모형을 다음과 같이 엑셀의 워크시트에 입력한다.

	A	B	C	D	E	F	G
1							
2		x1	x2	z			
3	해			0			
4							
5	최소화	12	10	좌변합계		우변상수	
6	식1	2	1	0	>=	40	
7	식2	3	4	0	>=	120	
8							

해(B3:D3)와 좌변합계(D6:D7)에는 다음과 같이 수식을 입력하고 나머지 부분은 화면에 있는 내용대로 입력한다.

		셀 주소	입력	비고
해	x_1, x_2	B3:C3		
	z	D3	= SUMPRODUCT(B3:C3, B5:C5)	$z = 12x_1 + 10x_2$
좌변합계	식1	D6	= SUMPRODUCT($B$3:$C$3, B6:C6)	$2x_1 + x_2 \geq 40$
	식2	D7	셀 D6를 복사	$3x_1 + 4x_2 \geq 120$

2) 해 찾기 매개 변수 창

[데이터] → [해 찾기] 메뉴를 실행하여 [해 찾기 매개 변수] 창에서 다음을 수행한다.

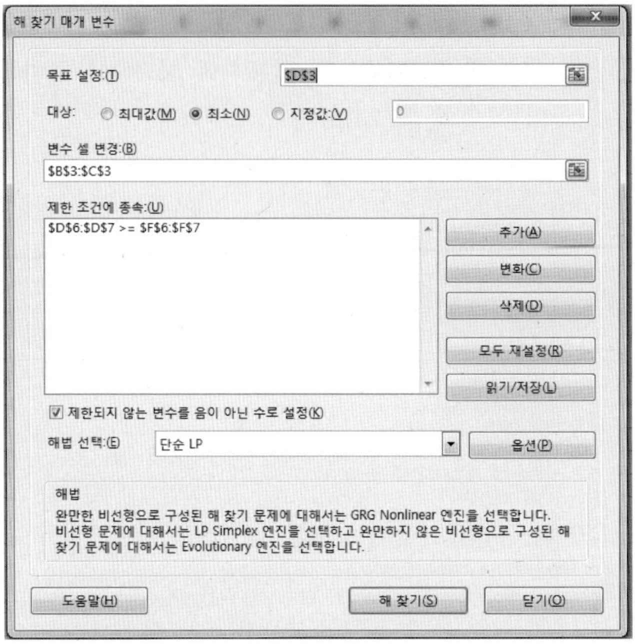

① **[목표 설정:(T)]**

목적함수 z의 셀 주소를 지정한다. 여기서는 D3을 지정한다.

② **[대상:]**

최대화 또는 최소화를 지정해 준다. 여기서는 최소(N)를 지정해 준다.

③ **[변수 셀 변경:(B)]**

의사결정변수의 셀 주소를 지정한다. 여기서는 B3:C3를 지정한다.

④ **[제한 조건에 종속:(U)]**

좌변합계와 우변상수 간의 관계를 지정한다. [추가]를 클릭하고 [제한 조건 추가] 창에서 식 1과 2의 조건인 D6:D7 >= F6:F7을 지정한 다음 [확인]을 클릭하여 [해 찾기 매개 변수] 창으로 돌아간다.

⑤ **[제한되지 않는 변수를 음이 아닌 수로 설정(K)]**

비음조건을 지정해준다. 여기서는 기본 값을 그대로 사용한다.

⑥ [해법 선택:(E)]

선형계획법을 의미하는 [단순 LP]로 지정한다.

⑦ [해 찾기]

마지막으로 해를 찾기 위해 [해 찾기]를 클릭한다.

3) 결과 창

이상의 과정을 실행하면 다음과 같이 [예제 2-2]의 해를 찾을 수 있다.

	A	B	C	D	E	F	G
1							
2		x1	x2	z			
3	해	8	24	336			
4							
5	최소화	12	10	좌변합계		우변상수	
6	식1	2	1	40	>=	40	
7	식2	3	4	120	>=	120	
8							

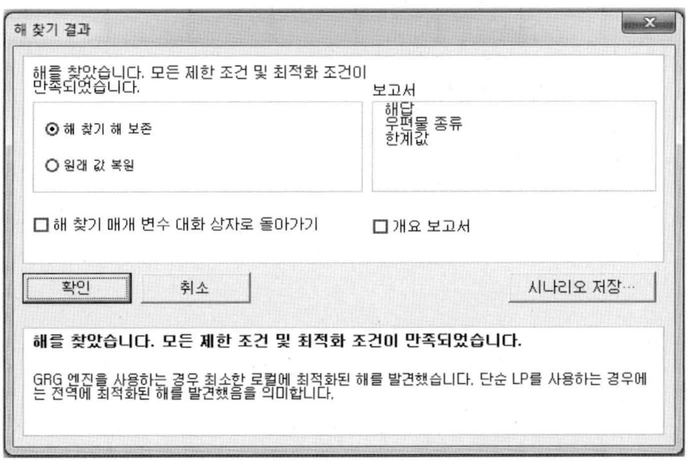

4) 결과 해석

K대학의 영양사는 336원의 비용(z)으로 빵(x_1) 8개와 햄(x_2) 24개를 제공하면 필요 영양분을 최소 비용으로 제공할 수 있다. 즉, 최적해는 $x_1=8$, $x_2=24$, $z=336$이다. 좌변합계와 우변상수의 값이 40과 120으로 일치하는 것을 볼 수 있다. 이는 필요 섭취량을 최소로 제공하지만 미달하지는 않아 제약조건을 충족시켰다는 것을 알 수 있다.

제 5 절 혼합제약식문제

다음과 같은 [예제 2-3]의 선형계획모형을 통해 혼합제약식문제의 엑셀 해법에 대해 살펴보기로 한다.

x_1 = 사료 A의 하루 생산량 (kg)

x_2 = 사료 B의 하루 생산량 (kg)

최대화 $z = 2x_1 + 2x_2$ (이익, 단위: 만원)

제약조건 $2x_1 + 6x_2 \leq 48$ (특수재료)

$6x_1 + 2x_2 \geq 48$ (기부)

$x_1 - x_2 = 8$ (생산규정)

$x_1,\ x_2 \geq 0$

1) 입력 창

[예제 2-3]의 혼합제약식문제를 엑셀의 [해 찾기] 메뉴를 이용하여 최적해를 구하기 위해서는 선형계획모형을 다음과 같이 엑셀의 워크시트에 입력한다.

	A	B	C	D	E	F	G
1							
2		x1	x2	z			
3	해			0			
4							
5	최대화	2	2	좌변합계		우변상수	
6	식1	2	6	0	<=	48	
7	식2	6	2	0	>=	48	
8	식3	1	-1	0	=	8	
9							

해(B3:D3)와 좌변합계(D6:D8)에는 다음과 같이 수식을 입력하고 나머지 부분은 화면에 있는 내용대로 입력한다.

		셀 주소	입력	비고
해	x_1, x_2	B3:C3		
	z	D3	= SUMPRODUCT(B3:C3, B5:C5)	$z = 2x_1 + 2x_2$
좌변합계	식1	D6	= SUMPRODUCT($B$3:$C$3, B6:C6)	$2x_1 + 6x_2 \leq 48$
	식2	D7	셀 D6를 복사	$6x_1 + 2x_2 \geq 48$
	식3	D8	셀 D6를 복사	$x_1 - x_2 = 8$

2) 해 찾기 매개 변수 창

[데이터] → [해 찾기] 메뉴를 실행하여 [해 찾기 매개 변수] 창에서 다음을 수행한다.

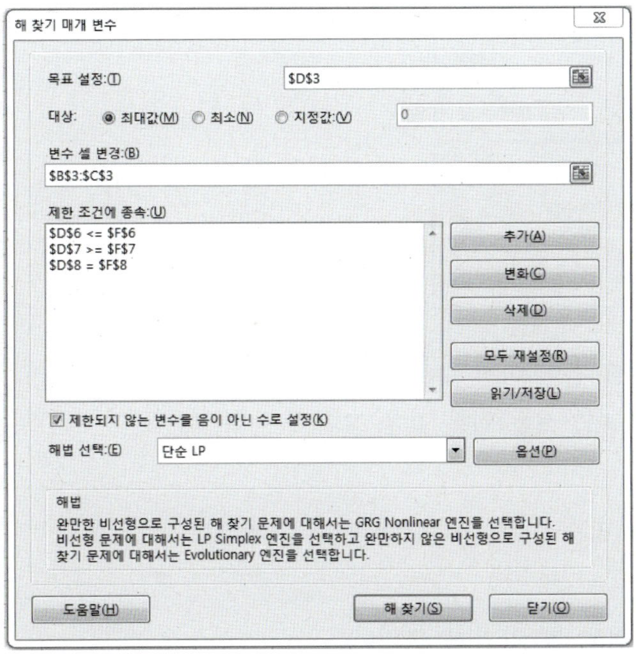

① [목표 설정:(T)]

목적함수 z의 셀 주소를 지정한다. 여기서는 D3을 지정한다.

② [대상:]

최대화 또는 최소화를 지정해 준다. 여기서는 최대값(M)을 지정해 준다.

③ [변수 셀 변경:(B)]

의사결정변수의 셀 주소를 지정한다. 여기서는 B3:C3를 지정한다.

④ [제한 조건에 종속:(U)]

좌변합계와 우변상수 간의 관계를 지정한다. [추가]를 클릭하고 [제한 조건 추가] 창에서 식 1의 조건인 D6 <= F6을 지정한다. 다시 [추가]를 클릭하여 식 2의 조건인 D7 >= F7을 지정한다. 다시 [추가]를 클릭하여 식 3의 조건인 D8 = F8을 지정한 다음 [확인]을 클릭하여 [해 찾기 매개 변수] 창으로 돌아간다.

⑤ [제한되지 않는 변수를 음이 아닌 수로 설정(K)]

비음조건을 지정해준다. 여기서는 기본 값을 그대로 사용한다.

⑥ [해법 선택:(E)]

선형계획법을 의미하는 [단순 LP]로 지정한다.

⑦ [해 찾기]

마지막으로 해를 찾기 위해 [해 찾기]를 클릭한다.

3) 결과 창

이상의 과정을 실행하면 다음과 같이 [예제 2-3]의 해를 찾을 수 있다.

	A	B	C	D	E	F	G
1							
2		x1	x2	z			
3	해	12	4	32			
4							
5	최대화	2	2	좌변합계		우변상수	
6	식1	2	6	48	<=	48	
7	식2	6	2	80	>=	48	
8	식3	1	-1	8	=	8	
9							

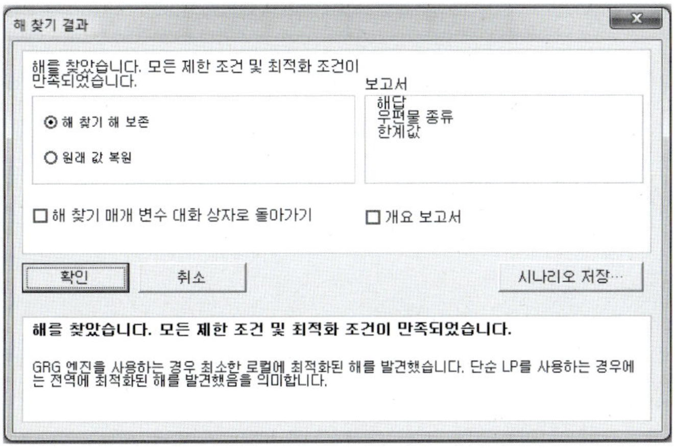

4) 결과 해석

XYZ사료는 사료 A(x_1)를 12kg을 사료 B(x_2)를 4kg을 생산하면 32만 원의 이익(z)을 창출할 수 있다. 즉, 최적해는 $x_1=12$, $x_2=4$, $z=32$이다. 식 1과 3의 좌변합계와 우변상수는 일치하지만 식 2는 일치하지 않는다. 하지만 모든 제약조건을 충족시켰다는 것을 알 수 있다.

제6절 특수한 경우

1 실행불가능해

제2장에서 살펴 본 실행불가능해의 선형계획모형은 다음과 같다.

$$
\begin{aligned}
\text{최대화} \quad & z = 4x_1 + 6x_2 \\
\text{제약조건} \quad & x_1 \geq 4 \\
& x_2 \geq 6 \\
& 2x_1 + x_2 \leq 4 \\
& x_1,\ x_2 \geq 0
\end{aligned}
$$

1) 입력 창

실행불가능해를 갖는 문제를 엑셀의 [해 찾기] 메뉴를 이용하여 해를 구하기 위해서는 선형계획모형을 다음과 같이 엑셀의 워크시트에 입력한다.

	A	B	C	D	E	F	G
1							
2		x1	x2	z			
3	해			0			
4							
5	최대화	4	6	좌변합계		우변상수	
6	식1	1		0	>=	4	
7	식2		1	0	>=	6	
8	식3	2	1	0	<=	4	
9							
10							

해(B3:D3)와 좌변합계(D6:D8)에는 다음과 같이 수식을 입력하고 나머지 부분은 화면에 있는 내용대로 입력한다.

		셀 주소	입력	비고
해	$x_1,\ x_2$	B3:C3		
	z	D3	= SUMPRODUCT(B3:C3, B5:C5)	$z = 4x_1 + 6x_2$
좌변합계	식1	D6	= SUMPRODUCT($B$3:$C$3, B6:C6)	$x_1 \geq 4$
	식2	D7	셀 D6를 복사	$x_2 \geq 6$
	식3	D8	셀 D6를 복사	$2x_1 + x_2 \leq 4$

2) 해 찾기 매개 변수 창

[데이터] → [해 찾기] 메뉴를 실행하여 [해 찾기 매개 변수] 창에서 다음을 수행한다.

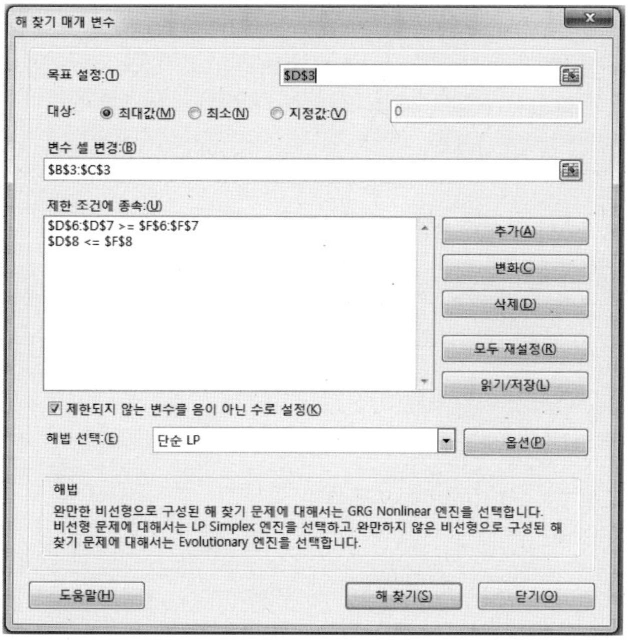

① [목표 설정:(T)]

목적함수 z의 셀 주소를 지정한다. 여기서는 D3을 지정한다.

② [대상:]

최대화 또는 최소화를 지정해 준다. 여기서는 최대값(M)을 지정해 준다.

③ [변수 셀 변경:(B)]

의사결정변수의 셀 주소를 지정한다. 여기서는 B3:C3를 지정한다.

④ [제한 조건에 종속:(U)]

좌변합계와 우변상수 간의 관계를 지정한다. [추가]를 클릭하고 [제한 조건 추가] 창에서 식 1과 2의 조건인 D6:D7 >= F6:F7을 지정한다. 다시 [추가]를 클릭하여 식 3의 조건인 D8 <= F8을 지정한 다음 [확인]을 클릭하여 [해 찾기 매개 변수] 창으로 돌아간다.

⑤ [제한되지 않는 변수를 음이 아닌 수로 설정(K)]

비음조건을 지정해준다. 여기서는 기본 값을 그대로 사용한다.

⑥ [해법 선택:(E)]

선형계획법을 의미하는 [단순 LP]로 지정한다.

⑦ [해 찾기]

마지막으로 해를 찾기 위해 [해 찾기]를 클릭한다.

3) 결과 창

엑셀에서 실행불가능해의 경우에는 '최적해를 찾지 못했습니다'라는 문구를 다음과 같이 보여준다.

	A	B	C	D	E	F	G
1							
2		x1	x2	z			
3	해	0	4	24			
4							
5	최대화	4	6	좌변합계		우변상수	
6	식1	1		0	>=	4	
7	식2		1	4	>=	6	
8	식3	2	1	4	<=	4	
9							

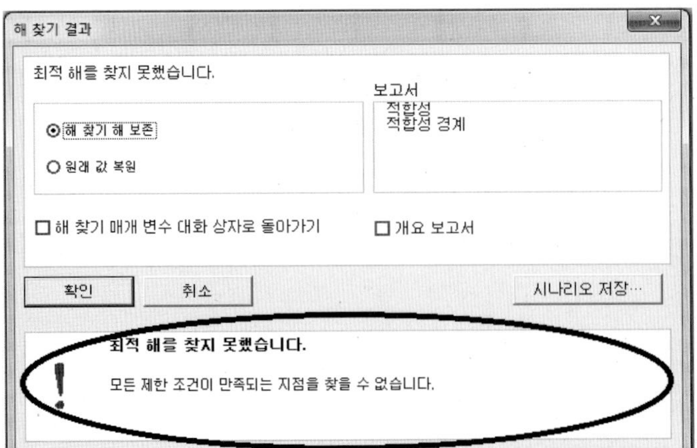

2 무한해

제2장에서 살펴 본 무한해의 선형계획모형은 다음과 같다.

최대화 $z = 3x_1 + 3x_2$

제약조건 $-x_1 + x_2 \leq 10$

$x_1 \geq 20$

$x_2 \geq 10$

$x_1, x_2 \geq 0$

1) 입력 창

무한해를 갖는 문제를 엑셀의 [해 찾기] 메뉴를 이용하여 해를 구하기 위해서는 선형계획모형을 다음과 같이 엑셀의 워크시트에 입력한다.

	A	B	C	D	E	F	G
1							
2		x1	x2	z			
3	해			0			
4							
5	최대화	3	3	좌변합계		우변상수	
6	식1	-1	1	0	<=	10	
7	식2	1		0	>=	20	
8	식3		1	0	>=	10	
9							

해(B3:D3)와 좌변합계(D6:D8)에는 다음과 같이 수식을 입력하고 나머지 부분은 화면에 있는 내용대로 입력한다.

		셀 주소	입력	비고
해	x_1, x_2	B3:C3		
	z	D3	= SUMPRODUCT(B3:C3, B5:C5)	$z = 3x_1 + 3x_2$
좌변합계	식1	D6	= SUMPRODUCT($B$3:$C$3, B6:C6)	$-x_1 + x_2 \leq 10$
	식2	D7	셀 D6를 복사	$x_1 \geq 20$
	식3	D8	셀 D6를 복사	$x_2 \geq 10$

2) 해 찾기 매개 변수 창

[데이터] → [해 찾기] 메뉴를 실행하여 [해 찾기 매개 변수] 창에서 다음을 수행한다.

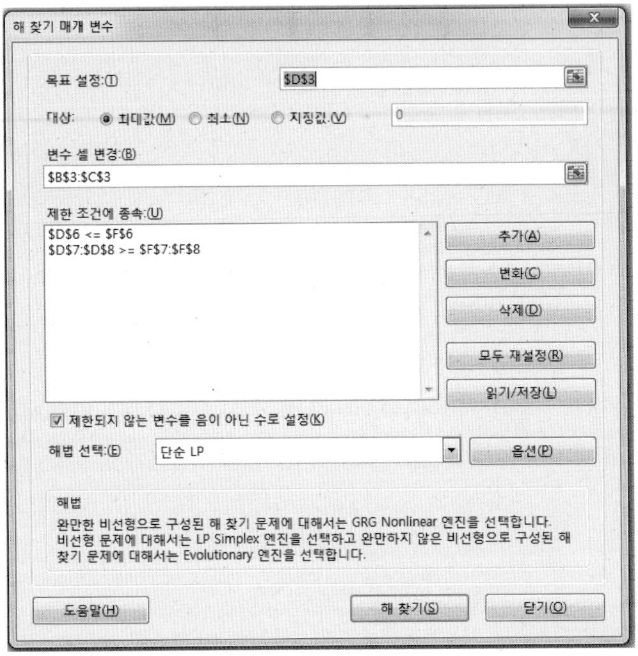

① [목표 설정:(T)]

목적함수 z의 셀 주소를 지정한다. 여기서는 D3을 지정한다.

② [대상:]

최대화 또는 최소화를 지정해 준다. 여기서는 최대값(M)을 지정해 준다.

③ [변수 셀 변경:(B)]

의사결정변수의 셀 주소를 지정한다. 여기서는 B3:C3를 지정한다.

④ [제한 조건에 종속:(U)]

좌변합계와 우변상수 간의 관계를 지정한다. [추가]를 클릭하고 [제한 조건 추가] 창에서 식 1의 조건인 D6 <= F6을 지정한다. 다시 [추가]를 클릭하여 식 2와 3의 조건인 D7:D8 >= F7:F8을 지정한 다음 [확인]을 클릭하여 [해 찾기 매개 변수] 창으로 돌아간다.

⑤ **[제한되지 않는 변수를 음이 아닌 수로 설정(K)]**

비음조건을 지정해준다. 여기서는 기본 값을 그대로 사용한다.

⑥ **[해법 선택:(E)]**

선형계획법을 의미하는 [단순 LP]로 지정한다.

⑦ **[해 찾기]**

마지막으로 해를 찾기 위해 [해 찾기]를 클릭한다.

3) 결과 창

엑셀에서 무한해의 경우에는 '목표 셀 값이 수렴하지 않습니다'라는 문구를 다음과 같이 보여준다.

	A	B	C	D	E	F	G
1							
2		x1	x2	z			
3	해	20	10	90			
4							
5	최대화	3	3	좌변합계		우변상수	
6	식1	-1	1	-10	<=	10	
7	식2	1		20	>=	20	
8	식3		1	10	>=	10	
9							

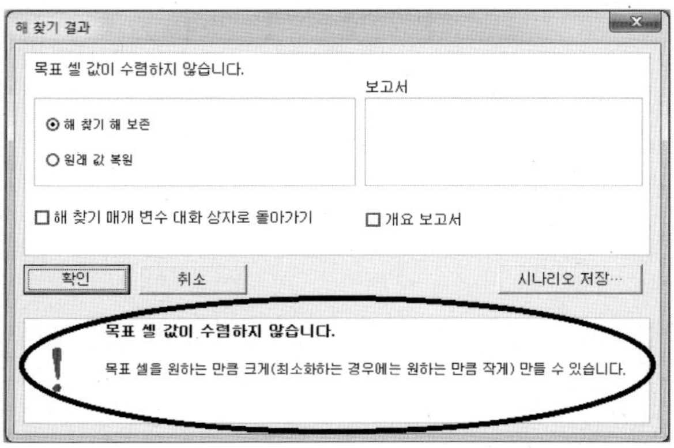

3 복수해

제2장에서 살펴 본 복수해의 선형계획모형은 다음과 같다.

$$
\begin{array}{ll}
\text{최대화} & z = 4x_1 + 3x_2 \\
\text{제약조건} & x_1 + 2x_2 \le 4 \\
 & 8x_1 + 6x_2 \le 24 \\
 & x_1,\ x_2 \ge 0
\end{array}
$$

1) 입력 창

복수해를 갖는 문제를 엑셀의 [해 찾기] 메뉴를 이용하여 해를 구하기 위해서는 선형계획모형을 다음과 같이 엑셀의 워크시트에 입력한다.

	A	B	C	D	E	F	G
1							
2		x1	x2	z			
3	해			0			
4							
5	최대화	4	3	좌변합계		우변상수	
6	식1	1	2	0	<=	4	
7	식2	8	6	0	<=	24	
8							

해(B3:D3)와 좌변합계(D6:D7)에는 다음과 같이 수식을 입력하고 나머지 부분은 화면에 있는 내용대로 입력한다.

		셀 주소	입력	비고
해	$x_1,\ x_2$	B3:C3		
	z	D3	= SUMPRODUCT(B3:C3, B5:C5)	$z = 4x_1 + 3x_2$
좌변합계	식1	D6	= SUMPRODUCT($B$3:$C$3, B6:C6)	$x_1 + 2x_2 \le 4$
	식2	D7	셀 D6를 복사	$8x_1 + 6x_2 \le 24$

2) 해 찾기 매개 변수 창

[데이터] → [해 찾기] 메뉴를 실행하여 [해 찾기 매개 변수] 창에서 다음을 수행한다.

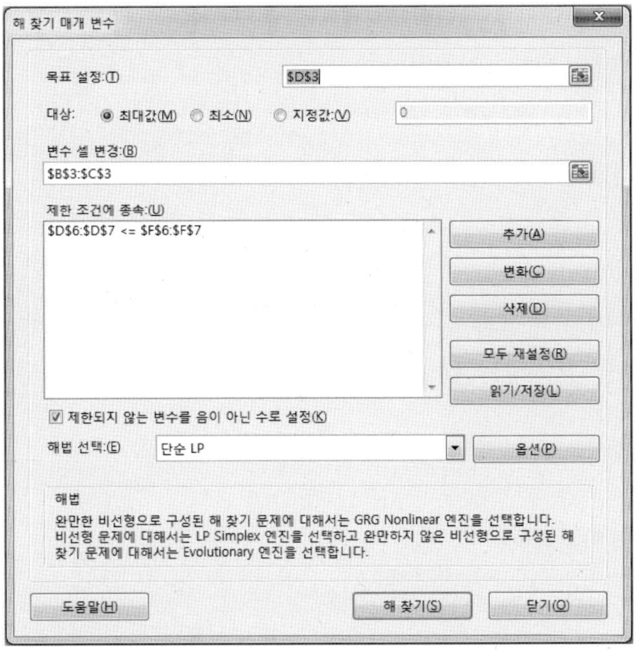

① **[목표 설정:(T)]**

목적함수 z의 셀 주소를 지정한다. 여기서는 D3을 지정한다.

② **[대상:]**

최대화 또는 최소화를 지정해 준다. 여기서는 최대값(M)을 지정해 준다.

③ **[변수 셀 변경:(B)]**

의사결정변수의 셀 주소를 지정한다. 여기서는 B3:C3를 지정한다.

④ **[제한 조건에 종속:(U)]**

좌변합계와 우변상수 간의 관계를 지정한다. [추가]를 클릭하고 [제한 조건 추가] 창에서 식 1과 2의 조건인 D6:D7 < = F6:F7을 지정한 다음 [확인]을 클릭하여 [해 찾기 매개 변수] 창으로 돌아간다.

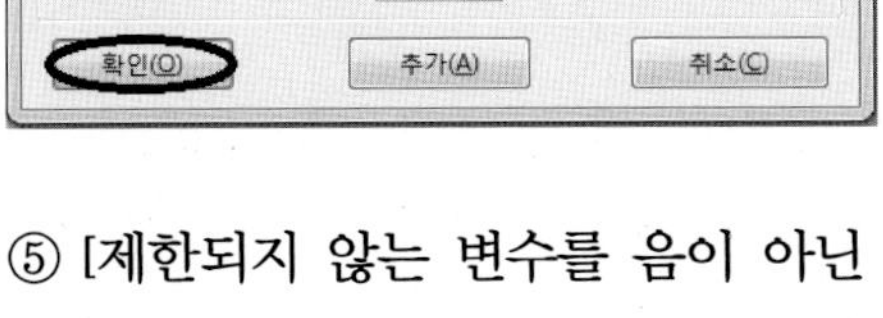

⑤ **[제한되지 않는 변수를 음이 아닌 수로 설정(K)]**

비음조건을 지정해준다. 여기서는 기본 값을 그대로 사용한다.

⑥ **[해법 선택:(E)]**

선형계획법을 의미하는 [단순 LP]로 지정한다.

⑦ **[해 찾기]**

마지막으로 해를 찾기 위해 [해 찾기]를 클릭한다.

3) 결과 창

엑셀에서는 다수의 해 중에서 다음과 같이 하나의 해만 보여주므로 최적해가 하나의 해를 갖는지 다수의 해를 갖는지는 알 수 없다.

	A	B	C	D	E	F	G
1							
2		x1	x2	z			
3	해	3	0	12			
4							
5	최대화	4	3	좌변합계		우변상수	
6	식1	1	2	3	<=	4	
7	식2	8	6	24	<=	24	
8							

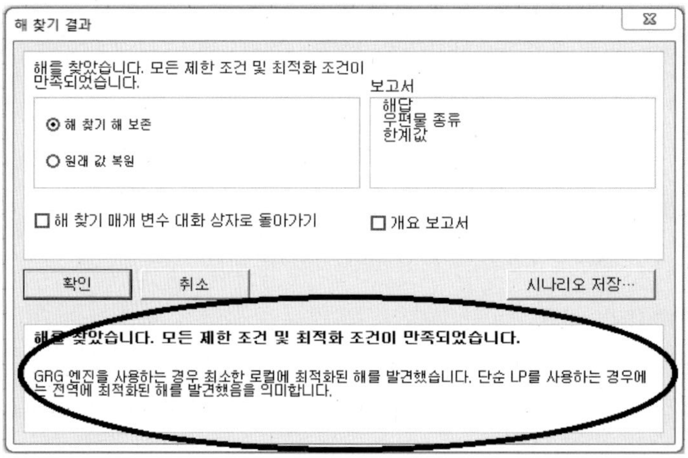

연습문제

1. 다음의 선형계획문제를 엑셀 해법을 사용하여 최적해를 구하라.

최대화 $z = x_1 + 5x_2$

제약조건 $2x_1 + 10x_2 \leq 20$

$2x_1 + 5x_2 \leq 20$

$x_1,\ x_2 \geq 0$

2. 다음의 선형계획문제를 엑셀 해법을 사용하여 최적해를 구하라.

최소화 $z = 5x_1 + 10x_2$

제약조건 $4x_1 + 2x_2 \leq 30$

$2x_1 + 5x_2 \leq 20$

$x_1 - x_2 \geq 5$

$x_1,\ x_2 \geq 0$

3. 다음의 선형계획문제를 엑셀 해법을 사용하여 최적해를 구하라.

최소화 $z = 10x_1 + 13x_2$

제약조건 $3x_1 + 5x_2 \geq 5$

$-2x_1 + 4x_2 = 8$

$4x_1 + 4x_2 \leq 8$

$x_1,\ x_2 \geq 0$

4. 다음의 선형계획문제를 엑셀 해법을 사용하여 최적해를 구하라.

최대화 $z = 6x_1 + 8x_2$

제약조건 $4x_1 + 6x_2 \leq 8$

$6x_1 + 4x_2 \leq 9$

$x_1,\ x_2 \geq 0$

5. 다음의 선형계획문제를 엑셀 해법을 사용하여 최적해를 구하라.

최소화 $z = 5x_1 + 9x_2$

제약조건 $4x_1 + 2x_2 \geq 40$

$2x_1 + 6x_2 \geq 60$

$2x_1 - x_2 = 0$

$x_1,\ x_2 \geq 0$

6. 다음의 선형계획문제를 엑셀 해법을 사용하여 최적해를 구하라.

최대화 $z = 3x_1 + 2x_2$

제약조건 $x_1 + x_2 \geq 10$

$x_1 + x_2 \leq 10$

$x_1 \geq 10$

$x_1,\ x_2 \geq 0$

7. 다음의 선형계획문제를 엑셀 해법을 사용하여 최적해를 구하라.

최대화 $z = x_1 + 2x_2$

제약조건 $2x_1 + x_2 \geq 10$

$x_1 + 2x_2 \geq 10$

$x_1 - 2x_2 = 10$

$x_1,\ x_2 \geq 0$

8. 다음의 선형계획문제를 엑셀 해법을 사용하여 최적해를 구하라.

최대화 $z = 2x_1 + 4x_2$

제약조건 $4x_1 + 2x_2 \leq 20$

$2x_1 + 4x_2 \leq 32$

$x_1,\ x_2 \geq 0$

9. 다음의 선형계획문제를 엑셀 해법을 사용하여 최적해를 구하라.

최소화 $z = 2x_1 + 4x_2$

제약조건 $4x_1 + 2x_2 \geq 20$

$2x_1 + 4x_2 \geq 32$

$x_1,\ x_2 \geq 0$

10. 다음의 선형계획문제를 엑셀 해법을 사용하여 최적해를 구하라.

최대화 $z = x_1 + 2x_2$

제약조건 $2x_1 + x_2 \le 10$

$x_1 + 2x_2 \le 10$

$x_1 - 2x_2 \le 10$

$x_1,\ x_2 \ge 0$

11. 다음의 선형계획문제를 엑셀 해법을 사용하여 최적해를 구하라.

최대화 $z = 3x_1 + 2x_2 + 4x_3$

제약조건 $4x_1 + x_2 + 3x_3 \le 10$

$x_1 + 4x_2 + 2x_3 \le 10$

$2x_1 + 2x_2 + 2x_3 \le 10$

$x_1,\ x_2,\ x_3 \ge 0$

12. 다음의 선형계획문제를 엑셀 해법을 사용하여 최적해를 구하라.

최소화 $z = 4x_1 + 5x_2 + 4x_3$

제약조건 $4x_1 + 2x_2 + 3x_3 \le 20$

$3x_1 + 6x_2 + 5x_3 \le 24$

$5x_1 + 3x_2 + 4x_3 \ge 15$

$x_1,\ x_2,\ x_3 \ge 0$

13. 다음의 선형계획문제를 엑셀 해법을 사용하여 최적해를 구하라.

최대화 $z = x_1 + 3x_2 + 4x_3$

제약조건 $x_1 + 4x_2 + 3x_3 \le 24$

$x_1 - x_2 + 2x_3 = 8$

$2x_1 + x_2 + 3x_3 \ge 20$

$x_1,\ x_2,\ x_3 \ge 0$

14. 다음의 선형계획문제를 엑셀 해법을 사용하여 최적해를 구하라.

최소화 $z = 3x_1 + x_2 + 2x_3$

제약조건 $x_1 + 2x_2 + 3x_3 \ge 24$

$x_1 + 3x_2 + 2x_3 \le 24$

$x_1,\ x_2,\ x_3 \ge 0$

15. 다음의 선형계획문제를 엑셀 해법을 사용하여 최적해를 구하라.

$$
\begin{aligned}
\text{최소화} \quad & z = 2x_1 + x_2 + 2x_3 \\
\text{제약조건} \quad & 6x_1 + 6x_2 + 6x_3 \geq 12 \\
& 4x_1 - 2x_2 + 3x_3 = 12 \\
& 2x_1 + 2x_2 + x_3 \leq 12 \\
& x_1,\ x_2,\ x_3 \geq 0
\end{aligned}
$$

16. 다음의 선형계획문제를 엑셀 해법을 사용하여 최적해를 구하라.

$$
\begin{aligned}
\text{최대화} \quad & z = 2x_1 + 4x_2 + 3x_3 \\
\text{제약조건} \quad & 3x_1 + 2x_2 + 3x_3 \leq 9 \\
& 2x_1 + 3x_2 + 4x_3 \leq 9 \\
& 3x_1 + 2x_2 + 4x_3 \geq 9 \\
& x_1,\ x_2,\ x_3 \geq 0
\end{aligned}
$$

17. 다음의 선형계획문제를 엑셀 해법을 사용하여 최적해를 구하라.

$$
\begin{aligned}
\text{최소화} \quad & z = 4x_1 + 3x_2 + 2x_3 \\
\text{제약조건} \quad & 2x_1 + 5x_2 + x_3 \leq 12 \\
& x_1 + 3x_2 + 2x_3 \geq 12 \\
& x_1 + 2x_2 + 3x_3 = 12 \\
& x_1,\ x_2,\ x_3 \geq 0
\end{aligned}
$$

18. 다음의 선형계획문제를 엑셀 해법을 사용하여 최적해를 구하라.

$$
\begin{aligned}
\text{최대화} \quad & z = 3x_1 + 2x_2 + 4x_3 \\
\text{제약조건} \quad & 2x_1 + x_2 + 3x_3 \geq 10 \\
& 3x_1 + 2x_2 + 3x_3 \geq 10 \\
& x_1 + 2x_3 \geq 10 \\
& x_1,\ x_2,\ x_3 \geq 0
\end{aligned}
$$

19. 다음의 선형계획문제를 엑셀 해법을 사용하여 최적해를 구하라.

$$
\begin{aligned}
\text{최대화} \quad & z = 4x_1 + 3x_2 + 2x_3 \\
\text{제약조건} \quad & 3x_1 + x_2 + 2x_3 \leq 12 \\
& 4x_1 + 3x_2 + 2x_3 \leq 12 \\
& 3x_1 + 2x_2 + x_3 \leq 12 \\
& x_1,\ x_2,\ x_3 \geq 0
\end{aligned}
$$

CHAPTER

04

선형계획법: 응용

제 1 절 서론

지금까지 제조, 유통, 수송, 금융, 의료, 교육, 군사 등의 영리 또는 비영리 조직의 생산계획, 투사결성, 재고관리, 시장조사, 제품혼합, 일정계획, 수송계획, 할당계획, 인력관리 등에 선형계획법이 응용되어 왔다. 이처럼 현실의 다양한 의사결정문제에 성공적으로 적용된 선형계획법은 경제이론개발에도 큰 영향을 미쳐 쿠프만스(Koopmans)와 칸토로비치(Kantorovich)가 선형계획법을 바탕으로 한 자원의 적정배분이론에 대한 공로로 1975년도 노벨 경제학상 공동 수상자로 선정되기도 하였다. 이러한 선형계획법은 기업의 단일 목표(single objective) 달성을 위하여 한정된 자원을 최적 배분해야 하는 의사결정을 위해 사용되는 융통성 있는 수리적 기법이다.

본 장에서는 인력배치문제, 생산계획문제, 포토폴리오구성문제, 제품선택문제, 혼합문제, 표본선택문제, 생산 및 재고문제 등과 같은 이미 개발된 표준적인 선형계획문제의 모형화와 해 찾기에 대해 살펴보기로 한다. 여러 가지 유형의 응용 사례를 살펴봄으로써 선형계획법으로 실제 의사결정문제를 모형화하고 엑셀로 해를 구하는 능력을 증진할 수 있을 것이다.

제 2 절 인력배치문제

인력배치문제(employee scheduling problem)는 시간대별로 근무해야 할 인원이 서로 다른 경우에 각 근무 시간대별로 배치해야 할 인원을 결정하는 문제이다. 보통 낮보다는 야간이나 새벽의 근무 수당이 많으므로 근무 시간대별로 배치하는 인원에 따라 지급해야 할 임금에 차이가 나기 때문에 인력배치문제는 중요하다. 지급해야 할 임금을 최소화하면서 각 시간대별로 필요한 인원을 구하는 문제가 인력배치문제이다. 다음의 예제를 통해 인력배치문제에 대한 선형계획모형과 엑셀 해법에 대해 살펴보기로 한다.

예제 4-1

하루 24시간 영업하는 동원분식에 방문하는 손님의 수는 시간대별로 변동이 크므로 이에 따라 필요한 종업원의 수도 시간대별로 차이가 있다. 하루 24시간 영업을 위해 동원분식의 종업원들은 매 4시간마다 6개의 근무조가 차례로 근무한다. 각 근무조에 속한 종업원은 8시간 동안 연속해서 근무해야 하는 데 근무조별 근무시간은 다음과 같다.

근무조	근무시간대	근무시간
1	02~10	새벽 2시 ~ 오전 10시
2	06~14	새벽 6시 ~ 오후 2시
3	10~18	오전 10시 ~ 오후 6시
4	14~22	오후 2시 ~ 오후 10시
5	18~02	오후 6시 ~ 새벽 2시
6	22~06	오후 10시 ~ 새벽 6시

동원분식이 매 4시간마다 필요로 하는 최소 종업원 수와 시간당 임금을 추정한 결과는 다음과 같다.

시간대	최소 종업원 수(명)	시간당 임금(만원)
02~06	15	1.5
06~10	30	1.3
10~14	40	1.0
14~18	30	1.0
18~22	20	1.2
22~02	10	1.3

동원분식은 6개의 근무조에 지불할 총임금을 최소화하는 시간대별 종업원의 수를 결정하고자 한다.

1 선형계획모형

[예제 4-1]의 선형계획모형을 작성하는 절차는 다음과 같다.

1) 의사결정변수

동원분식은 각 시간대에 근무할 종업원 수를 결정해야 하므로 의사결정변수는 다음과 같이 6개로 정의된다.

x_1 = 1번 근무조에 배치할 종업원 수

x_2 = 2번 근무조에 배치할 종업원 수

x_3 = 3번 근무조에 배치할 종업원 수

x_4 = 4번 근무조에 배치할 종업원 수

x_5 = 5번 근무조에 배치할 종업원 수

x_6 = 6번 근무조에 배치할 종업원 수

이를 도식화하면 [그림 4-1]와 같다. [그림 4-1]에서 x_1은 1번 근무조(새벽 2시에 출근하여 오전 10시까지 근무)에 배치할 종업원의 수이다. x_2는 2번 근무조(새벽 6시에 출근하여 오후 2시까지 근무)에 배치할 종업원의 수이다. 한편 x_6는 6번 근무조(오후 10시에 출근하여 새벽 6시까지 근무)에 배치할 종업원의 수이다. 나머지 근무조에 배치할 종업원의 수도 마찬가지로 정의될 수 있다.

2) 목적함수

목적함수식은 6개의 근무조에 지불할 전체 임금을 최소화하는 것이므로 다음과 같이 표현한다.

$$\text{최소화} \quad z = 11.2x_1 + 9.2x_2 + 8x_3 + 8.8x_4 + 10x_5 + 11.2x_6$$

예를 들어, 근무조 1은 새벽 2시에 출근하여 오전 10시까지 근무하므로 새벽 2시

그림 4-1 근무조에 대한 의사결정변수

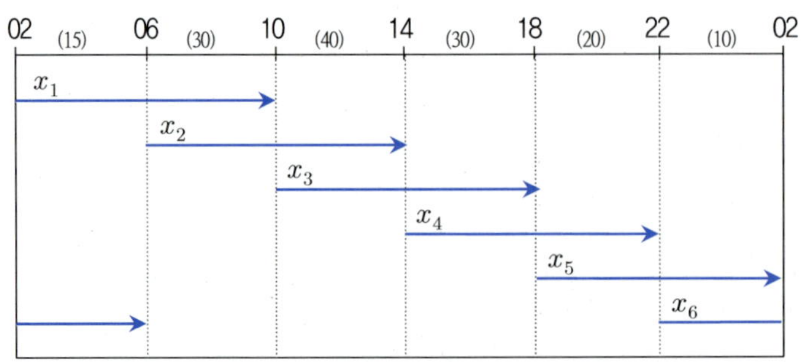

부터 새벽 6시까지의 임금(1.5×4=6)에다 새벽 6시부터 오전 10시까지의 임금(1.3×4=5.2)을 합한 11.2만 원을 받는다. 따라서 근무조 1의 총임금은 근무시간대 임금 11.2에다 종업원 수(x_1)를 곱한 $11.2x_1$이 된다. 나머지 근무조의 임금도 같은 방법으로 나타낼 수 있다.

3) 제약식

동원분식의 제약조건은 각 시간대별로 필요한 최소 종업원의 수를 충족시켜야 한다는 것이다. [그림 4-1]에서처럼 새벽 2시에서 새벽 6시까지 필요로 하는 종업원 15명은 6번 근무조와 1번 근무조의 종업원으로 충당한다.

$x_6 + x_1 \geq 15$ (새벽 2시~새벽 6시)

새벽 6시에서 오전 10시까지 필요로 하는 종업원 30명은 1번 근무조와 2번 근무조의 종업원으로 충당한다.

$x_1 + x_2 \geq 30$ (새벽 6시~오전 10시)

오전 10시에서 오후 2시까지 필요로 하는 종업원 40명은 2번 근무조와 3번 근무조의 종업원으로 충당한다.

$x_2 + x_3 \geq 40$ (오전 10시~오후 2시)

같은 논리로 나머지 시간대에 관한 조건을 식으로 나타내면 다음과 같다.

$x_3 + x_4 \geq 30$ (오후 2시~오후 6시)
$x_4 + x_5 \geq 20$ (오후 6시~오후 10시)
$x_5 + x_6 \geq 10$ (오후 10시~새벽 2시)

4) 비음조건

마지막으로 각 시간대에 근무할 종업원 수는 음수가 될 수 없다는 비음조건을 추가한다.

$x_i \geq 0, (i=1, 2, 3, 4, 5, 6)$

5) 완성된 선형계획모형

이상을 종합하여 [예제 4-1]의 선형계획모형을 완성하면 아래와 같다.

$$\begin{aligned} \text{최소화} \quad & z = 11.2x_1 + 9.2x_2 + 8x_3 + 8.8x_4 + 10x_5 + 11.2x_6 \\ \text{제약조건} \quad & x_6 + x_1 \geq 15 \\ & x_1 + x_2 \geq 30 \\ & x_2 + x_3 \geq 40 \\ & x_3 + x_4 \geq 30 \\ & x_4 + x_5 \geq 20 \\ & x_5 + x_6 \geq 10 \\ & x_i \geq 0, \ (i=1, 2, 3, 4, 5, 6) \end{aligned}$$

2 엑셀 해법

[예제 4-1]의 선형계획모형에 대한 해를 엑셀로 찾는 절차는 다음과 같다.

1) 입력 창

엑셀의 [해 찾기] 메뉴를 이용하여 최적해를 구하기 위해서는 선형계획모형을 다음과 같이 엑셀의 워크시트에 입력한다.

	A	B	C	D	E	F	G	H	I	J	K
1											
2		x1	x2	x3	x4	x5	x6	z			
3	해							0			
4											
5	최소화	11.2	9.2	8	8.8	10	11.2	좌변합계		우변상수	
6	식1	1					1	0	>=	15	
7	식2	1	1					0	>=	30	
8	식3		1	1				0	>=	40	
9	식4			1	1			0	>=	30	
10	식5				1	1		0	>=	20	
11	식6					1	1	0	>=	10	
12											

해(B3:H3)와 좌변합계(H6:H11)에는 다음과 같이 수식을 입력하고 나머지 부분은 화면에 있는 내용대로 입력한다.

		셀 주소	입력
해	x_i	B3:G3	
	z	H3	= SUMPRODUCT(B3:G3, B5:G5)
좌변합계	식1	H6	= SUMPRODUCT($B$3:$G$3, B6:G6)
	식2~6	H7:H11	셀 H6를 복사

2) 해 찾기 매개 변수 창

[데이터] → [해 찾기] 메뉴를 실행하여 [해 찾기 매개 변수] 창에서 다음을 수행한다.

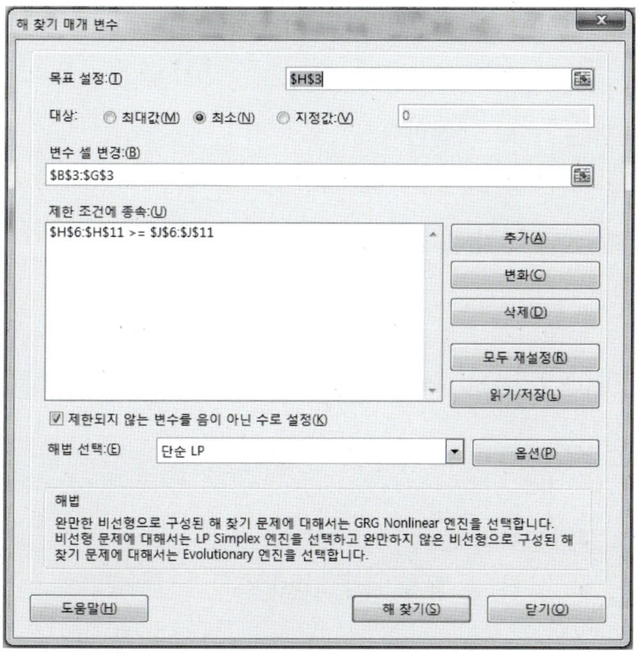

① [목표 설정:(T)]

목적함수 z의 셀 주소를 지정한다. 여기서는 H3을 입력한다.

② [대상:]

최대화 또는 최소화를 지정해 준다. 여기서는 최소(N)를 지정해 준다.

③ [변수 셀 변경:(B)]

의사결정변수의 셀 주소를 지정한다. 여기서는 B3:G3를 지정한다.

④ [제한 조건에 종속:(U)]

좌변합계와 우변상수 간의 관계를 지정한다. 여기서는 식 1에서 6까지의 부등호가 모두 같으므로 [추가]를 클릭하여 [제한 조건 추가] 창이 나타나면 H6:H11 >= J6:J11을 지정한 다음 [확인]을 클릭하여 [해 찾기 매개 변수] 창으로 돌아간다.

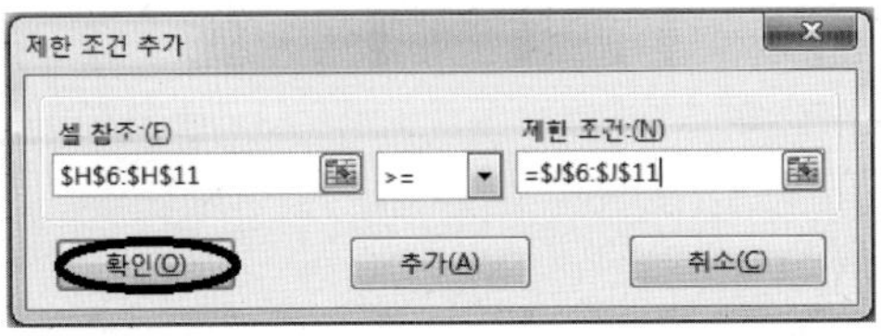

⑤ **[제한되지 않는 변수를 음이 아닌 수로 설정(K)]**

비음조건을 지정해준다. 여기서는 기본 값을 그대로 사용한다.

⑥ **[해법 선택:(E)]**

선형계획법을 의미하는 [단순 LP]로 지정한다.

⑦ **[해 찾기]**

마지막으로 해를 찾기 위해 [해 찾기]를 클릭한다.

3) 결과 창

이상의 과정을 실행하면 다음과 같이 [예제 4-1]의 최적해를 찾을 수 있다.

	A	B	C	D	E	F	G	H	I	J	K
1											
2		x1	x2	x3	x4	x5	x6	z			
3	해	15	15	25	10	10	0	694			
4											
5	최소화	11.2	9.2	8	8.8	10	11.2	좌변합계		우변상수	
6	식1	1					1	15	>=	15	
7	식2	1	1					30	>=	30	
8	식3		1	1				40	>=	40	
9	식4			1	1			35	>=	30	
10	식5				1	1		20	>=	20	
11	식6					1	1	10	>=	10	
12											

4) 결과 해석

동원분식은 근무조 1에 15명, 근무조 2에 15명, 근무조 3에 25명, 근무조 4에 10명, 근무조 5에 10명을 배치함으로써 임금(z)을 694만 원으로 최소화할 수 있다. 즉, 최적해는 $x_1=15$, $x_2=15$, $x_3=25$, $x_4=10$, $x_5=10$, $x_6=0$, $z=694$이다.

제 3 절 생산계획문제

생산계획문제는 여러 대의 기계를 사용하여 여러 가지 종류의 제품을 생산하는 경우에 어느 기계를 어느 제품의 생산에 할당할 것인가를 결정하는 문제이다. 왜냐하면 기계의 성능차이로 인해 기계별로 각 제품의 단위당 생산비용이나 단위당 생산시간이 달라질 수 있기 때문이다. 다음 예제를 통해 생산계획문제에 대한 선형계획모형과 엑셀 해법에 대해 살펴보기로 한다.

예제 4-2

국제전자는 두 종류의 기계를 이용하여 세 가지 제품을 생산하고 있다. 국제전자의 생산담당자는 어느 기계를 사용하여 어느 제품을 생산하는 것이 전체 생산비용을 최소로 하는지를 알고자 한다. 국제전자는 하루에 제품 A, B, C를 각각 300개, 200개, 150개 이상을 생산하여 백화점에 납품하여야 한다. 기계 1은 20대를 기계 2는 30대를 이 회사는 보유하고 있는데 각 기계는 하루에 8시간 가동할 수 있다. 각 제품의 기계별 생산비용 및 생산소요시간은 다음과 같다.

기계 i로 제품 j를 생산할 때의 생산비용(만원/개)			
기계 \ 제품	A	B	C
1	6	8	9
2	6	9	7

기계 i로 제품 j를 생산할 때의 소요시간(시간/개)			
기계 \ 제품	A	B	C
1	0.5	0.4	0.8
2	0.5	0.6	0.7

1 선형계획모형의 작성

[예제 4-2]의 선형계획모형을 작성하는 절차는 다음과 같다.

1) 의사결정변수

국제전자는 각 기계에 의해 생산되는 각 제품의 생산량을 결정하고자 하므로 의사결정변수는 다음과 같이 정의된다.

x_{ij} = i번째 기계로 j번째 제품의 생산량 (i=1, 2, j=A, B, C)

2) 목적함수

목적함수식은 총생산비용을 최소화하는 것이므로 다음과 같이 표현한다.

$$\text{최소화} \quad z = 6x_{1A} + 8x_{1B} + 9x_{1C} + 6x_{2A} + 9x_{2B} + 7x_{2C}$$

예를 들어, 기계 1로 제품 A를 생산하는 비용은 단위당 생산비용(6)에다 생산량(x_{1A})을 곱한 $6x_{1A}$가 된다. 나머지 생산비용도 같은 논리로 나타낼 수 있다.

3) 제약식

첫 번째 조건은 하루에 백화점에 납품해야 할 각 제품의 최소 생산량이다. 먼저 기계 1로 생산하는 제품 A의 양 x_{1A}와 기계 2로 생산하는 제품 A의 양 x_{2A}의 합이 300개 이상이어야 한다는 조건은 다음과 같이 표시한다.

$$x_{1A} + x_{2A} \geq 300 \text{ (제품 A 생산량)}$$

제품 B와 C의 최소 생산량조건은 다음과 같은 식으로 표시한다.

$$x_{1B} + x_{2B} \geq 200 \text{ (제품 B 생산량)}$$
$$x_{1C} + x_{2C} \geq 150 \text{ (제품 C 생산량)}$$

두 번째 조건은 각 기계의 사용시간으로 다음과 같이 표현한다.

$$0.5x_{1A} + 0.4x_{1B} + 0.8x_{1C} \leq 20 \times 8 = 160 \text{ (기계 1)}$$
$$0.5x_{2A} + 0.6x_{2B} + 0.7x_{2C} \leq 30 \times 8 = 240 \text{ (기계 2)}$$

4) 비음조건

마지막으로 생산량은 음수가 될 수 없다는 비음조건을 추가한다.

$$x_{ij} \geq 0 \text{ } (i=1, 2, \text{ } j=\text{A, B, C})$$

5) 완성된 선형계획모형

이상을 종합하여 [예제 4-2]의 선형계획모형을 완성하면 아래와 같다.

최소화 $z = 6x_{1A} + 8x_{1B} + 9x_{1C} + 6x_{2A} + 9x_{2B} + 7x_{2C}$

제약조건 $x_{1A} + x_{2A} \geq 300$

$x_{1B} + x_{2B} \geq 200$

$x_{1C} + x_{2C} \geq 150$

$0.5x_{1A} + 0.4x_{1B} + 0.8x_{1c} \leq 160$

$0.5x_{2A} + 0.6x_{2B} + 0.7x_{2c} \leq 240$

$x_{ij} \geq 0, \ (i=1, 2; \ j=\mathrm{A, B, C})$

2 엑셀 해법

[예제 4-2]의 선형계획모형에 대한 해를 엑셀로 찾는 절차는 다음과 같다.

1) 입력 창

엑셀의 [해 찾기] 메뉴를 이용하여 최적해를 구하기 위해서는 선형계획모형을 다음과 같이 엑셀의 워크시트에 입력한다.

	A	B	C	D	E	F	G	H	I	J	K
1											
2		x1A	x1B	x1C	x2A	x2B	x2C	z			
3	해							0			
4											
5	최소화	6	8	9	6	9	7	좌변합계		우변상수	
6	식1	1			1			0	>=	300	
7	식2		1			1		0	>=	200	
8	식3			1			1	0	>=	150	
9	식4	0.5	0.4	0.8				0	<=	160	
10	식5				0.5	0.6	0.7	0	<=	240	
11											

해(B3:H3)와 좌변합계(H6:H10)에는 다음과 같이 수식을 입력하고 나머지 부분은 화면에 있는 내용대로 입력한다.

		셀 주소	입력
해	x_{ij}	B3:G3	
	z	H3	= SUMPRODUCT(B3:G3, B5:G5)
좌변합계	식1	H6	= SUMPRODUCT($B$3:$G$3, B6:G6)
	식2~5	H7:H10	셀 H6를 복사

2) 해 찾기 매개 변수 창

[데이터] → [해 찾기] 메뉴를 실행하여 [해 찾기 매개 변수] 창에서 다음을 수행한다.

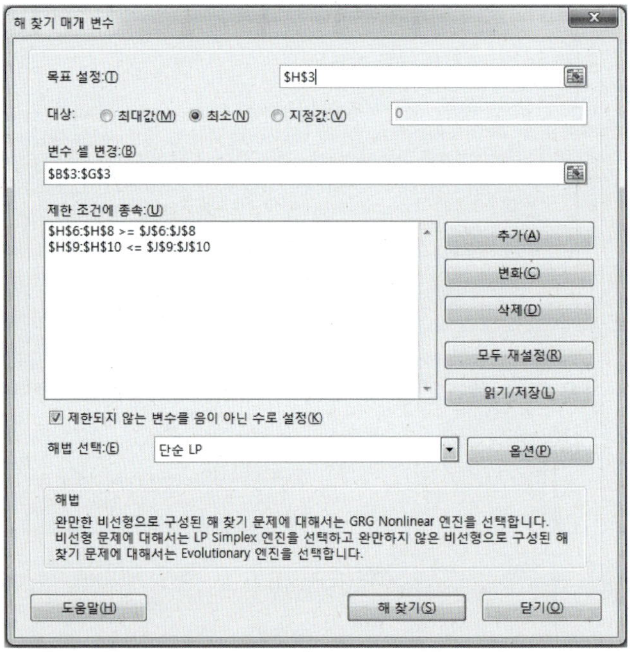

① [목표 설정:(T)]

목적함수 z의 셀 주소를 지정한다. 여기서는 H3을 입력한다.

② [대상:]

최대화 또는 최소화를 지정해 준다. 여기서는 최소(N)를 지정해 준다.

③ [변수 셀 변경:(B)]

의사결정변수의 셀 주소를 지정한다. 여기서는 B3:G3를 지정한다.

④ [제한 조건에 종속:(U)]

좌변합계와 우변상수 간의 관계를 지정한다. 식 1에서 3까지의 부등호가 같으므로 [추가]를 클릭하여 H6:H8 >= J6:J8을 지정한다. 다시 [추가]를 클릭하여 식 4와 5의 부등호가 같으므로 H9:H10 <= J9:J10을 지정한 다음 [확인]을 클릭하여 [해 찾기 매개 변수] 창으로 돌아간다.

⑤ [제한되지 않는 변수를 음이 아닌 수로 설정(K)]

비음조건을 지정해준다. 여기서는 기본 값을 그대로 사용한다.

⑥ [해법 선택:(E)]

선형계획법을 의미하는 [단순 LP]로 지정한다.

⑦ [해 찾기]

마지막으로 해를 찾기 위해 [해 찾기]를 클릭한다.

3) 결과 창

이상의 과정을 실행하면 다음과 같이 [예제 4-2]의 해를 찾을 수 있다.

	A	B	C	D	E	F	G	H	I	J	K
1											
2		x1A	x1B	x1C	x2A	x2B	x2C	z			
3	해	160	200	0	140	0	150	4450			
4											
5	최소화	6	8	9	6	9	7	좌변합계		우변상수	
6	식1	1			1			300	>=	300	
7	식2		1			1		200	>=	200	
8	식3			1			1	150	>=	150	
9	식4	0.5	0.4	0.8				160	<=	160	
10	식5				0.5	0.6	0.7	175	<=	240	
11											

4) 결과 해석

국제전자는 기계 1로 제품 A와 B를 각각 160개와 200개를, 기계 2로 제품 A와 C를 각각 140개와 150개 생산함으로써 생산비용을 4,450만 원으로 최소화할 수 있다. 즉, 최적해는 $x_{1A}=160$, $x_{1B}=200$, $x_{1C}=0$, $x_{2A}=140$, $x_{2B}=0$, $x_{2C}=150$, $z=4{,}450$이다.

제4절 포트폴리오구성문제

포트폴리오구성문제(portfolio selection problem)는 주식, 채권, 부동산, 예금 등과 같은 투자 대안에 각각 얼마를 투자해야 투자수익률을 극대화할 수 있는지를 결정하는 문제이다. 그러나 투자수익률만 고려해서는 올바른 결정이 어렵다. 고위험에 고수익이라는 말처럼 위험이 높을수록 수익이 높기 때문에 일반적으로 포트폴리오구성문제에서는 각 투자 대안에 투자할 금액을 결정할 때 투자수익률뿐만 아니라 투자위험도 함께 고려한다. 투자위험에 관한 제약조건을 만족하면서 투자수익률을 최대화하는 방법과 일정 수준의 투자수익률을 보장하는 조건에서 투자위험을 최소화하는 방법이 있다. 여기서는 전자의 방법에 대해 살펴보기로 한다.

예제 4-3

나비사랑동우회는 현재 보유중인 500억 원의 기금을 향후 3년간 아래와 같은 투자대상에 적절히 투자함으로써 3년 후 기금을 최대화하고자 한다.

투자안	투자가능시점	투자기간(년)	연간수익률(%)
A	1년 초에 가능하고 매년 투자 가능	2	8
B	2년 초에 가능하고 매년 투자 가능	2	9
C	1년 초에 가능하고 매년 투자 가능	3	5
D	3년 초에 가능하고 매년 투자 가능	1	6

나비사랑동우회는 투자위험을 고려하여 다음과 같은 기준을 설정하였다.

1) 첫해에 투자하는 금액의 30% 이상이 A에 투자되어야 한다.
2) C는 D보다 같거나 많이 투자되어야 한다.
3) B와 C의 투자비율은 정확히 2:1이어야 한다.

나비사랑동우회는 3년 후의 기금을 최대화하기 위해 각 투자대상에 얼마를 투자하여야 하는가를 결정할 수 있는 선형계획모형을 작성하여 최적해를 구하고자 한다.

1 선형계획모형의 작성

[예제 4-3]의 선형계획모형을 작성하는 절차는 다음과 같다.

1) 의사결정변수

나비사랑동우회는 각 투자대상에 투자할 금액을 결정해야 하므로 의사결정변수는 다음과 같이 정의된다.

A_1 = 1년째 초에 A에 투자한 금액

A_2 = 2년째 초에 A에 투자한 금액

B_2 = 2년째 초에 B에 투자한 금액

C_1 = 1년째 초에 C에 투자한 금액

D_3 = 3년째 초에 D에 투자한 금액

V_1 = 1년째 초에 다음 해에 투자하기 위해 남겨둔 금액

V_2 = 2년째 초에 다음 해에 투자하기 위해 남겨둔 금액

이를 도식화하면 [그림 4-2]와 같다.

2) 목적함수

목적함수식은 3년 후 기금을 최대화하는 것이므로 다음과 같이 표현한다.

최대화 $z = (1.08)^2 A_2 + (1.09)^2 B_2 + (1.05)^3 C_1 + (1.06) D_3$

그림 4-2 투자대상에 대한 의사결정변수

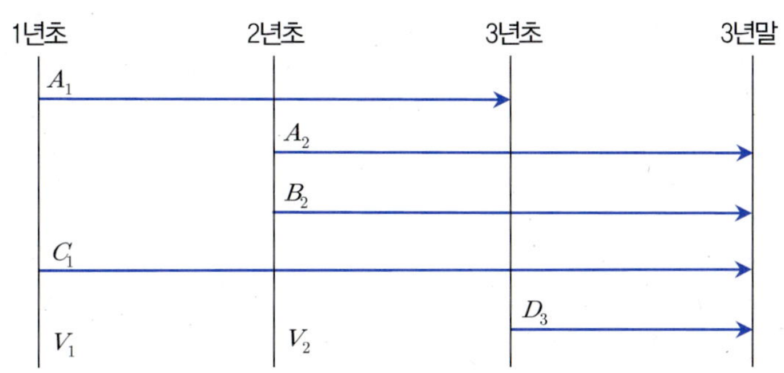

위의 식은 다음과 같이 정리되어 진다.

최대화 $z = 1.1664A_2 + 1.1881B_2 + 1.157625C_1 + 1.06D_3$

3) 제약식

제약조건은 연도별 투자기준과 나비사랑동우회의 투자기준이다. 먼저 연도별 투자기준을 살펴보기로 한다. [그림 4-2]에서처럼 1년 초에 투자하는 A_1과 C_1 그리고 2년 초에 투자하기 위해 남겨 놓은 V_1의 합은 500억 원을 초과하지 않아야 한다. 이를 식으로 표현하면 다음과 같다.

$A_1 + C_1 + V_1 \leq 500$ (1년 초)

2년 초에 투자하는 A_2와 B_2 그리고 3년 초에 투자하기 위해 남겨 놓은 V_2의 합은 V_1을 초과하지 않아야 한다. 이를 식으로 표현하면 다음과 같다.

$A_2 + B_2 + V_2 \leq V_1$ 또는 $A_2 + B_2 - V_1 + V_2 \leq 0$ (2년 초)

3년 초에 투자하는 D_3는 V_2와 1년 초에 투자하여 회수되는 $(1.08)^2A_1$의 합을 초과하지 않아야 한다. 이익을 최대화하기 위해 3년 초에는 전액 D_3에 투자하여야 하므로 V_3은 사용하지 않아도 된다. 이를 식으로 표현하면 다음과 같다.

$D_3 \leq V_2 + (1.08)^2A_1$ 또는 $-1.1664A_1 + D_3 - V_2 \leq 0$ (3년 초)

나비사랑동우회가 투자위험을 고려하여 설정한 조건에 대한 제약식은 다음과 같다.

$A_1/(A_1 + C_1) \geq 0.3$ 또는 $0.7A_1 - 0.3C_1 \geq 0$ (투자안 A)

$C_1 \geq D_3$ 또는 $C_1 - D_3 \geq 0$ (투자안 C와 D)

$B_2 = 2C_1$ 또는 $B_2 - 2C_1 = 0$ (투자안 B와 C)

4) 비음조건

마지막으로 투자금액은 음수가 될 수 없다는 비음조건을 추가한다.

$A_1,\ A_2,\ B_2,\ C_1,\ D_3,\ V_1,\ V_2 \geq 0$

5) 완성된 선형계획모형

이상을 종합하여 [예제 4-3]의 선형계획모형을 완성하면 다음과 같다.

$$
\begin{aligned}
\text{최대화}\quad & z = 1.1664A_2 + 1.1881B_2 + 1.157625C_1 + 1.06D_3 \\
\text{제약조건}\quad & A_1 + C_1 + V_1 \le 500 \\
& A_2 + B_2 - V_1 + V_2 \le 0 \\
& -1.1664A_1 + D_3 - V_2 \le 0 \\
& 0.7A_1 - 0.3C_1 \ge 0 \\
& C_1 - D_3 \ge 0 \\
& B_2 - 2C_1 = 0 \\
& A_1,\ A_2,\ B_2,\ C_1,\ D_3,\ V_1,\ V_2 \ge 0
\end{aligned}
$$

2 엑셀 해법

[예제 4-3]의 선형계획모형에 대한 해를 엑셀로 찾는 절차는 다음과 같다.

1) 입력 창

엑셀의 [해 찾기] 메뉴를 이용하여 최적해를 구하기 위해서는 선형계획모형을 다음과 같이 엑셀의 워크시트에 입력한다.

	A	B	C	D	E	F	G	H	I	J	K	L
1												
2		A1	A2	B2	C1	D3	V1	V2	z			
3	해								0			
4												
5	최대화		1.1664	1.1881	1.157625	1.06			좌변합계		우변상수	
6	식1	1			1		1		0	<=	500	
7	식2		1	1			-1	1	0	<=	0	
8	식3	-1.1664				1		-1	0	<=	0	
9	식4	0.7			-0.3				0	>=	0	
10	식5				1	-1			0	>=	0	
11	식6			1	-2				0	=	0	
12												

해(B3:I3)와 좌변합계(I6:I11)에는 다음과 같이 수식을 입력하고 나머지 부분은 화면에 있는 내용대로 입력한다.

		셀 주소	입력
해	$A_1 \sim V_2$	B3:H3	
	z	I3	= SUMPRODUCT(B3:H3, B5:H5)
좌변합계	식1	I6	= SUMPRODUCT($B$3:$H$3, B6:H6)
	식2~6	I7:I11	셀 I6를 복사

2) 해 찾기 매개 변수 창

[데이터] → [해 찾기] 메뉴를 실행하여 [해 찾기 매개 변수] 창에서 다음을 수행한다.

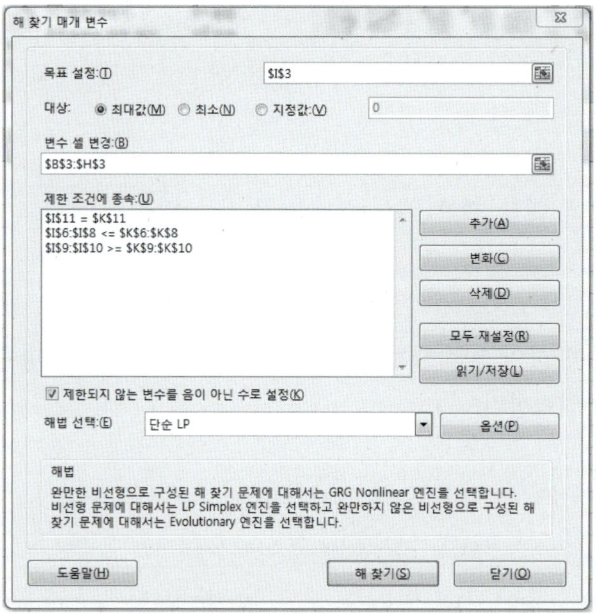

① [목표 설정:(T)]

목적함수 z의 셀 주소를 지정한다. 여기서는 I3을 지정한다.

② [대상:]

최대화 또는 최소화를 지정해 준다. 여기서는 최대값(M)을 지정해 준다.

③ [변수 셀 변경:(B)]

의사결정변수의 셀 주소를 지정한다. 여기서는 B3:H3를 지정한다.

④ [제한 조건에 종속:(U)]

좌변합계와 우변상수 간의 관계를 지정한다. [추가]를 클릭하여 [제한 조건 추가] 창이 나타나면 식 1에서 3까지의 부등호가 같으므로 I6:I8 <= K6:K8을 지정한다.

다시 [추가]를 클릭하여 식 4와 5의 부등호가 같으므로 I9:I10 >= K9:K10을 지정한다. 마지막으로 [추가]를 클릭하여 식 6의 조건인 I11 = K11을 지정한 다음 [확인]을 클릭하여 [해 찾기 매개 변수] 창으로 돌아간다.

⑤ [제한되지 않는 변수를 음이 아닌 수로 설정(K)]

비음조건을 지정해준다. 여기서는 기본 값을 그대로 사용한다.

⑥ [해법 선택:(E)]

선형계획법을 의미하는 [단순 LP]로 지정한다.

⑦ [해 찾기]

마지막으로 해를 찾기 위해 [해 찾기]를 클릭한다.

3) 결과 창

이상의 과정을 실행하면 [예제 4-3]의 최적해를 다음과 같이 찾을 수 있다.

	A	B	C	D	E	F	G	H	I	J	K	L
1												
2		A1	A2	B2	C1	D3	V1	V2	z			
3	해	111.1309	0	259.2461	129.623	129.623	259.2461	0	595.4656			
4												
5	최대화		1.1664	1.1881	1.157625	1.06			좌변합계		우변상수	
6	식1	1			1		1		500	<=	500	
7	식2		1	1			-1	1	0	<=	0	
8	식3	-1.1664				1		-1	0	<=	0	
9	식4	0.7			-0.3				39	>=	0	
10	식5				1	-1			0	>=	0	
11	식6			1	-2				0	=	0	
12												

4) 결과 해석

나비사랑동우회는 1년째 초에 A_1, C_1, V_1에 투자한 금액은 각각 111.1390억 원, 129.623억 원, 259.2461억 원이고 2년째 초에 B_2에 투자한 금액은 259.2461억 원이고 3년째 초에 D_3에 투자한 금액은 129.623억 원이다. 이렇게 투자함으로써 3년 후 총 수익은 595.4656억 원이다. 즉, 최적해는 $A_1=111.1390$, $A_2=0$, $B_2=259.2461$, $C_1=129.623$, $D_3=129.623$, $V_1=259.2461$, $V_2=0$, $z=595.4656$이다.

제 5 절 대안선택문제

대안선택문제는 다양한 대안들이 있을 때 주어진 조건에서 어느 대안을 선택할 것인가를 결정하는 문제이다. 다음의 예제를 통해 대안선택문제의 해결 방법에 대해 살펴보기로 한다.

예제 4-4

대한병원의 영양사는 환자들을 위해 아침 건강 식단을 준비하려고 한다. 다음의 표는 음식별 영양소와 비용을 나타낸다.

음식	단백질	칼슘	철분	콜레스테롤	지방	비용(십원)
햄	1	15	3	4	1	10
시리얼	2	20	4	2	3	22
치즈	4	14	2	3	2	18
빵	3	10	4	1	1	24
달걀	4	16	2	5	3	10
주스	2	20	3	2	4	15

대한병원의 영양사는 음식비용을 최소화하면서 단백질은 30단위, 칼슘은 200단위, 철분은 40단위 이상이 함유되고 콜레스테롤은 30단위, 지방은 20단위 이하로 제한하는 아침 건강 식단을 개발하고자 한다.

1 선형계획모형의 작성

[예제 4-4]의 선형계획모형을 작성하는 절차는 다음과 같다.

1) 의사결정변수

영양사는 아침식사에 포함할 음식의 양을 결정해야 하므로 의사결정변수는 다음과 같이 정의된다.

x_1 = 햄의 양(조각)

x_2 = 시리얼의 양(컵)

x_3 = 치즈의 양(조각)

x_4 = 빵의 양(조각)

x_5 = 달걀의 양(컵)

x_6 = 주스의 양(컵)

2) 목적함수

영양사의 목표를 나타내는 목적함수식은 아침식사 비용을 최소화하는 것이므로 다음과 같이 표현한다.

$$\text{최소화} \quad z = 10x_1 + 22x_2 + 18x_3 + 24x_4 + 10x_5 + 15x_6$$

3) 제약식

제약식은 각 영양소에 관한 조건이다. 먼저 최소 섭취량 이상을 요구하는 단백질, 칼슘, 철분에 대한 조건을 식으로 표현하면 다음과 같다.

$$x_1 + 2x_2 + 4x_3 + 3x_4 + 4x_5 + 2x_6 \geq 30 \text{ (단백질)}$$
$$15x_1 + 20x_2 + 14x_3 + 10x_4 + 16x_5 + 20x_6 \geq 200 \text{ (칼슘)}$$
$$3x_1 + 4x_2 + 2x_3 + 4x_4 + 2x_5 + 3x_6 \geq 40 \text{ (철분)}$$

반면 최대 섭취량 이하를 요구하는 콜레스테롤과 지방에 대한 조건을 식으로 표현하면 다음과 같다.

$$4x_1 + 2x_2 + 3x_3 + x_4 + 5x_5 + 2x_6 \leq 30 \text{ (콜레스테롤)}$$
$$x_1 + 3x_2 + 2x_3 + x_4 + 3x_5 + 4x_6 \leq 20 \text{ (지방)}$$

4) 비음조건 추가

마지막으로 제공해야 할 음식의 양은 음수가 될 수 없다는 비음조건을 추가한다.

$$x_i \geq 0 \ (i=1, 2, 3, 4, 5, 6)$$

5) 완성된 선형계획모형

이상을 종합하여 [예제 4-4]의 선형계획모형을 완성하면 아래와 같다.

$$\begin{aligned}
\text{최소화} \quad & z = 10x_1 + 22x_2 + 18x_3 + 24x_4 + 10x_5 + 15x_6 \\
\text{제약조건} \quad & x_1 + 2x_2 + 4x_3 + 3x_4 + 4x_5 + 2x_6 \geq 30 \\
& 15x_1 + 20x_2 + 14x_3 + 10x_4 + 16x_5 + 20x_6 \geq 200 \\
& 3x_1 + 4x_2 + 2x_3 + 4x_4 + 2x_5 + 3x_6 \geq 40 \\
& 4x_1 + 2x_2 + 3x_3 + x_4 + 5x_5 + 2x_6 \leq 30 \\
& x_1 + 3x_2 + 2x_3 + x_4 + 3x_5 + 4x_6 \leq 20 \\
& x_i \geq 0 \ (i=1, 2, 3, 4, 5, 6)
\end{aligned}$$

2 엑셀 해법

[예제 4-4]의 선형계획모형에 대한 해를 엑셀로 찾는 절차는 다음과 같다.

1) 입력 창

엑셀의 [해 찾기] 메뉴를 이용하여 최적해를 구하기 위해서는 선형계획모형을 다음과 같이 엑셀의 워크시트에 입력한다.

	A	B	C	D	E	F	G	H	I	J	K
1											
2		x1	x2	x3	x4	x5	x6	z			
3	해							0			
4											
5	최소화	10	22	18	24	10	15	좌변합계		우변상수	
6	식1	1	2	4	3	4	2	0	>=	30	
7	식2	15	20	14	10	16	20	0	>=	200	
8	식3	3	4	2	4	2	3	0	>=	40	
9	식4	4	2	3	1	5	2	0	<=	30	
10	식5	1	3	2	1	3	4	0	<=	20	
11											

해(B3:H3)와 좌변합계(H6:H10)에는 다음과 같이 수식을 입력하고 나머지 부분은 화면에 있는 내용대로 입력한다.

		셀 주소	입력
해	x_i	B3:G3	
	z	H3	= SUMPRODUCT(B3:G3, B5:G5)
좌변합계	식1	H6	= SUMPRODUCT($B$3:$G$3, B6:G6)
	식2~6	H7:H10	셀 H6를 복사

2) 해 찾기 매개 변수 창

[데이터] → [해 찾기] 메뉴를 실행하여 [해 찾기 매개 변수] 창에서 다음을 수행한다.

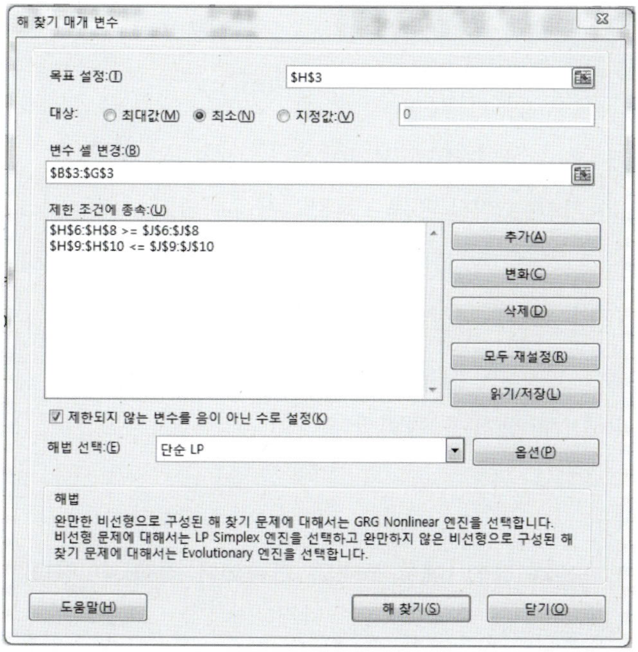

① [목표 설정:(T)]

목적함수 z의 셀 주소를 지정한다. 여기서는 H3을 입력한다.

② [대상:]

최대화 또는 최소화를 지정해 준다. 여기서는 최소(N)를 지정해 준다.

③ [변수 셀 변경:(B)]

의사결정변수의 셀 주소를 지정한다. 여기서는 B3:G3를 지정한다.

④ [제한 조건에 종속:(U)]

좌변합계와 우변상수 간의 관계를 지정한다. 식 1에서 3까지의 부등호가 같으므로

[추가]를 클릭하여 [제한 조건 추가] 창에 H6:H8 >= J6:J8을 지정한다. 식 4와 5의 부등호가 같으므로 다시 [추가]를 클릭하여 [제한 조건 추가] 창에 H9:H10 <= J9:J10을 지정한 다음 [확인]을 클릭하여 [해 찾기 매개 변수] 창으로 돌아간다.

⑤ **[제한되지 않는 변수를 음이 아닌 수로 설정(K)]**

비음조건을 지정해준다. 여기서는 기본 값을 그대로 사용한다.

⑥ **[해법 선택:(E)]**

선형계획법을 의미하는 [단순 LP]로 지정한다.

⑦ **[해 찾기]**

마지막으로 해를 찾기 위해 [해 찾기]를 클릭한다.

3) 결과 창

이상의 과정을 실행하면 다음과 같이 [예제 4-4]의 최적해를 찾을 수 있다.

	A	B	C	D	E	F	G	H	I	J	K
1											
2		x1	x2	x3	x4	x5	x6	z			
3	해	4	2	0	10	0	0	324			
4											
5	최소화	10	22	18	24	10	15	좌변합계		우변상수	
6	식1	1	2	4	3	4	2	38	>=	30	
7	식2	15	20	14	10	16	20	200	>=	200	
8	식3	3	4	2	4	2	3	60	>=	40	
9	식4	4	2	3	1	5	2	30	<=	30	
10	식5	1	3	2	1	3	4	20	<=	20	
11											

4) 결과 해석

대한병원의 영양사는 햄(x_1) 4조각, 시리얼(x_2) 2컵, 빵(x_4) 10조각을 아침식사에 제공하면 324(십원)의 비용(z)으로 필요 영양분을 충족시킬 수 있다. 즉, 최적해는 $x_1=4$, $x_2=2$, $x_3=0$, $x_4=10$, $x_5=0$, $x_6=0$, $z=324$이다.

제 6 절 혼합문제

혼합문제(blending problem)는 제품을 만들기 위해 두 가지 이상의 재료를 어떻게 혼합할 것인가를 결정하는 문제이다. 이 경우 재료는 여러 가지 필수 요소를 포함하고 있으므로 제품은 이러한 필수 요소가 일정 비율만큼 포함될 수 있도록 혼합하여야 한다. 혼합문제는 화학, 석유, 식품 등의 산업에서 나타나는 문제 유형 중 하나이다. 다음의 예제를 통해 혼합문제를 해결하는 방법에 대해 살펴본다.

예제 4-5

TK사는 고급용과 일반용 두 종류의 비료를 생산한다. 각 비료는 두 가지 원료를 섞어서 만드는 데 각 원료는 요소 A와 B의 함유 비율이 다르다. 고급용은 요소 A의 함유량이 70~90% 사이이여야 하며 일반용 비료는 요소 B를 40% 이상 함유하여야 한다. 각 원료의 가격 및 요소별 함유율은 다음 표와 같다.

원료	가격(원/kg)	A(%)	B(%)
1	100	40	60
2	100	80	20

이번 달에 고급용은 600부대가 일반용은 800부대 이상이 필요하다. 최소의 비용으로 수요를 만족시키려면 어떻게 혼합하여 생산할 것인가를 결정하고자 한다.

1 선형계획모형의 작성

[예제 4-5]의 선형계획모형을 작성하는 절차는 다음과 같다.

1) 의사결정변수

TK사는 최소의 비용으로 수요를 만족시키면서 원료 1과 2를 어떻게 혼합하여 두 종류의 사료를 생산해야 할 것인가를 결정해야 하므로 의사결정변수는 다음과 같이 정의된다.

x_1 = 고급용 비료 생산에 투입된 원료 1의 양(kg)
x_2 = 고급용 비료 생산에 투입된 원료 2의 양(kg)
x_3 = 일반용 비료 생산에 투입된 원료 1의 양(kg)
x_4 = 일반용 비료 생산에 투입된 원료 2의 양(kg)

2) 목적함수

TK사의 목표를 나타내는 목적함수식은 비료 생산에 필요한 비용을 최소화하는 것이므로 다음과 같이 표현한다.

최소화 $z = 100x_1 + 100x_2 + 100x_3 + 100x_4$

3) 제약식

제약식은 각 비료의 수요량과 혼합비율에 관한 조건이다. 먼저 수요량에 대한 조건을 식으로 표현하면 다음과 같다.

$x_1 + x_2 \geq 600$ (고급용)
$x_3 + x_4 \geq 800$ (일반용)

고급용 비료는 요소 A의 함유량이 70%에서 90% 사이여야 한다는 혼합비율에 관한 조건은 다음의 식으로 표현한다.

$$\frac{0.4x_1 + 0.8x_2}{x_1 + x_2} \geq 0.7$$

$$\frac{0.4x_1 + 0.8x_2}{x_1 + x_2} \leq 0.9$$

위의 식을 정리하면 다음과 같다.

$0.4x_1 + 0.8x_2 \geq 0.7(x_1 + x_2)$ 또는 $-0.3x_1 + 0.1x_2 \geq 0$
$0.4x_1 + 0.8x_2 \leq 0.9(x_1 + x_2)$ 또는 $-0.5x_1 - 0.1x_2 \leq 0$

일반용 비료는 요소 B를 40% 이상 함유하여야 한다는 조건은 다음의 식으로 표현된다.

$$\frac{0.6x_3+0.2x_4}{x_3+x_4} \geq 0.4$$

위의 식은 다음과 같이 정리된다.

$0.6x_3 + 0.2x_4 \geq 0.4(x_3+x_4)$ 또는 $0.2x_3 - 0.2x_4 \geq 0$

4) 비음조건

마지막으로 투입할 원료의 양은 음수가 될 수 없다는 비음조건을 추가한다.

$x_i \geq 0 \ (i=1,\ 2,\ 3,\ 4)$

5) 완성된 선형계획모형

이상을 종합하여 [예제 4-5]의 선형계획모형을 완성하면 아래와 같다.

최소화 $z = 100x_1 + 100x_2 + 100x_3 + 100x_4$

제약조건 $x_1 + x_2 \geq 600$

$x_3 + x_4 \geq 800$

$-0.3x_1 + 0.1x_2 \geq 0$

$-0.5x_1 - 0.1x_2 \leq 0$

$0.2x_3 - 0.2x_4 \geq 0$

$x_i \geq 0 \ (i=1,\ 2,\ 3,\ 4)$

2 엑셀 해법

[예제 4-5]의 선형계획모형에 대한 해를 엑셀로 찾는 절차는 다음과 같다.

1) 입력 창

엑셀의 [해 찾기] 메뉴를 이용하여 최적해를 구하기 위해서는 선형계획모형을 다음과 같이 엑셀의 워크시트에 입력한다.

	A	B	C	D	E	F	G	H	I
1									
2		x1	x2	x3	x4	z			
3	해					0			
4									
5	최소화	100	100	100	100	좌변합계		우변상수	
6	식1	1	1			0	>=	600	
7	식2			1	1	0	>=	800	
8	식3	-0.3	0.1			0	>=	0	
9	식4	-0.5	-0.1			0	<=	0	
10	식5			0.2	-0.2	0	>=	0	
11									

해(B3:F3)와 좌변합계(F6:F10)에 다음과 같이 입력한다.

		셀 주소	입력
해	x_i	B3:E3	
	z	F3	= SUMPRODUCT(B3:E3, B5:E5)
좌변합계	식1	F6	= SUMPRODUCT($B$3:$E$3, B6:E6)
	식2~5	F7:F10	셀 F6를 복사

2) 해 찾기 매개 변수 창

[데이터] → [해 찾기] 메뉴를 실행하여 [해 찾기 매개 변수] 창에서 다음을 수행한다.

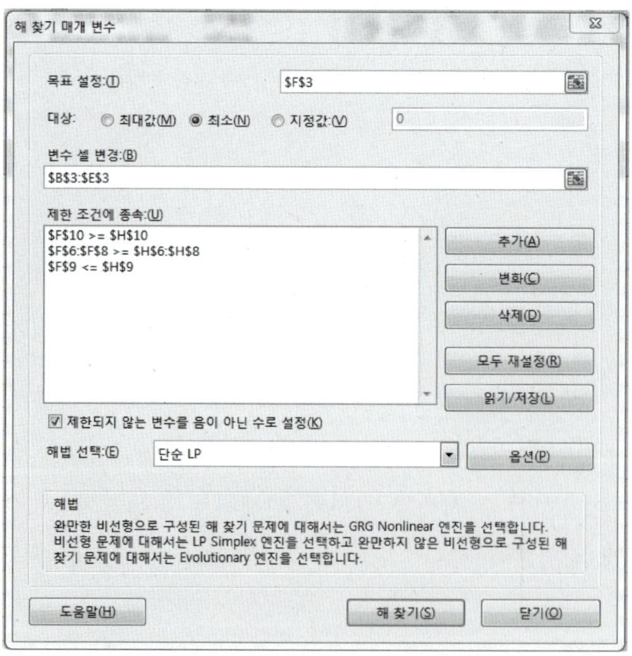

① [목표 설정:(T)]

목적함수 z의 셀 주소를 지정한다. 여기서는 F3을 지정한다.

② [대상:]

최대화 또는 최소화를 지정해 준다. 여기서는 최소(N)를 지정해 준다.

③ [변수 셀 변경:(B)]

의사결정변수의 셀 주소를 지정한다. 여기서는 B3:E3를 지정한다.

④ [제한 조건에 종속:(U)]

좌변합계와 우변상수 간의 관계를 지정한다. 식 1에서 3까지의 부등호가 같으므로 [추가]를 클릭하여 [제한 조건 추가] 창에 F6:F8 >= H6:H8을 지정한다. 식 4는 [추가]를 클릭하여 [제한 조건 추가] 창에 F9 <= H9을 지정한다. 식 5는 [추가]를 클릭하여 [제한 조건 추가] 창에 F10 >= H10을 지정한 다음 [확인]을 클릭하여 [해 찾기 매개 변수] 창으로 돌아간다.

⑤ [제한되지 않는 변수를 음이 아닌 수로 설정(K)]

비음조건을 체크하여 지정해준다. 여기서는 기본 값을 그대로 두면 된다.

⑥ [해법 선택:(E)]

선형계획법을 의미하는 [단순 LP]로 지정한다.

⑦ [해 찾기]

마지막으로 해를 찾기 위해 [해 찾기]를 클릭한다.

3) 결과 창

이상의 과정을 실행하면 [예제 4-5]의 최적해를 다음과 같이 찾을 수 있다.

	A	B	C	D	E	F	G	H	I
1									
2		x1	x2	x3	x4	z			
3	해	150	450	400	400	140000			
4									
5	최소화	100	100	100	100	좌변합계		우변상수	
6	식1	1	1			600	>=	600	
7	식2			1	1	800	>=	800	
8	식3	-0.3	0.1			0	>=	0	
9	식4	-0.5	-0.1			-120	<=	0	
10	식5			0.2	-0.2	0	>=	0	
11									

4) 결과 해석

TK사는 고급용 비료를 위해 원료 1과 2를 각각 150kg과 450kg을 사용하고 일반용 비료를 위해 원료 1과 2를 각각 400kg을 사용한다. 이렇게 혼합하면 총비용 140,000원으로 필요 조건을 충족시킬 수 있다. 즉, 최적해는 $x_1 = 150$, $x_2 = 450$, $x_3 = 400$, $x_4 = 400$, $z = 140{,}000$이다.

제 7 절 표본선택문제

신제품에 대한 소비자의 반응을 알아보기 위해 표본을 추출하여 설문조사한다. 이러한 설문조사는 전문회사가 대행해 주기도 한다. 설문조사를 대행해 주는 전문회사는 의뢰인의 요구를 최소 비용으로 만족시킬 표본조사계획을 수립한 다음 설문조사를 하여 최종보고서를 의뢰인에게 제공한다. 다음의 예제를 통해 표본선택문제를 살펴보기로 한다.

예제 4-6

확정연구소는 신제품에 대한 고객의 반응을 조사해 달라는 참신회사로부터 다음과 같은 지침을 받았다.

1) 정확히 3,000명의 고객을 조사한다.
2) 남자와 여자의 비율은 같게 조사한다.
3) 40대 미만은 40대 이상보다 200명 많이 조사한다.
4) 40대 미만 남자는 40대 이상 남자보다 300명 적게 조사한다.

설문조사내용에 따라 확정연구소는 고객 당 조사비용(단위: 만원)을 다음의 표와 같이 추정하였다.

	40대 미만	40대 이상
남	20	30
녀	25	40

확정연구소는 참신회사의 지침을 만족하면서 조사비용을 최소화할 수 있는 선형계획모형을 작성하고 최적해를 구하고자 한다.

1 선형계획모형

확정연구소의 선형계획모형을 작성하는 절차는 다음과 같다.

1) 의사결정변수

확정연구소는 최소 비용으로 참신회사의 지침을 만족시킬 표본의 구성비를 결정해야 하므로 의사결정변수는 다음과 같이 정의된다.

x_{11} = 40대 미만 남자의 수

x_{12} = 40대 이상 남자의 수

x_{21} = 40대 미만 여자의 수

x_{22} = 40대 이상 여자의 수

2) 목적함수

확정연구소의 목표를 나타내는 목적함수식은 조사에 필요한 비용을 최소화하는 것이므로 다음과 같이 표현한다.

최소화 $z = 20x_{11} + 30x_{12} + 25x_{21} + 40x_{22}$

3) 제약조건

제약식은 참신회사로부터 받은 지침에 관한 조건이다. 정확히 3,000명의 고객을 조사한다는 첫 번째 조건은 다음과 같이 표현한다.

$$x_{11} + x_{12} + x_{21} + x_{22} = 3000$$

남자와 여자의 비율을 같게 한다는 두 번째 조건은 다음과 같다.

$$x_{11} + x_{12} = x_{21} + x_{22} \text{ 또는 } x_{11} + x_{12} - x_{21} - x_{22} = 0$$

40대 미만은 40대 이상보다 200명 많이 조사한다는 세 번째 조건은 다음과 같이 작성한다.

$$x_{11} + x_{21} = x_{12} + x_{22} + 200 \text{ 또는 } x_{11} - x_{12} + x_{21} - x_{22} = 200$$

40대 미만 남자는 40대 이상 남자보다 300명 적게 조사한다는 네 번째 조건은 다음과 같이 표현한다.

$$x_{11} + 300 = x_{12} \text{ 또는 } -x_{11} + x_{12} = 300$$

4) 비음조건

마지막으로 조사하는 사람의 수는 음수가 될 수 없다는 비음조건을 추가한다.

$$x_{ij} \geq 0 \ (i=1, 2; \ j=1, 2)$$

5) 완성된 선형계획모형

이상을 종합하여 [예제 4-6]의 선형계획모형을 완성하면 아래와 같다.

$$\begin{aligned}
\text{최소화} \quad & z = 20x_{11} + 30x_{12} + 25x_{21} + 40x_{22} \\
& x_{11} + x_{12} + x_{21} + x_{22} = 3000 \\
& x_{11} + x_{12} - x_{21} - x_{22} = 0 \\
& x_{11} - x_{12} + x_{21} - x_{22} = 200 \\
& -x_{11} + x_{12} = 300 \\
& x_{ij} \geq 0 \ (i=1, 2; \ j=1, 2)
\end{aligned}$$

2 엑셀 해법

[예제 4-6]의 선형계획모형에 대한 해를 엑셀로 찾는 절차는 다음과 같다.

1) 입력 창

엑셀의 [해 찾기] 메뉴를 이용하여 최적해를 구하기 위해서는 선형계획모형을 다음과 같이 엑셀의 워크시트에 입력한다.

	A	B	C	D	E	F	G	H	I
1									
2		x11	x12	x21	x22	z			
3	해					0			
4									
5	최소화	20	30	25	40	좌변합계		우변상수	
6	식1	1	1	1	1	0	=	3000	
7	식2	1	1	-1	-1	0	=	0	
8	식3	1	-1	1	-1	0	=	200	
9	식4	-1	1			0	=	300	
10									

해(B3:F3)와 좌변합계(F6:F9)에는 다음과 같이 수식을 입력하고 나머지 부분은 화면에 있는 내용대로 입력한다.

		셀 주소	입력
해	x_{ij}	B3:E3	
	z	F3	= SUMPRODUCT(B3:E3, B5:E5)
좌변합계	식1	F6	= SUMPRODUCT($B$3:$E$3, B6:E6)
	식2~4	F7:F9	셀 F6를 복사

2) 해 찾기 매개 변수 창

[데이터] → [해 찾기] 메뉴를 실행하여 [해 찾기 매개 변수] 창에서 다음을 수행한다.

① [목표 설정:(T)]

목적함수 z의 셀 주소를 지정한다. 여기서는 F3을 입력한다.

② [대상:]

최대화 또는 최소화를 지정해 준다. 여기서는 최소(N)를 지정해 준다.

③ [변수 셀 변경:(B)]

의사결정변수의 셀 주소를 지정한다. 여기서는 B3:E3를 지정한다.

④ [제한 조건에 종속:(U)]

좌변합계와 우변상수 간의 관계를 지정한다. 식 1에서 4까지의 부등호가 같으므로 [추가]를 클릭하여 [제한 조건 추가]에 F6:F9 = H6:H9을 지정한 다음 [확인]을 클릭하여 [해 찾기 매개 변수] 창으로 돌아간다.

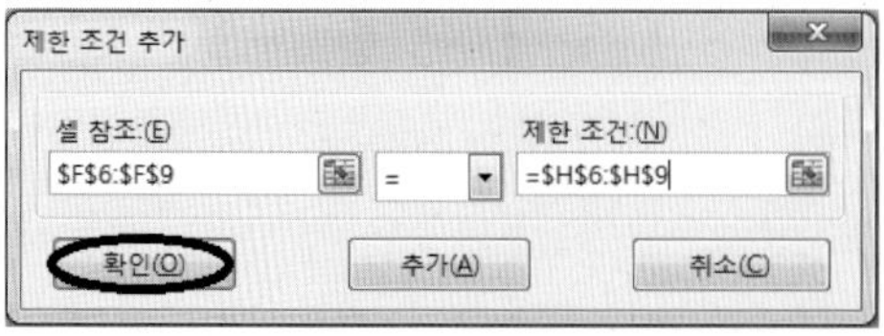

⑤ [제한되지 않는 변수를 음이 아닌 수로 설정(K)]

비음조건을 지정해준다. 여기서는 기본 값을 그대로 사용한다.

⑥ [해법 선택:(E)]

선형계획법을 의미하는 [단순 LP]로 지정한다.

⑦ [해 찾기]

마지막으로 해를 찾기 위해 [해 찾기]를 클릭한다.

3) 결과 창

이상의 과정을 실행하면 다음과 같이 [예제 4-6]의 최적해를 찾을 수 있다.

	A	B	C	D	E	F	G	H	I
1									
2		x11	x12	x21	x22	z			
3	해	600	900	1000	500	45000			
4									
5	최소화	20	30	25	40	좌변합계		우변상수	
6	식1	1	1	1	1	3000	=	3000	
7	식2	1	1	-1	-1	0	=	0	
8	식3	1	-1	1	-1	200	=	200	
9	식4	-1	1			300	=	300	
10									

4) 결과 해석

확정연구소는 40대 미만 남자를 600명, 40대 미만 여자를 1,000명, 40대 이상 남자를 900명, 40대 이상 여자를 500명 조사함으로써 참신회사의 지침을 충족시키면서 비용을 45,000만 원으로 최소화할 수 있다. 즉, 최적해는 $x_{11}=600$, $x_{12}=900$, $x_{21}=1{,}000$, $x_{22}=500$, $z=45{,}000$이다.

제 8 절 생산 및 재고문제

생산 및 재고문제(production and inventory scheduling problem)는 여러 기간에 걸쳐 정해진 수요량을 충족시키기 위해 기간별 생산 및 재고에 관한 계획을 수립하는 문제이다. 일반적으로 에어컨, 수영복, 빙과류, 스키용품, 방한용품 등과 같이 계절적 수요가 있는 경우 수요가 가장 많은 계절의 수요량에 맞춰 생산시설의 규모를 정하기보다는 그보다 적은 규모의 생산시설을 보유하고자 한다. 왜냐하면 수요가 적은 계절에 미리 생산하여 재고로 보관하고 있다가 수요가 많은 계절에 판매할 수 있기 때문이다. 따라서 생산비용 및 재고비용의 합을 최소화하면서 계절별 수요를 충족하기 위해 계절별로 얼마나 생산하고 이 중 얼마를 다음 계절에 판매하기 위해 재고로 보유하는지를 결정하는 문제는 중요하다. 다음 예제를 통해 생산 및 재고문제를 살펴본다.

예제 4-7

제트스키는 내년 1월부터 3월까지 주문받은 부품에 대한 생산 및 재고계획을 수립하고자 한다. 3개월 동안 다음과 같은 자료를 가지고 월별 주문량을 충족시키면서 생산비용과 재고비용의 합을 최소화하는 월별 생산량과 재고량을 결정하고자 한다. 내년 1월의 기초재고량은 100개이며 3월말 재고는 최소한 100개가 되도록 한다.

월	주문량	생산 능력 및 비용				기말 재고비용 (개당: 만원)
		정상근무 최대 생산량	정상생산비용 (개당: 만원)	특별근무 최대 생산량	특별생산비용 (개당: 만원)	
1	400	500	2.5	100	3.4	0.4
2	600	500	2.8	200	3.6	0.6
3	700	500	3.0	250	3.8	0.8

1 선형계획모형

[예제 4-7]의 생산 및 재고문제의 선형계획모형을 작성하는 절차는 다음과 같다.

1) 의사결정변수

정상근무생산량, 특별근무생산량, 월말재고량을 월별로 결정하고자 하는 제트스키의 의사결정변수는 다음과 같다.

$x_i = i$월 정상근무생산량 (i=1, 2, 3)

$y_i = i$월 특별근무생산량 (i=1, 2, 3)

$s_i = i$월 월말재고량 (i=1, 2, 3)

2) 목적함수

생산비용과 재고비용의 합을 나타내는 총비용을 최소화하는 수식은 다음과 같이 표현한다.

$$\text{최소화 } z = 2.5x_1 + 2.8x_2 + 3.0x_3 + 3.4y_1 + 3.6y_2 + 3.8y_3 + 0.4s_1 + 0.6s_2 + 0.8s_3$$

3) 제약식

첫 번째 제약조건은 각 월의 기초재고량, 정상근무생산량, 특별근무생산량, 수요량, 기말재고량 간의 관계를 나타내야 한다. 이들 관계는 다음과 같다.

기초재고량 + 정상근무생산량 + 특별근무생산량 − 수요량 = 기말재고량

위의 식은 다음과 같이 표현된다.

$$s_{i-1} + x_i + y_i - d_i = s_i$$

이를 월별로 나타내면 다음과 같다.

$100 + x_1 + y_1 - 400 = s_1$ 또는 $x_1 + y_1 - s_1 = 300$ (1월)

$s_1 + x_2 + y_2 - 600 = s_2$ 또는 $x_2 + y_2 + s_1 - s_2 = 600$ (2월)

$s_2 + x_3 + y_3 - 700 = s_3$ 또는 $x_3 + y_3 + s_2 - s_3 = 700$ (3월)

두 번째 제약조건은 월별 정상근무생산량 및 특별근무생산량에 관한 것이다. 따라서 다음과 같은 제약식이 필요하다.

$x_1 \leq 500$ (1월 정상근무생산량)

$x_2 \leq 500$ (2월 정상근무생산량)

$x_3 \leq 500$ (3월 정상근무생산량)

$y_1 \leq 100$ (1월 특별근무생산량)

$y_2 \leq 200$ (2월 특별근무생산량)

$y_3 \leq 250$ (3월 특별근무생산량)

마지막 제약조건은 3월말 재고량이 100개 이상으로 유지해야 한다는 것으로 다음과 같이 표시된다.

$$s_3 \geq 100$$

4) 비음조건

마지막으로 정상근무생산량, 특별근무생산량, 월말재고량은 음수가 될 수 없다는 비음조건을 추가한다.

$x_i,\ y_i,\ s_i \geq 0\ (i=1,\ 2,\ 3)$

5) 완성된 선형계획모형

[예제 4-7]의 완성된 선형계획모형은 다음과 같다.

$$
\begin{aligned}
\text{최소화} \quad & z = 2.5x_1 + 2.8x_2 + 3.0x_3 + 3.4y_1 + 3.6y_2 + 3.8y_3 + 0.4s_1 + 0.6s_2 + 0.8s_3 \\
& x_1 + y_1 - s_1 = 300 \\
& x_2 + y_2 + s_1 - s_2 = 600 \\
& x_3 + y_3 + s_2 - s_3 = 700 \\
& x_1 \leq 500 \\
& x_2 \leq 500 \\
& x_3 \leq 500 \\
& y_1 \leq 100 \\
& y_2 \leq 200 \\
& y_3 \leq 250 \\
& s_3 \geq 100 \\
& x_i,\ y_i,\ s_i \geq 0\ (i=1,\ 2,\ 3)
\end{aligned}
$$

2 엑셀 해법

[예제 4-7]의 선형계획모형에 대한 해를 엑셀로 찾는 절차는 다음과 같다.

1) 입력 창

엑셀의 [해 찾기] 메뉴를 이용하여 최적해를 구하기 위해서는 선형계획모형을 다음과 같이 엑셀의 워크시트에 입력한다.

	A	B	C	D	E	F	G	H	I	J	K	L	M	N
1														
2		x1	x2	x3	y1	y2	y3	s1	s2	s3	z			
3	해										0			
4														
5	최소화	2.5	2.8	3	3.4	3.6	3.8	0.4	0.6	0.8	좌변합계		우변상수	
6	식1	1			1			-1			0	=	300	
7	식2		1			1		1	-1		0	=	600	
8	식3			1			1		1	-1	0	=	700	
9	식4	1									0	<=	500	
10	식5		1								0	<=	500	
11	식6			1							0	<=	500	
12	식7				1						0	<=	100	
13	식8					1					0	<=	200	
14	식9						1				0	<=	250	
15	식10									1	0	>=	100	
16														

해(B3:K3)와 좌변합계(K6:K15)에는 다음과 같이 수식을 입력하고 나머지 부분은 화면에 있는 내용대로 입력한다. 해와 좌변합계에 다음과 같이 입력한다.

		셀 주소	입력
해	x_i, y_i, s_i	B3:J3	
	z	K3	= SUMPRODUCT(B3:J3, B5:J5)
좌변합계	식1	K6	= SUMPRODUCT($B$3:$J$3, B6:J6)
	식2~10	K7:K15	셀 K6를 복사

2) 해 찾기 매개 변수 창

[데이터] → [해 찾기] 메뉴를 실행하여 [해 찾기 매개 변수] 창에서 다음을 수행한다.

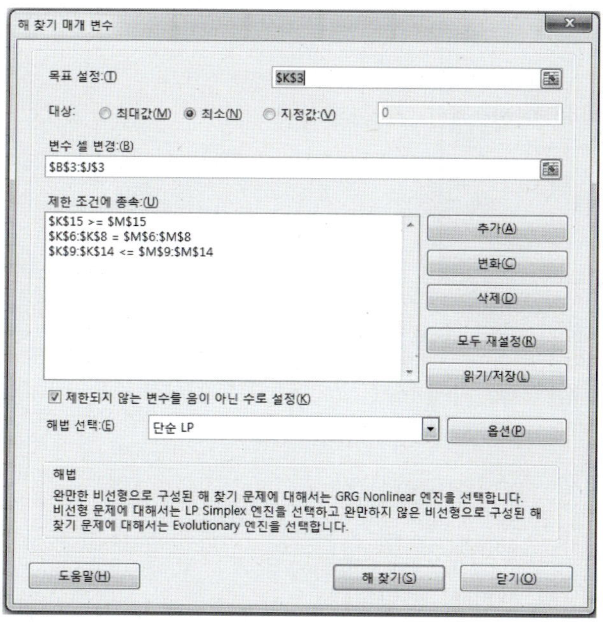

① **[목표 설정:(T)]**

목적함수 z의 셀 주소를 지정한다. 여기서는 K3을 지정한다.

② **[대상:]**

최대화 또는 최소화를 지정해 준다. 여기서는 최소(N)를 지정해 준다.

③ **[변수 셀 변경:(B)]**

의사결정변수의 셀 주소를 지정한다. 여기서는 B3:J3를 지정한다.

④ **[제한 조건에 종속:(U)]**

좌변합계와 우변상수 간의 관계를 지정한다. 식 1에서 3까지의 부등호가 같으므로 [추가]를 클릭하여 [제한 조건 추가] 창에 K6:K8 = M6:M8을 지정한다. 식 4에서 9까지의 부등호가 같으므로 [추가]를 클릭하여 [제한 조건 추가] 창에 K9:K14 <= M9:M14을 지정한다. 다시 [추가]를 클릭하여 [제한 조건 추가] 창에 식 10의 조건인 K15 >= M15를 지정한 다음 [확인]을 클릭하여 [해 찾기 매개 변수] 창으로 돌아간다.

⑤ **[제한되지 않는 변수를 음이 아닌 수로 설정(K)]**

비음조건을 체크해 준다. 여기서는 기본 값을 그대로 두면 된다.

⑥ **[해법 선택:(E)]**

선형계획법을 의미하는 [단순 LP]로 지정한다.

⑦ **[해 찾기]**

마지막으로 해를 찾기 위해 [해 찾기]를 클릭한다.

3) 결과 창

이상의 과정을 실행하면 다음과 같이 [예제 4-7]의 해를 찾을 수 있다.

	A	B	C	D	E	F	G	H	I	J	K	L	M	N
1														
2		x1	x2	x3	y1	y2	y3	s1	s2	s3	z			
3	해	500	500	500	0	0	200	200	100	100	5130			
4														
5	최소화	2.5	2.8	3	3.4	3.6	3.8	0.4	0.6	0.8	좌변합계		우변상수	
6	식1	1			1			-1			300	=	300	
7	식2		1			1		1	-1		600	=	600	
8	식3			1			1		1	-1	700	=	700	
9	식4	1									500	<=	500	
10	식5		1								500	<=	500	
11	식6			1							500	<=	500	
12	식7				1						0	<=	100	
13	식8					1					0	<=	200	
14	식9						1				200	<=	250	
15	식10									1	100	>=	100	
16														

4) 결과 해석

제트스키는 정상근무생산으로 1월에 500개, 2월에 500개, 3월에 500개를 생산하고 특별근무생산으로 3월에 200개 생산한다. 그리고 1월말 재고로 200개, 2월말 재고로 100개, 3월말 재고로 100개를 유지한다. 이러한 계획을 실행하면 총비용으로 5,130만원을 필요로 하게 된다. 즉, 최적해는 $x_1=500$, $x_2=500$, $x_3=500$, $y_1=0$, $y_2=0$, $y_3=200$, $s_1=200$, $s_2=100$, $s_3=100$, $z=5{,}130$이다.

연습문제

1. 라인(주)은 커피 A와 B를 생산하고 있다. 이들 커피를 생산하기 위해서는 원재료와 노동력의 두 가지 자원이 소요되는데, 각 커피의 박스당 자원소요량과 최대가용자원량은 다음과 같다. 커피 A는 박스당 2만 원을 B는 박스당 4만 원을 이익으로 가져다준다. 법적 제약 때문에 커피 B는 6박스 이하를 생산하여야 한다. 이익을 최대화할 수 있는 각 커피의 생산량을 결정하는 선형계획모형을 작성하고 해를 구하라.

	A	B	최대가용자원량
원재료	3	2	15kg
노동력	2	4	30시간

2. 쿨음료는 A와 B를 섞어서 쿨이라는 음료를 생산하고 있다. A는 병당 500원이고 15단위의 칼슘과 20단위의 단백질을 포함하고 있다. 한편 B는 병당 700원이고 10단위의 칼슘과 30단위의 단백질을 포함하고 있다. 쿨에는 200단위 이상의 칼슘과 100단위 이상의 단백질이 포함되어야 한다. 또한 공급업자와의 계약조건에 따르면 B를 1병 구입하기 위해서는 A를 2병 구입하여야 한다. 총비용을 최소화할 수 있는 A와 B의 필요량을 결정하는 선형계획모형을 작성하고 해를 구하라.

3. 팔도㈜는 지리적으로 위치가 다른 2개의 공장과 3개의 대리점을 갖고 있다. 대리점에서는 다음 달에 각각 800, 700, 500개의 제품을 보내달라고 요구하고 있다. 또한 2개의 공장에서 다음 달에 공급할 수 있는 양은 1,200개와 1,000개 이내에서 가능하다. 공장 1과 2의 단위당 생산비용은 각각 5만 원과 7만 원이다. 각 공장에서 대리점으로의 단위당 수송비용(단위: 만원)은 다음 표에 주어져 있다. 생산비용과 수송비용의 합이 최소가 되는 생산 및 수송 계획을 위한 선형계획모형을 작성하고 해를 구하라.

공장 \ 대리점	1	2	3	공급량
A	4	5	6	1,200
B	5	6	3	1,000
수요량	800	700	500	

4. 완벽방범은 24시간 방범활동을 하는데 종업원들은 하루 12시간씩 교대근무를 하고 있다. 방범의 특성상 시간대에 따라 필요 종업원의 수가 다르다. 완벽방범이 시간대에 따라 필요한 종업원 수를 4시간 단위로 추정한 결과는 다음과 같다. 총종업원 수를 최소화하기 위한 시간대별 종업원의 수를 구하는 선형계획모형과 최적해를 구하라.

시간대	필요한 종업원 수(명)
02~06	40
06~10	30
10~14	20
14~18	10
18~22	20
22~02	30

5. [문제 4]의 완벽방범에서 종업원들이 하루 12시간이 아니라 8시간씩 교대근무를 한다면 총종업원 수를 최소화하기 위한 시간대별 종업원의 수를 구하는 선형계획모형과 최적해를 구하라.

6. 첨단음료(주)는 A, B, C 세 가지 첨가물을 혼합하여 제품 X를 만든다. 이 회사는 혼합을 위해 다음과 같은 처리법을 가지고 있다. 1) 세 가지 혼합물을 첨가한 제품 X의 무게는 2,000kg 이상이어야 한다. 2) B는 C보다 100kg 많아야 한다. 3) A는 B보다 1.5배 많이 포함되어야 한다. 4) 제품 X에는 A가 30% 이상 포함되어야 한다. A, B, C 첨가물의 kg당 비용은 각각 60원, 70원, 50원이다. X를 만드는 데 소요되는 비용을 최소화하기 위한 각 첨가물의 양을 결정하는 선형계획모형을 작성하고 해를 구하라.

7. 시원맥주는 새로운 맥주를 생산하려고 계획하고 있다. 새로운 맥주는 A, B, C, D의 혼합물로 구성되어 있다. 네 가지 원료의 갤론당 원가와 요소 함유량은 다음과 같다.

요소 \ 원료	A	B	C	D
1	20	10	–	–
2	–	15	20	–
3	10	15	10	20
갤론당 비용	3	5	3	4

다음은 새로운 맥주 1갤론당 포함되어야 하는 요소의 최소치와 최대치를 나타내고 있다.

요소	최소	최대
1	10	15
2	20	20
3	25	40

새로운 맥주 2갤론을 만드는 데 소요되는 비용을 최소화하기 위한 각 첨가물의 양, 즉 A, B, C, D의 양을 결정하는 선형계획모형을 작성하고 최적해를 구하라.

8. 일미테크는 다음과 같은 자료를 가지고 내년 4분기까지의 주문량을 충족시키면서 생산비용과 재고비용의 합을 최소화하는 분기별 생산량과 재고량을 결정하고자 한다. 내년 1분기의 기초재고량은 10개이며 4분기말 재고는 최소한 50개가 되도록 한다. 이를 해결하기 위한 선형계획모형을 작성하고 해를 구하라.

분기	주문량	생산 능력 및 비용				기말 재고비용 (개당: 만원)
		정상근무 최대 생산량	정상생산비용 (개당: 만원)	특별근무 최대 생산량	특별생산비용 (개당: 만원)	
1	70	60	1.0	25	1.8	0.2
2	50	60	1.0	20	1.8	0.2
3	70	50	1.2	30	2.0	0.4
4	80	50	1.2	30	2.0	0.4

9. 정확연구소는 제품이나 서비스의 소비자 반응을 평가하는 조사전문회사이다. 최근 어느 기업으로부터 새로운 제품에 대해 소비자의 반응을 조사해달라는 용역을 의뢰받았다. 조사방법과 가구형태에 따라 조사에 소요되는 시간이 다르기 때문에 조사비용(단위: 만원)을 다음과 같이 추정하였다.

	일반조사	심층조사
독신가구	2	4
고령가구	4	6
일반가구	3	5

의뢰 기업은 총 1,000가구의 조사를 요구하면서 그 구성비에 대하여 다음과 같은 지침을 제공하였다.

1) 일반가구는 독신가구보다 최소한 100가구가 많아야 한다.
2) 고령가구는 전체의 20% 이상이어야 한다.
3) 심층조사는 일반조사보다 3배 이상이어야 한다.

정확연구소를 위해 의뢰 기업의 지침을 만족시키면서 조사비용이 최소가 되는 선형계획모형을 수립하고 최적해를 도출하라.

CHAPTER

05

수송문제

제 1 절 서론

상품의 공급지는 지리적으로 수요지와 떨어져 있다. 왜냐하면 공급지는 원자재의 구입이 용이한 지역, 노동력이 풍부한 지역, 세제혜택이 있는 지역 등에 위치하지만 수요지는 일반적으로 도시에 위치하기 때문이다. 그러므로 상품은 공급지에서 수요지로 수송되어야 하므로 수송문제(transportation problem)가 대두된다.

수송문제는 공급지에서 수요지로 총수송비용을 최소화하면서 상품을 수송해야 하는 의사결정문제이다. [그림 5-1]과 같이 하나의 공급지에서 다수의 수요지로 수송하는 문제, 다수의 공급지에서 하나의 수요지로 수송하는 문제, 다수의 공급지에서 다수의 수요지로 수송하는 문제, 다수의 공급지에서 경유지로 수송하고 다시 경유지에서 다수의 수요지로 수송하는 문제 등 여러 가지 유형의 수송문제를 생각해 볼 수 있다. 본 장에서는 다수의 공급지에서 다수의 수요지로 직접 수송하는 수송문제와 경유지를 거쳐 수송하는 경유수송문제를 중심으로 살펴보기로 한다.

도매업, 소매업, 제조업, 공공기관, 군사기관 등 다양한 분야에서 다수의 공급지에서 다수의 수요지로 총수송비용을 최소화하면서 상품을 수송하는 방법을 찾기 위해 노력하고 있다. 수송문제와 다음 장에 소개될 할당문제(assignment problem)는 선형계획문제의 특수한 형태로 간주되므로 수송문제와 할당문제는 선형계획법을 이용하여 해를 구할 수 있다. 본 장에서는 균형수송문제, 불균형수송문제, 최대화수송문제, 금지수송문제, 경유수송문제 등을 선형계획법으로 최적해를 구하는 방법에 대해 살펴보기로 한다.

그림 5-1 수송문제의 유형

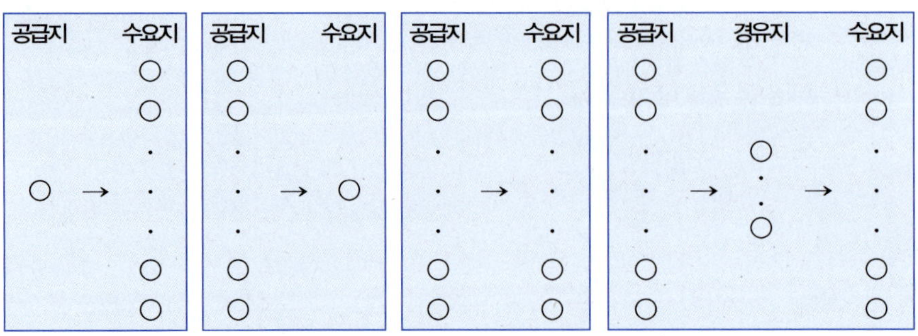

제 2 절 균형수송문제

균형수송문제(balanced transportation problem)는 총공급량과 총수요량이 일치하는 경우의 수송문제이다. 실제에서는 균형수송문제보다는 불균형수송문제가 일반적이지만 간단한 조정을 통하여 불균형수송문제를 균형수송문제로 변경할 수 있기 때문에 먼저 균형수송문제를 위한 선형계획법에 대해 살펴보기로 한다.

예제 5-1

시원음료(주)는 A, B, C, D에 공장을 그리고 가, 나, 다에 대리점을 가지고 있다. 〈표 5-1〉은 내년 1분기에 필요한 각 공장의 공급량, 각 대리점의 수요량, 그리고 각 공장에서 각 대리점까지의 단위당 수송비(단위 : 만원)를 나타내고 있다.

표 5-1 시원음료(주)의 1분기 수송표

공장 \ 대리점	가	나	다	공급량
A	3	5	6	20
B	5	3	4	30
C	6	9	8	15
D	8	5	2	25
수요량	30	20	40	

막대한 수송비를 절감하기 위해 시원음료는 어느 공장에서 어느 대리점으로 음료를 수송하는 것이 총수송비용을 최소화할 수 있는지를 결정하고자 한다.

먼저 공장에서만 대리점으로 음료를 공급할 수 있고 대리점 간 음료의 이동은 없는 것으로 가정한다. 〈표 5-1〉에서 보는 바와 같이 이 문제는 총공급량(90단위)과 총수요량(90단위)이 일치하는 균형수송문제이다. 선형계획법으로 균형수송문제를 해결하는 방법에 대해 살펴보기로 한다.

1 선형계획모형

[예제 5-1]의 균형수송문제를 선형계획모형으로 작성하는 절차는 다음과 같다.

1) 의사결정변수

시원음료(주)는 어느 공장에서 어느 대리점으로 음료를 수송해야 총수송비용을 최소화하는지를 결정하고자 하므로 의사결정변수는 다음과 같이 정의된다.

$$x_{ij} = \text{공장 } i\text{로부터 대리점 } j\text{까지의 수송량 } (i=\text{A, B, C, D};\ j=\text{가, 나, 다})$$

예를 들어, $x_{\text{A다}}$는 공장 A로부터 대리점 다로 수송되는 음료의 양을 표시한다.

2) 목적함수

목적함수는 각 공장에서 각 대리점까지의 단위당 수송비에 수송량을 곱한 후 그 합으로 표시되는 총비용의 최소화이다. 총수송비를 최소화하기 위한 목적함수는 다음과 같이 표시된다.

$$\begin{aligned}\text{최소화 } z = &\ 3x_{\text{A가}} + 5x_{\text{A나}} + 6x_{\text{A다}} + 5x_{\text{B가}} + 3x_{\text{B나}} + 4x_{\text{B다}} \\ &+ 6x_{\text{C가}} + 9x_{\text{C나}} + 8x_{\text{C다}} + 8x_{\text{D가}} + 5x_{\text{D나}} + 2x_{\text{D다}}\end{aligned}$$

예를 들어, 공장 B에서 대리점 나까지의 수송비용은 단위당 수송비(3)에 수송량($x_{\text{B나}}$)을 곱한 $3x_{\text{B나}}$가 된다.

3) 제약식

공급량의 총합과 수요량의 총합이 같은 균형수송문제에서는 공급지와 수요지의 제약조건은 모두 등식으로 표현한다. 먼저 공급지의 제약조건식은 다음과 같다.

$$\begin{aligned}x_{\text{A가}} + x_{\text{A나}} + x_{\text{A다}} &= 20 \\ x_{\text{B가}} + x_{\text{B나}} + x_{\text{B다}} &= 30 \\ x_{\text{C가}} + x_{\text{C나}} + x_{\text{C다}} &= 15 \\ x_{\text{D가}} + x_{\text{D나}} + x_{\text{D다}} &= 25\end{aligned}$$

반면 수요지의 제약조건식은 다음과 같다.

$$x_{A가} + x_{B가} + x_{C가} + x_{D가} = 30$$
$$x_{A나} + x_{B나} + x_{C나} + x_{D나} = 20$$
$$x_{A다} + x_{B다} + x_{C다} + x_{D다} = 40$$

4) 비음조건

수송문제의 특수한 구조로 인해 수송물량(x_{ij})이 정수여야 한다는 조건을 추가하지 않고 일반적인 선형계획모형으로 풀어도 최적해는 정수조건이 자동으로 만족된다. 따라서 정수조건 없이 각 공장에서 각 대리점으로 수송되는 음료의 양은 음수가 될 수 없다는 비음조건을 추가한다.

$$x_{ij} \geq 0 \ (i = \text{A, B, C, D};\ j = \text{가, 나, 다})$$

5) 완성된 선형계획모형

이상을 종합하여 [예제 5-1]의 선형계획모형을 완성하면 아래와 같다.

$$\begin{aligned}
\text{최소화} \quad z = {} & 3x_{A가} + 5x_{A나} + 6x_{A다} + 5x_{B가} + 3x_{B나} + 4x_{B다} \\
& + 6x_{C가} + 9x_{C나} + 8x_{C다} + 8x_{D가} + 5x_{D나} + 2x_{D다} \\
& x_{A가} + x_{A나} + x_{A다} = 20 \\
& x_{B가} + x_{B나} + x_{B다} = 30 \\
& x_{C가} + x_{C나} + x_{C다} = 15 \\
& x_{D가} + x_{D나} + x_{D다} = 25 \\
& x_{A가} + x_{B가} + x_{C가} + x_{D가} = 30 \\
& x_{A나} + x_{B나} + x_{C나} + x_{D나} = 20 \\
& x_{A다} + x_{B다} + x_{C다} + x_{D다} = 40 \\
& x_{ij} \geq 0 \ (i = \text{A, B, C, D};\ j = \text{가, 나, 다})
\end{aligned}$$

2 엑셀 해법 1

수송문제를 엑셀로 해를 구하는 방법은 입력방식에 따라 수송문제방식과 선형계획문제방식으로 구분한다. 먼저 수송문제방식으로 해를 구하는 방법을 살펴본다. [예제 5-1]의 문제를 수송문제방식으로 해를 구하는 절차는 다음과 같다.

1) 입력 창

수송문제를 엑셀의 [해 찾기] 메뉴를 이용하여 수송문제방식으로 최적해를 구하기 위해서는 수송계획표 부분과 수송실행표 부분으로 나누어 다음과 같이 입력한다.

	A	B	C	D	E	F
1						
2			수송계획표			
3		가	나	다	공급량	
4	A	3	5	6	20	
5	B	5	3	4	30	
6	C	6	9	8	15	
7	D	8	5	2	25	
8	수요량	30	20	40		
9						
10			수송실행표			
11		가	나	다	공급량	
12	A				0	
13	B				0	
14	C				0	
15	D				0	
16	수요량	0	0	0	0	
17						

수송계획표 부분은 〈표 5-1〉의 내용을 입력하고 수송실행표 부분은 최적해를 구하기 위해 다음과 같이 입력한다.

		셀 주소	입력
해	x_{ij}	B12:D15	
	z	E16	= SUMPRODUCT(B4:D7, B12:D15)
제약식	공급량	E12	= SUM(B12:D12)
		E13:E15	셀 E12를 복사
	수요량	B16	= SUM(B12:B15)
		C16:D16	셀 B16을 복사

2) 해 찾기 매개 변수 창

[데이터] → [해 찾기] 메뉴를 실행하여 [해 찾기 매개 변수] 창에서 다음을 수행한다.

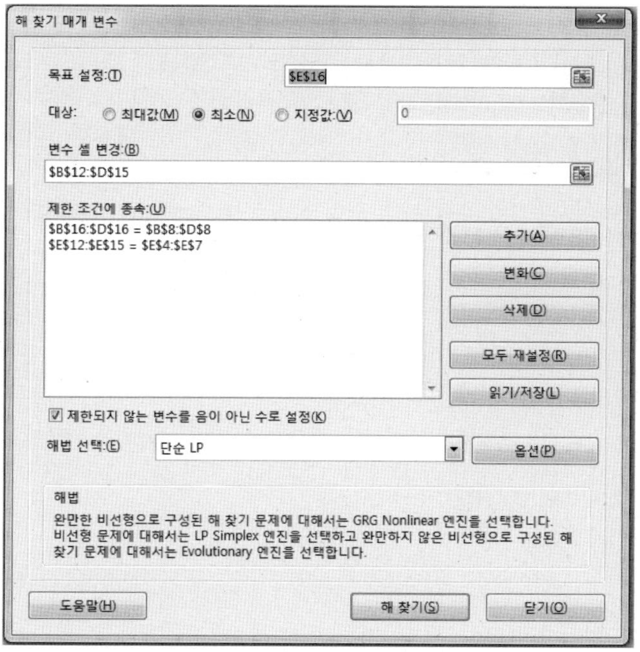

① [목표 설정:(T)]

목적함수 z의 셀 주소를 지정한다. 여기서는 E16을 지정한다.

② [대상:]

최대화 또는 최소화를 지정해 준다. 여기서는 최소(N)를 지정해 준다.

③ [변수 셀 변경:(B)]

의사결정변수의 셀 주소를 지정한다. 여기서는 B12:D15를 지정한다.

④ [제한 조건에 종속:(U)]

균형수송문제이므로 공급량과 수요량이 같다는 조건을 지정한다. 먼저 [추가]를 클릭하여 [제한 조건 추가] 창에 공급량의 조건인 E12:E15 = E4:E7을 지정한다. 다시 [추가]를 클릭하여 수요량의 조건인 B16:D16 = B8:D8을 지정한 다음 [확인]을 클릭하여 [해 찾기 매개 변수] 창으로 돌아간다.

⑤ **[제한되지 않는 변수를 음이 아닌 수로 설정(K)]**

비음조건을 지정해준다. 여기서는 기본 값을 그대로 사용한다.

⑥ **[해법 선택:(E)]**

선형계획법을 의미하는 [단순 LP]로 지정한다.

⑦ **[해 찾기]**

마지막으로 해를 찾기 위해 [해 찾기]를 클릭한다.

3) 결과 창

이상의 과정을 실행하면 다음과 같이 [예제 5-1]의 해를 찾을 수 있다.

	A	B	C	D	E	F
1						
2			수송계획표			
3		가	나	다	공급량	
4	A	3	5	6	20	
5	B	5	3	4	30	
6	C	6	9	8	15	
7	D	8	5	2	25	
8	수요량	30	20	40		
9						
10			수송실행표			
11		가	나	다	공급량	
12	A	20	0	0	20	
13	B	0	20	10	30	
14	C	10	0	5	15	
15	D	0	0	25	25	
16	수요량	30	20	40	310	
17						

4) 결과 해석

시원음료(주)는 공장 A에서 대리점 가로 20단위를, 공장 B에서 대리점 나와 다에 각각 20단위와 10단위를, 공장 C에서 대리점 가와 다에 각각 10단위와 5단위를, 공장 D에서 대리점 다로 25단위를 공급하면 총비용이 310만 원으로 최소화된다. 한편 수요 측면에서 살펴보면 대리점 가는 공장 A와 C로부터 각각 20단위와 10단위를, 대리점

나는 공장 B로부터 20단위를, 대리점 다는 공장 B, C, D로부터 각각 10단위, 5단위, 25단위를 공급받아 수요를 충당한다. 총공급과 총수요가 일치하는 균형수송문제이므로 수송계획표와 수송실행표의 공급량과 수요량은 일치한다. 최적해는 $x_{A가} = 20$, $x_{B나} = 20$, $x_{B다} = 10$, $x_{C가} = 10$, $x_{C다} = 5$, $x_{D다} = 25$, 나머지 변수 모두 0, $z=310$이다.

3 엑셀 해법 2

수송문제는 다음과 같이 선형계획문제방식으로 최적해를 구할 수도 있다.

1) 입력 창

[예제 5-1]의 입력 창은 다음과 같다.

	A	B	C	D	E	F	G	H	I	J	K	L	M	N	O	P	Q
1																	
2		xA가	xA나	xA다	xB가	xB나	xB다	xC가	xC나	xC다	xD가	xD나	xD다	z			
3	해													0			
4																	
5	최소화	3	5	6	5	3	4	6	9	8	8	5	2	좌변합계		우변상수	
6	식1	1	1	1										0	=	20	
7	식2				1	1	1							0	=	30	
8	식3							1	1	1				0	=	15	
9	식4										1	1	1	0	=	25	
10	식5	1			1			1			1			0	=	30	
11	식6		1			1			1			1		0	=	20	
12	식7			1			1			1			1	0	=	40	
13																	

해(B3:N3)와 좌변합계(N6:N12)에는 다음과 같이 입력하고 나머지 부분은 화면에 있는 내용대로 입력한다.

		셀 주소	입력
해	x_{ij}	B3:M3	
	z	N3	= SUMPRODUCT(B3:M3, B5:M5)
좌변합계	식1	N6	= SUMPRODUCT($B$3:$M$3, B6:M6)
	식2~7	N7:N12	셀 N6을 복사

2) 해 찾기 매개 변수 창

[예제 5-1]의 해 찾기 매개 변수 창은 다음과 같다.

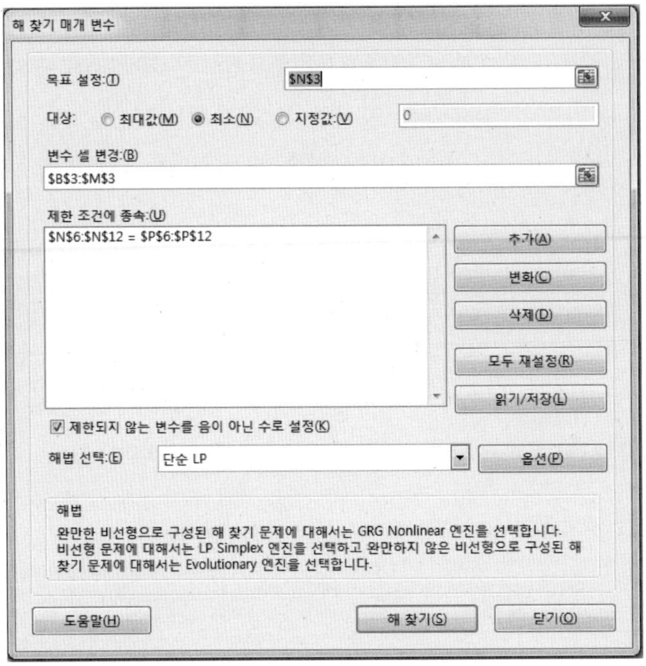

① [목표 설정:(T)]

목적함수 z의 셀 주소를 지정한다. 여기서는 N3을 지정한다.

② [대상:]

최대화 또는 최소화를 지정해 준다. 여기서는 최소(N)를 지정해 준다.

③ [변수 셀 변경:(B)]

의사결정변수의 셀 주소를 지정한다. 여기서는 B3:M3를 지정한다.

④ [제한 조건에 종속:(U)]

식 1에서 7까지의 부등호가 같으므로 [추가]를 클릭하여 [제한 조건 추가] 창에 N6:N12 = P6:P12를 지정한 다음 [확인]을 클릭하여 [해 찾기 매개 변수] 창으로 돌아간다.

⑤ [제한되지 않는 변수를 음이 아닌 수로 설정(K)]

비음조건을 체크해 준다. 여기서는 기본 값을 그대로 두면 된다.

⑥ **[해법 선택:(E)]**

선형계획법을 의미하는 [단순 LP]로 지정한다.

⑦ **[해 찾기]**

마지막으로 해를 찾기 위해 [해 찾기]를 클릭한다.

3) 결과 창

[예제 5-1]의 결과 창은 다음과 같다.

	A	B	C	D	E	F	G	H	I	J	K	L	M	N	O	P	Q
1																	
2		xA가	xA나	xA다	xB가	xB나	xB다	xC가	xC나	xC다	xD가	xD나	xD다	z			
3	해	20	0	0	0	20	10	10	0	5	0	0	25	310			
4																	
5	최소화	3	5	6	5	3	4	6	9	8	8	5	2	좌변합계		우변상수	
6	식1	1	1	1										20	=	20	
7	식2				1	1	1							30	=	30	
8	식3							1	1	1				15	=	15	
9	식4										1	1	1	25	=	25	
10	식5	1			1			1			1			30	=	30	
11	식6		1			1			1			1		20	=	20	
12	식7			1			1			1			1	40	=	40	
13																	

엑셀 해법 2의 방식은 엑셀 해법 1의 방식과 결과는 동일하나 입력이 보다 복잡하기 때문에 엑셀 해법 1의 방식을 일반적으로 사용한다. 본 장에서도 엑셀 해법 1의 방식을 사용하기로 한다.

제 3 절 불균형수송문제(공급>수요)

지금까지는 수요와 공급이 일치하는 균형수송문제에 대해 살펴보았다. 그러나 실질적인 수송문제는 수요와 공급이 불일치하는 경우가 대부분이다. 불균형수송문제는 공급이 수요를 초과하는 경우와 수요가 공급을 초과하는 경우로 나누어진다. 먼저 공급이 수요를 초과하는 경우를 살펴보기로 한다.

예제 5-2

[예제 5-1]의 시원음료(주)의 2분기 문제는 〈표 5-2〉와 같이 총공급량(100단위)이 총수요량(90단위)보다 많은 불균형수송문제이다.

표 5-2 시원음료(주)의 2분기 수송표

공장 \ 대리점	가	나	다	공급량
A	3	5	6	20
B	5	3	4	30
C	6	9	8	20
D	8	5	2	30
수요량	30	20	40	

시원음료(주)는 2분기에 어느 공장에서 어느 대리점으로 음료를 수송하는 것이 총 수송비용을 최소화할 수 있는지를 결정하고자 한다.

1 선형계획모형

공급이 수요를 초과하는 [예제 5-2]의 불균형수송문제를 선형계획법으로 모형화하는 방법에 대해 살펴보기로 한다.

1) 의사결정변수

시원음료(주)는 어느 공장에서 어느 대리점으로 음료를 수송하는 것이 총수송비용을 최소화하는지를 결정하고자 하므로 의사결정변수는 다음과 같이 정의된다.

x_{ij} = 공장 i로부터 대리점 j까지의 수송량(i=A, B, C, D; j=가, 나, 다)

예를 들어, $x_{B가}$는 공장 B로부터 대리점 가로 수송되는 음료의 양을 표시한다.

2) 목적함수

목적함수는 각 공장에서 각 대리점까지의 단위당 수송비에 수송량을 곱한 후 그 합으로 표시되는 총수송비용의 최소화이다. 총수송비용을 최소화하기 위한 목적함수는 다음과 같이 표시된다.

$$최소화\ z = 3x_{A가} + 5x_{A나} + 6x_{A다} + 5x_{B가} + 3x_{B나} + 4x_{B다} + 6x_{C가} + 9x_{C나} + 8x_{C다} + 8x_{D가} + 5x_{D나} + 2x_{D다}$$

3) 제약식

공급량의 총합이 수요량의 총합보다 많은 경우에는 공급지 조건은 ≤를 사용하여 부등식으로 표현한다. 반면 수요지 조건은 =를 사용하여 등식으로 표현하거나 또는 ≥를 사용하여 부등식으로 표현한다. 즉, 총합이 많은 부분에는 ≤를 적은 부분에는 = 또는 ≥를 사용한다. 먼저 공급지 제약조건식은 다음과 같다.

$$x_{A가} + x_{A나} + x_{A다} \leq 20$$
$$x_{B가} + x_{B나} + x_{B다} \leq 30$$
$$x_{C가} + x_{C나} + x_{C다} \leq 20$$
$$x_{D가} + x_{D나} + x_{D다} \leq 30$$

반면 수요지 제약조건식은 다음과 같다.

$$x_{A가} + x_{B가} + x_{C가} + x_{D가} = 30$$
$$x_{A나} + x_{B나} + x_{C나} + x_{D나} = 20$$
$$x_{A다} + x_{B다} + x_{C다} + x_{D다} = 40$$

4) 비음조건

마지막으로 각 공장에서 각 대리점으로 수송되는 음료의 양은 음수가 될 수 없다는 비음조건을 추가한다.

$$x_{ij} \geq 0 \ (i = A, B, C, D;\ j = 가, 나, 다)$$

5) 완성된 선형계획모형

이상을 종합하여 공급이 수요를 초과하는 〈표 5-2〉의 수송문제를 선형계획모형으로 나타내면 다음과 같다.

$$최소화\ z = 3x_{A가} + 5x_{A나} + 6x_{A다} + 5x_{B가} + 3x_{B나} + 4x_{B다} + 6x_{C가} + 9x_{C나} + 8x_{C다} + 8x_{D가} + 5x_{D나} + 2x_{D다}$$

$$제약조건\ x_{A가} + x_{A나} + x_{A다} \leq 20$$
$$x_{B가} + x_{B나} + x_{B다} \leq 30$$
$$x_{C가} + x_{C나} + x_{C다} \leq 20$$

$$x_{D가} + x_{D나} + x_{D다} \leq 30$$
$$x_{A가} + x_{B가} + x_{C가} + x_{D가} = 30$$
$$x_{A나} + x_{B나} + x_{C나} + x_{D나} = 20$$
$$x_{A다} + x_{B다} + x_{C다} + x_{D다} = 40$$
$$x_{ij} \geq 0 \ (i = \text{A, B, C, D};\ j = \text{가, 나, 다})$$

2 엑셀 해법

엑셀을 활용하여 공급이 수요를 초과하는 [예제 5-2]의 불균형수송문제의 최적해를 찾는 방법에 대해 살펴보기로 한다.

1) 입력 창

불균형수송문제를 엑셀의 [해 찾기] 메뉴를 이용하여 최적해를 구하기 위해서는 수송계획표 부분과 수송실행표 부분으로 나누어 다음과 같이 입력한다.

	A	B	C	D	E	F
1						
2			수송계획표			
3		가	나	다	공급량	
4	A	3	5	6	20	
5	B	5	3	4	30	
6	C	6	9	8	20	
7	D	8	5	2	30	
8	수요량	30	20	40		
9						
10			수송실행표			
11		가	나	다	공급량	
12	A				0	
13	B				0	
14	C				0	
15	D				0	
16	수요량	0	0	0	0	
17						

수송계획표 부분은 〈표 5-2〉의 내용을 입력하고 수송실행표 부분은 최적해를 구하기 위해 다음과 같이 입력한다.

		셀 주소	입력
해	x_{ij}	B12:D15	
	z	E16	= SUMPRODUCT(B4:D7, B12:D15)
제약식	공급량	E12	= SUM(B12:D12)
		E13:E15	셀 E12를 복사
	수요량	B16	= SUM(B12:B15)
		C16:D16	셀 B16을 복사

2) 해 찾기 매개 변수 창

[데이터] → [해 찾기] 메뉴를 실행하여 [해 찾기 매개 변수] 창에서 다음을 수행한다.

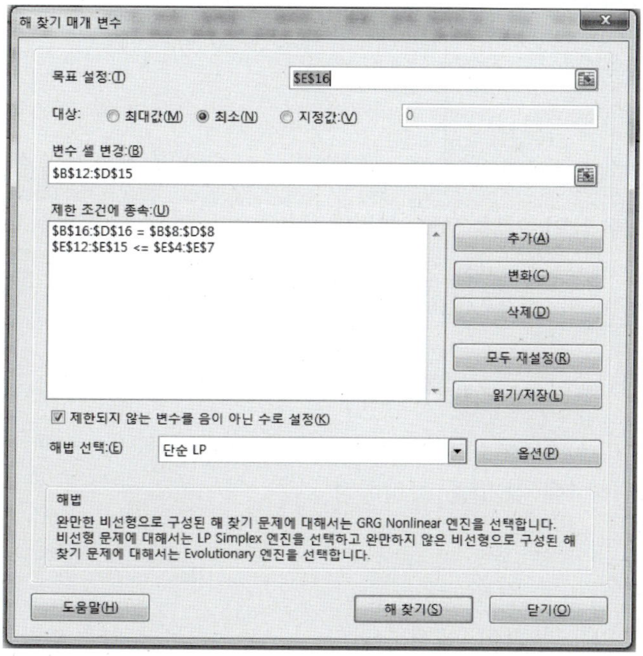

① [목표 설정:(T)]

목적함수 z의 셀 주소를 지정한다. 여기서는 E16을 지정한다.

② [대상:]

최대화 또는 최소화를 지정해 준다. 여기서는 최소(N)를 지정해 준다.

③ [변수 셀 변경:(B)]

의사결정변수의 셀 주소를 지정한다. 여기서는 B12:D15를 지정한다.

④ **[제한 조건에 종속:(U)]**

불균형수송문제이므로 총합이 많은 공급조건에는 < =를 총합이 적은 수요조건에는 = 또는 > =를 지정한다. [추가]를 클릭하여 [제한 조건 추가] 창에 공급조건인 E12:E15 < = E4:E7을 지정한다. 다시 [추가]를 클릭하여 [제한 조건 추가] 창에 수요조건인 B16:D16 = B8:D8을 지정한 다음 [확인]을 클릭하여 [해 찾기 매개 변수] 창으로 돌아간다.

⑤ **[제한되지 않는 변수를 음이 아닌 수로 설정(K)]**

비음조건을 지정해준다. 여기서는 기본 값을 그대로 사용한다.

⑥ **[해법 선택:(E)]**

선형계획법을 의미하는 [단순 LP]로 지정한다.

⑦ **[해 찾기]**

마지막으로 해를 찾기 위해 [해 찾기]를 클릭한다.

3) 결과 창

이상의 과정을 실행하면 다음과 같이 [예제 5-2]의 불균형수송문제의 최적해를 찾을 수 있다.

	A	B	C	D	E	F
1						
2			수송계획표			
3		가	나	다	공급량	
4	A	3	5	6	20	
5	B	5	3	4	30	
6	C	6	9	8	20	
7	D	8	5	2	30	
8	수요량	30	20	40		
9						
10			수송실행표			
11		가	나	다	공급량	
12	A	20	0	0	20	
13	B	0	20	10	30	
14	C	10	0	0	10	
15	D	0	0	30	30	
16	수요량	30	20	40	280	
17						

4) 결과 해석

시원음료(주)의 공장 A는 대리점 가에 20단위를, 공장 B는 대리점 나와 다에 각각 20단위와 10단위를, 공장 C는 대리점 가에 10단위를, 공장 D는 대리점 다에 30단위를 수송한다. 이 경우의 총수송비용은 280만 원이다. 공급이 수요보다 많은 불균형수송문제이므로 수송계획표와 수송실행표의 공급량은 일치하지 않지만 수요량은 일치한다. 왜냐하면 총공급량이 총수요량보다 10단위 많아 공장 C의 경우 공급능력은 20단위이지만 실제로는 10단위만 공급하기 때문이다. 최적해는 $x_{A가} = 20$, $x_{B나} = 20$, $x_{B다} = 10$, $x_{C가} = 10$, $x_{D다} = 30$, 나머지 변수 모두 0, $z = 280$이다.

제 4 절 불균형수송문제(공급<수요)

지금까지는 수요와 공급이 일치하는 균형수송문제와 공급이 수요를 초과하는 불균형수송문제를 살펴보았다. 여기서는 다음의 예제를 통해 수요가 공급을 초과하는 불균형수송문제를 살펴보기로 한다.

예제 5-3

[예제 5-2]의 시원음료(주)의 3분기 문제는 〈표 5-3〉과 같이 총공급량(90단위)이 총수요량(100단위)보다 적은 불균형수송문제이다.

표 5-3 시원음료(주)의 3분기 수송표

공장 \ 대리점	가	나	다	공급량
A	3	5	6	20
B	5	3	4	30
C	6	9	8	15
D	8	5	2	25
수요량	40	20	40	

3분기에 시원음료(주)는 어느 공장에서 어느 대리점으로 음료를 수송하는 것이 총수송비용을 최소화하는지를 결정하고자 한다.

1 선형계획모형

수요가 공급를 초과하는 [예제 5-3]의 불균형수송문제를 선형계획모형으로 작성하는 절차는 다음과 같다.

1) 의사결정변수

시원음료(주)는 어느 공장에서 어느 대리점으로 음료를 수송하는 것이 총수송비용을 최소화하는지를 결정하고자 하므로 의사결정변수는 다음과 같이 정의된다.

x_{ij} = 공장 i로부터 대리점 j까지의 수송량(i=A, B, C, D; j=가, 나, 다)

예를 들어, $x_{D가}$는 공장 D로부터 대리점 가로 수송되는 음료의 양을 표시한다.

2) 목적함수

각 공장에서 각 대리점까지의 단위당 수송비에 수송량을 곱한 후 그 합으로 나타나는 총수송비용을 최소화하는 목적함수는 다음과 같이 표시된다.

$$최소화\ z = 3x_{A가} + 5x_{A나} + 6x_{A다} + 5x_{B가} + 3x_{B나} + 4x_{B다} + 6x_{C가} + 9x_{C나} + 8x_{C다} + 8x_{D가} + 5x_{D나} + 2x_{D다}$$

3) 제약식

총합이 많은 수요조건은 ≤를 총합이 적은 공급조건은 = 또는 >=를 사용한다. 먼저 공급지에 대한 제약식은 다음과 같다.

$$x_{A가} + x_{A나} + x_{A다} = 20$$
$$x_{B가} + x_{B나} + x_{B다} = 30$$
$$x_{C가} + x_{C나} + x_{C다} = 15$$
$$x_{D가} + x_{D나} + x_{D다} = 25$$

반면 수요지 제약조건식은 다음과 같다.

$$x_{A가} + x_{B가} + x_{C가} + x_{D가} \le 40$$
$$x_{A나} + x_{B나} + x_{C나} + x_{D나} \le 20$$
$$x_{A다} + x_{B다} + x_{C다} + x_{D다} \le 40$$

4) 비음조건

마지막으로 각 공장에서 각 대리점으로 수송되는 음료의 양은 음수가 될 수 없다는 비음조건을 추가하여야 한다.

$$x_{ij} \ge 0\ (i = A, B, C, D;\ j = 가, 나, 다)$$

5) 완성된 선형계획모형

이상을 종합하여 수요가 공급을 초과하는 〈표 5-3〉의 불균형수송문제를 선형계획모형으로 나타내면 다음과 같다.

$$최소화\ z = 3x_{A가} + 5x_{A나} + 6x_{A다} + 5x_{B가} + 3x_{B나} + 4x_{B다} + 6x_{C가} + 9x_{C나} + 8x_{C다} + 8x_{D가} + 5x_{D나} + 2x_{D다}$$

$$제약조건\ x_{A가} + x_{A나} + x_{A다} = 20$$
$$x_{B가} + x_{B나} + x_{B다} = 30$$
$$x_{C가} + x_{C나} + x_{C다} = 15$$
$$x_{D가} + x_{D나} + x_{D다} = 25$$

$$x_{A가} + x_{B가} + x_{C가} + x_{D가} \leq 40$$
$$x_{A나} + x_{B나} + x_{C나} + x_{D나} \leq 20$$
$$x_{A다} + x_{B다} + x_{C다} + x_{D다} \leq 40$$
$$x_{ij} \geq 0 \ (i = \text{A, B, C, D};\ j = \text{가, 나, 다})$$

2 엑셀 해법

엑셀을 활용하여 [예제 5-3]의 수요량이 공급량보다 많은 불균형수송문제의 최적해를 구하는 과정은 다음과 같다.

1) 입력 창

불균형수송문제를 엑셀의 [해 찾기] 메뉴를 이용하여 최적해를 구하기 위해서는 수송계획표 부분과 수송실행표 부분으로 나누어 다음과 같이 입력한다.

	A	B	C	D	E	F
1						
2			수송계획표			
3		가	나	다	공급량	
4	A	3	5	6	20	
5	B	5	3	4	30	
6	C	6	9	8	15	
7	D	8	5	2	25	
8	수요량	40	20	40		
9						
10			수송실행표			
11		가	나	다	공급량	
12	A				0	
13	B				0	
14	C				0	
15	D				0	
16	수요량	0	0	0	0	
17						

수송계획표 부분은 〈표 5-3〉의 내용을 입력하고 수송실행표 부분은 최적해를 구하기 위해 다음과 같이 입력한다.

		셀 주소	입력
해	x_{ij}	B12:D15	
	z	E16	= SUMPRODUCT(B4:D7, B12:D15)
제약식	공급량	E12	= SUM(B12:D12)
		E13:E15	셀 E12를 복사
	수요량	B16	= SUM(B12:B15)
		C16:D16	셀 B16을 복사

2) 해 찾기 매개 변수 창

[데이터] → [해 찾기] 메뉴를 실행하여 [해 찾기 매개 변수] 창에서 다음을 수행한다.

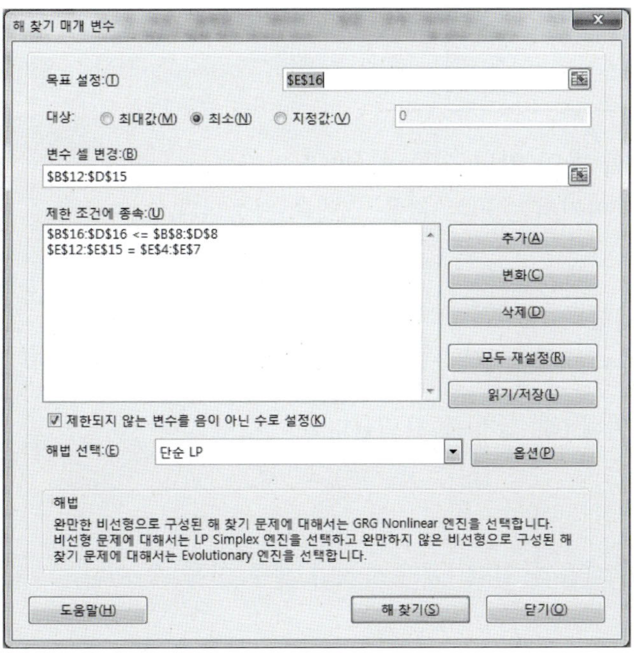

① **[목표 설정:(T)]**

목적함수 z의 셀 주소를 지정한다. 여기서는 E16을 지정한다.

② **[대상:]**

최대화 또는 최소화를 지정해 준다. 여기서는 최소(N)를 지정해 준다.

③ **[변수 셀 변경:(B)]**

의사결정변수의 셀 주소를 지정한다. 여기서는 B12:D15를 지정한다.

④ [제한 조건에 종속:(U)]

수요가 공급보다 많은 불균형수송문제이므로 총합이 적은 공급에는 = 또는 >= 를 총합인 많은 수요에는 <=를 지정한다. [추가]를 클릭하여 [제한 조건 추가] 창에 공급조건인 E12:E15 = E4:E7을 지정한다. 다시 [추가]를 클릭하여 [제한 조건 추가] 창에 수요조건인 B16:D16 <= B8:D8을 지정한 다음 [확인]을 클릭하여 [해 찾기 매개 변수] 창으로 돌아간다.

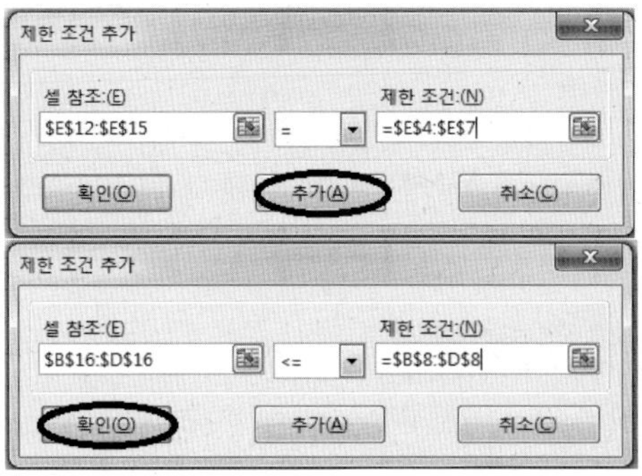

⑤ [제한되지 않는 변수를 음이 아닌 수로 설정(K)]

비음조건을 지정해준다. 여기서는 기본 값을 그대로 사용한다.

⑥ [해법 선택:(E)]

선형계획법을 의미하는 [단순 LP]로 지정한다.

⑦ [해 찾기]

마지막으로 해를 찾기 위해 [해 찾기]를 클릭한다.

3) 결과 창

이상의 과정을 실행하면 다음과 같이 [예제 5-3]의 해를 찾을 수 있다.

	A	B	C	D	E	F
1						
2			수송계획표			
3		가	나	다	공급량	
4	A	3	5	6	20	
5	B	5	3	4	30	
6	C	6	9	8	15	
7	D	8	5	2	25	
8	수요량	40	20	40		
9						
10			수송실행표			
11		가	나	다	공급량	
12	A	20	0	0	20	
13	B	0	20	10	30	
14	C	15	0	0	15	
15	D	0	0	25	25	
16	수요량	35	20	35	300	
17						

4) 결과 해석

시원음료(주)는 공장 A에서 대리점 가로 20단위를, 공장 B에서 대리점 나와 다에 각각 20단위와 10단위를, 공장 C에서 대리점 가에 15단위를, 공장 D에서 대리점 다에 25단위를 수송한다. 이 경우의 총수송비용은 300만 원이다. 공급이 수요보다 적은 불균형수송문제이므로 수송계획표와 수송실행표의 공급량은 일치하지만 수요량은 일치하지 않는다. 왜냐하면 총공급량이 총수요량보다 10단위 적어 대리점 가와 다는 필요량보다 각각 5단위씩 적게 공급받기 때문이다. 최적해는 $x_{A가} = 20$, $x_{B나} = 20$, $x_{B다} = 10$, $x_{C가} = 15$, $x_{D다} = 25$, 나머지 변수 모두 0, $z = 300$이다.

제5절 최대화수송문제

비용을 최소화하는 수송문제뿐만 아니라 이윤을 최대화하는 수송문제도 발생할 수 있다. 예를 들어, 창고에서 소매점으로 상품을 수송하는 경우 상품수송에 따른 단위당 이윤이 다르면 이윤이 최대화되는 창고와 소매점 간의 수송관계를 찾고자 할 것이다. 다음의 예제를 통해 최대화수송문제를 살펴보기로 한다.

예제 5-4

한국비료(주)는 A, B, C에 창고를 그리고 갑, 을, 병, 정에 소매점을 가지고 있다. 〈표 5-4〉는 각 창고의 공급량, 각 소매점의 수요량, 그리고 각 창고에서 각 소매점까지 수송에 따른 단위당 이익(단위: 만원)을 나타내고 있다.

표 5-4 한국비료의 수송표

창고 \ 소매점	갑	을	병	정	공급량
A	8	5	6	6	30
B	5	3	4	5	20
C	6	9	8	4	10
수요량	10	20	10	20	

이익을 극대화하기 위해 한국비료(주)는 어느 창고에서 어느 소매점으로 비료를 수송하는 것이 총이익을 최대화하는지를 결정하고자 한다.

1 선형계획모형

총이익을 최대로 하는 [예제 5-4]의 균형수송문제를 선형계획모형으로 작성하는 절차는 다음과 같다.

1) 의사결정변수

한국비료(주)는 어느 창고에서 어느 소매점으로 비료를 수송하는 것이 총이익을 최대화하는지를 결정하고자 하므로 의사결정변수는 다음과 같이 정의된다.

x_{ij} = 창고 i로부터 소매점 j까지의 수송량(i=A, B, C; j=갑, 을, 병, 정)

예를 들어, $x_{\text{B정}}$은 창고 B로부터 소매점 정으로 수송되는 비료의 양을 표시한다.

2) 목적함수

목적함수는 각 창고에서 각 소매점까지의 단위당 이익에 수송량을 곱한 후 그 합으로 나타나는 총이익의 최대화이다. 지금까지와는 달리 목적함수가 수송비의 최소화가 아닌 이익의 최대화로 바뀐다. 총이익을 최대화하기 위한 목적함수는 다음과 같이 표시된다.

$$\text{최대화 } z = 8x_{\text{A갑}} + 5x_{\text{A을}} + 6x_{\text{A병}} + 6x_{\text{A정}} + 5x_{\text{B갑}} + 3x_{\text{B을}} + 4x_{\text{B병}} + 5x_{\text{B정}} + 6x_{\text{C갑}} + 9x_{\text{C을}} + 8x_{\text{C병}} + 4x_{\text{C정}}$$

3) 제약식

공급량의 총합과 수요량의 총합이 같은 균형수송문제인 경우에는 공급지 제약조건과 수요지 제약조건은 모두 등식으로 표현한다. 먼저 공급지에 대한 제약식은 다음과 같다.

$$x_{\text{A갑}} + x_{\text{A을}} + x_{\text{A병}} + x_{\text{A정}} = 30$$
$$x_{\text{B갑}} + x_{\text{B을}} + x_{\text{B병}} + x_{\text{B정}} = 20$$
$$x_{\text{C갑}} + x_{\text{C을}} + x_{\text{C병}} + x_{\text{C정}} = 10$$

수요지에 대한 제약식은 다음과 같다.

$$x_{\text{A갑}} + x_{\text{B갑}} + x_{\text{C갑}} = 10$$
$$x_{\text{A을}} + x_{\text{B을}} + x_{\text{C을}} = 20$$
$$x_{\text{A병}} + x_{\text{B병}} + x_{\text{C병}} = 10$$
$$x_{\text{A정}} + x_{\text{B정}} + x_{\text{C정}} = 20$$

4) 비음조건

마지막으로 각 창고에서 각 소매점으로 수송되는 비료의 양은 음수가 될 수 없다는 비음조건을 추가한다.

$$x_{ij} \geq 0 \ (i = \text{A, B, C};\ j = \text{갑, 을, 병, 정})$$

5) 완성된 선형계획모형

이상을 종합하여 〈표 5-4〉의 이익 최대화의 균형수송문제를 선형계획모형으로 나타내면 다음과 같다.

$$\begin{aligned}
\text{최대화} \quad & z = 8x_{\text{A갑}} + 5x_{\text{A을}} + 6x_{\text{A병}} + 6x_{\text{A정}} + 5x_{\text{B갑}} + 3x_{\text{B을}} \\
& \quad + 4x_{\text{B병}} + 5x_{\text{B정}} + 6x_{\text{C갑}} + 9x_{\text{C을}} + 8x_{\text{C병}} + 4x_{\text{C정}} \\
\text{제약조건} \quad & x_{\text{A갑}} + x_{\text{A을}} + x_{\text{A병}} + x_{\text{A정}} = 30 \\
& x_{\text{B갑}} + x_{\text{B을}} + x_{\text{B병}} + x_{\text{B정}} = 20 \\
& x_{\text{C갑}} + x_{\text{C을}} + x_{\text{C병}} + x_{\text{C정}} = 10 \\
& x_{\text{A갑}} + x_{\text{B갑}} + x_{\text{C갑}} = 10
\end{aligned}$$

$$x_{A을} + x_{B을} + x_{C을} = 20$$
$$x_{A병} + x_{B병} + x_{C병} = 10$$
$$x_{A정} + x_{B정} + x_{C정} = 20$$
$$x_{ij} \geq 0 \ (i = \text{A, B, C};\ j = \text{갑, 을, 병, 정})$$

2 엑셀 해법

엑셀을 활용하여 [예제 5-4]의 최대화 균형수송문제의 최적해를 구하는 과정은 다음과 같다.

1) 입력 창

최대화 균형수송문제를 엑셀의 [해 찾기] 메뉴를 이용하여 최적해를 구하기 위해서는 수송계획표 부분과 수송실행표 부분으로 나누어 다음과 같이 입력한다.

	A	B	C	D	E	F	G
1							
2			수송계획표				
3		갑	을	병	정	공급량	
4	A	8	5	6	6	30	
5	B	5	3	4	5	20	
6	C	6	9	8	4	10	
7	수요량	10	20	10	20		
8							
9			수송실행표				
10		갑	을	병	정	공급량	
11	A					0	
12	B					0	
13	C					0	
14	수요량	0	0	0	0	0	
15							

수송계획표 부분은 〈표 5-4〉의 내용을 입력하고 수송실행표 부분은 최적해를 구하기 위해 다음과 같이 입력한다.

		셀 주소	입력
해	x_{ij}	B11:E13	
	z	F14	= SUMPRODUCT(B4:E6, B11:E13)
제약식	공급량	F11	= SUM(B11:E11)
		F12:F13	셀 F11을 복사
	수요량	B14	= SUM(B11:B13)
		C14:E14	셀 B14를 복사

2) 해 찾기 매개 변수 창

[데이터] → [해 찾기] 메뉴를 실행하여 [해 찾기 매개 변수] 창에서 다음을 수행한다.

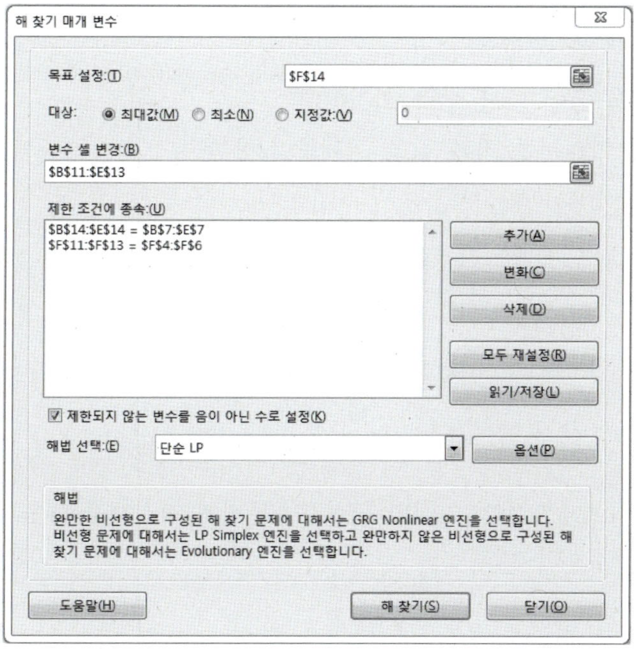

① [목표 설정:(T)]

목적함수 z의 셀 주소를 지정한다. 여기서는 F14을 지정한다.

② [대상:]

최대화 또는 최소화를 지정해 준다. 여기서는 최대값(M)을 지정해 준다.

③ [변수 셀 변경:(B)]

의사결정변수의 셀 주소를 지정한다. 여기서는 B11:E13을 지정한다.

④ **[제한 조건에 종속:(U)]**

균형수송문제이므로 공급조건과 수요조건 모두에 =를 지정한다. [추가]를 클릭하여 [제한 조건 추가] 창에 공급조건인 F11:F13 = F4:F6을 지정한다. 다시 [추가]를 클릭하여 수요조건인 B14:E14 = B7:E7을 지정한 다음 [확인]을 클릭하여 [해 찾기 매개 변수] 창으로 돌아간다.

⑤ **[제한되지 않는 변수를 음이 아닌 수로 설정(K)]**

비음조건을 지정해준다. 여기서는 기본 값을 그대로 사용한다.

⑥ **[해법 선택:(E)]**

선형계획법을 의미하는 [단순 LP]로 지정한다.

⑦ **[해 찾기]**

마지막으로 해를 찾기 위해 [해 찾기]를 클릭한다.

3) 결과 창

이상의 과정을 실행하면 [예제 5-4]의 최대화 균형수송문제의 최적해를 다음과 같이 찾을 수 있다.

	A	B	C	D	E	F	G
1							
2			수송계획표				
3		갑	을	병	정	공급량	
4	A	8	5	6	6	30	
5	B	5	3	4	5	20	
6	C	6	9	8	4	10	
7	수요량	10	20	10	20		
8							
9			수송실행표				
10		갑	을	병	정	공급량	
11	A	10	10	10	0	30	
12	B	0	0	0	20	20	
13	C	0	10	0	0	10	
14	수요량	10	20	10	20	380	
15							

4) 결과 해석

한국비료(주)는 창고 A에서 소매상 갑, 을 병에 각각 10단위를, 창고 B에서 소매상 정에 20단위를, 창고 C에서 소매상 을에 10단위를 수송한다. 이 경우의 총이익은 380만 원이다. 공급과 수요가 일치하는 균형수송문제이므로 수송계획표와 수송실행표의 공급량과 수요량은 일치한다. 최적해는 $x_{A갑} = 10$, $x_{A을} = 10$, $x_{A병} = 10$, $x_{B정} = 20$, $x_{C을} = 10$, 나머지 변수 모두 0, $z = 380$이다.

제 6 절 금지수송문제

수송문제에 있어 특정 공급지에서 특정 수요지까지의 수송이 법적금지, 도로공사, 노조파업, 천재지변 등으로 인해 수송이 불가능한 경우가 있다. 다음의 예제를 통해 금지수송문제의 해결방법에 대해 살펴본다.

예제 5-5

대한전자는 A, B, C에 공장을 그리고 가, 나, 다에 창고를 가지고 있다. 〈표 5-5〉는 각 공장의 공급량, 각 창고의 수요량, 그리고 각 공장에서 각 창고까지의 단위당 수송비(단위: 만원)를 나타내고 있다.

표 5-5 대한전자의 수송표

공장 \ 창고	가	나	다	공급량
A	5	4	6	20
B	5	M	4	20
C	6	5	4	10
수요량	20	20	20	

만약 공장 B에서 창고 나로의 수송을 금지했을 때 대한전자는 어느 공장에서 어느 창고로 제품을 수송하는 것이 총비용을 최소화하는지를 결정하고자 한다.

1 선형계획모형

수요가 공급보다 많고 금지된 경로가 존재하는 [예제 5-5]의 금지된 불균형수송문제를 선형계획모형으로 작성하는 절차는 다음과 같다.

1) 의사결정변수

대한전자는 어느 공장에서 어느 창고로 제품을 수송하는 것이 총수송비용을 최소화하는지를 결정하고자 하므로 의사결정변수는 다음과 같이 정의된다.

x_{ij} = 공장 i로부터 창고 j까지의 수송량(i=A, B, C; j=가, 나, 다)

2) 목적함수

금지된 수송의 경우 〈표 5-5〉처럼 수송이 불가능한 곳에 아주 큰 수송비(M)를 할당함으로써 최소화문제를 해결할 수 있다. 반면 최대화문제에서는 아주 큰 음수의 이익(−M)을 할당함으로써 이 문제를 해결할 수 있다. 금지된 곳에 해당하는 의사결정변수의 계수 값은 다음과 같이 조정한다.

최소화문제 : 아주 큰 단위당 양수의 수송비(M)를 할당
최대화문제 : 아주 큰 단위당 음수의 이익(−M)을 할당

각 공장에서 각 창고까지의 단위당 비용에 수송량을 곱한 후 그 합을 최소화하는 목적함수는 다음과 같이 표시된다.

$$\text{최소화 } z = 5x_{\text{A가}} + 4x_{\text{A나}} + 6x_{\text{A다}} + 5x_{\text{B가}} + 999x_{\text{B나}} + 4x_{\text{B다}} + 6x_{\text{C가}} + 5x_{\text{C나}} + 4x_{\text{C다}}$$

3) 제약식

총합이 적은 공급조건은 = 또는 ≥를 사용하고 반면 총합이 많은 수요조건은 ≤를 사용한다. 먼저 공급지에 대한 제약식은 다음과 같다.

$$x_{\text{A가}} + x_{\text{A나}} + x_{\text{A다}} = 20$$
$$x_{\text{B가}} + x_{\text{B나}} + x_{\text{B다}} = 20$$
$$x_{\text{C가}} + x_{\text{C나}} + x_{\text{C다}} = 10$$

반면 수요지에 대한 조건은 다음과 같다.

$$x_{\text{A가}} + x_{\text{B가}} + x_{\text{C가}} \leq 20$$
$$x_{\text{A나}} + x_{\text{B나}} + x_{\text{C나}} \leq 20$$
$$x_{\text{A다}} + x_{\text{B다}} + x_{\text{C다}} \leq 20$$

4) 비음조건

마지막으로 각 공장에서 각 창고로 수송하는 비료의 양은 음수가 될 수 없다는 비음조건을 추가한다.

$$x_{ij} \geq 0 \ (i = \text{A, B, C};\ j = \text{가, 나, 다})$$

5) 완성된 선형계획모형

이상을 종합하여 총공급량이 총수요량보다 적고 금지된 수송이 존재하는 [예제 5-5]의 금지된 불균형수송문제를 선형계획모형으로 나타내면 다음과 같다.

$$\begin{aligned}
\text{최소화} \quad & z = 5x_{\text{A가}} + 4x_{\text{A나}} + 6x_{\text{A다}} + 5x_{\text{B가}} + 999x_{\text{B나}} + 4x_{\text{B다}} \\
& \quad + 6x_{\text{C가}} + 5x_{\text{C나}} + 4x_{\text{C다}} \\
\text{제약조건} \quad & x_{\text{A가}} + x_{\text{A나}} + x_{\text{A다}} = 20 \\
& x_{\text{B가}} + x_{\text{B나}} + x_{\text{B다}} = 20 \\
& x_{\text{C가}} + x_{\text{C나}} + x_{\text{C다}} = 10 \\
& x_{\text{A가}} + x_{\text{B가}} + x_{\text{C가}} \leq 20 \\
& x_{\text{A나}} + x_{\text{B나}} + x_{\text{C나}} \leq 20 \\
& x_{\text{A다}} + x_{\text{B다}} + x_{\text{C다}} \leq 20 \\
& x_{ij} \geq 0 \ (i = \text{A, B, C};\ j = \text{가, 나, 다})
\end{aligned}$$

2 엑셀 해법

엑셀을 활용하여 [예제 5-5]의 금지된 불균형수송문제의 최적해를 구하는 과정은 다음과 같다.

1) 입력 창

수송문제를 엑셀의 [해 찾기] 메뉴를 이용하여 최적해를 구하기 위해서는 수송계획표 부분과 수송실행표 부분으로 나누어 다음과 같이 입력한다.

	A	B	C	D	E	F
1						
2			수송계획표			
3		가	나	다	공급량	
4	A	5	4	6	20	
5	B	5	999	4	20	
6	C	6	5	4	10	
7	수요량	20	20	20		
8						
9			수송실행표			
10		가	나	다	공급량	
11	A				0	
12	B				0	
13	C				0	
14	수요량	0	0	0	0	
15						

수송계획표 부분은 〈표 5-5〉의 내용을 입력하고 수송실행표 부분은 최적해를 구하기 위해 다음과 같이 입력한다.

		셀 주소	입력
해	x_{ij}	B11:D13	
	z	E14	= SUMPRODUCT(B4:D6, B11:D13)
제약식	공급량	E11	= SUM(B11:D11)
		E12:E13	셀 E11을 복사
	수요량	B14	= SUM(B11:B13)
		C14:D14	셀 B14를 복사

2) 해 찾기 매개 변수 창

[데이터] → [해 찾기] 메뉴를 실행하여 [해 찾기 매개 변수] 창에서 다음을 수행한다.

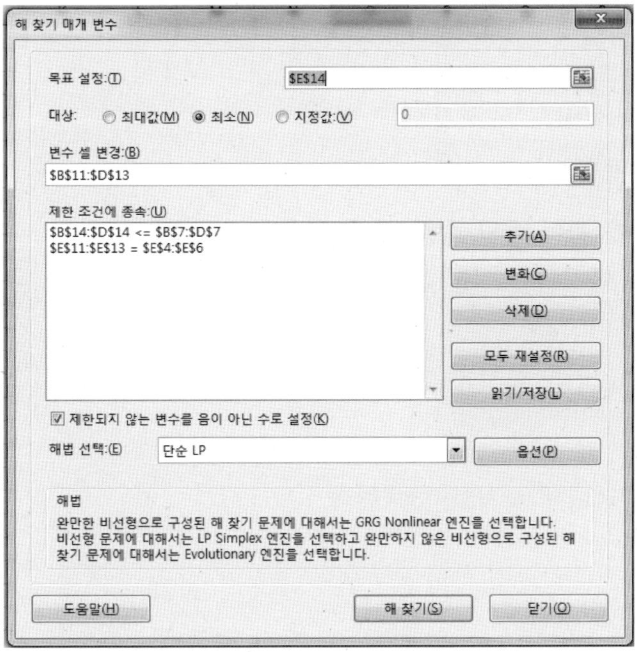

① [목표 설정:(T)]

목적함수 z의 셀 주소를 지정한다. 여기서는 E14을 지정한다.

② [대상:]

최대화 또는 최소화를 지정해 준다. 여기서는 최소(N)를 지정해 준다.

③ [변수 셀 변경:(B)]

의사결정변수의 셀 주소를 지정한다. 여기서는 B11:D13을 지정한다.

④ [제한 조건에 종속:(U)]

공급이 수요보다 적은 불균형수송문제이므로 공급에는 = 또는 > =를 수요에는 < =를 지정한다. [추가]를 클릭하여 [제한 조건 추가] 창에 공급조건인 E11:E13 = E4:E6을 지정한다. 다시 [추가]를 클릭하여 수요조건인 B14:D14 < = B7:D7을 지정한 다음 [확인]을 클릭하여 [해 찾기 매개 변수] 창으로 돌아간다.

⑤ **[제한되지 않는 변수를 음이 아닌 수로 설정(K)]**

비음조건을 지정해준다. 여기서는 기본 값을 그대로 사용한다.

⑥ **[해법 선택:(E)]**

선형계획법을 의미하는 [단순 LP]로 지정한다.

⑦ **[해 찾기]**

마지막으로 해를 찾기 위해 [해 찾기]를 클릭한다.

3) 결과 창

이상의 과정을 실행하면 다음과 같이 [예제 5-5]의 해를 찾을 수 있다.

	A	B	C	D	E	F
1						
2			수송계획표			
3		가	나	다	공급량	
4	A	5	4	6	20	
5	B	5	999	4	20	
6	C	6	5	4	10	
7	수요량	20	20	20		
8						
9			수송실행표			
10		가	나	다	공급량	
11	A	0	20	0	20	
12	B	10	0	10	20	
13	C	0	0	10	10	
14	수요량	10	20	20	210	
15						

4) 결과 해석

대한전자는 공장 A에서 창고 나에 20단위를, 공장 B에서 창고 가와 다에 각각 10단위를, 공장 C에서 창고 다에 10단위를 수송한다. 이 경우의 총수송비용은 210만 원이다. 총수요량이 총공급량보다 10단위 많기 때문에 창고 가는 20단위가 필요하지만 10단위만 공급받게 된다. 따라서 수송계획표와 수송실행표의 공급량은 일치하지만 수요량은 일치하지 않는다. 최적해는 $x_{A나} = 20$, $x_{B가} = 10$, $x_{B다} = 10$, $x_{C다} = 10$, 나머지 변수 모두 0, $z = 210$이다.

제7절 경유수송문제

경유수송(transshipment)문제는 공급지에서 직접 수요지로 수송하는 것이 아니라 중간에 창고와 같은 경유지가 있어 공급지에서는 창고로 수송하고 창고에서는 수요지로 수송하는 경우이다. 다음의 예제를 이용하여 경유수송문제를 설명하기로 한다.

예제 5-6

예스패션은 두 곳의 공장에서 생산된 제품은 일단 두 곳의 창고로 수송한 다음 다시 두 곳의 창고에서 세 곳의 수요지로 수송을 한다. 각 공장의 공급량, 각 대리점의 수요량, 각 공장에서 각 창고로의 단위당 수송비(단위: 만원), 각 창고에서 각 대리점으로의 단위당 수송비(단위: 만원)는 각각 〈표 5-6〉과 〈표 5-7〉과 같다.

표 5-6 공장에서 창고로의 단위당 수송비와 공급량

공장 \ 창고	창고 1	창고 2	공급량
공장 1	3	2	400
공장 2	2	4	400

표 5-7 창고에서 대리점으로의 단위당 수송비와 수요량

창고 \ 대리점	대리점 1	대리점 2	대리점 3
창고 1	2	4	5
창고 2	5	3	2
수요량	200	250	350

예스패션은 수요와 공급을 만족시키면서 총수송비용을 최소화하는 최적수송계획을 수립하고자 한다.

1 선형계획모형

[예제 5-6]의 경유수송문제를 선형계획모형으로 작성하는 절차는 다음과 같다.

그림 5-2 경유 수송문제의 네트워크 표현

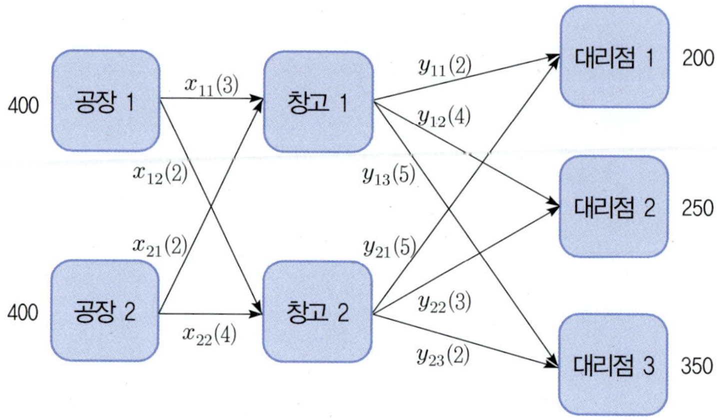

1) 의사결정변수

[예제 5-6]은 총수송비용을 최소화하기 위해 각 공장에서 각 창고로 보내는 수송량과 각 창고에서 각 대리점으로 보내는 수송량을 결정하는 것이다. [예제 5-6]의 문제는 [그림 5-2]와 같이 네트워크로 표현이 가능하다.

공장에서 창고로 수송되는 양과 창고에서 대리점으로 수송되는 양을 구분하기 위하여 변수명을 서로 달리한다. 즉, 공장에서 창고로 수송하는 경우에는 x_{ij}로 창고에서 대리점으로의 수송량은 y_{ij}라 한다. 이들 변수는 다음과 같이 정의한다.

x_{ij} : 공장 i에서 창고 j로의 수송량($i=1,\ 2;\ j=1,\ 2$)

y_{ij} : 창고 i에서 대리점 j로의 수송량($i=1,\ 2;\ j=1,\ 2,\ 3$)

2) 목적함수

목적함수는 경로별로 수송되는 양과 단위당 수송비를 곱하여 합한 값을 최소화하는 것이므로 다음과 같이 작성한다.

$$\text{최소화} \quad z = 3x_{11} + 2x_{12} + 2x_{21} + 4x_{22} + 2y_{11} + 4y_{12} \\ + 5y_{13} + 5y_{21} + 3y_{22} + 2y_{23}$$

3) 제약식

제약조건에는 각 공장의 공급량과 각 대리점의 수요량 그리고 경유지에 대한 조건이 필요하다. 먼저 각 공장의 공급량에 관한 조건은 다음과 같다.

$$x_{11} + x_{12} = 400$$
$$x_{21} + x_{22} = 400$$

대리점의 수요량에 대한 조건은 다음과 같다.

$$y_{11} + y_{21} = 200$$
$$y_{12} + y_{22} = 250$$
$$y_{13} + y_{23} = 350$$

경유수송문제는 경유지에 입고되는 양과 출고되는 양이 같다는 제약조건이 추가된다. 예를 들어, 제약조건 $x_{11}+x_{21}=y_{11}+y_{12}+y_{13}$의 의미는 창고 1로 입고되는 양의 합은 창고 1에서 출고되는 양의 합과 같다는 것이다. 이러한 제약조건은 흐름의 균형을 맞추는 제약조건으로서 흐름균형(flow balance) 제약조건이라고 한다.

$$x_{11} + x_{21} = y_{11} + y_{12} + y_{13} \text{ 또는 } x_{11} + x_{21} - y_{11} - y_{12} - y_{13} = 0$$
$$x_{12} + x_{22} = y_{21} + y_{22} + y_{23} \text{ 또는 } x_{12} + x_{22} - y_{21} - y_{22} - y_{23} = 0$$

4) 비음조건

마지막으로 각 공장에서 각 창고 그리고 각 창고에서 각 대리점으로의 수송량은 음수가 될 수 없다는 비음조건을 추가한다.

$$x_{ij} \geq 0 \ (i=1,\ 2;\ j=1,\ 2)$$
$$y_{ij} \geq 0 \ (i=1,\ 2;\ j=1,\ 2,\ 3)$$

5) 완성된 선형계획모형

경유수송문제의 완성된 선형계획모형은 다음과 같다.

$$\begin{aligned}
\text{최소화} \quad & z = 3x_{11} + 2x_{12} + 2x_{21} + 4x_{22} + 2y_{11} + 4y_{12} \\
& \qquad + 5y_{13} + 5y_{21} + 3y_{22} + 2y_{23} \\
\text{제약조건} \quad & x_{11} + x_{12} = 400 \\
& x_{21} + x_{22} = 400 \\
& y_{11} + y_{21} = 200 \\
& y_{12} + y_{22} = 250 \\
& y_{13} + y_{23} = 350 \\
& x_{11} + x_{21} - y_{11} - y_{12} - y_{13} = 0 \\
& x_{12} + x_{22} - y_{21} - y_{22} - y_{23} = 0
\end{aligned}$$

$$x_{ij} \geq 0 \ (i=1,\ 2;\ j=1,\ 2)$$
$$y_{ij} \geq 0 \ (i=1,\ 2;\ j=1,\ 2,\ 3)$$

2 엑셀 해법 1

경유수송문제도 수송문제와 같이 입력방식에 따라 경유수송문제방식과 선형계획문제방식으로 구분한다. 먼저 경유수송문제방식으로 해를 구하는 방법을 살펴본다. 엑셀을 활용하여 [예제 5-6] 문제의 최적해를 경유수송문제방식으로 구하는 과정은 다음과 같다.

1) 입력 창

경유수송문제를 엑셀의 [해 찾기] 메뉴를 이용하여 최적해를 구하기 위해서는 수송계획표, 수송실행표, 경유 부분으로 나누어 다음과 같이 입력한다.

	A	B	C	D	E	F	G	H	I	J	K	L
1												
2			수송계획표					수송실행표				
3		창고1	창고2	공급량			창고1	창고2	공급량			
4	공장1	3	2	400		공장1			0			
5	공장2	2	4	400		공장2			0		경유	
6											0	
7		대리점1	대리점2	대리점3			대리점1	대리점2	대리점3		0	
8	창고1	2	4	5		창고1					z	
9	창고2	5	3	2		창고2					0	
10	수요량	200	250	350		수요량	0	0	0			
11												

수송계획표 부분은 〈표 5-6〉과 〈표 5-7〉의 내용을 입력하고 수송실행표와 경유 부분은 최적해를 구하기 위해 다음과 같이 입력한다.

		셀 주소	입력
해	x_{ij}, y_{ij}	G4:H5, G8:I9	
	z	K9	= SUMPRODUCT(B4:C5, G4:H5) + SUMPRODUCT(B8:D9, G8:I9)
제약조건	공급량	I4	= SUM(G4:H4)
		I5	셀 I4를 복사
	수요량	G10	= SUM(G8:G9)
		H10:I10	셀 G10을 복사
	경유	K6	= SUM(G4:G5) − SUM(G8:I8)
		K7	= SUM(H4:H5) − SUM(G9:I9)

2) 해 찾기 매개 변수 창

[데이터] → [해 찾기] 메뉴를 실행하여 [해 찾기 매개 변수] 창에서 다음을 수행한다.

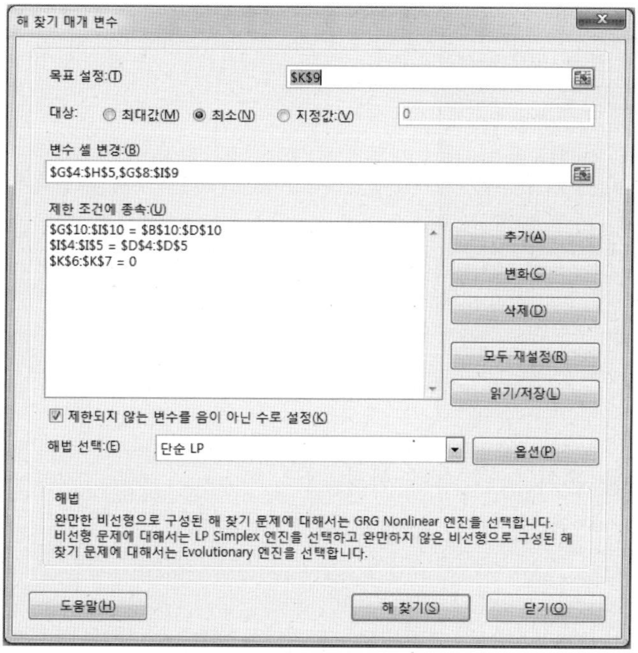

① [목표 설정:(T)]

목적함수 z의 셀 주소를 지정한다. 여기서는 K9을 지정한다.

② [대상:]

최대화 또는 최소화를 지정해 준다. 여기서는 최소(N)를 지정해 준다.

③ [변수 셀 변경:(B)]

의사결정변수의 셀 주소를 지정한다. 여기서는 G4:H5와 G8:I9을 지정한다.

④ [제한 조건에 종속:(U)]

[추가]를 클릭하여 [제한 조건 추가] 창에서 공급조건인 I4:I5 = D4:D5을 지정한다. 다시 [추가]를 클릭하여 수요조건인 G10:I10 = B10:D10을 지정한다. 다시 [추가]를 클릭하여 경유조건인 K6:K7 = 0을 지정한 다음 [확인]을 클릭하여 [해 찾기 매개 변수] 창으로 돌아간다.

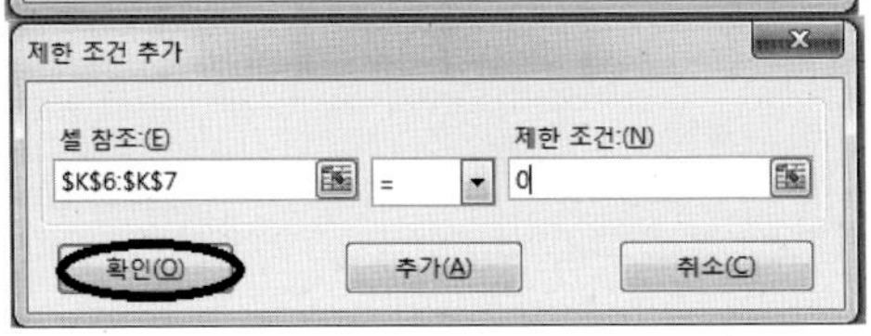

⑤ [제한되지 않는 변수를 음이 아닌 수로 설정(K)]

비음조건을 지정해준다. 여기서는 기본 값을 그대로 사용한다.

⑥ [해법 선택:(E)]

선형계획법을 의미하는 [단순 LP]로 지정한다.

⑦ [해 찾기]

마지막으로 해를 찾기 위해 [해 찾기]를 클릭한다.

3) 결과 창

이상의 과정을 실행하면 다음과 같이 [예제 5-6]의 경유수송문제의 최적해를 구할 수 있다.

	A	B	C	D	E	F	G	H	I	J	K	L
1												
2			수송계획표					수송실행표				
3		창고1	창고2	공급량			창고1	창고2	공급량			
4	공장1	3	2	400		공장1	0	400	400			
5	공장2	2	4	400		공장2	400	0	400		경유	
6											0	
7		대리점1	대리점2	대리점3			대리점1	대리점2	대리점3		0	
8	창고1	2	4	5		창고1	200	200	0		z	
9	창고2	5	3	2		창고2	0	50	350		3650	
10	수요량	200	250	350		수요량	200	250	350			
11												

4) 결과 해석

공장 1에서 창고 2로 400단위를 공장 2에서 창고 1로 400단위를 수송한다. 창고 1에서 대리점 1과 2에 각각 200단위를 그리고 창고 2에서 대리점 2와 3에 각각 50단위와 350단위를 수송한다. 이 경우의 총수송비용은 3,650만 원이다. 최적해는 $x_{12}=400$, $x_{21}=400$, $y_{11}=200$, $y_{12}=200$, $y_{22}=50$, $y_{23}=350$, 나머지 변수 모두 0, $z=3{,}650$이다.

2 엑셀 해법 2

경유수송문제도 다음과 같이 선형계획문제방식으로 해를 구할 수 있다.

1) 입력 창

[예제 5-6]의 입력 창은 다음과 같다..

	A	B	C	D	E	F	G	H	I	J	K	L	M	N
1														
2		x11	x12	x21	x22	y11	y12	y13	y21	y22	y23	z		
3	해											0		
4														
5	최소화	3	2	2	4	2	4	5	5	3	2	좌변합계		우변상수
6	식1	1	1									0	=	400
7	식2			1	1							0	=	400
8	식3					1			1			0	=	200
9	식4						1			1		0	=	250
10	식5							1			1	0	=	350
11	식6	1		1		-1	-1	-1				0	=	0
12	식7		1		1				-1	-1	-1	0	=	0
13														

해(B3:L3)와 좌변합계(L6:L12)에는 다음과 같이 수식을 입력하고 나머지 부분은 화면에 있는 내용대로 입력한다. 해와 좌변합계에 다음과 같이 입력한다.

		셀 주소	입력
해	x_{ij}, y_{ij}	B3:K3	
	z	L3	= SUMPRODUCT(B3:K3, B5:K5)
좌변합계	식1	L6	= SUMPRODUCT($B$3:$K$3, B6:K6)
	식2~7	L7:L12	셀 L6를 복사

2) 해 찾기 매개 변수 창

[예제 5-6]의 해 찾기 매개 변수 창은 다음과 같다.

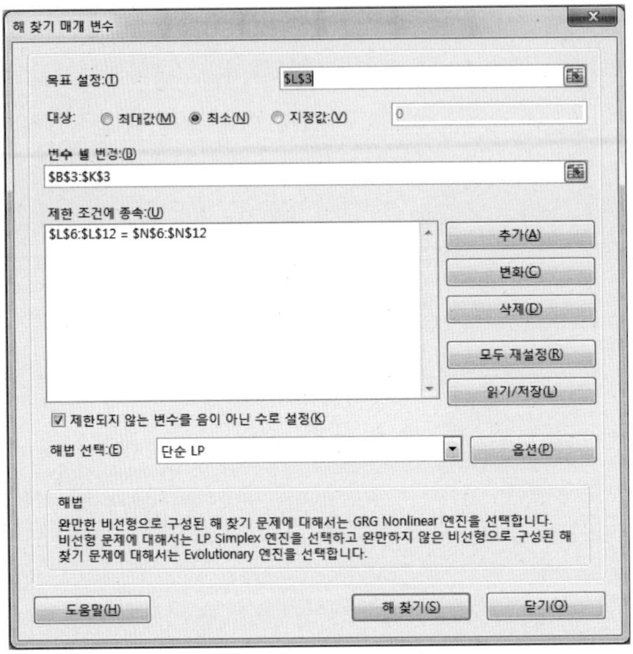

① [목표 설정:(T)]

목적함수 z의 셀 주소를 지정한다. 여기서는 L3을 지정한다.

② [대상:]

최대화 또는 최소화를 지정해 준다. 여기서는 최소(N)를 지정해 준다.

③ [변수 셀 변경:(B)]

의사결정변수의 셀 주소를 지정한다. 여기서는 B3:K3를 지정한다.

④ [제한 조건에 종속:(U)]

좌변합계와 우변상수 간의 관계를 지정한다. 식 1에서 7까지의 부등호가 같으므로 [추가]를 클릭하여 [제한 조건 추가] 창에 L6:L12 = N6:N12를 지정한 다음 [확인]을 클릭하여 [해 찾기 매개 변수] 창으로 돌아간다.

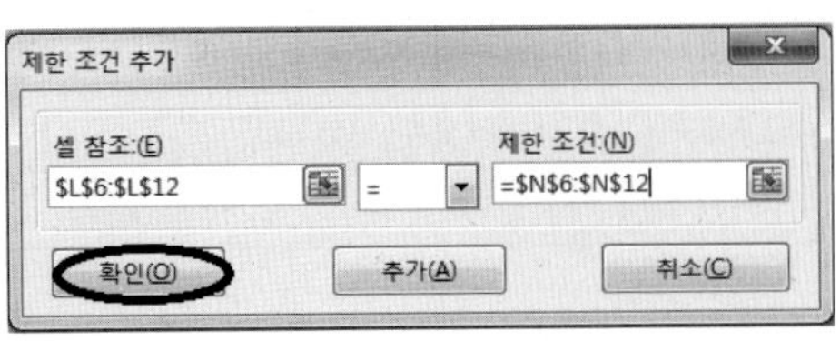

⑤ **[제한되지 않는 변수를 음이 아닌 수로 설정(K)]**

비음조건을 체크해 준다. 여기서는 기본 값을 그대로 두면 된다.

⑥ **[해법 선택:(E)]**

선형계획법을 의미하는 [단순 LP]로 지정한다.

⑦ **[해 찾기]**

마지막으로 해를 찾기 위해 [해 찾기]를 클릭한다.

3) 결과 창

[예제 5-6]의 결과 창은 다음과 같다.

	A	B	C	D	E	F	G	H	I	J	K	L	M	N	O
1															
2		x11	x12	x21	x22	y11	y12	y13	y21	y22	y23	z			
3	해	0	400	400	0	200	200	0	0	50	350	3650			
4															
5	최소화	3	2	2	4	2	4	5	5	3	2	좌변합계		우변상수	
6	식1	1	1									400	=	400	
7	식2			1	1							400	=	400	
8	식3					1			1			200	=	200	
9	식4						1			1		250	=	250	
10	식5							1			1	350	=	350	
11	식6	1		1		-1	-1	-1				0	=	0	
12	식7		1		1				-1	-1	-1	0	=	0	
13															

엑셀 해법 2의 방식은 엑셀 해법 1의 방식과 결과는 동일하나 입력이 보다 복잡하기 때문에 엑셀 해법 1의 방식을 일반적으로 사용한다. 본 장에서의 경유수송문제도 엑셀 해법 1의 방식을 사용하기로 한다.

연습문제

1. 수송문제와 선형계획문제의 차이를 설명하라.
2. 균형수송문제와 불균형수송문제의 차이를 설명하라.
3. 불균형수송문제를 해결하는 방법을 설명하라.
4. 금지수송문제를 해결하는 방법을 설명하라.
5. 최대화수송문제를 해결하는 방법을 설명하라.
6. 수송문제와 경유수송문제의 차이를 설명하라.
7. 다음의 수송문제에 관한 선형계획모형을 참조하여 아래에 답하라.

최소화 $z = 6x_{11} + 8x_{12} + 5x_{13} + 4x_{21} + 9x_{22} + 7x_{23} + 5x_{31} + 6x_{32} + 8x_{33}$

제약조건
$$x_{11} + x_{12} + x_{13} = 100$$
$$x_{21} + x_{22} + x_{23} = 200$$
$$x_{31} + x_{32} + x_{33} = 100$$
$$x_{11} + x_{21} + x_{31} = 100$$
$$x_{12} + x_{22} + x_{32} = 150$$
$$x_{13} + x_{23} + x_{33} = 150$$
$$x_{ij} \geq 0 \ (i=1, 2, 3; \ j=1, 2, 3)$$

(1) 위 문제에 대한 수송계획표를 작성하라.

(2) 엑셀 해법을 사용하여 최적해를 구하여 수송실행표를 작성하라.

8. 구미공장에서 생산된 전자부품은 우선 A, B, C 공장에 저장되었다가 다시 판매를 위하여 가, 나, 다, 라 시장으로 수송된다고 한다. 다음의 수송계획표는 이들 전자부품의 톤당 수송비(단위: 만원)와 각 시장의 수요량과 각 공장의 공급량을 나타내고 있다. 다음 물음에 답하라.

공장 \ 시장	가	나	다	라	공급량
A	6	5	9	5	40
B	5	4	6	3	40
C	6	7	5	9	40
수요량	30	30	30	30	

(1) 선형계획모형을 작성하라.

(2) 엑셀 해법으로 최적해를 구하여 수송실행표를 작성하라.

(3) 최대화문제라 가정하고 최적해를 구하여 수송실행표를 작성하라.

(4) 만약 C에서 다로는 수송을 금지한다면 선형계획모형이 어떻게 변하는지를 설명하고 최적해를 구하여 수송실행표를 작성하라.

9. 맑음생수는 생수를 생산하여 판매하고 있다. 이 회사는 3곳의 창고에서 3곳의 지역으로 생수를 배달해 줄 것을 특정 단체로부터 요청받았다. 각 창고에서 각 지역으로의 단위당 수송비(단위: 천원)가 과거 경험에 의해 다음과 같이 산출되었다. 다음 물음에 답하라.

창고 \ 지역	가	나	다	공급량
A	6	5	3	50
B	5	4	9	50
C	4	8	2	50
수요량	50	40	40	

(1) 선형계획모형을 작성하라.

(2) 엑셀 해법으로 최적해를 구하여 수송실행표를 작성하라.

(3) 최대화문제라 가정하고 최적해를 구하여 수송실행표를 작성하라.

(4) 만약 C에서 가로는 수송을 금지한다면 선형계획모형이 어떻게 변하는지를 설명하고 최적해를 구하여 수송실행표를 작성하라.

10. 다음 수송문제에 대해 최소화와 최대화의 최적해를 구하라.

창고 \ 지역	가	나	다	라	마	총공급량
A	6	4	3	5	4	60
B	5	6	8	4	3	50
C	6	4	5	3	6	60
D	6	4	6	3	8	50
E	5	9	2	8	9	60
F	6	7	4	6	3	50
총수요량	50	50	50	50	50	

11. ABC기업은 세 곳의 공장에서 생산된 제품을 두 곳의 물류센터로 수송하고 다시 물류센터에서 세 곳의 대리점으로 배송한다. 각 공장에서 각 물류센터로의 단위당 수송비(단위: 천원) 및 각 물류센터에서 각 대리점으로의 단위당 수송비(단위: 천원)는 다음과 같다. 다음 물음에 답하라.

공장 \ 물류센터	물류센터 1	물류센터 2
공장 1	4	3
공장 2	2	4
공장 3	3	5

물류센터 \ 대리점	대리점 1	대리점 2	대리점 3
물류센터 1	2	5	3
물류센터 2	5	4	2

(1) 공장의 공급량과 대리점의 수요량이 다음과 같을 때 수송비를 최소화하는 선형계획모형을 수립하고 해를 찾아 수송실행표를 작성하라.

공장	공급량
공장 1	200
공장 2	200
공장 3	300

대리점	수요량
대리점 1	200
대리점 2	200
대리점 3	300

(2) 공장의 공급량과 대리점의 수요량이 다음과 같을 때 수송비의 최소화를

위한 선형계획모형을 수립하고 해를 찾아 수송실행표를 작성하라.

공장	공급량
공장 1	300
공장 2	200
공장 3	300

대리점	수요량
대리점 1	200
대리점 2	200
대리점 3	300

CHAPTER

06

할당문제

제 1 절 서론

할당문제(assignment problem)는 m개의 공급지를 n개의 수요지에 어떻게 할당해야 가장 효율적인가를 결정하는 문제이다. 예를 들어, 작업시간을 최소화하기 위해 m개의 작업(공급지)을 n명의 작업자(수요지)에게 하나씩 할당하는 경우 작업자마다 작업에 따른 숙련도가 다르므로 어떤 작업을 어떤 작업자에게 배분해야 작업시간을 최소화할 수 있는가를 결정해야 한다. 또한 총판매량을 최대화하기 위해 m명의 판매원(공급지)을 n개의 판매지역(수요지)에 한 사람씩 할당하는 경우 판매원은 판매지역마다 판매능력이 다르므로 어떤 판매원을 어떤 판매지역에 할당해야 최대의 효과를 얻을 수 있는가를 결정해야 한다. 이러한 문제들이 할당문제의 예이다.

할당문제는 반드시 각 공급지를 중복 없이 각 수요지에게 할당하여야 한다. 예를 들어, 각 판매원은 단 하나의 판매지역을 맡아야 하고 각 판매지역은 단 하나의 판매원에게만 할당되어야 한다. 또한 각 작업은 단 하나의 작업자에게만 할당되어야 하고 각 작업자는 단 하나의 작업만 수행하여야 한다.

할당문제에서 m과 n은 반드시 일치하지 않아도 된다. m과 n이 일치하면 균형할당문제이지만 그렇지 않으면 불균형할당문제가 된다. 이처럼 할당문제는 각 공급지의 공급량이 1이고 각 수요지의 수요량이 1인 수송문제의 특수한 경우라 할 수 있다. 따라서 할당문제 역시 수송문제와 같이 선형계획법으로 해결할 수 있다. 본 장에서는 선형계획법으로 균형할당문제, 불균형할당문제, 금지할당문제, 최대화할당문제 등의 최적해를 선형계획법으로 구하는 과정에 대해 살펴보기로 한다.

제 2 절 균형할당문제

균형할당문제(balanced assignment problem)는 총공급량과 총수요량이 일치하는 경우이다. 수송문제와는 달리 각 공급지의 공급량과 각 수요지의 수요량이 항상 1이기 때문에 공급지의 수와 수요지의 수가 동일하여야 총공급량과 총수요량이 일치하게 된다. 따라서 균형할당문제는 다음과 같은 특징을 갖는다.

- 공급지(행)의 수와 수요지(열)의 수가 같다.
- 공급지에서의 공급량은 모두 1이고 수요지에서의 수요량 또한 모두 1이다.

실제에서는 균형할당문제보다는 불균형할당문제가 일반적이지만 간단한 조정을 통하여 불균형할당문제를 균형할당문제로 변경할 수 있기 때문에 먼저 균형할당문제의 해법에 대해 살펴보기로 한다.

예제 6-1

ABC레스토랑은 네 명의 요리사에게 네 가지 음식을 하나씩 할당하려고 한다. 각 요리사의 역량이 다르기 때문에 동일한 음식이라도 요리사에 따라 조리시간이 달라진다. 각 음식의 요리사별 예상 조리시간은 〈표 6-1〉과 같다.

표 6-1 ABC레스토랑의 할당표(단위 : 분)

요리사 \ 음식	A	B	C	D
1	5	8	9	3
2	7	6	8	5
3	6	4	9	9
4	7	6	5	7

ABC레스토랑은 네 가지 음식의 총조리시간을 최소화하려면 어느 요리사를 어느 음식에 할당해야 하는지를 결정하고자 한다.

1 선형계획모형

총조리시간을 최소화하는 [예제 6-1]의 균형할당문제를 위한 선형계획모형을 작성하는 절차는 다음과 같다.

1) 의사결정변수

ABC레스토랑의 의사결정변수는 다음과 같다.

x_{ij} = i번째 요리사가 j번째 음식에 할당되면 1, 그렇지 않으면 0
(i=1, 2, 3, 4; j=A, B, C, D)

각 요리사는 각 음식에 한 번만 할당되기 때문에 어느 한 음식에 할당되면 1의 값을 아니면 0의 값을 갖는다. 예를 들어, 요리사 1이 음식 B에 할당되면 $x_{1A}=0$, $x_{1B}=1$, $x_{1C}=0$, $x_{1D}=0$이 되고 또한 $x_{1B}=1$, $x_{2B}=0$, $x_{3B}=0$, $x_{4B}=0$이 된다. 따라서 의사결정변수 x_{ij}의 값은 0 또는 1이 된다.

2) 목적함수

목적함수는 각 요리사의 각 음식에 대한 조리시간에 할당여부($x_{ij}=0$ 또는 1)를 곱한 후 그 합으로 나타나는 총조리시간의 최소화이다. 총조리시간을 최소화하기 위한 목적함수는 다음과 같이 표시된다.

$$\text{최소화 } z = 5x_{1A}+8x_{1B}+9x_{1C}+3x_{1D}+7x_{2A}+6x_{2B}+8x_{2C}+5x_{2D} \\ +6x_{3A}+4x_{3B}+9x_{3C}+9x_{3D}+7x_{4A}+6x_{4B}+5x_{4C}+7x_{4D}$$

3) 제약식

공급량의 총합과 수요량의 총합이 같은 균형할당문제는 공급조건과 수요조건 모두 등식으로 표현한다. 먼저 공급에 대한 제약식은 다음과 같다.

$$x_{1A}+x_{1B}+x_{1C}+x_{1D}=1$$
$$x_{2A}+x_{2B}+x_{2C}+x_{2D}=1$$
$$x_{3A}+x_{3B}+x_{3C}+x_{3D}=1$$
$$x_{4A}+x_{4B}+x_{4C}+x_{4D}=1$$

반면 수요에 대한 제약식은 다음과 같다.

$$x_{1A}+x_{2A}+x_{3A}+x_{4A}=1$$
$$x_{1B}+x_{2B}+x_{3B}+x_{4B}=1$$
$$x_{1C}+x_{2C}+x_{3C}+x_{4C}=1$$
$$x_{1D}+x_{2D}+x_{3D}+x_{4D}=1$$

4) 비음조건

할당문제는 각 공급지의 공급량과 각 수요지의 수송량이 모두 1인 수송문제의 특수한 형태라 할 수 있다. 할당문제도 이진정수($x_{ij}=0$ 또는 1)조건이 추가적으로 필요하지만 수송문제처럼 할당문제의 구조도 특수하기 때문에 이진정수조건을 무시하고 일반 선형계획모형으로 풀어도 이진정수조건이 자동으로 만족된다. 따라서 이진정수조건 없이 각 요리사의 각 음식에 대한 할당여부는 음수가 될 수 없다는 비음조건을 추가한다.

$$x_{ij} \geq 0 \ (i=1, 2, 3, 4; \ j=\mathrm{A, B, C, D})$$

5) 완성된 선형계획모형

이상을 종합하여 [예제 6-1]의 균형할당문제의 총조리시간을 최소화하는 선형계획모형은 다음과 같다.

$$\begin{aligned}
\text{최소화} \quad & z = 5x_{1A} + 8x_{1B} + 9x_{1C} + 3x_{1D} + 7x_{2A} + 6x_{2B} + 8x_{2C} + 5x_{2D} \\
& \quad + 6x_{3A} + 4x_{3B} + 9x_{3C} + 9x_{3D} + 7x_{4A} + 6x_{4B} + 5x_{4C} + 7x_{4D} \\
\text{제약조건} \quad & x_{1A} + x_{1B} + x_{1C} + x_{1D} = 1 \\
& x_{2A} + x_{2B} + x_{2C} + x_{2D} = 1 \\
& x_{3A} + x_{3B} + x_{3C} + x_{3D} = 1 \\
& x_{4A} + x_{4B} + x_{4C} + x_{4D} = 1 \\
& x_{1A} + x_{2A} + x_{3A} + x_{4A} = 1 \\
& x_{1B} + x_{2B} + x_{3B} + x_{4B} = 1 \\
& x_{1C} + x_{2C} + x_{3C} + x_{4C} = 1 \\
& x_{1D} + x_{2D} + x_{3D} + x_{4D} = 1 \\
& x_{ij} \geq 0 \ (i=1, 2, 3, 4; \ j=\mathrm{A, B, C, D})
\end{aligned}$$

1 엑셀 해법 1

수송문제와 같이 할당문제를 엑셀로 해를 구하는 방법은 입력방식에 따라 할당문제방식과 선형계획문제방식으로 구분한다. 먼저 할당문제방식으로 해를 구하는 방법을 살펴본다. 균형할당문제를 할당문제방식으로 엑셀을 활용하여 최적해를 구하는 절차는 다음과 같다.

1) 입력 창

할당문제를 엑셀의 [해 찾기] 메뉴를 이용하여 최적해를 구하기 위해서는 할당계획표 부분과 할당실행표 부분으로 나누어 다음과 같이 입력한다.

	A	B	C	D	E	F	G
1							
2			할당계획표				
3		A	B	C	D	공급량	
4	1	5	8	9	3	1	
5	2	7	6	8	5	1	
6	3	6	4	9	9	1	
7	4	7	6	5	7	1	
8	수요량	1	1	1	1		
9							
10			할당실행표				
11		A	B	C	D	공급량	
12	1					0	
13	2					0	
14	3					0	
15	4					0	
16	수요량	0	0	0	0	0	
17							

할당계획표 부분은 〈표 6-1〉의 내용을 입력하고 할당실행표 부분은 최적해를 구하기 위해 다음과 같이 입력한다.

		셀 주소	입력
해	x_{ij}	B12:E15	
	z	F16	= SUMPRODUCT(B4:E7, B12:E15)
제약식	공급	F12	= SUM(B12:E12)
		F13:F15	셀 F12를 복사
	수요	B16	= SUM(B12:B15)
		C16:E16	셀 B16을 복사

2) 해 찾기 매개 변수 창

[데이터] → [해 찾기] 메뉴를 실행하여 [해 찾기 매개 변수] 창에서 다음을 수행한다.

① **[목표 설정:(T)]**

목적함수 z의 셀 주소를 지정한다. 여기서는 F16을 지정한다.

② **[대상:]**

최대화 또는 최소화를 지정해 준다. 여기서는 최소(N)를 지정해 준다.

③ **[변수 셀 변경:(B)]**

의사결정변수의 셀 주소를 지정한다. 여기서는 B12:E15를 지정한다.

④ **[제한 조건에 종속:(U)]**

균형할당문제이므로 공급과 수요가 같다는 조건을 입력한다. [추가]를 클릭하여 [제한 조건 추가] 창에 공급조건인 F12:F15 = F4:F7을 지정한다. 다시 [추가]를 클릭하여 수요조건인 B16:E16 = B8:E8을 지정한 다음 [확인]을 클릭하여 [해 찾기 매개변수] 창으로 돌아간다.

⑤ **[제한되지 않는 변수를 음이 아닌 수로 설정(K)]**

비음조건을 지정해준다. 여기서는 기본 값을 그대로 사용한다.

⑥ **[해법 선택:(E)]**

선형계획법을 의미하는 [단순 LP]로 지정한다.

⑦ **[해 찾기]**

마지막으로 해를 찾기 위해 [해 찾기]를 클릭한다.

3) 결과 창

이상의 과정을 실행하면 다음과 같은 [예제 6-1]의 해를 찾을 수 있다.

	A	B	C	D	E	F	G
1							
2			할당계획표				
3		A	B	C	D	공급량	
4	1	5	8	9	3	1	
5	2	7	6	8	5	1	
6	3	6	4	9	9	1	
7	4	7	6	5	7	1	
8	수요량	1	1	1	1		
9							
10			할당실행표				
11		A	B	C	D	공급량	
12	1	0	0	0	1	1	
13	2	1	0	0	0	1	
14	3	0	1	0	0	1	
15	4	0	0	1	0	1	
16	수요량	1	1	1	1	19	
17							

4) 결과 해석

ABC레스토랑은 요리사 1을 음식 D에 요리사 2를 음식 A에 요리사 3을 음식 B에 요리사 4를 음식 C에 할당함으로써 총조리시간이 19분으로 최소화가 된다. 즉, 최적해는 $x_{1D}=1$, $x_{2A}=1$, $x_{3B}=1$, $x_{4C}=1$, 나머지 변수 모두 0, $z=19$이다. 이를 정리하면 다음과 같다.

ABC레스토랑의 최적할당

요리사	음식	조리시간(분)
1	D	3
2	A	7
3	B	4
4	C	5
		총조리시간 = 19분

3 엑셀 해법 2

할당문제는 다음과 같이 선형계획문제방식으로 해를 구할 수도 있다.

1) 입력 창

[예제 6-1]의 입력 창은 다음과 같다.

	A	B	C	D	E	F	G	H	I	J	K	L	M	N	O	P	Q	R	S	T	U
1																					
2		x1A	x1B	x1C	x1D	x2A	x2B	x2C	x2D	x3A	x3B	x3C	x3D	x4A	x4B	x4C	x4D	z			
3	해																	0			
4																					
5	최소화	5	8	9	3	7	6	8	5	6	4	9	9	7	6	5	7	좌변합계		우변상수	
6	식1	1	1	1	1													0	=	1	
7	식2					1	1	1	1									0	=	1	
8	식3									1	1	1	1					0	=	1	
9	식4													1	1	1	1	0	=	1	
10	식5	1				1				1				1				0	=	1	
11	식6		1				1				1				1			0	=	1	
12	식7			1				1				1				1		0	=	1	
13	식8				1				1				1				1	0	=	1	
14																					

해(B3:R3)와 좌변합계(R6:R13)에는 다음과 같이 입력하고 나머지 부분은 화면에 있는 내용대로 입력한다.

		셀 주소	입력
해	x_{ij}	B3:Q3	
	z	R3	= SUMPRODUCT(B3:Q3, B5:Q5)
좌변합계	식1	R6	= SUMPRODUCT($B$3:$Q$3, B6:Q6)
	식2~8	R7:R13	셀 R6을 복사

2) 해 찾기 매개 변수 창

[예제 6-1]의 해 찾기 매개 변수 창은 다음과 같다.

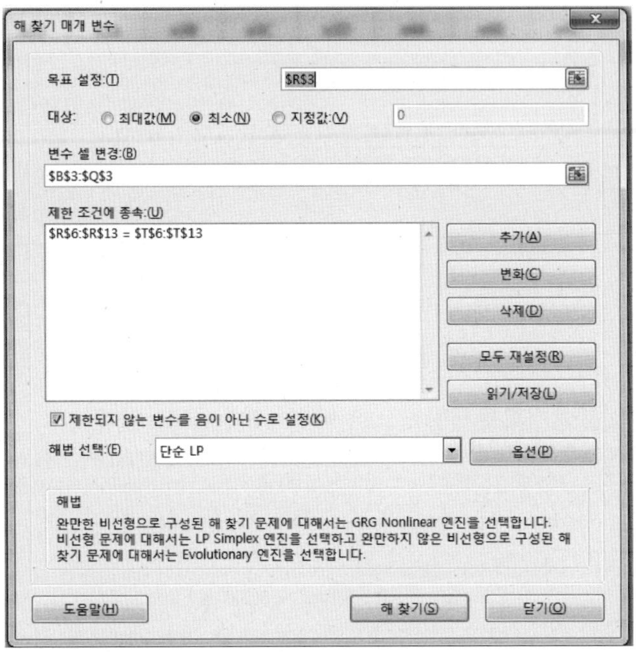

① [목표 설정:(T)]

목적함수 z의 셀 주소를 지정한다. 여기서는 R3을 지정한다.

② [대상:]

최대화 또는 최소화를 지정해 준다. 여기서는 최소(N)를 지정해 준다.

③ [변수 셀 변경:(B)]

의사결정변수의 셀 주소를 지정한다. 여기서는 B3:Q3를 지정한다.

④ [제한 조건에 종속:(U)]

좌변합계와 우변상수 간의 관계를 지정한다. 식 1에서 7까지의 부등호가 같으므로 [추가]를 클릭하여 [제한 조건 추가] 창에 R6:R13 = T6:T13을 지정한 다음 [확인]을 클릭하여 [해 찾기 매개 변수] 창으로 돌아간다.

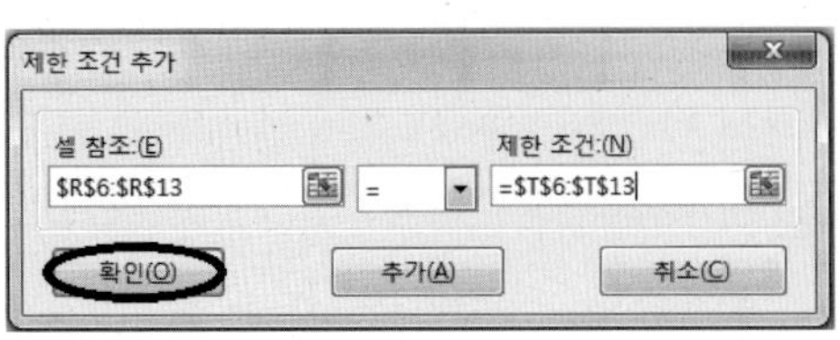

⑤ **[제한되지 않는 변수를 음이 아닌 수로 설정(K)]**

비음조건을 체크해 준다. 여기서는 기본 값을 그대로 두면 된다.

⑥ **[해법 선택:(E)]**

선형계획법을 의미하는 [단순 LP]로 지정한다.

⑦ **[해 찾기]**

마지막으로 해를 찾기 위해 [해 찾기]를 클릭한다.

3) 결과 창

[예제 6-1]의 결과 창은 다음과 같다.

	A	B	C	D	E	F	G	H	I	J	K	L	M	N	O	P	Q	R	S	T	U
1																					
2		x1A	x1B	x1C	x1D	x2A	x2B	x2C	x2D	x3A	x3B	x3C	x3D	x4A	x4B	x4C	x4D	z			
3	해	0	0	0	1	1	0	0	0	0	1	0	0	0	0	1	0	19			
4																					
5	최소화	5	8	9	3	7	6	8	5	6	4	9	9	7	6	5	7	좌변합계		우변상수	
6	식1	1	1	1	1													1	=	1	
7	식2					1	1	1	1									1	=	1	
8	식3									1	1	1	1					1	=	1	
9	식4													1	1	1	1	1	=	1	
10	식5	1				1				1				1				1	=	1	
11	식6		1				1				1				1			1	=	1	
12	식7			1				1				1				1		1	=	1	
13	식8				1				1				1				1	1	=	1	
14																					

엑셀 해법 2의 방식은 엑셀 해법 1과 결과는 동일하지만 입력이 보다 복잡하기 때문에 일반적으로 엑셀 해법 1의 방식을 사용한다. 본 장에서도 엑셀 해법 1의 방식을 사용하기로 한다.

제 3 절 불균형할당문제(공급<수요)

균형할당문제는 공급을 나타내는 행의 수와 수요를 나타내는 열의 수가 일치한다. 그러나 실제 할당문제는 행과 열의 수가 일치하는 경우는 드물다. 예를 들어, 연구원의 수가 과제의 수보다 많거나 또는 연구원의 수보다 과제의 수가 더 많은 경우가 있다. 이러한 경우를 불균형할당문제라 한다. 수송문제와 마찬가지로 불균형할당문제는 수요가 공급을 초과하는 문제와 공급이 수요를 초과하는 문제로 구분한다. 먼저 수요가 공급을 초과하는 문제를 살펴보기로 한다.

예제 6-2

만남결혼정보는 남자와 여자를 짝지어주는 일을 하는 비영리 단체이다. 3월에 만남결혼정보에서는 3명의 남자(1, 2, 3)와 4명의 여자(A, B, C, D)를 짝지어주려고 한다. 〈표 6-2〉에 나타난 수치는 각 남녀 간 비호감지수이다.

표 6-2 만남결혼정보의 3월 할당표

남자 \ 여자	A	B	C	D
1	8	6	8	9
2	5	8	6	7
3	7	8	6	8

비호감지수는 1에서 10까지 척도로 측정되는 데 큰 숫자일수록 둘이 결혼하면 불행해질 가능성이 높음을 의미한다. 규정에 의하면 한 남자는 반드시 한 여자와 짝을 이루고 그 역도 마찬가지이다. 남자보다 여자의 수가 많기 때문에 여자 중 한 명은 남자와 짝을 이룰 수 없다. 만남결혼정보는 총비호감지수를 최소화하면서 남자와 여자를 짝짓는 방안을 마련하고자 한다.

1 선형계획모형

공급보다 수요가 많은 불균형할당문제에서 총비호감지수를 최소화하는 [예제 6-2]의 선형계획모형을 작성하는 절차는 다음과 같다.

1) 의사결정변수

의사결정변수는 다음과 같이 정의된다.

$x_{ij} = i$번째 남자가 j번째 여자와 짝을 이루면 1, 그렇지 않으면 0
$(i=1,\ 2,\ 3;\ j=\text{A, B, C, D})$

따라서 의사결정변수 x_{ij}의 값은 0 또는 1이 된다.

2) 목적함수

목적함수는 각 남자의 각 여자에 대한 비호감지수에 할당여부($x_{ij} = 0$ 또는 1)를 곱한 후 그 합으로 나타나는 총비호감지수의 최소화이다. 총비호감지수를 최소화하기 위한 목적함수는 다음과 같이 표시된다.

$$\text{최소화 } z = 8x_{1A} + 6x_{1B} + 8x_{1C} + 9x_{1D} + 5x_{2A} + 8x_{2B} + 6x_{2C} + 7x_{2D} + 7x_{3A} + 8x_{3B} + 6x_{3C} + 8x_{3D}$$

3) 제약식

공급이 수요보다 적을 경우에는 공급조건은 = 또는 ≥를 반면 수요조건은 ≤를 사용한다. 먼저 공급에 대한 제약식은 다음과 같다.

$$x_{1A} + x_{1B} + x_{1C} + x_{1D} = 1$$
$$x_{2A} + x_{2B} + x_{2C} + x_{2D} = 1$$
$$x_{3A} + x_{3B} + x_{3C} + x_{3D} = 1$$

반면 수요에 대한 제약식은 다음과 같다.

$$x_{1A} + x_{2A} + x_{3A} \leq 1$$
$$x_{1B} + x_{2B} + x_{3B} \leq 1$$
$$x_{1C} + x_{2C} + x_{3C} \leq 1$$
$$x_{1D} + x_{2D} + x_{3D} \leq 1$$

4) 비음조건

마지막으로 각 남자의 각 여자에 대한 할당여부는 음수가 될 수 없다는 비음조건을 추가한다.

$$x_{ij} \geq 0 \ (i = 1, 2, 3;\ j = \text{A, B, C, D})$$

5) 완성된 선형계획모형

이상을 종합하여 [예제 6-2]의 공급보다 수요가 많은 불균형할당문제의 총비호감지수를 최소화하는 선형계획모형은 다음과 같다.

$$\text{최소화} \quad z = 8x_{1A} + 6x_{1B} + 8x_{1C} + 9x_{1D} + 5x_{2A} + 8x_{2B} + 6x_{2C} + 7x_{2D} + 7x_{3A} + 8x_{3B} + 6x_{3C} + 8x_{3D}$$

$$\text{제약조건} \quad x_{1A} + x_{1B} + x_{1C} + x_{1D} = 1$$
$$x_{2A} + x_{2B} + x_{2C} + x_{2D} = 1$$
$$x_{3A} + x_{3B} + x_{3C} + x_{3D} = 1$$

$$x_{1A} + x_{2A} + x_{3A} \le 1$$
$$x_{1B} + x_{2B} + x_{3B} \le 1$$
$$x_{1C} + x_{2C} + x_{3C} \le 1$$
$$x_{1D} + x_{2D} + x_{3D} \le 1$$
$$x_{ij} \ge 0 \ (i=1,\ 2,\ 3;\ j=\mathrm{A,\ B,\ C,\ D})$$

2 엑셀 해법

[예제 6-2]의 불균형할당문제를 엑셀로 해를 구하는 절차는 다음과 같다.

1) 입력 창

할당문제를 엑셀의 [해 찾기] 메뉴를 이용하여 최적해를 구하기 위해서는 할당계획표 부분과 할당실행표 부분으로 나누어 다음과 같이 입력한다.

	A	B	C	D	E	F	G
1							
2			할당계획표				
3		A	B	C	D	공급량	
4	1	8	6	8	9	1	
5	2	5	8	6	7	1	
6	3	7	8	6	8	1	
7	수요량	1	1	1	1		
8							
9			할당실행표				
10		A	B	C	D	공급량	
11	1					0	
12	2					0	
13	3					0	
14	수요량	0	0	0	0	0	
15							

할당계획표 부분은 〈표 6-2〉의 내용을 입력하고 할당실행표 부분은 최적해를 구하기 위해 다음과 같이 입력한다.

		셀 주소	입력
해	x_{ij}	B11:E13	
	z	F14	= SUMPRODUCT(B4:E6, B11:E13)
제약식	공급량	F11	= SUM(B11:E11)
		F12:F13	셀 F11을 복사
	수요량	B14	= SUM(B11:B13)
		C14:E14	셀 B14를 복사

2) 해 찾기 매개 변수 창

[데이터] → [해 찾기] 메뉴를 실행하여 [해 찾기 매개 변수] 창에서 다음을 수행한다.

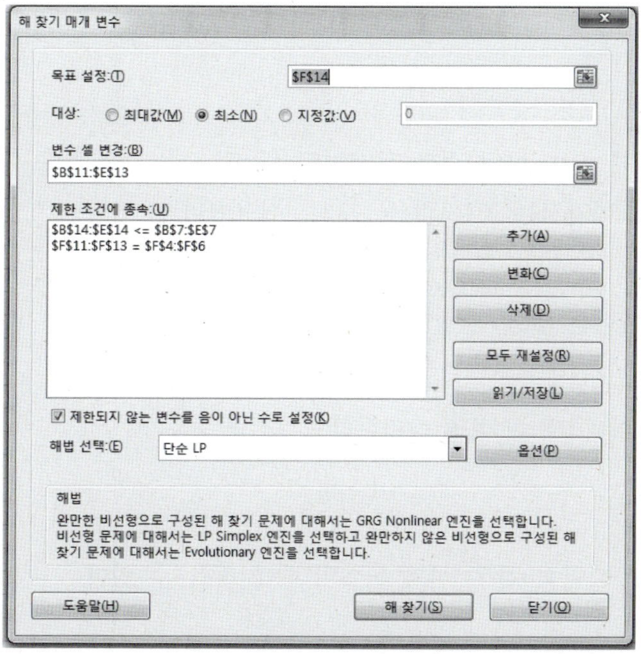

① [목표 설정:(T)]

목적함수 z의 셀 주소를 지정한다. 여기서는 F14를 입력한다.

② [대상:]

최대화 또는 최소화를 지정해 준다. 여기서는 최소(N)를 지정해 준다.

③ [변수 셀 변경:(B)]

의사결정변수의 셀 주소를 지정한다. 여기서는 B11:E13를 지정한다.

④ **[제한 조건에 종속:(U)]**

공급보다 수요가 많은 불균형할당문제이므로 공급에는 = 또는 > =를 수요에는 < =를 지정한다. [추가]를 클릭하여 [제한 조건 추가] 창에 공급조건인 F11:F13 = F4:F6을 지정한다. 다시 [추가]를 클릭하여 수요조건인 B14:E14 < = B7:E7을 지정한 다음 [확인]을 클릭하여 [해 찾기 매개 변수] 창으로 돌아간다.

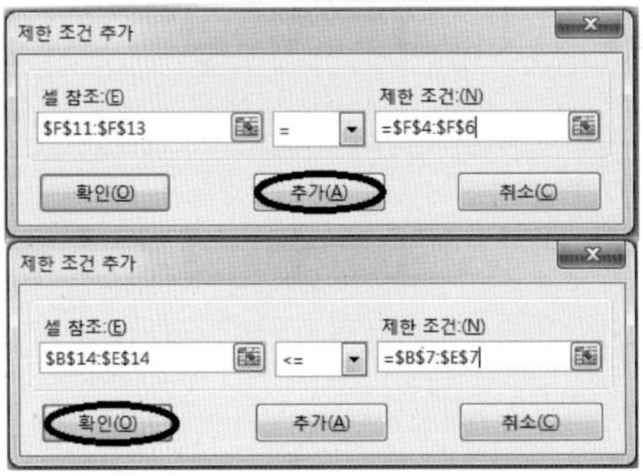

⑤ **[제한되지 않는 변수를 음이 아닌 수로 설정(K)]**

비음조건을 지정해준다. 여기서는 기본 값을 그대로 사용한다.

⑥ **[해법 선택:(E)]**

선형계획법을 의미하는 [단순 LP]로 지정한다.

⑦ **[해 찾기]**

마지막으로 해를 찾기 위해 [해 찾기]를 클릭한다.

3) 결과 창

이상의 과정을 실행하면 다음과 같은 [예제 6-2]의 해를 찾을 수 있다.

	A	B	C	D	E	F	G
1							
2			할당계획표				
3		A	B	C	D	공급량	
4	1	8	6	8	9	1	
5	2	5	8	6	7	1	
6	3	7	8	6	8	1	
7	수요량	1	1	1	1		
8							
9			할당실행표				
10		A	B	C	D	공급량	
11	1	0	1	0	0	1	
12	2	1	0	0	0	1	
13	3	0	0	1	0	1	
14	수요량	1	1	1	0	17	
15							

4) 결과 해석

만남결혼정보는 남자 1을 여자 B에 남자 2를 여자 A에 남자 3을 여자 C에 할당하면 총비호감지수는 17로 최소화가 된다. 즉, 최적해는 $x_{1B}=1$, $x_{2A}=1$, $x_{3C}=1$, 나머지 변수 모두 0, $z=17$이다. 이를 정리하면 다음과 같다.

만남결혼정보의 3월 최적할당

남자	여자	비호감지수
1	B	6
2	A	5
3	C	6
		총비호감지수 = 17

제 4 절 불균형할당문제(공급 > 수요)

앞 절에서는 행(공급)의 수와 열(수요)의 수가 일치하는 균형할당문제와 행(공급)의 수보다 열(수요)의 수가 많은 불균형할당문제에 대해 살펴보았다. 여기서는 행(공급)의 수가 열(수요)의 수보다 많은 공급이 수요를 초과하는 불균형할당문제를 살펴보기로 한다.

예제 6-3

[예제 6-2]의 만남결혼정보는 3월과 달리 4월에는 4명의 남자(1, 2, 3, 4)와 3명의 여자(A, B, C)를 짝지어주려고 한다. 〈표 6-3〉에 나타난 수치는 각 남녀의 비호감지수이다.

표 6-3 만남결혼정보의 4월 할당표

남자 \ 여자	A	B	C
1	6	4	6
2	5	4	7
3	6	7	4
4	3	5	6

[예제 6-2]와 달리 남자보다 여자의 수가 적기 때문에 남자 중 한 명은 여자와 짝을 이룰 수 없다. 만남결혼정보는 총비호감지수를 최소화하면서 남자와 여자를 짝짓는 방안을 마련하고자 한다.

1 선형계획모형

공급이 수요보다 많은 불균형할당문제에서 총비호감지수를 최소화하는 [예제 6-3]의 선형계획모형을 작성하는 절차는 다음과 같다.

1) 의사결정변수

다음과 같이 정의되는 의사결정변수의 값은 0 또는 1이 된다.

x_{ij} = i번째 남자가 j번째 여자와 짝을 이루면 1, 그렇지 않으면 0
(i=1, 2, 3, 4; j=A, B, C)

2) 목적함수

목적함수는 각 남자의 각 여자에 대한 비호감지수에 할당여부(x_{ij} = 0 또는 1)를 곱한 후 그 합으로 나타나는 총비호감지수의 최소화이다. 총비호감지수를 최소화하기 위한 목적함수는 다음과 같이 표시된다.

$$\text{최소화 } z = 6x_{1A} + 4x_{1B} + 6x_{1C} + 5x_{2A} + 4x_{2B} + 7x_{2C} + 6x_{3A} + 7x_{3B} + 4x_{3C} + 3x_{4A} + 5x_{4B} + 6x_{4C}$$

3) 제약식

공급이 수요보다 많은 경우 공급은 ≤를 수요는 = 또는 ≥를 사용하여 조건을 지정한다. 먼저 공급에 대한 제약조건은 다음과 같다.

$$x_{1A} + x_{1B} + x_{1C} \le 1$$
$$x_{2A} + x_{2B} + x_{2C} \le 1$$
$$x_{3A} + x_{3B} + x_{3C} \le 1$$
$$x_{4A} + x_{4B} + x_{4C} \le 1$$

반면 수요에 대한 제약조건은 다음과 같다.

$$x_{1A} + x_{2A} + x_{3A} + x_{4A} = 1$$
$$x_{1B} + x_{2B} + x_{3B} + x_{4B} = 1$$
$$x_{1C} + x_{2C} + x_{3C} + x_{4C} = 1$$

4) 비음조건

마지막으로 각 남자의 각 여자에 대한 할당여부는 음수가 될 수 없다는 비음조건을 추가한다.

$$x_{ij} \geq 0 \ (i=1, 2, 3, 4; \ j=\text{A, B, C})$$

5) 완성된 선형계획모형

이상을 종합하여 [예제 6-3]의 공급보다 수요가 적은 불균형할당문제의 총비호감지수를 최소화하는 선형계획모형은 다음과 같다.

$$
\begin{aligned}
\text{최소화} \quad & z = 6x_{1\text{A}} + 4x_{1\text{B}} + 6x_{1\text{C}} + 5x_{2\text{A}} + 4x_{2\text{B}} + 7x_{2\text{C}} \\
& \quad + 6x_{3\text{A}} + 7x_{3\text{B}} + 4x_{3\text{C}} + 3x_{4\text{A}} + 5x_{4\text{B}} + 6x_{4\text{C}} \\
\text{제약조건} \quad & x_{1\text{A}} + x_{1\text{B}} + x_{1\text{C}} \leq 1 \\
& x_{2\text{A}} + x_{2\text{B}} + x_{2\text{C}} \leq 1 \\
& x_{3\text{A}} + x_{3\text{B}} + x_{3\text{C}} \leq 1 \\
& x_{4\text{A}} + x_{4\text{B}} + x_{4\text{C}} \leq 1 \\
& x_{1\text{A}} + x_{2\text{A}} + x_{3\text{A}} + x_{4\text{A}} = 1 \\
& x_{1\text{B}} + x_{2\text{B}} + x_{3\text{B}} + x_{4\text{B}} = 1 \\
& x_{1\text{C}} + x_{2\text{C}} + x_{3\text{C}} + x_{4\text{C}} = 1 \\
& x_{ij} \geq 0 \ (i=1, 2, 3, 4; \ j=\text{A, B, C})
\end{aligned}
$$

2 엑셀 해법

[예제 6-3]의 공급이 수요보다 많은 불균형할당문제를 엑셀로 최적해를 구하는 절차는 다음과 같다.

1) 입력 창

할당문제를 엑셀의 [해 찾기] 메뉴를 이용하여 최적해를 구하기 위해서는 할당계획표 부분과 할당실행표 부분으로 나누어 다음과 같이 입력한다.

	A	B	C	D	E	F
1						
2			할당계획표			
3		A	B	C	공급량	
4	1	6	4	6	1	
5	2	5	4	7	1	
6	3	6	7	4	1	
7	4	3	5	6	1	
8	수요량	1	1	1		
9						
10			할당실행표			
11		A	B	C	공급량	
12	1				0	
13	2				0	
14	3				0	
15	4				0	
16	수요량	0	0	0	0	
17						

할당계획표 부분은 〈표 6-3〉의 내용을 입력하고 할당실행표 부분은 최적해를 구하기 위해 다음과 같이 입력한다.

		셀 주소	입력
해	x_{ij}	B12:D15	
	z	E16	= SUMPRODUCT(B4:D7, B12:D15)
제약식	공급	E12	= SUM(B12:D12)
		E13:E15	셀 E12를 복사
	수요	B16	= SUM(B12:B15)
		C16:D16	셀 B16을 복사

2) 해 찾기 매개 변수 창

[데이터] → [해 찾기] 메뉴를 실행하여 [해 찾기 매개 변수] 창에서 다음을 수행한다.

① [목표 설정:(T)]

목적함수 z의 셀 주소를 지정한다. 여기서는 E16을 입력한다.

② [대상:]

최대화 또는 최소화를 지정해 준다. 여기서는 최소(N)를 지정해 준다.

③ [변수 셀 변경:(B)]

의사결정변수의 셀 주소를 지정한다. 여기서는 B12:D15를 지정한다.

④ [제한 조건에 종속:(U)]

공급이 수요보다 많은 불균형할당문제이므로 공급에는 ≤를 수요에는 ≥ 또는 =를 사용하여 조건을 지정한다. [추가]를 클릭하여 [제한 조건 추가] 창에 공급조건인 E12:E15 <= E4:E7을 지정한다. 다시 [추가]를 클릭하여 수요조건인 B16:D16 = B8:D8을 지정한 다음 [확인]을 클릭하여 [해 찾기 매개 변수] 창으로 돌아간다.

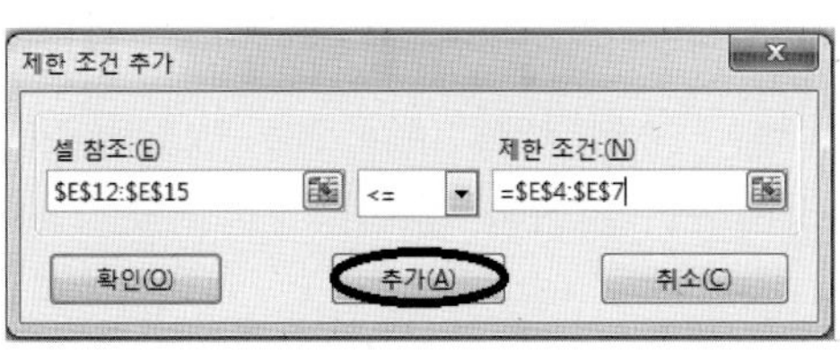

⑤ **[제한되지 않는 변수를 음이 아닌 수로 설정(K)]**

비음조건을 지정해준다. 여기서는 기본 값을 그대로 사용한다.

⑥ **[해법 선택:(E)]**

선형계획법을 의미하는 [단순 LP]로 지정한다.

⑦ **[해 찾기]**

마지막으로 해를 찾기 위해 [해 찾기]를 클릭한다.

3) 결과 창

이상의 과정을 실행하면 다음과 같은 [예제 6-3]의 해를 찾을 수 있다.

	A	B	C	D	E	F
1						
2			할당계획표			
3		A	B	C	공급량	
4	1	6	4	6	1	
5	2	5	4	7	1	
6	3	6	7	4	1	
7	4	3	5	6	1	
8	수요량	1	1	1		
9						
10			할당실행표			
11		A	B	C	공급량	
12	1	0	1	0	1	
13	2	0	0	0	0	
14	3	0	0	1	1	
15	4	1	0	0	1	
16	수요량	1	1	1	11	
17						

4) 결과 해석

만남결혼정보는 4월에 남자 1을 여자 B에 남자 3을 여자 C에 남자 4를 여자 A에 할당하면 총비호감지수는 11로 최소화가 된다. 즉, 최적해는 $x_{1B}=1$, $x_{3C}=1$, $x_{4A}=1$, 나머지 변수 모두 0, $z=11$이다. 이를 정리하면 다음과 같다.

만남결혼정보의 4월 최적할당

남자	여자	비호감지수
1	B	4
2	–	–
3	C	4
4	A	3
		총비호감지수 = 11

제 5 절 금지할당문제

할당문제도 수송문제와 같이 특정 할당이 금지된 경우가 존재한다. 예를 들어, 특정 판매원이 특정 지역에 할당될 수 없거나 특정 연구원이 특정 프로젝트를 수행할 수 없는 경우가 발생한다. 다음의 예제를 통해 금지할당문제를 살펴보기로 한다.

예제 6-4

XYZ제과점은 세 가지의 빵 굽는 기계(1, 2, 3)를 네 가지의 빵(A, B, C, D)에 할당하려고 한다. 기계의 고유 특성을 감안하여 각 기계가 각 빵을 굽는 시간을 <표 6-4>와 같이 추정하였다.

표 6-4 XYZ제과점의 할당표

기계 \ 빵	A	B	C	D
1	20	28	26	26
2	22	22	M	22
3	23	24	25	20

빵의 특성상 기계 2는 빵 C에 할당할 수 없다는 조건하에서 XYZ제과점은 총작업시간을 최소화하는 할당방법을 찾고자 한다.

[예제 6-4]의 문제는 불균형할당문제이면서 금지된 할당문제이다. 공급보다 수요가 많기 때문에 한 개의 빵은 기계를 할당 받을 수 없다. [예제 6-4]에 대한 선형계획모형의 작성 절차는 다음과 같다.

1 선형계획모형

수요가 공급을 초과하고 기계 2는 빵 C에 할당할 수 없는 [예제 6-4]의 금지된 불균형할당문제를 선형계획모형으로 나타내면 다음과 같다.

1) 의사결정변수

의사결정변수는 다음과 같이 정의된다.

x_{ij} = i번째 기계가 j번째 빵에 할당되면 1, 그렇지 않으면 0
(i=1, 2, 3; j=A, B, C, D)

따라서 의사결정변수 x_{ij}의 값은 0 또는 1이 된다.

2) 목적함수

금지된 할당의 경우 〈표 6-4〉처럼 할당이 불가능한 곳에 아주 큰 할당비용(M)을 할당함으로써 최소화문제를 해결할 수 있다. 반면 최대화문제에서는 아주 큰 음수의 이익(−M)을 할당함으로써 이 문제를 해결할 수 있다. 금지하려는 의사결정변수의 계수 값은 다음과 같이 조정한다.

최소화문제 : 아주 큰 단위당 양수의 비용(M)을 할당
최대화문제 : 아주 큰 단위당 음수의 이익(−M)을 할당

목적함수는 각 기계가 각 빵을 굽는데 소요되는 시간에 할당여부(x_{ij} = 0 또는 1)를 곱한 후 그 합으로 나타나는 총작업시간의 최소화이다. 총작업시간을 최소화하기 위한 목적함수는 다음과 같이 표시된다.

$$\text{최소화 } z = 20x_{1A} + 28x_{1B} + 26x_{1C} + 26x_{1D} + 22x_{2A} + 22x_{2B} + 999x_{2C} + 22x_{2D} + 23x_{3A} + 24x_{3B} + 25x_{3C} + 20x_{3D}$$

3) 제약식

공급이 수요보다 적을 경우 공급조건은 = 또는 ≥를 반면 수요조건은 ≤를 사용한다. 먼저 공급에 대한 제약식은 다음과 같다.

$$x_{1A} + x_{1B} + x_{1C} + x_{1D} = 1$$
$$x_{2A} + x_{2B} + x_{2C} + x_{2D} = 1$$

$$x_{3A} + x_{3B} + x_{3C} + x_{3D} = 1$$

반면 수요지에 대한 제약식은 다음과 같다.

$$x_{1A} + x_{2A} + x_{3A} \leq 1$$
$$x_{1B} + x_{2B} + x_{3B} \leq 1$$
$$x_{1C} + x_{2C} + x_{3C} \leq 1$$
$$x_{1D} + x_{2D} + x_{3D} \leq 1$$

4) 비음조건

마지막으로 각 기계가 각 빵에 할당되는지의 여부는 음수가 될 수 없다는 비음조건을 추가한다.

$$x_{ij} \geq 0 \ (i=1,\ 2,\ 3;\ j = \mathrm{A, B, C, D})$$

5) 완성된 선형계획모형

이상을 종합하여 [예제 6-4]의 금지된 할당이 존재하면서 공급보다 수요가 많은 불균형할당문제의 총작업시간을 최소화하는 선형계획모형은 다음과 같다.

최소화 $z = 20x_{1A} + 28x_{1B} + 26x_{1C} + 26x_{1D} + 22x_{2A} + 22x_{2B} + 999x_{2C} + 22x_{2D} + 23x_{3A} + 24x_{3B} + 25x_{3C} + 20x_{3D}$

제약조건
$$x_{1A} + x_{1B} + x_{1C} + x_{1D} = 1$$
$$x_{2A} + x_{2B} + x_{2C} + x_{2D} = 1$$
$$x_{3A} + x_{3B} + x_{3C} + x_{3D} = 1$$
$$x_{1A} + x_{2A} + x_{3A} \leq 1$$
$$x_{1B} + x_{2B} + x_{3B} \leq 1$$
$$x_{1C} + x_{2C} + x_{3C} \leq 1$$
$$x_{1D} + x_{2D} + x_{3D} \leq 1$$
$$x_{ij} \geq 0 \ (i=1,\ 2,\ 3;\ j = \mathrm{A, B, C, D})$$

2 엑셀 해법

[예제 6-4]의 할당문제를 엑셀을 활용하여 최적해를 구하는 절차는 다음과 같다.

1) 입력 창

불균형할당문제를 엑셀의 [해 찾기] 메뉴를 이용하여 최적해를 구하기 위해서는 할당계획표 부분과 할당실행표 부분으로 나누어 다음과 같이 입력한다.

	A	B	C	D	E	F	G
1							
2			할당계획표				
3		A	B	C	D	공급량	
4	1	20	28	26	26	1	
5	2	22	22	999	22	1	
6	3	23	24	25	20	1	
7	수요량	1	1	1	1		
8							
9			할당실행표				
10		A	B	C	D	공급량	
11	1					0	
12	2					0	
13	3					0	
14	수요량	0	0	0	0	0	
15							

할당계획표 부분은 〈표 6-4〉의 내용을 입력하고 할당실행표 부분은 최적해를 구하기 위해 다음과 같이 입력한다.

		셀 주소	입력
해	x_{ij}	B11:E13	
	z	F14	= SUMPRODUCT(B4:E6, B11:E13)
제약식	공급	F11	= SUM(B11:E11)
		F12:F13	셀 F11을 복사
	수요	B14	= SUM(B11:B13)
		C14:E14	셀 B14를 복사

2) 해 찾기 매개 변수 창

[데이터] → [해 찾기] 메뉴를 실행하여 [해 찾기 매개 변수] 창에서 다음을 수행한다.

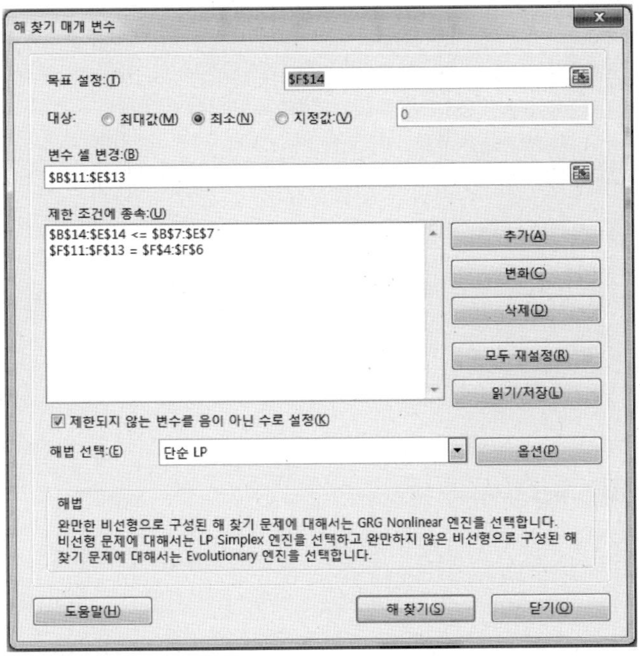

① [목표 설정:(T)]

목적함수 z의 셀 주소를 지정한다. 여기서는 F14를 입력한다.

② [대상:]

최대화 또는 최소화를 지정해 준다. 여기서는 최소(N)을 지정해 준다.

③ [변수 셀 변경:(B)]

의사결정변수의 셀 주소를 지정한다. 여기서는 B11:E13을 지정한다.

④ [제한 조건에 종속:(U)]

공급보다 수요가 많은 불균형할당문제이므로 공급에는 = 또는 >=를 수요에는 <=를 지정한다. [추가]를 클릭하여 [제한 조건 추가] 창에 공급조건인 F11:F13 = F4:F6을 지정한다. 다시 [추가]를 클릭하여 수요조건인 B14:E14 <= B7:E7을 지정한 다음 [확인]을 클릭하여 [해 찾기 매개 변수] 창으로 돌아간다.

⑤ **[제한되지 않는 변수를 음이 아닌 수로 설정(K)]**

비음조건을 지정해준다. 여기서는 기본 값을 그대로 사용한다.

⑥ **[해법 선택:(E)]**

선형계획법을 의미하는 [단순 LP]로 지정한다.

⑦ **[해 찾기]**

마지막으로 해를 찾기 위해 [해 찾기]를 클릭한다.

3) 결과 창

이상의 과정을 실행하면 다음과 같이 [예제 6-4] 불균형할당문제의 최적해를 찾을 수 있다.

	A	B	C	D	E	F	G
1							
2			할당계획표				
3		A	B	C	D	공급량	
4	1	20	28	26	26	1	
5	2	22	22	999	22	1	
6	3	23	24	25	20	1	
7	수요량	1	1	1	1		
8							
9			할당실행표				
10		A	B	C	D	공급량	
11	1	1	0	0	0	1	
12	2	0	1	0	0	1	
13	3	0	0	0	1	1	
14	수요량	1	1	0	1	62	
15							

4) 결과 해석

XYZ제과점은 기계 1을 빵 A에 기계 2를 빵 B에 기계 3을 빵 D에 할당하면 총작업시간은 62로 최소화가 된다. 즉, 최적해는 $x_{1A}=1$, $x_{2B}=1$, $x_{3D}=1$, 나머지 변수는 모두 0, $z=62$이다. 이를 정리하면 다음과 같다.

XYZ제과점의 최적할당

기계	빵	작업시간
1	A	20
2	B	22
3	D	20
		총작업시간 = 62

제 6 절 최대화할당문제

비용이나 시간을 최소화하는 할당문제뿐만 아니라 이윤이나 매출을 최대화하는 할당문제도 발생할 수 있다. 예를 들어, 다섯 명의 연구원을 다섯 개의 프로젝트에 할당하는 경우 연구원마다 프로젝트별로 수행능력이 다를 경우 수행능력이 최대화되는 연구원과 프로젝트의 할당 관계를 찾고자 할 것이다. 다음의 예제를 통해 최대화할당문제를 살펴본다.

예제 6-5

ABC프랜차이즈는 네 명(1, 2, 3, 4)의 영업사원을 세 개의 지역(A, B, C)에 한 명씩 할당하려고 한다. 각 영업사원은 역량과 경험때문에 지역마다 판매량은 달라질 수 있는데 각 지역의 영업사원별 판매량을 〈표 6-5〉와 같이 추정하였다.

표 6-5 ABC프랜차이즈의 할당표

영업사원 \ 지역	A	B	C
1	12	13	11
2	15	15	14
3	10	14	10
4	14	15	12

ABC프랜차이즈는 총판매량을 최대화하는 할당방법을 구하고자 한다.

[예제 6-5]의 최대화할당문제는 불균형할당문제이다. 영업사원보다 지역이 적어 한 명의 영업사원은 지역을 할당받을 수 없다.

1 선형계획모형

공급이 수요를 초과하는 [예제 6-5]의 최대화 불균형할당문제를 선형계획모형으로 나타내는 절차는 다음과 같다.

1) 의사결정변수

다음과 같이 정의되는 의사결정변수는 값이 0 또는 1이 된다.

x_{ij} = i번째 영업사원이 j번째 지역에 할당되면 1, 그렇지 않으면 0
(i=1, 2, 3, 4; j=A, B, C)

2) 목적함수

목적함수는 각 영업사원의 각 지역에서의 판매량에 할당여부(x_{ij}=0 또는 1)를 곱한 후 그 합으로 나타나는 총판매량의 최대화이다. 총판매량을 최대화하기 위한 목적함수는 다음과 같이 표시된다.

$$\text{최대화 } z = 12x_{1A} + 13x_{1B} + 11x_{1C} + 15x_{2A} + 15x_{2B} + 14x_{2C} + 10x_{3A} + 14x_{3B} + 10x_{3C} + 14x_{4A} + 15x_{4B} + 12x_{4C}$$

3) 제약식

공급이 수요보다 많을 경우 공급에는 ≤를 반면 수요에는 = 또는 ≥를 지정한다. 먼저 공급에 대한 제약조건은 다음과 같다.

$$x_{1A} + x_{1B} + x_{1C} \le 1$$
$$x_{2A} + x_{2B} + x_{2C} \le 1$$
$$x_{3A} + x_{3B} + x_{3C} \le 1$$
$$x_{4A} + x_{4B} + x_{4C} \le 1$$

반면 수요에 대한 제약조건은 다음과 같다.

$$x_{1A} + x_{2A} + x_{3A} + x_{4A} = 1$$
$$x_{1B} + x_{2B} + x_{3B} + x_{4B} = 1$$
$$x_{1C} + x_{2C} + x_{3C} + x_{4C} = 1$$

4) 비음조건

마지막으로 각 영업사원은 각 지역에 할당되는지의 여부는 음수가 될 수 없다는 비음조건을 추가하여야 한다.

$$x_{ij} \geq 0 \ (i=1, 2, 3, 4; \ j=\mathrm{A, B, C})$$

5) 완성된 선형계획모형

이상을 종합하여 [예제 6-5]의 최대화 불균형할당문제의 선형계획모형은 다음과 같다.

$$\begin{aligned}
\text{최대화} \quad & z=12x_{1\mathrm{A}}+13x_{1\mathrm{B}}+11x_{1\mathrm{C}}+15x_{2\mathrm{A}}+15x_{2\mathrm{B}}+14x_{2\mathrm{C}} \\
& \quad + 10x_{3\mathrm{A}}+14x_{3\mathrm{B}}+10x_{3\mathrm{C}} + 14x_{4\mathrm{A}}+15x_{4\mathrm{B}}+12x_{4\mathrm{C}} \\
\text{제약조건} \quad & x_{1\mathrm{A}} + x_{1\mathrm{B}} + x_{1\mathrm{C}} \leq 1 \\
& x_{2\mathrm{A}} + x_{2\mathrm{B}} + x_{2\mathrm{C}} \leq 1 \\
& x_{3\mathrm{A}} + x_{3\mathrm{B}} + x_{3\mathrm{C}} \leq 1 \\
& x_{4\mathrm{A}} + x_{4\mathrm{B}} + x_{4\mathrm{C}} \leq 1 \\
& x_{1\mathrm{A}} + x_{2\mathrm{A}} + x_{3\mathrm{A}} + x_{4\mathrm{A}} = 1 \\
& x_{1\mathrm{B}} + x_{2\mathrm{B}} + x_{3\mathrm{B}} + x_{4\mathrm{B}} = 1 \\
& x_{1\mathrm{C}} + x_{2\mathrm{C}} + x_{3\mathrm{C}} + x_{4\mathrm{C}} = 1 \\
& x_{ij} \geq 0 \ (i=1, 2, 3, 4; \ j=\mathrm{A, B, C})
\end{aligned}$$

2 엑셀 해법

[예제 6-5]의 공급이 수요보다 많은 최대화 불균형할당문제를 엑셀로 해를 구하는 절차는 다음과 같다.

1) 입력 창

할당문제를 엑셀의 [해 찾기] 메뉴를 이용하여 최적해를 구하기 위해서는 할당계획표 부분과 할당실행표 부분으로 나누어 다음과 같이 입력한다.

	A	B	C	D	E	F
1						
2			할당계획표			
3		A	B	C	공급량	
4	1	12	13	11	1	
5	2	15	15	14	1	
6	3	10	14	10	1	
7	4	14	15	12	1	
8	수요량	1	1	1		
9						
10			할당실행표			
11		A	B	C	공급량	
12	1				0	
13	2				0	
14	3				0	
15	4				0	
16	수요량	0	0	0	0	
17						

할당계획표 부분은 〈표 6-5〉의 내용을 입력하고 할당실행표 부분은 최적해를 구하기 위해 다음과 같이 입력한다.

		셀 주소	입력
해	x_{ij}	B12:D15	
	z	E16	= SUMPRODUCT(B4:D7, B12:D15)
제약식	공급	E12	= SUM(B12:D12)
		E13:E15	셀 E12를 복사
	수요	B16	= SUM(B12:B15)
		C16:D16	셀 B16을 복사

2) 해 찾기 매개 변수 창

[데이터] → [해 찾기] 메뉴를 실행하여 [해 찾기 매개 변수] 창에서 다음을 수행한다.

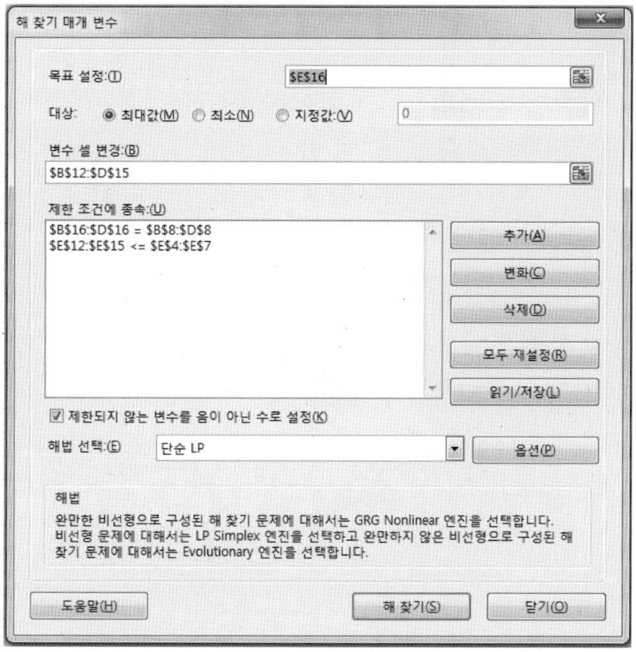

① **[목표 설정:(T)]**

목적함수 z의 셀 주소를 지정한다. 여기서는 E16을 입력한다.

② **[대상:]**

최대화 또는 최소화를 지정해 준다. 여기서는 최대값(M)을 지정해 준다.

③ **[변수 셀 변경:(B)]**

의사결정변수의 셀 주소를 지정한다. 여기서는 B12:D15를 지정한다.

④ **[제한 조건에 종속:(U)]**

공급이 수요보다 많은 불균형할당문제이므로 공급에는 < =를 수요에는 = 또는 > =를 지정한다. [추가]를 클릭하여 [제한 조건 추가] 창에 공급조건인 E12:E15 < = E4:E7을 지정한다. 다시 [추가]를 클릭하여 수요조건인 B16:D16 = B8:D8을 지정한 다음 [확인]을 클릭하여 [해 찾기 매개 변수] 창으로 돌아간다.

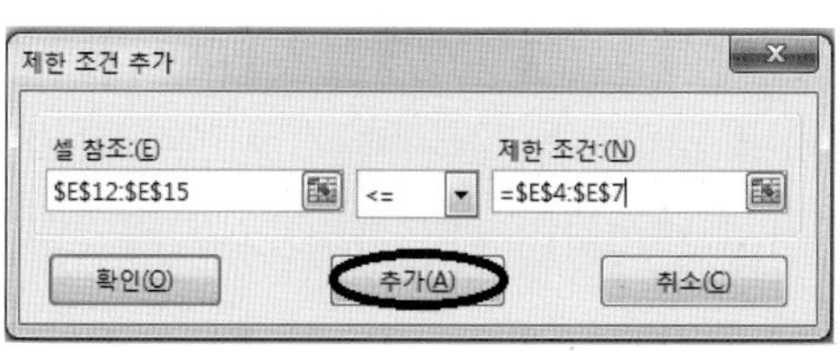

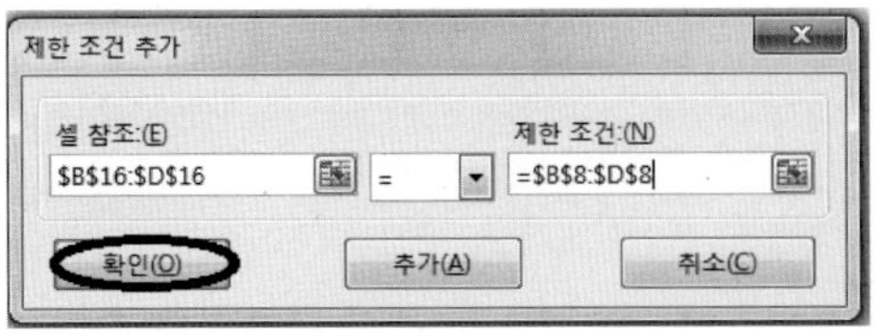

⑤ **[제한되지 않는 변수를 음이 아닌 수로 설정(K)]**

비음조건을 지정해준다. 여기서는 기본 값을 그대로 사용한다.

⑥ **[해법 선택:(E)]**

선형계획법을 의미하는 [단순 LP]로 지정한다.

⑦ **[해 찾기]**

마지막으로 해를 찾기 위해 [해 찾기]를 클릭한다.

3) 결과 창

이상의 과정을 실행하면 다음과 같이 [예제 6-5]의 해를 찾을 수 있다.

	A	B	C	D	E	F
1						
2			할당계획표			
3		A	B	C	공급량	
4	1	12	13	11	1	
5	2	15	15	14	1	
6	3	10	14	10	1	
7	4	14	15	12	1	
8	수요량	1	1	1		
9						
10			할당실행표			
11		A	B	C	공급량	
12	1	0	0	1	1	
13	2	1	0	0	1	
14	3	0	1	0	1	
15	4	0	0	0	0	
16	수요량	1	1	1	40	
17						

4) 결과 해석

ABC프랜차이즈는 영업사원 1을 지역 C에 영업사원 2를 지역 A에 영업사원 3을 지역 B에 할당하면 총판매량은 40으로 최대화가 된다. 즉, 최적해는 $x_{1C}=1$, $x_{2A}=1$, $x_{3B}=1$, 나머지 변수 모두 0, $z=40$이다. 이를 정리하면 다음과 같다.

ABC프랜차이즈의 최적할당

영업사원	지역	판매량
1	C	11
2	A	15
3	B	14
4	–	–
		총판매량 = 40

연습문제

1. 할당문제의 특징을 설명하라.
2. 할당문제와 수송문제와의 차이를 설명하라.
3. 균형할당문제와 불균형할당문제의 차이를 설명하라.
4. 불균형할당문제를 해결하는 방법을 설명하라.
5. 금지할당문제를 해결하는 방법을 설명하라.
6. 최대화할당문제를 해결하는 방법을 설명하라.
7. 다음 표는 네 명의 연구원을 세 개의 과제에 할당했을 때 특정 과제를 수행하는 데 소요되는 시간을 나타낸다. 총소요시간을 최소화하기 위한 선형계획모형을 작성하고 할당실행표를 구하라.

연구원 \ 과제	A	B	C
1	7	5	5
2	6	7	8
3	8	4	6
4	4	6	7

8. 다음 표는 네 명의 판매원을 네 개의 지역에 할당하기 위한 자료이다. 다음의 물음에 답하라.

판매원 \ 지역	A	B	C	D
1	2	3	4	3
2	4	3	2	3
3	3	2	4	2
4	3	4	5	3

(1) 표에 있는 숫자는 판매원이 지역에 할당되었을 때 특정 임무를 수행하는 데 소요되는 시간을 나타낸다. 총소요시간을 최소화하기 위한 선형계획

모형을 작성하고 엑셀 해법으로 할당실행표를 작성하라.

(2) 공급자와의 계약에 의해 지역 B는 판매원 3에 할당을 할 수 없게 되었다. 이 경우의 선형계획모형과 할당실행표를 작성하라.

(3) 다음 달에는 판매원 4는 퇴직으로 인해 할당할 수 없다. 이 경우의 선형계획모형과 할당실행표를 작성하라.

(4) 만약 표에 있는 숫자가 각 판매원이 각 지역에 할당되어 특정 임무를 수행하면 얻을 수 있는 이익이라 할 때 총이익을 최대화하기 위한 할당실행표를 작성하라.

9. 다음 표는 네 개의 과업을 네 개의 기계에 할당하기 위한 자료이다. 다음의 물음에 답하라.

과업 \ 기계	A	B	C	D
1	5	8	9	4
2	7	6	8	5
3	6	4	9	9
4	7	6	5	7

(1) 표에 있는 숫자는 각 과업을 수행하는 데 소요되는 각 기계의 시간을 나타낸다. 총소요시간을 최소화하기 위한 선형계획모형과 할당실행표를 작성하라.

(2) 과업의 특성 때문에 과업 1은 기계 A에 할당을 할 수 없게 되었다. 이 경우의 선형계획모형과 할당실행표를 작성하라.

(3) 다음 달에는 기계 D를 다른 곳에 임대하기 때문에 기계 D는 사용할 수 없다. 이 경우의 선형계획모형과 할당실행표를 작성하라.

(4) 만약 표에 있는 숫자가 각 과업을 각 기계로 수행하면 얻을 수 있는 이익이라면 총이익을 최대화하기 위한 할당실행표를 작성하라.

CHAPTER

07

정수계획문제

제 1 절 서론

선형계획법은 모형에 사용된 모든 의사결정변수의 값을 정수로 제한하지 않아 실수의 값도 가질 수 있도록 되어 있다. 따라서 선형계획법의 최적해는 의사결정변수의 값이 정수의 값이 아닌 것을 보게 된다. 그런데 실제 문제에서는 의사결정변수들의 값이 전부 또는 일부가 반드시 정수여야 하는 경우가 있다. 예를 들어, 비행기의 생산대수, 고용하는 종업원의 수, 수송해야 할 제품의 수 등의 의사결정변수들이 취할 수 있는 값은 반드시 정수여야 한다. 이와 같이 의사결정변수에 정수조건을 추가한 문제를 해결하는 기법이 정수계획법(integer programming)이다.

정수계획법은 몇 가지 유형으로 나누어 볼 수 있다. 먼저 모형에 사용되는 모든 의사결정변수가 정수의 값을 가져야 하는 경우를 순수정수계획법(all integer programming)이라 하고 모형에 사용되는 의사결정변수들 중 일부만 정수의 값을 갖는 경우를 혼합정수계획법(mixed integer programming)이라 한다. 한편 모형에 사용되는 모든 의사결정변수가 이진정수(0 또는 1)의 값을 갖는 경우를 순수이진정수계획법(all binary integer programming)이라 하고 모형에 사용되는 의사결정변수들 중 일부만 이진정수의 값을 갖는 경우를 혼합이진정수계획법(mixed binary integer programming)이라 한다.

정수계획문제의 최적해를 구하는 가장 간단한 방법은 일반 선형계획법으로 최적해를 구한 다음 정수가 아닌 경우에는 반올림을 하여 정수로 만들 수 있다. 이러한 방법이 완전히 잘못된 것은 아니지만 실행가능해와 최적해를 항상 보장해 주지는 못한다. 그래서 정수계획법이 필요하다. 본 장에서는 변수가 정수 또는 이진정수 값을 가져야 하는 경우에 엑셀의 최적화 도구를 이용하여 정수계획문제의 최적해를 구하는 방법에 대하여 살펴보기로 한다.

제 2 절 순수정수계획문제

순수정수계획법은 모든 의사결정변수의 값이 정수여야 하는 문제에 적용된다. 다음의 예를 통해 순수정수계획문제의 모형과 해법에 대해 살펴보기로 한다.

예제 7-1

대한투자는 향후 10년간 아파트와 콘도미니엄에 투자할 자금 30억 원을 가지고 있다. 아파트 1채당 구입가격은 2억 원이고 8%의 수익을 올릴 수 있지만 6채 이하를 구입하고자 한다. 콘도미니엄 1채당 구입가격은 5억 원이고 수익률은 6%이지만 2채 이상을 구입하고자 한다. 대한투자는 수익률을 최대화하기 위해 아파트와 콘도미니엄을 몇 채 구입하여야 하는지를 결정하고자 한다.

1 순수정수계획모형

수익률이 최대화가 되도록 각 대안의 구매량을 결정하는 순수정수계획모형을 만들기 위한 절차는 다음과 같다.

1) 의사결정변수

모든 의사결정변수의 값이 정수여야 하는 순수정수계획모형의 의사결정변수는 다음과 같다.

x_1 = 아파트 구매량(채)

x_2 = 콘도미니엄 구매량(채)

2) 목적함수

수익률을 최대화하고자 하는 목적함수는 다음과 같다.

최대화 $z = 8x_1 + 6x_2$

3) 제약조건

투자할 자금이 30억 원 이하, 아파트는 6채 이하, 콘도미니엄은 2채 이상에 관한 조건은 다음과 같이 표현된다.

$2x_1 + 5x_2 \leq 30$ (투자자금)
$x_1 \leq 6$ (아파트)
$x_2 \geq 2$ (콘도미니엄)

4) 비음 및 정수조건

마지막으로 의사결정변수의 값이 정수여야 하고 음수가 될 수 없다는 조건을 추가한다.

$x_1,\ x_2 \geq 0,\quad x_1,\ x_2$는 정수

5) 완성된 순수정수계획모형

완성된 [예제 7-1]의 순수정수계획모형은 다음과 같다.

최대화 $z = 8x_1 + 6x_2$
제약조건 $2x_1 + 5x_2 \leq 30$
$x_1 \leq 6$
$x_2 \geq 2$
$x_1,\ x_2 \geq 0,\quad x_1,\ x_2$는 정수

2 엑셀 해법

[예제 7-1]의 순수정수계획문제를 엑셀로 해를 구하는 절차는 다음과 같다.

1) 입력 창

엑셀의 [해 찾기] 메뉴를 이용하여 순수정수계획모형의 최적해를 구하기 위해서는 다음과 같이 엑셀의 워크시트에 입력한다.

	A	B	C	D	E	F	G
1							
2		x1	x2	z			
3	해			0			
4							
5	최대화	8	6	좌변합계		우변상수	
6	식1	2	5	0	<=	30	
7	식2	1		0	<=	6	
8	식3		1	0	>=	2	
9							

해(B3:D3)와 좌변합계(D6:D8)에 다음과 같이 입력한다.

		셀 주소	입력
해	x_1, x_2	B3:C3	
	z	D3	= SUMPRODUCT(B3:C3, B5:C5)
좌변합계	식1	D6	= SUMPRODUCT($B$3:$C$3, B6:C6)
	식2~3	D7:D8	셀 D6를 복사

2) 해 찾기 매개 변수 창

[데이터] → [해 찾기] 메뉴를 실행하여 [해 찾기 매개 변수] 창에서 다음을 수행한다.

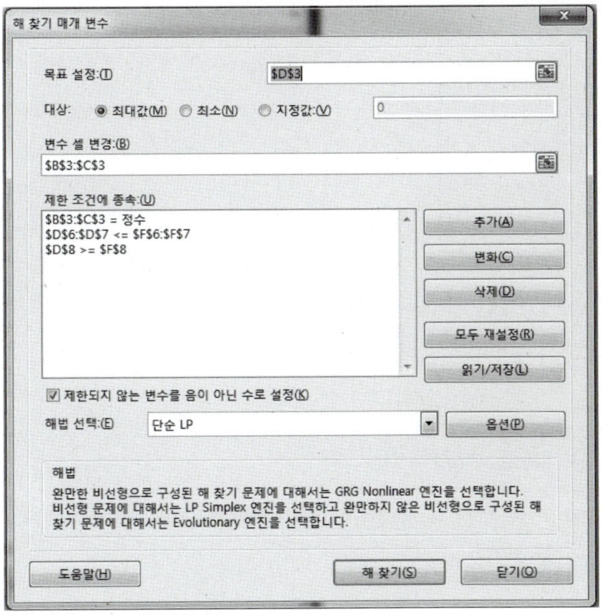

① [목표 설정:(T)]

목적함수 z의 셀 주소를 지정한다. 여기서는 D3을 지정한다.

② [대상:]

최대화 또는 최소화를 지정해 준다. 여기서는 최대값(M)을 지정해 준다.

③ [변수 셀 변경:(B)]

의사결정변수의 셀 주소를 지정한다. 여기서는 B3:C3를 지정한다.

④ [제한 조건에 종속:(U)]

변수가 정수라는 조건과 좌변합계와 우변상수 간의 관계를 지정한다. [추가]를 클릭하여 의사결정변수가 정수라는 조건인 B3:C3 = int를 지정한다. [추가]를 클릭하여 식 1과 2의 조건인 D6:D7 <= F6:F7을 지정한다. 다시 [추가]를 클릭하여 식 3의 조건인 D8 >= F8을 지정한 다음 [확인]을 클릭하여 [해 찾기 매개 변수] 창으로 돌아간다.

⑤ [제한되지 않는 변수를 음이 아닌 수로 설정(K)]

비음조건을 체크해준다. 여기서는 기본 값을 그대로 둔다.

⑥ [해법 선택:(E)]

선형계획법을 의미하는 [단순 LP]로 지정한다.

⑦ [해 찾기]

마지막으로 해를 찾기 위해 [해 찾기]를 클릭한다.

4) 결과 창

이상의 과정을 실행하면 다음과 같이 [예제 7-1]의 해를 찾을 수 있다.

	A	B	C	D	E	F	G
1							
2		x1	x2	z			
3	해	6	3	66			
4							
5	최대화	8	6	좌변합계		우변상수	
6	식1	2	5	27	<=	30	
7	식2	1		6	<=	6	
8	식3		1	3	>=	2	
9							

4) 결과 해석

대한투자가 아파트 6채와 콘도미니엄을 3채 구입하면 66%의 수익률을 달성할 수 있다. 즉, 최적해는 $x_1=6$, $x_2=3$, $z=66$이다. 참고로 모든 의사결정변수의 값이 정수여야 한다는 조건을 추가하지 않으면 최적해는 $x_1=6$, $x_2=3.6$, $z=70$이다.

제 3 절 혼합정수계획문제

혼합정수계획법은 의사결정변수의 일부는 정수 값을 갖고 나머지는 실수 값을 갖는 문제에 적용된다. 다음의 예를 가지고 혼합정수계획문제의 모형과 해법에 대해 살펴보기로 한다.

예제 7-2

[예제 7-1]의 대한투자는 향후 10년간 아파트와 콘도미니엄뿐만 아니라 토지에 대한 투자 제의를 받았다. 투자할 총자금은 30억 원이다. 아파트 1채당 구입가격은 2억 원인데 8%의 수익률을, 콘도미니엄 1채당 구입가격은 5억 원인데 6%의 수익률을, 토지 $1m^2$당 구입가격은 0.3억 원인데 1.3%의 수익률을 얻을 것으로 예상한다. 아파트는 6채 이하를 콘도미니엄은 2채 이상을 토지는 $50m^2$ 이하를 구입하려고 한다. 토지의 경우 단위 m^2보다 적은 면적, 예로 $0.3m^2$도 구입이 가능하다. 대한투자는 수익률을 최대화하기 위해 아파트와 콘도미니엄 그리고 토지를 얼마나 구입하여야 하는지를 결정하고자 한다.

1 혼합정수계획모형

수익률이 최대화가 되도록 각 대안의 구매량을 결정하는 [예제 7-2]의 혼합정수계획모형을 만들면 다음과 같다.

1) 의사결정변수

의사결정변수는 다음과 같이 정의한다.

x_1 = 아파트 구매량(채)
x_2 = 콘도미니엄 구매량(채)
x_3 = 토지 구매량(m^2)

이는 의사결정변수들 중 x_1과 x_2는 정수 값을 x_3은 실수 값을 가지는 혼합정수계획문제이다.

2) 목적함수

수익률을 최대화하는 목적함수는 다음과 같다.

최대화 $z = 8x_1 + 6x_2 + 1.3x_3$

3) 제약조건

투자할 자금이 30억 원 이하, 아파트는 6채 이하, 콘도미니엄은 2채 이하, 토지는 $50m^2$ 이하에 관한 조건은 다음과 같이 표현된다.

$2x_1 + 5x_2 + 0.3x_3 \leq 30$ (자금)
$x_1 \leq 6$ (아파트)
$x_2 \geq 2$ (콘도미니엄)
$x_3 \leq 50$ (토지)

4) 비음 및 정수조건

마지막으로 의사결정변수의 값이 정수여야 하고 음수가 될 수 없다는 조건을 추가한다.

$x_1,\ x_2,\ x_3 \geq 0,\ x_1,\ x_2$는 정수

5) 완성된 혼합정수계획모형

완성된 [예제 7-2]의 혼합정수계획모형은 다음과 같다.

최대화 $z = 8x_1 + 6x_2 + 1.3x_3$

제약조건 $2x_1 + 5x_2 + 0.3x_3 \leq 30$

$x_1 \leq 6$

$x_2 \geq 2$

$x_3 \leq 50$

$x_1,\ x_2,\ x_3 \geq 0,\ x_1,\ x_2$는 정수

2 엑셀 해법

[예제 7-2]의 혼합정수계획문제를 엑셀로 해를 구하는 절차는 다음과 같다.

1) 입력 창

엑셀의 [해 찾기] 메뉴를 이용하여 혼합정수계획모형의 최적해를 구하기 위해서는 다음과 같이 엑셀의 워크시트에 입력한다.

	A	B	C	D	E	F	G	H
1								
2		x1	x2	x3	z			
3	해				0			
4								
5	최대화	8	6	1.3	좌변합계		우변상수	
6	식1	2	5	0.3	0	<=	30	
7	식2	1			0	<=	6	
8	식3		1		0	>=	2	
9	식4			1	0	<=	50	
10								

해(B3:E3)와 좌변합계(E6:E9)에 다음과 같이 입력한다.

		셀 주소	입력
해	x_1~x_3	B3:D3	
	z	E3	= SUMPRODUCT(B3:D3, B5:D5)
좌변합계	식1	E6	= SUMPRODUCT($B$3:$D$3, B6:D6)
	식2~4	E7:E9	셀 E6를 복사

2) 해 찾기 매개 변수 창

[데이터] → [해 찾기] 메뉴를 실행하여 [해 찾기 매개 변수] 창에서 다음을 수행한다.

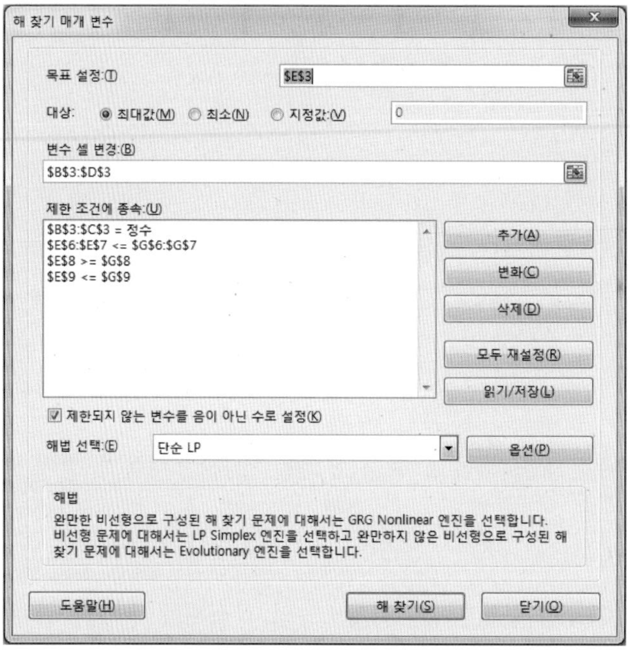

① **[목표 설정:(T)]**

목적함수 z의 셀 주소를 지정한다. 여기서는 E3을 지정한다.

② **[대상:]**

최대화 또는 최소화를 지정해 준다. 여기서는 최대값(M)을 지정해 준다.

③ **[변수 셀 변경:(B)]**

의사결정변수의 셀 주소를 지정한다. 여기서는 B3:D3를 지정한다.

④ **[제한 조건에 종속:(U)]**

변수가 정수라는 조건과 좌변합계와 우변상수 간의 관계를 지정한다. [추가]를 클릭하여 x_1과 x_2가 정수라는 조건인 B3:C3 = int를 지정한다. 다시 [추가]를 클릭하여 식 1과 2의 조건인 E6:E7 < = G6:G7을 지정한다. 다시 [추가]를 클릭하여 식 3의 조건인 E8 > = G8을 지정한다. 마지막으로 [추가]를 클릭하여 식 4의 조건인 E9 < = G9을 지정한 다음 [확인]을 클릭하여 [해 찾기 매개 변수] 창으로 돌아간다.

⑤ [제한되지 않는 변수를 음이 아닌 수로 설정(K)]

비음조건을 체크해준다. 여기서는 기본 값을 사용한다.

⑥ [해법 선택:(E)]

선형계획법을 의미하는 [단순 LP]로 지정한다.

⑦ [해 찾기]

마지막으로 해를 찾기 위해 [해 찾기]를 클릭한다.

3) 결과 창

이상의 과정을 실행하면 다음과 같이 [예제 7-2]의 해를 찾을 수 있다.

	A	B	C	D	E	F	G	H
1								
2		x1	x2	x3	z			
3	해	3	2	46.67	96.67			
4								
5	최대화	8	6	1.3	좌변합계		우변상수	
6	식1	2	5	0.3	30	<=	30	
7	식2	1			3	<=	6	
8	식3		1		2	>=	2	
9	식4			1	46.67	<=	50	
10								

3) 결과 해석

대한투자는 아파트 3채, 콘도미니엄 2채, 토지 46.67m^2를 구입하면 96.67%의 수익률을 달성할 수 있다. 즉, 최적해는 $x_1=3$, $x_2=2$, $x_3=46.67$, $z=96.67$이다. 만약 x_1과 x_2에 관한 정수조건을 추가하지 않는다면 최적해는 $x_1=2.5$, $x_2=2$, $x_3=50.00$, $z=97$이다.

제 4 절 순수이진정수계획문제

순수이진정수계획법은 모든 의사결정변수가 0 또는 1의 값을 가져야 하는 문제에 적용된다. 순수이진정수계획문제의 의사결정변수는 특정 내안을 선택하면 1의 값을 아니면 0의 값을 가진다. 예를 들어, 기업이 수익을 최대화하기 위하여 예산 한도 내에서 여러 가지 프로젝트 중에서 어느 프로젝트를 선정할 것인지를 결정할 때에 순수이진정수계획법이 사용된다. 다음의 예를 통해 순수이진정수계획문제의 모형과 해법에 대해 살펴보기로 한다.

예제 7-3

개척투자는 향후 4년간 다섯 가지 프로젝트를 고려하고 있다. 각 프로젝트의 연차별 자금소요계획, 가용자금, 이익이 〈표 7-1〉과 같다고 하자.

표 7-1 프로젝트별 투자액, 이익 및 가용자금(단위: 억원)

프로젝트	이익	자금소요계획			
		1년차	2년차	3년차	4년차
1	18	9	5	6	2
2	17	8	7	5	4
3	20	8	4	6	5
4	15	7	5	7	6
5	14	7	3	4	5
가용자금		30	15	20	15

개척투자는 가용자금 안에서 총이익이 최대가 되도록 프로젝트를 선택하고자 한다.

1 순수이진정수계획모형

이익이 최대화되도록 프로젝트를 선택하는 [예제 7-3]의 순수이진정수계획모형은 다음과 같다.

1) 의사결정변수

[예제 7-3]의 문제는 모든 변수가 이진변수라는 것이 특징이므로 의사결정변수는 다음과 같이 정의한다.

$$x_i \begin{cases} 1 : \text{프로젝트 } i\text{가 선정되는 경우} \\ 0 : \text{프로젝트 } i\text{가 선정되지 않는 경우} \end{cases} \qquad (i=1,\ 2,\ 3,\ 4,\ 5)$$

2) 목적함수

총이익을 최대화하는 목적함수는 의사결정변수를 이용하여 다음과 같이 표현한다.

$$\text{최대화} \quad z = 18x_1 + 17x_2 + 20x_3 + 15x_4 + 14x_5$$

목적함수를 보면 프로젝트가 선정될 경우에만 이익에 반영됨을 알 수 있다. 예를 들어, 프로젝트 1이 선정되면 $x_1=1$이므로 $18x_1=18$이 되고 만약 선정되지 않으면 $x_1=0$이므로 $18x_1=0$이 된다.

3) 제약식

향후 4년간 각 해의 자금소요액은 다음과 같이 표현한다.

$$\begin{aligned} 9x_1 + 8x_2 + 8x_3 + 7x_4 + 7x_5 &\le 30 \\ 5x_1 + 7x_2 + 4x_3 + 5x_4 + 3x_5 &\le 15 \\ 6x_1 + 5x_2 + 6x_3 + 7x_4 + 4x_5 &\le 20 \\ 2x_1 + 4x_2 + 5x_3 + 6x_4 + 5x_5 &\le 15 \end{aligned}$$

목적함수와 마찬가지로 제약조건에서도 선정되는 프로젝트의 경우에만 투자액이 소요됨을 반영하고 있다.

4) 정수조건

마지막으로 의사결정변수의 값이 이진정수여야 한다는 조건을 추가한다.

x_i는 0 또는 1 $(i=1,\ 2,\ 3,\ 4,\ 5)$

5) 완성된 순수이진정수계획모형

이상을 종합하여 [예제 7-3]의 순수이진정수계획모형을 완성하면 다음과 같다.

$$
\begin{aligned}
\text{최대화} \quad & z = 18x_1 + 17x_2 + 20x_3 + 15x_4 + 14x_5 \\
\text{제약조건} \quad & 9x_1 + 8x_2 + 8x_3 + 7x_4 + 7x_5 \leq 30 \\
& 5x_1 + 7x_2 + 4x_3 + 5x_4 + 3x_5 \leq 15 \\
& 6x_1 + 5x_2 + 6x_3 + 7x_4 + 4x_5 \leq 20 \\
& 2x_1 + 4x_2 + 5x_3 + 6x_4 + 5x_5 \leq 15 \\
& x_i \text{는 } 0 \text{ 또는 } 1 \ (i = 1, 2, 3, 4, 5)
\end{aligned}
$$

2 엑셀 해법

[예제 7-3]의 순수이진정수계획문제를 엑셀로 해를 구하는 절차는 다음과 같다.

1) 입력 창

엑셀의 [해 찾기] 메뉴를 이용하여 순수이진정수계획모형의 최적해를 구하기 위해서는 다음과 같이 엑셀의 워크시트에 입력한다.

	A	B	C	D	E	F	G	H	I	J
1										
2		x1	x2	x3	x4	x5	z			
3	해						0			
4										
5	최대화	18	17	20	15	14	좌변합계		우변상수	
6	식1	9	8	8	7	7	0	<=	30	
7	식2	5	7	4	5	3	0	<=	15	
8	식3	6	5	6	7	4	0	<=	20	
9	식4	2	4	5	6	5	0	<=	15	
10										

해(B3:G3)와 좌변합계(G6:G9)에 다음과 같이 입력한다.

		셀 주소	입력
해	x_1~x_5	B3:F3	
	z	G3	= SUMPRODUCT(B3:F3, B5:F5)
좌변합계	식1	G6	= SUMPRODUCT($B$3:$F$3, B6:F6)
	식2~4	G7:G9	셀 G6를 복사

2) 해 찾기 매개 변수 창

[데이터] → [해 찾기] 메뉴를 실행하여 [해 찾기 매개 변수] 창에서 다음을 수행한다.

① [목표 설정:(T)]

목적함수 z의 셀 주소를 지정한다. 여기서는 G3을 지정한다.

② [대상:]

최대화 또는 최소화를 지정해 준다. 여기서는 최대값(M)을 지정해 준다.

③ [변수 셀 변경:(B)]

의사결정변수의 셀 주소를 지정한다. 여기서는 B3:F3를 지정한다.

④ [제한 조건에 종속:(U)]

변수가 이진정수라는 조건과 좌변합계와 우변상수 간의 관계를 지정한다. [추가]를 클릭하여 모든 의사결정변수가 이진정수라는 조건인 B3:F3 = bin을 지정한다. [추가]를 클릭하여 식 1에서 4까지의 조건인 G6:G9 < = I6:I9를 지정한 다음 [확인]을 클릭하여 [해 찾기 매개 변수] 창으로 돌아간다.

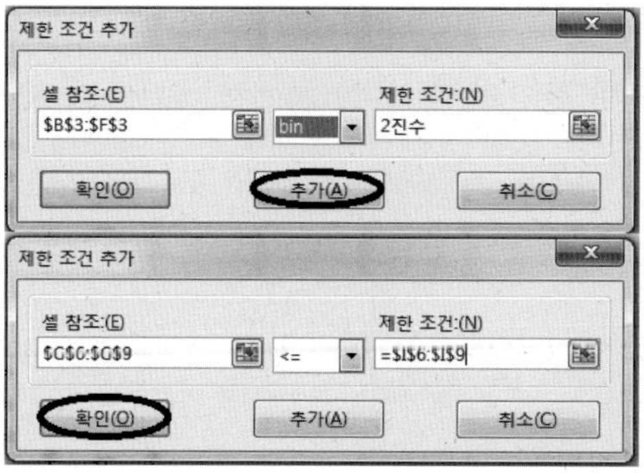

⑤ [제한되지 않는 변수를 음이 아닌 수로 설정(K)]

비음조건을 지정해준다. 여기서는 기본 값을 그대로 둔다.

⑥ [해법 선택:(E)]

선형계획법을 의미하는 [단순 LP]로 지정한다.

⑦ [해 찾기]

마지막으로 해를 찾기 위해 [해 찾기]를 클릭한다.

3) 결과 창

이상의 과정을 실행하면 다음과 같이 [예제 7-3]의 해를 찾을 수 있다.

	A	B	C	D	E	F	G	H	I	J
1										
2		x1	x2	x3	x4	x5	z			
3	해	1	0	1	1	0	53			
4										
5	최대화	18	17	20	15	14	좌변합계		우변상수	
6	식1	9	8	8	7	7	24	<=	30	
7	식2	5	7	4	5	3	14	<=	15	
8	식3	6	5	6	7	4	19	<=	20	
9	식4	2	4	5	6	5	13	<=	15	
10										

4) 결과 해석

개척투자는 프로젝트 1, 3, 4를 선택함으로써 53억 원의 최대 수익을 달성할 수 있다. 즉, 최적해는 $x_1=1$, $x_2=0$, $x_3=1$, $x_4=1$, $x_5=0$, $z=53$이다. 만약 변수에 대한 이진정수조건을 추가하지 않으면 최적해는 $x_1=0.54$, $x_2=0.31$, $x_3=3$, $x_4=0$, $x_5=0$, $z=65.69$이다.

예제 7-4

신도시는 6개 구역의 범죄예방이 최대화되도록 경찰서의 위치를 결정하려고 한다. 경찰서 후보지는 5곳이며 특정 후보지에 경찰서가 위치하게 되면 인접한 구역까지 서비스를 제공할 수 있다. 후보지와 서비스를 제공할 수 있는 구역이 〈표 7-2〉와 같다고 가정하고 모든 구역에 서비스를 제공할 수 있는 최소한의 경찰서 수를 구하고자 한다.

표 7-2 경찰서 후보지와 담당구역

후보지	담당구역
1	1, 3
2	1, 2, 5
3	1, 3, 6
4	2, 3, 4, 6
5	3, 4, 5

1 순수이진정수계획모형

[예제 7-4]와 같은 입지선정문제를 위한 순수이진정수계획모형은 다음과 같이 수립한다.

1) 의사결정변수

[예제 7-4]의 문제는 모든 의사결정변수가 이진변수라는 것이 특징이므로 다음과 같이 의사결정변수를 정의한다.

$$x_i \begin{cases} 1 : \text{후보지 } i\text{에 경찰서가 설치되는 경우} \\ 0 : \text{후보지 } i\text{에 경찰서가 설치되지 않는 경우} \end{cases} \quad (i=1,\ 2,\ 3,\ 4,\ 5)$$

2) 목적함수

목적함수는 설치되는 경찰서의 수를 최소화한다는 것을 나타낸다.

$$\text{최소화} \quad z = x_1 + x_2 + x_3 + x_4 + x_5$$

3) 제약조건

제약조건은 각 구역에 서비스를 제공할 경찰서가 적어도 하나는 있어야 함을 의미한다. 예를 들어, 구역 1은 후보지 1, 2, 3 중에 적어도 하나의 경찰서가 설치되어야 하므로 다음과 같이 표현한다.

$x_1 + x_2 + x_3 \geq 1$ (구역 1)

구역 2에 서비스를 제공할 수 있는 후보지는 2, 4이므로 이들 중에 적어도 하나의 경찰서가 설치되어야 하므로 다음과 같이 표현한다.

$x_2 + x_4 \geq 1$ (구역 2)

같은 방법으로 구역 3, 4, 5, 6에 관한 제약 조건을 다음과 같이 표현한다.

$x_1 + x_3 + x_4 + x_5 \geq 1$ (구역 3)
$x_4 + x_5 \geq 1$ (구역 4)
$x_2 + x_5 \geq 1$ (구역 5)
$x_3 + x_4 \geq 1$ (구역 6)

4) 정수조건

마지막으로 의사결정변수의 값이 이진정수여야 한다는 조건을 추가한다.

x_i는 0 또는 1 (i =1, 2, 3, 4, 5)

5) 완성된 순수이진정수계획모형

이상을 종합하여 [예제 7-4]의 순수이진정수계획모형을 완성하면 아래와 같다.

최소화 $z = x_1 + x_2 + x_3 + x_4 + x_5$
제약조건 $x_1 + x_2 + x_3 \geq 1$
$x_2 + x_4 \geq 1$
$x_1 + x_3 + x_4 + x_5 \geq 1$
$x_4 + x_5 \geq 1$
$x_2 + x_5 \geq 1$
$x_3 + x_4 \geq 1$
x_i는 0 또는 1 (i =1, 2, 3, 4, 5)

2 엑셀 해법

[예제 7-4]의 순수이진정수계획문제를 엑셀로 해를 구하는 절차는 다음과 같다.

1) 입력 창

엑셀의 [해 찾기] 메뉴를 이용하여 순수이진정수계획모형의 최적해를 구하기 위해서는 다음과 같이 엑셀의 워크시트에 입력한다.

	A	B	C	D	E	F	G	H	I	J
1										
2		x1	x2	x3	x4	x5	z			
3	해						0			
4										
5	최소화	1	1	1	1	1	좌변합계		우변상수	
6	식1	1	1	1			0	>=	1	
7	식2		1		1		0	>=	1	
8	식3	1		1	1	1	0	>=	1	
9	식4				1	1	0	>=	1	
10	식5		1			1	0	>=	1	
11	식6			1	1		0	>=	1	
12										

해(B3:G3)와 좌변합계(G6:G11)에 다음과 같이 입력한다.

		셀 주소	입력
해	x_1~x_5	B3:F3	
	z	G3	= SUMPRODUCT(B3:F3, B5:F5)
좌변합계	식1	G6	= SUMPRODUCT($B$3:$F$3, B6:F6)
	식2~6	G7:G11	셀 G6를 복사

2) 해 찾기 매개 변수 창

[데이터] → [해 찾기] 메뉴를 실행하여 [해 찾기 매개 변수] 창에서 다음을 수행한다.

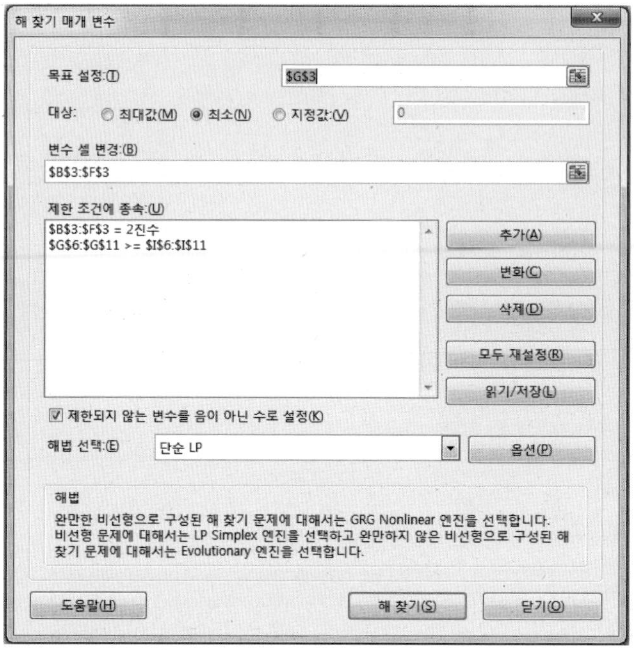

① [목표 설정:(T)]

목적함수 z의 셀 주소를 지정한다. 여기서는 G3을 지정한다.

② [대상:]

최대화 또는 최소화를 지정해 준다. 여기서는 최소(N)를 지정해 준다.

③ [변수 셀 변경:(B)]

의사결정변수의 셀 주소를 지정한다. 여기서는 B3:F3를 지정한다.

④ [제한 조건에 종속:(U)]

변수가 이진정수라는 조건과 좌변합계와 우변상수 간의 관계를 지정한다. [추가]를 클릭하여 모든 의사결정변수가 이진정수라는 조건인 B3:F3 = bin을 지정한다. [추가]를 클릭하여 식 1에서 5까지의 조건인 G6:G11 >= I6:I11를 지정한 다음 [확인]을 클릭하여 [해 찾기 매개 변수] 창으로 돌아간다.

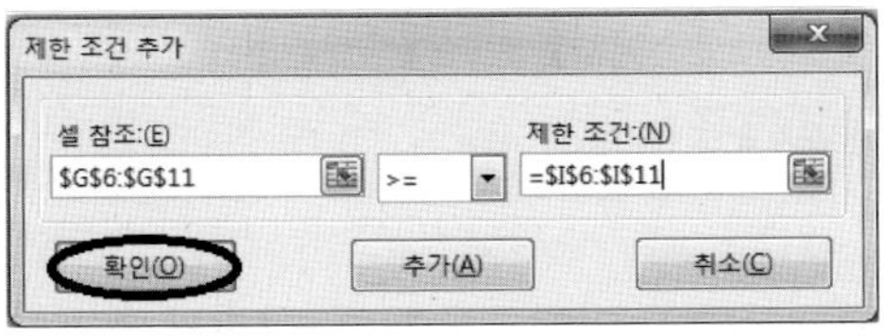

⑤ [제한되지 않는 변수를 음이 아닌 수로 설정(K)]

비음조건을 체크해준다. 여기서는 기본 값을 사용한다.

⑥ [해법 선택:(E)]

선형계획법을 의미하는 [단순 LP]로 지정한다.

⑦ [해 찾기]

마지막으로 해를 찾기 위해 [해 찾기]를 클릭한다.

3) 결과 창

이상의 과정을 실행하면 다음과 같이 [예제 7-4]의 해를 찾을 수 있다.

	A	B	C	D	E	F	G	H	I	J	K
1											
2		x1	x2	x3	x4	x5	z				
3	해	0	1	0	1	0	2				
4											
5	최소화	1	1	1	1	1	좌변합계		우변상수		
6	식1	1	1	1			1	>=	1		
7	식2		1		1		2	>=	1		
8	식3	1		1	1	1	1	>=	1		
9	식4				1	1	1	>=	1		
10	식5		1			1	1	>=	1		
11	식6			1	1		1	>=	1		
12											

4) 결과 해석

신도시는 후보지 2와 4에 경찰서를 위치시킴으로써 신도시의 모든 구역에 서비스를 제공할 수 있게 된다. 즉, 최적해는 $x_1=0$, $x_2=1$, $x_3=0$, $x_4=1$, $x_5=0$, $z=2$이다.

제 5 절 혼합이진정수계획문제

순수이진정수계획법은 모든 의사결정변수의 값이 이진정수를 가지는 문제에 적용되지만 혼합이진정수계획법은 의사결정변수의 값 중에서 일부만 이진정수를 가지는 문제에 적용된다. 이진정수를 가지는 이진변수는 선형계획모형의 유연성을 높여 선형계획법의 적용범위를 넓히는데 크게 기여하였다. 이진변수를 이용하여 몇 가지 유용한 모형을 만드는 방법을 다음의 예제를 통해 살펴보기로 한다.

예제 7-5

하나유통은 현재 공장 A에서 제품을 생산하여 유통센터 1과 2로 수송을 하고 있다. 공장 A의 생산능력은 2,100단위이다. 그런데 앞으로 수요가 증가할 것으로 예상되어 공장을 추가적으로 신설하려고 한다. 신설 공장입지로 세 곳의 후보지가 있으며 이 중에서 하나 이상의 공장을 신설하려고 한다. 공장에서 유통센터까지의 단위당 수송비용(단위: 만원)과 각 후보지의 공급량과 각 유통센터의 수요량은 다음에 주어진 〈표 7-3〉과 같다.

표 7-3 하나유통의 수송표

공장 \ 유통센터	1	2	공급량
A(기존 공장)	5	6	2,100
B(후보 공장)	4	7	1,800
C(후보 공장)	3	6	1,500
D(후보 공장)	6	3	2,000
수요량	1,500	2,000	

후보지 B, C, D의 건설에 소요되는 연간 금융비용(단위: 만원)은 각각 3,000, 3,500, 4,000이다. 하나유통은 연간 수송비용과 연간 금융비용의 합을 최소화하는 공장신설 및 수송계획을 수립하고자 한다.

1 혼합이진정수계획모형

공장신설 및 수송계획을 위한 [예제 7-5]의 혼합이진정수계획모형을 수립하는 절차는 다음과 같다.

1) 의사결정변수

의사결정변수는 다음과 같이 정의한다.

x_{ij} : 공장 i에서 유통센터 j로의 수송량 (i=A, B, C, D; j=1, 2)

$y_k \begin{cases} 1 : \text{후보 공장 } k\text{가 선정되는 경우} \\ 0 : \text{후보 공장 } k\text{가 선정되지 않는 경우} \end{cases}$ (k=B, C, D)

이 문제에서는 후보지의 선정 여부를 나타내는 이진변수가 사용된다.

2) 목적함수

연간 수송비용과 연간 금융비용의 합을 최소화하는 목적함수는 다음과 같다.

$$\text{최소화} \quad z = 5x_{A1} + 6x_{A2} + 4x_{B1} + 7x_{B2} + 3x_{C1} + 6x_{C2} + 6x_{D1} + 3x_{D2} + 3000y_B + 3500y_C + 4000y_D$$

목적함수의 $+3000y_B + 3500y_C + 4000y_D$ 부분은 후보 공장이 선정될 경우의 금융비용을 의미한다. 만일 이진변수의 값이 1이면 그만큼 금융비용이 발생하고 0이면 금융비용은 발생하지 않게 된다.

3) 제약조건

먼저 공급량에 대한 조건을 작성한다. 기존 공장 A에서 유통센터 1과 2로의 수송량의 합은 공장 A의 최대 공급량인 2,100을 초과하지 않는다는 조건이 필요하다. 따라서 기존 공장 A에 대한 조건은 다음과 같다.

$$x_{A1} + x_{A2} \leq 2100 \text{ (기존 공장 A)}$$

후보 공장의 공급량에 대한 조건은 다음과 같다.

$$x_{B1} + x_{B2} \leq 1800y_B \text{ 또는 } x_{B1} + x_{B2} - 1800y_B \leq 0 \text{ (후보 공장 B)}$$
$$x_{C1} + x_{C2} \leq 1500y_C \text{ 또는 } x_{C1} + x_{C2} - 1500y_C \leq 0 \text{ (후보 공장 C)}$$
$$x_{D1} + x_{D2} \leq 2000y_D \text{ 또는 } x_{D1} + x_{D2} - 2000y_D \leq 0 \text{ (후보 공장 D)}$$

위의 제약식에는 후보 공장이 선정되면 후보 공장의 최대공급량은 변하지 않지만 후보 공장이 선정되지 않으면 후보 공장의 최대공급량이 0이 된다는 내용이 포함되어 있다. 예를 들어, $x_{B1} + x_{B2} \le 1800y_B$라는 제약조건은 후보 공장 B가 선정되지 않으면, 즉 $y_B=0$이면 $x_{B1} + x_{B2} \le 0$이 되어 비음조건과 더불어 후보 공장 B의 최대공급량은 0이 된다. 반면에 후보 공장 B가 선정되면, 즉 $y_B=1$이면 $x_{B1} + x_{B2} \le 1800$이 되므로 후보 공장 B의 최대공급량은 1800이 됨을 의미한다. 후보 공장 C와 D의 제약조건도 같은 의미를 내포하고 있다.

한편 수요량에 관한 제약식은 다음과 같다.

$$x_{A1} + x_{B1} + x_{C1} + x_{D1} = 1500 \text{ (유통센터 1)}$$
$$x_{A2} + x_{B2} + x_{C2} + x_{D2} = 2000 \text{ (유통센터 2)}$$

각 공장에서 특정 유통센터로의 수송량의 합은 그 유통센터의 수요량과 일치해야 한다는 제약조건이다. 예를 들어, 제약조건 $x_{A1} + x_{B1} + x_{C1} + x_{D1} = 1500$의 의미는 각 공장에서 유통센터 1로의 수송량의 합은 유통센터 1의 수요량과 같음을 의미한다.

4) 비음 및 정수조건

마지막으로 의사결정변수의 값이 음수가 될 수 없다는 조건과 정수 및 이진정수 조건을 추가한다.

$$x_{ij} \ge 0, \quad x_{ij}\text{는 정수}, \ y_k\text{는 0 또는 1}$$

5) 완성된 혼합이진정수계획모형

완성된 [예제 7-5]의 혼합이진정수계획모형은 다음과 같다.

$$\begin{aligned}
\text{최소화} \quad & z = 5x_{A1} + 6x_{A2} + 4x_{B1} + 7x_{B2} + 3x_{C1} + 6x_{C2} \\
& \quad + 6x_{D1} + 3x_{D2} + 3000y_B + 3500y_C + 4000y_D \\
\text{제약조건} \quad & x_{A1} + x_{A2} \le 2100 \\
& x_{B1} + x_{B2} - 1800y_B \le 0 \\
& x_{C1} + x_{C2} - 1500y_C \le 0 \\
& x_{D1} + x_{D2} - 2000y_D \le 0 \\
& x_{A1} + x_{B1} + x_{C1} + x_{D1} = 1500 \\
& x_{A2} + x_{B2} + x_{C2} + x_{D2} = 2000 \\
& x_{ij} \ge 0, \quad x_{ij}\text{는 정수}, \ y_k\text{는 0 또는 1} \\
& \qquad (i=\text{A, B, C, D};\ j=1, 2;\ k=\text{B, C, D})
\end{aligned}$$

2 엑셀 해법

[예제 7-5]의 혼합이진정수계획문제를 엑셀로 해를 구하는 절차는 다음과 같다.

1) 입력 창

엑셀의 [해 찾기] 메뉴를 이용하여 혼합이진정수계획모형의 최적해를 구하기 위해서는 다음과 같이 엑셀의 워크시트에 입력한다.

	A	B	C	D	E	F	G	H	I	J	K	L	M	N	O	P
1																
2		xA1	A12	xB1	xB2	xC1	xC2	xD1	xD2	yB	yC	yD	z			
3	해												0			
4																
5	최소화	5	6	4	7	3	6	6	3	3000	3500	4000	좌변합계		우변상수	
6	식1	1	1										0	<=	2100	
7	식2			1	1					-1800			0	<=	0	
8	식3					1	1				-1500		0	<=	0	
9	식4							1	1			-2000	0	<=	0	
10	식5	1		1		1		1					0	=	1500	
11	식6		1		1		1		1				0	=	2000	
12																

해(B3:M:3)와 좌변합계(M6:M11)에 다음과 같이 입력한다.

		셀 주소	입력
해	$x_{A1} \sim y_D$	B3:L3	
	z	M3	= SUMPRODUCT(B3:L3, B5:L5)
좌변합계	식1	M6	= SUMPRODUCT($B$3:$L$3, B6:L6)
	식2~6	M7:M11	셀 M6를 복사

2) 해 찾기 매개 변수 창

[데이터] → [해 찾기] 메뉴를 실행하여 [해 찾기 매개 변수] 창에서 다음을 수행한다.

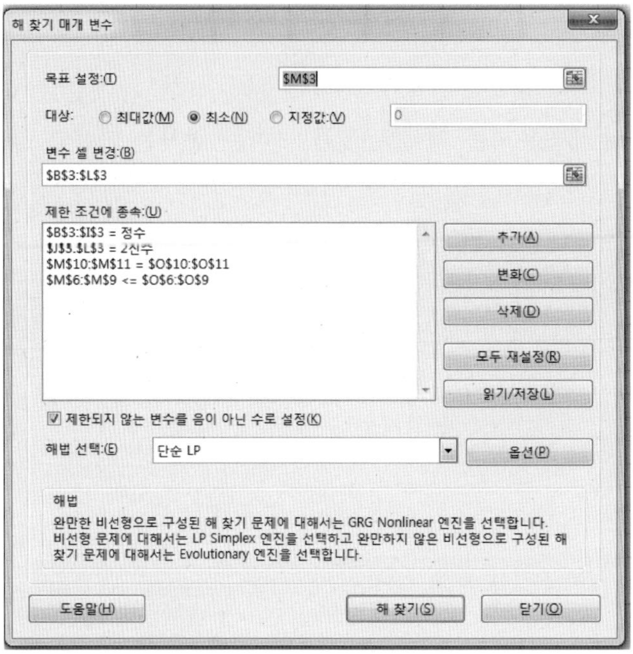

① [목표 설정:(T)]

목적함수 z의 셀 주소를 지정한다. 여기서는 M3을 입력한다.

② [대상:]

최대화 또는 최소화를 지정해 준다. 여기서는 최소(N)를 지정해 준다.

③ [변수 셀 변경:(B)]

의사결정변수의 셀 주소를 지정한다. 여기서는 B3:L3를 지정한다.

④ [제한 조건에 종속:(U)]

변수가 정수 또는 이진정수라는 조건과 좌변합계와 우변상수 간의 관계를 지정한다. [추가]를 클릭하여 의사결정변수가 정수라는 조건인 B3:I3 = int와 이진정수라는 조건인 J3:L3 = bin을 지정한다. [추가]를 클릭하여 식 1에서 4까지의 조건인 M6:M9 <= O6:O9를 지정한다. 다시 [추가]를 클릭하여 식 5와 6의 조건인 M10:M11 = O10:O11을 지정한 다음 [확인]을 클릭하여 [해 찾기 매개 변수] 창으로 돌아간다.

⑤ **[제한되지 않는 변수를 음이 아닌 수로 설정(K)]**

비음조건을 체크해준다. 여기서는 기본 값을 그대로 두면 된다.

⑥ **[해법 선택:(E)]**

선형계획법을 의미하는 [단순 LP]로 지정한다.

⑦ **[해 찾기]**

마지막으로 해를 찾기 위해 [해 찾기]를 클릭한다.

3) 결과 창

이상의 과정을 실행하면 다음과 같이 [예제 7-5]의 해를 찾을 수 있다.

	A	B	C	D	E	F	G	H	I	J	K	L	M	N	O	P
1																
2		xA1	A12	xB1	xB2	xC1	xC2	xD1	xD2	yB	yC	yD	z			
3	해	1500	0	0	0	0	0	0	2000	0	0	1	17500			
4																
5	최소화	5	6	4	7	3	6	6	3	3000	3500	4000	좌변합계		우변상수	
6	식1	1	1										1500	<=	2100	
7	식2			1	1					-1800			0	<=	0	
8	식3					1	1				-1500		0	<=	0	
9	식4							1	1			-2000	0	<=	0	
10	식5	1		1		1		1					1500	=	1500	
11	식6		1		1		1		1				2000	=	2000	
12																

4) 결과 해석

하나유통은 후보 공장 D를 신설하여 유통센터 2에 2,000단위를, 기존 공장은 유통센터 1에 1,500단위를 공급함으로써 17,500만 원의 최소비용으로 주어진 조건을 충족할 수 있다. 즉, 최적해는 $x_{A1}=1,500$, $x_{D2}=2,000$, $y_D=1$, 나머지 변수 모두 0, $z=17,500$이다.

예제 7-6

ABC패션은 세 가지 종류의 바지 A, B, C를 생산하고 있는데 각 바지는 준비와 마감의 두 가지 공정을 거쳐서 생산이 된다. 바지별로 각 공정에 소요되는 단위당 시간 및 공정별 가용시간은 〈표 7-4〉와 같다.

표 7-4 바지별 공정 소요시간 및 공정별 가용시간

	바지 A	바지 B	바지 C	가용시간
준비	5	4	2	120
마감	4	6	4	150

각 바지의 단위당 이익은 각각 14, 12, 13천 원이다. 그런데 여기에 추가조건으로 바지 A, B, C를 생산하는 데 고정비가 각각 70만, 50만, 80만 원이 소요된다고 하자. 이러한 고정비는 단위당 발생하는 변동비와는 달리 1단위라도 생산하게 되면 생산량과는 관계없이 발생하는 비용이다. ABC패션은 각 바지를 몇 단위 생산하는 것이 총수익을 최대화하는지를 결정하고자 한다.

1 혼합이진정수계획모형

고정비용에 관한 조건을 고려하지 않으면 전형적인 선형계획문제이다. x_i=제품 i의 생산량(i=1, 2, 3)으로 의사결정변수를 정의하면 이익이 최대화되도록 각 제품의 생산량을 결정하는 선형계획모형을 만들면 다음과 같다.

$$
\begin{aligned}
\text{최대화} \quad & z = 14x_1 + 12x_2 + 13x_3 \\
\text{제약조건} \quad & 5x_1 + 4x_2 + 2x_3 \le 120 \\
& 4x_1 + 6x_2 + 4x_3 \le 150 \\
& x_1,\ x_2,\ x_3 \le 0, \quad x_1,\ x_2,\ x_3 \text{는 정수}
\end{aligned}
$$

고정비용을 고려하기 위해 이진변수를 이용하여 [예제 7-6]의 혼합이진정수계획모형을 작성하는 절차는 다음과 같다.

1) 의사결정변수

고정비용의 문제를 해결하기 위하여 이진변수를 추가하여 다음과 같이 변수를 정

의한다.

$x_i =$ 제품 i의 생산량 $(i=1, 2, 3)$

$y_i \begin{cases} 1: \text{제품 } i\text{가 생산되는 경우} \\ 0: \text{제품 } i\text{가 생산되지 않는 경우} \end{cases} \quad (i=1, 2, 3)$

2) 목적함수

이익을 최대화하고자 하는 목적함수는 다음과 같이 표현한다.

$$\text{최대화} \quad z = 14x_1 + 12x_2 + 13x_3 - 70y_1 - 50y_2 - 80y_3$$

각 제품의 생산 여부를 나타내는 이진변수 y_1, y_2, y_3가 사용되었다. 목적함수는 각 제품이 생산될 경우에 발생하는 고정비용을 전체 이익에서 차감하는 것으로 되어 있다. 즉, 세 가지 바지 모두 생산하면 $y_1=1$, $y_2=1$, $y_3=1$이므로 목적함수의 $-70y_1 -50y_2-80y_3$ 부분이 $-70\times1-50\times1-80\times1=-200$이 되어 그만큼 이익이 감소하게 된다. 반면 세 가지 바지 모두 생산하지 않으면 $y_1=0$, $y_2=0$, $y_3=0$이므로 목적함수의 $-70y_1-50y_2-80y_3$ 부분이 $-70\times0-50\times0-80\times0=0$이 되어 이익에는 변동이 없다.

3) 제약조건

준비공정과 마감공정에 대한 조건은 다음과 같다.

$$5x_1 + 4x_2 + 2x_3 \leq 120$$
$$4x_1 + 6x_2 + 4x_3 \leq 150$$

$x_i \geq 0$이 되면 $y_i=1$이 되고 반대로 $x_i=0$이 되면 $y_i=0$이 되어야 하는 조건은 다음과 같이 표현한다.

$$x_1 \leq \text{M}y_1$$
$$x_2 \leq \text{M}y_2$$
$$x_3 \leq \text{M}y_3$$

여기서 M은 아주 큰 양수를 의미한다. 이 제약조건들의 의미는 예를 들어, $x_1 \leq \text{M}y_1$에서 $y_1=0$이면 $x_1 \leq 0$이다. 여기에 $x_1 \geq 0$이라는 비음조건을 추가로 고려하면 $x_1=0$이다. 따라서 $y_1=0$이면 제품 1의 생산량은 0이 된다. 한편, $y_1=1$일 경우에는 $x_1 \leq \text{M}$이 되는데 M이 작으면 생산량 결정에 영향을 미치게 되므로 M을 아주 크게 하여 생산량 결정에 영향을 미치지 않게 하여야 한다. 예를 들어, M=999,999이면 $x_1 \leq$ 999,999이 되므로 이 제약조건은 생산량의 결정에 영향을 미치지 않을 것이다.

4) 비음 및 정수조건

마지막으로 의사결정변수의 값이 음수가 될 수 없다는 조건과 정수 및 이진정수 조건을 추가한다.

$x_1,\ x_2,\ x_3 \geq 0,\quad x_1,\ x_2,\ x_3$는 정수, $y_1,\ y_2,\ y_3$는 0 또는 1

5) 완성된 혼합이진정수계획모형

이상을 종합하여 [예제 7-6]의 혼합이진정수계획모형을 완성하면 아래와 같다.

최대화 $z = 14x_1 + 12x_2 + 13x_3 - 70y_1 - 50y_2 - 80y_3$

제약조건 $5x_1 + 4x_2 + 2x_3 \leq 120$

$4x_1 + 6x_2 + 4x_3 \leq 150$

$x_1 \leq My_1$

$x_2 \leq My_2$

$x_3 \leq My_3$

$x_1,\ x_2,\ x_3 \geq 0,\quad x_1,\ x_2,\ x_3$는 정수, $y_1,\ y_2,\ y_3$는 0 또는 1

2 엑셀 해법

[예제 7-6]의 혼합이진정수계획문제를 엑셀로 해를 구하는 절차는 다음과 같다.

1) 입력 창

엑셀의 [해 찾기] 메뉴를 이용하여 혼합이진정수계획모형의 최적해를 구하기 위해서는 다음과 같이 엑셀의 워크시트에 입력한다.

	A	B	C	D	E	F	G	H	I	J	K
1											
2		x1	x2	x3	y1	y2	y3	z			
3	해							0			
4											
5	최대화	14	12	13	-70	-50	-80	좌변합계		우변상수	
6	식1	5	4	2				0	<=	120	
7	식2	4	6	4				0	<=	150	
8	식3	1			-999999			0	<=	0	
9	식4		1			-999999		0	<=	0	
10	식5			1			-999999	0	<=	0	
11											

해(B3:H3)와 좌변합계(H6:H10)에 다음과 같이 입력한다.

		셀 주소	입력
해	$x_1 \sim y_3$	B3:G3	
	z	H3	= SUMPRODUCT(B3:G3, B5:G5)
좌변합계	식1	H6	= SUMPRODUCT($B$3:$G$3, B6:G6)
	식2~5	H7:H10	셀 H6를 복사

2) 해 찾기 매개 변수 창

[데이터] → [해 찾기] 메뉴를 실행하여 [해 찾기 매개 변수] 창에서 다음을 수행한다.

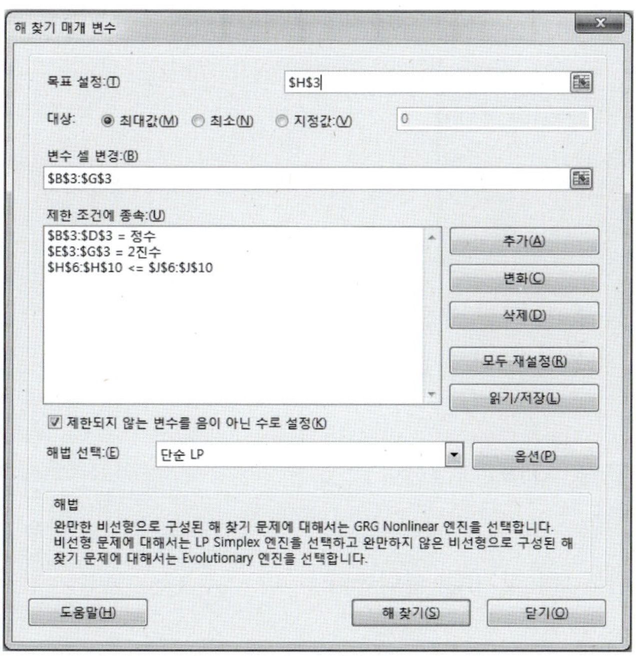

① **[목표 설정:(T)]**

목적함수 z의 셀 주소를 지정한다. 여기서는 H3을 입력한다.

② **[대상:]**

최대화 또는 최소화를 지정해 준다. 여기서는 최대값(M)을 지정해 준다.

③ **[변수 셀 변경:(B)]**

의사결정변수의 셀 주소를 지정한다. 여기서는 B3:G3를 지정한다.

④ **[제한 조건에 종속:(U)]**

[추가]를 클릭하여 의사결정변수가 정수라는 조건인 B3:D3 = int를 지정한다. 다시 [추가]를 클릭하여 이진정수라는 조건인 E3:G3 = bin을 지정한다. 다시 [추가]를 클릭하여 식 1에서 5까지의 조건인 H6:H10 <= J6:J10을 지정한 다음 [확인]을 클릭하여 [해 찾기 매개 변수] 창으로 돌아간다.

⑤ **[제한되지 않는 변수를 음이 아닌 수로 설정(K)]**

비음조건을 지정해준다. 여기서는 기본 값을 그대로 두면 된다.

⑥ **[해법 선택:(E)]**

선형계획법을 의미하는 [단순 LP]로 지정한다.

⑦ **[해 찾기]**

마지막으로 해를 찾기 위해 [해 찾기]를 클릭한다.

3) 결과 창

이상의 과정을 실행하면 다음과 같이 [예제 7-6]의 해를 찾을 수 있다.

	A	B	C	D	E	F	G	H	I	J	K
1											
2		x1	x2	x3	y1	y2	y3	z			
3	해	0	0	37	0	0	1	401			
4											
5	최대화	14	12	13	-70	-50	-80	좌변합계		우변상수	
6	식1	5	4	2				74	<=	120	
7	식2	4	6	4				148	<=	150	
8	식3	1			-999999			0	<=	0	
9	식4		1			-999999		0	<=	0	
10	식5			1			-999999	-999962	<=	0	
11											

4) 결과 해석

ABC패션은 바지 C를 37단위를 생산함으로써 401천 원의 수익을 달성할 수 있다. 즉, 최적해는 $x_1=0,\ x_2=0,\ x_3=37,\ y_1=0,\ y_2=0,\ y_3=1,\ z=401$이다. 만약 정수조건을 추가하지 않는다면 $x_1=15,\ x_2=0,\ x_3=22.5,\ y_1=1,\ y_2=0,\ y_3=1,\ z=325.5$이고, 이진정수조건을 추가하지 않는다면 $x_1=15,\ x_2=0,\ x_3=22,\ y_1=0,\ y_2=0,\ y_3=0,\ z=496$이고, 정수와 이진정수조건 모두 추가하지 않는다면 $x_1=15,\ x_2=0,\ x_3=22.5,\ y_1=0,\ y_2=0,\ y_3=0,\ z=502.5$가 된다.

예제 7-7

대한전자는 2,000단위 이상의 제품을 3개의 기계를 사용하여 생산하는데 각 기계를 가동시키기 위해서는 일정한 고정비가 발생한다. 각 기계의 고정비, 변동비 및 생산능력은 〈표 7-5〉와 같다.

표 7-5 기계별 고정비, 변동비 및 생산능력

기계	고정비(백만원)	변동비(만원)	생산능력
1	20	2	800
2	15	5	900
3	10	7	500

대한전자는 2,000단위 이상의 제품을 어느 기계로 생산하는 것이 총생산비용을 최소화하는지를 결정하고자 한다.

1 혼합이진정수계획모형

[예제 7-7]의 혼합이진정수계획모형을 정립하는 절차는 다음과 같다.

1) 의사결정변수

의사결정변수는 다음과 같이 정의된다.

$x_i =$ 기계 i의 생산량 $(i=1, 2, 3)$

$$y_i \begin{cases} 1 : \text{기계 } i\text{가 가동하는 경우} \\ 0 : \text{기계 } i\text{가 가동하지 않는 경우} \end{cases} \qquad (i=1, 2, 3)$$

2) 목적함수

총생산비용을 최소화하는 목적함수는 다음과 같다.

$$\text{최소화} \quad z = 2x_1 + 5x_2 + 7x_3 - 20y_1 - 15y_2 - 10y_3$$

3) 제약조건

[예제 7-7]의 문제는 총생산량과 각 기계의 최대생산량에 관한 조건이 있다. 먼저 총생산량이 2,000개 이상이어야 한다는 조건은 다음과 같다.

$$x_1 + x_2 + x_3 \geq 2{,}000$$

각 기계의 최대생산능력에 관한 조건은 다음과 같다.

$$x_1 \leq 800$$
$$x_2 \leq 900$$
$$x_3 \leq 500$$

$x_i \geq 0$이면 $y_i=1$이고 $x_i=0$이면 $y_i=0$이어야 하는 조건은 다음과 같이 표현한다.

$$x_1 \leq M y_1$$
$$x_2 \leq M y_2$$
$$x_3 \leq M y_3$$

4) 비음 및 정수조건

마지막으로 의사결정변수의 값이 음수가 될 수 없다는 조건과 정수 및 이진정수조건을 추가한다.

$$x_1,\ x_2,\ x_3\ \geq\ 0,\ x_1,\ x_2,\ x_3 \text{는 정수},\ y_1,\ y_2,\ y_3 \text{는 0 또는 1}$$

5) 완성된 혼합이진정수계획모형

이상을 종합하여 [예제 7-7]의 혼합이진정수계획모형을 완성하면 아래와 같다.

최소화 $z = 2x_1 + 5x_2 + 7x_3 - 20y_1 - 15y_2 - 10y_3$

제약조건 $x_1 + x_2 + x_3 \geq 2{,}000$

$x_1 \leq 800$

$x_2 \leq 900$

$x_3 \leq 500$

$x_1 \leq \mathrm{M}\,y_1$

$x_2 \leq \mathrm{M}\,y_2$

$x_3 \leq \mathrm{M}\,y_3$

$x_1,\ x_2,\ x_3\ \geq\ 0,\ x_1,\ x_2,\ x_3$는 정수, $y_1,\ y_2,\ y_3$는 0 또는 1

2 엑셀 해법

[예제 7-7]의 혼합이진정수계획문제를 엑셀로 해를 구하는 절차는 다음과 같다.

1) 입력 창

엑셀의 [해 찾기] 메뉴를 이용하여 혼합이진정수계획모형의 최적해를 구하기 위해서는 다음과 같이 엑셀의 워크시트에 입력한다.

	A	B	C	D	E	F	G	H	I	J	K
1											
2		x1	x2	x3	y1	y2	y3	z			
3	해							0			
4											
5	최대화	2	5	7	-20	-15	-10	좌변합계		우변상수	
6	식1	1	1	1				0	>=	2000	
7	식2	1						0	<=	800	
8	식3		1					0	<=	900	
9	식4			1				0	<=	500	
10	식5	1			-999999			0	<=	0	
11	식6		1			-999999		0	<=	0	
12	식7			1			-999999	0	<=	0	
13											

해(B3:H3)와 좌변합계(H6:H12)에 다음과 같이 입력한다.

		셀 주소	입력
해	$x_1 \sim y_3$	B3:G3	
	z	H3	= SUMPRODUCT(B3:G3, B5:G5)
좌변합계	식1	H6	= SUMPRODUCT($B$3:$G$3, B6:G6)
	식2~7	H7:H12	셀 H6를 복사

2) 해 찾기 매개 변수 창

[데이터] → [해 찾기] 메뉴를 실행하여 [해 찾기 매개 변수] 창에서 다음을 수행한다.

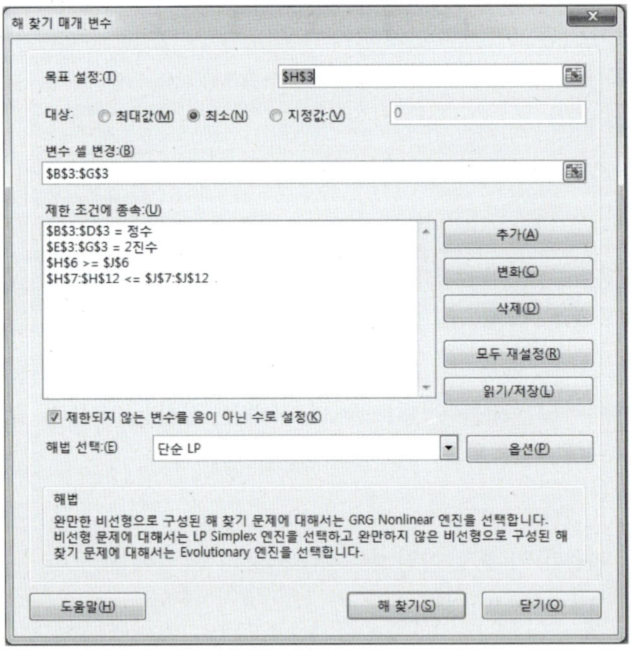

① [목표 설정:(T)]

목적함수 z의 셀 주소를 지정한다. 여기서는 H3을 입력한다.

② [대상:]

최대화 또는 최소화를 지정해 준다. 여기서는 최소(N)를 지정해 준다.

③ [변수 셀 변경:(B)]

의사결정변수의 셀 주소를 지정한다. 여기서는 B3:G3를 지정한다.

④ [제한 조건에 종속:(U)]

변수가 정수와 이진정수라는 조건과 좌변합계와 우변상수 간의 관계를 지정한다. [추가]를 클릭하여 의사결정변수가 정수라는 조건인 B3:D3 = int를 이진정수라는 조건인 E3:G3 = bin을 지정한다. [추가]를 클릭하여 식 1의 조건인 H6 >= J6를 지정한다. 다시 [추가]를 클릭하여 식2에서 7까지의 조건인 H7:H12 <= J7:J12를 지정한 다음 [확인]을 클릭하여 [해 찾기 매개 변수] 창으로 돌아간다.

⑤ **[제한되지 않는 변수를 음이 아닌 수로 설정(K)]**

비음조건을 체크해준다. 여기서는 기본 값을 그대로 두면 된다.

⑥ **[해법 선택:(E)]**

선형계획법을 의미하는 [단순 LP]로 지정한다.

⑦ **[해 찾기]**

마지막으로 해를 찾기 위해 [해 찾기]를 클릭한다.

3) 결과 창

이상의 과정을 실행하면 다음과 같이 [예제 7-7]의 해를 찾을 수 있다.

	A	B	C	D	E	F	G	H	I	J	K
1											
2		x1	x2	x3	y1	y2	y3	z			
3	해	800	900	300	1	1	1	8155			
4											
5	최대화	2	5	7	-20	-15	-10	좌변합계		우변상수	
6	식1	1	1	1				2000	>=	2000	
7	식2	1						800	<=	800	
8	식3		1					900	<=	900	
9	식4			1				300	<=	500	
10	식5	1			-999999			-999199	<=	0	
11	식6		1			-999999		-999099	<=	0	
12	식7			1			-999999	-999699	<=	0	
13											

4) 결과 해석

대한전자는 기계 1로 800, 기계 2로 900, 기계 3으로 300단위를 생산함으로써 총비용 8,155만 원으로 주어진 조건을 충족시킬 수 있다. 즉, 최적해는 $x_1=800$, $x_2=900$, $x_3=300$, $y_1=1$, $y_2=1$, $y_3=1$, $z=8,155$이다.

연습문제

1. 엑스리조트는 다섯 개의 후보 지역(A, B, C, D, E)을 개발하려고 한다. 각 지역별 개발비용과 예상고객 및 일자리창출은 아래 표와 같다. 목표한 예상고객과 일자리창출이 각각 20만과 20백 개다. 어느 지역을 개발하여야 최소의 개발비용으로 목표를 달성하는지를 결정하고자 한다. 다음 물음에 답하라.

지역	개발비용(억원)	예상고객(만 명)	일자리창출(백 개)
A	20	4	9
B	30	4	8
C	40	5	4
D	20	7	7
E	30	9	6

(1) 이 문제를 해결하기 위한 선형계획모형을 만들어 해를 구하라.

(2) 만일 지역 B와 C 중에 적어도 하나가 개발되어야만 비로소 지역 E의 개발이 가능하다면 이를 해결하기 위한 선형계획모형을 만들어 해를 구하라.

2. 힘찬중공업은 각 공장에서 각 대리점까지의 단위당 수송이익, 각 공장의 공급량, 각 대리점의 수요량을 다음과 같이 제시하였다. 각 공장에서 각 대리점으로 몇 대의 중장비를 수송해야 총이익을 최대화하는지를 결정하는 선형계획모형을 수립하고 해를 구하라.

공장 \ 대리점	1	2	공급량
1	4	5	300
2	8	7	300
수요량	250	250	

3. 어느 제빵점은 주인과 조수가 네 가지의 일을 두 가지씩 나누어 한다. 다음 표는 두 사람이 각각 특정 일을 하는 데 소요되는 시간에 대한 자료이다. 전체 일을 완료하는 데 걸리는 시간을 최소화하려면 어떻게 일을 나누어야 하는지를

결정하는 선형계획모형을 수립하고 해를 구하라.

	A	B	C	D
주인	5	3	4	2
조수	5	4	3	2

4. 어느 기업이 A, B, C 세 가지 종류의 제품을 생산하여 판매하고 있는데 제품 단위당 이익은 각각 5만원, 4만원, 6만원이다. 이 제품들을 만드는 데 세 가지 종류의 원료가 이용된다. 제품별 각 원료의 소요량 및 원료의 최대이용가능량은 다음 표와 같다. 아래 물음에 답하라.

	A	B	C	최대이용가능량
원료 1	3	4	6	300
원료 2	2	5	3	200
원료 3	4	3	4	250

(1) 수익을 최대화하기 위한 선형계획모형을 만들고 해를 찾아라.

(2) 만일 제품별로 생산 시에 고정비용이 각각 30만 원, 50만 원, 35만 원이 발생한다면 선형계획모형은 어떻게 수정되어야 하는지 알아보고 해를 찾아라.

5. 어느 기업은 현재 공장 A에서 제품을 생산하여 대리점 세 곳에 공급을 하고 있다. 대리점 세 곳의 수요가 증가할 것이 예상되어 하나 이상의 공장을 추가적으로 신설하려고 한다. 신설 공장 후보는 B, C, D 세 곳이다. 신설 공장 B, C, D에서 발생하는 고정비용(단위: 만원)은 각각 2,000, 2,500, 3,000이다. 각 공장에서 각 수요지로의 단위당 수송비용(단위: 만원)과 각 대리점의 수요량, 그리고 각 공장의 공급량은 다음과 같이 예측된다. 어느 후보지를 선택해야 수용비용과 고정비용이 최소화되는지를 결정하기 위한 선형계획모형을 만들고 그 해를 찾아라.

공장 \ 대리점	1	2	3	공급량
A(기존)	4	2	3	500
B(후보)	5	2	4	200
C(후보)	5	7	4	250
D(후보)	3	6	5	200
수요량	200	300	300	

6. 두리장비는 현재 하나의 공장(1)에서 제품을 생산하여 세 곳의 유통센터로 배송을 하고 있다. 앞으로 수요가 증가할 것으로 예상되어 네 곳의 후보지 중에서 하나 이상의 공장을 신설하려고 한다. 공장에서 유통센터까지의 단위당 수송비용(단위: 천원)과 각 후보지의 공급량과 각 유통센터의 수요량은 다음에 주어진 표와 같다. 후보 공장 2, 3, 4, 5의 고정비용(단위: 천원)은 각각 9,000, 8,000, 7,000, 6,000이다. 두리장비의 연간 수송비용과 연간 고정비용의 합을 최소화하는 공장신설 및 수송계획을 수립하라.

공장 \ 유통센터	1	2	3	공급량
1(기존)	5	3	2	1,500
2(후보)	4	3	4	1,800
3(후보)	8	6	8	2,500
4((후보)	7	3	6	2,000
5(후보)	9	3	5	2,000
수요량	1,500	2,000	2,000	

7. K신도시는 화재예방의 효과를 극대화하기 위하여 소방서의 위치를 결정하려고 한다. 현재 신도시 K는 7개 구역으로 나누어져 있는데 어느 한 구역에 소방서의 위치를 결정하게 되면 인근 구역까지도 서비스를 제공할 수 있다. 다음은 소방서 후보지별로 서비스를 제공할 수 있는 구역에 대한 자료이다. 모든 구역을 서비스하면서 소방서의 수를 최소화하기 위한 선형계획모형을 만들고 그 해를 찾아라.

후보지	구역
1	1, 2
2	2, 5, 6
3	3, 4
4	3, 4, 6
5	1, 4, 5
6	2, 6, 7
7	4, 7

8. 보건소장은 행정구역상 7개 권역으로 나누어져 있는 주민들의 삶의 질을 제고하기 위하여 보건소의 위치를 결정하려고 한다. 주민들의 건강을 위해 각 권역별로 최소한 1개 이상의 보건소가 의료서비스를 제공할 수 있어야 한다. 다음

은 보건소 후보지별로 서비스를 제공할 수 있는 권역과 건립비용에 대한 자료이다. 표에서 √ 표시는 후보지(보건소)로부터 의료서비스를 받을 수 있음을 나타낸다. 최소의 건립비용으로 모든 권역이 의료서비스를 받을 수 있도록 어느 후보지에 보건소를 설치하는 것이 바람직한가를 결정하는 선형계획모형을 만들고 해를 찾아라.

권역 \ 후보지	1	2	3	4	5
1	√		√		
2		√		√	
3			√		√
4	√			√	
5			√	√	
6				√	√
7		√	√		√
건립비용(억원)	70	90	60	80	75

9. 어느 투자회사는 6개의 투자안을 검토하고 있다. 각 투자안별로 5년 동안 소요되는 연도별 투자액 및 5년 후의 순현가 그리고 연도별로 투자회사가 투자할 수 있는 최대 투자 가능 금액은 다음과 같다. 순현가를 최대화하기 위하여 어느 투자안을 선택해야 하는지를 결정하기 위한 선형계획모형을 만들고 그 해를 찾아라.

투자안	5년후 순현가	자금소요계획				
		1년차	2년차	3년차	4년차	5년차
1	16	9	5	3	2	2
2	21	7	4	2	3	1
3	22	8	6	3	2	1
4	18	6	3	2	1	2
5	16	3	2	1	1	1
6	19	4	6	2	3	2
가용 자금		30	15	10	5	5

CHAPTER

08

네트워크 모형

제 1 절 서론

고속도로망, 전화망, 통신망, 철도망 등의 공통적인 특성은 네트워크로 표현이 가능하다는 것이다. 문제를 네트워크로 표현하면 해결안을 찾는 데 보다 쉽게 접근할 수 있다. 수송(transportation), 할당(assignment), 경유수송(transshipment), 최단경로(shortest path), 최대흐름(maximal flow) 등을 포함하여 다양한 의사결정문제의 분석에 네트워크가 사용되어진다.

네트워크는 노드(nodes)와 노드 사이를 연결하는 아크(arcs)로 구성된다. 노드는 원으로 표시되고 아크는 선으로 표시된다. 일반적으로 노드를 나타내는 원을 마디라고 하며 아크를 나타내는 선을 경로라 부른다. 따라서 네트워크는 여러 개의 마디와 이들을 연결하는 경로로 구성되어 있다. 예를 들어, [그림 8-1]과 같이 세 곳의 공급지에서 두 곳의 수요지로 수송이 이루어지는 경우에, 공급지 세 곳과 수요지 두 곳을 각각 원으로 마디를 표시하고 마디와 마디 사이를 선으로 경로를 연결하면 네트워크가 된다. 네트워크에서는 마디 사이의 경로를 따라 상품들이 이동할 수 있다.

네트워크모형(network model)의 목표는 각각의 경로를 통하여 보내는 상품의 수량을 결정하는 것이다. 목적함수는 일반적으로 거리의 최소화 또는 흐름의 최대화이다. 제약조건에는 일반적으로 공급지에서 보낼 수 있는 양에 대한 내용과 수요지에서 요구하는 양에 대한 내용 그리고 흐름의 균형을 맞추기 위한 내용이 포함된다. 본 장에

그림 8-1 네트워크의 예

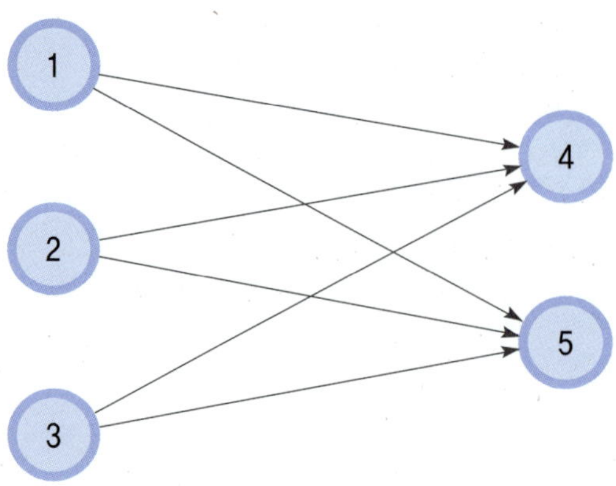

서는 최단거리문제와 최대흐름문제의 네트워크모형을 선형계획모형으로 변환하여 해를 찾는 방법에 대해 살펴보기로 한다.

제 2 절 최단경로문제

최단경로(shortest path)문제는 출발지에서 도착지까지 갈 수 있는 경로가 다양하고 경로별 거리(시간 또는 비용)가 서로 다른 경우에 최단거리(최단시간 또는 최단비용)를 찾는 것이다. 다음 예제를 통하여 최단경로문제의 네트워크모형을 선형계획모형으로 변환하여 해를 구하는 방법을 살펴보기로 한다.

예제 8-1

XYZ가구는 총 7개의 대리점을 가지고 있는데 대리점 간 원활한 정보교환을 위해 네트워크를 구축하려고 한다. 대리점 간의 거리는 [그림 8-2]와 같다.

그림 8-2 대리점 네트워크

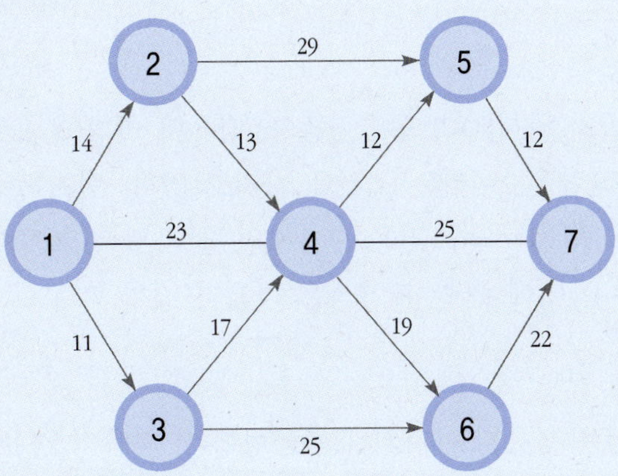

XYZ가구는 소요되는 케이블을 최소화하기 위해 어떻게 7개의 대리점을 연결할 것인가를 결정하고자 한다.

1 선형계획모형

[예제 8-1]의 선형계획모형을 수립하는 절차는 다음과 같다.

1) 의사결정변수

의사결정변수는 다음과 같이 정의한다.

$$x_{ij} = \begin{cases} 1 : \text{마디 } i\text{에서 } j\text{로의 경로가 최단경로에 선택되는 경우} \\ 0 : \text{마디 } i\text{에서 } j\text{로의 경로가 최단경로에 선택되지 않는 경우} \end{cases}$$

따라서 의사결정변수는 0 또는 1의 값을 가지는 이진변수이다.

2) 목적함수

목적함수는 총케이블의 길이를 최소화하는 것이므로 다음과 같이 만들어진다.

$$\text{최소화 } z = 14x_{12} + 11x_{13} + 23x_{14} + 13x_{24} + 29x_{25} + 17x_{34} + 25x_{36} + 12x_{45} + 19x_{46} + 25x_{47} + 12x_{57} + 22x_{67}$$

목적함수는 이진변수 x_{ij}가 최단경로에 포함될 경우의 거리를 의미한다. 만일 이진변수 x_{ij}의 값이 1이면 그만큼 거리가 발생하고 0이면 거리는 발생하지 않게 된다.

3) 제약조건

이 문제에는 출발지 마디(1)의 공급량은 1, 경유지 마디(2, 3, 4, 5, 6)의 흐름균형, 도착지 마디(7)의 수요량은 1이라는 조건을 가지고 있다. 먼저 출발지 마디의 공급량이 1이어야 한다는 첫 번째 제약조건은 출발지의 세 가지 경로 중에서 한 가지가 선택되어야 함을 나타낸다. 이에 관한 제약식은 다음과 같다.

$$x_{12} + x_{13} + x_{14} = 1$$

두 번째 제약조건은 경유지 마디의 흐름균형이다. 다음의 경유지 마디의 흐름균형 조건은 각 마디에 들어오면 반드시 모두 나가야 한다는 의미이다.

$$x_{12} = x_{24} + x_{25} \text{ 또는 } -x_{12} + x_{24} + x_{25} = 0 \text{ (마디 2)}$$
$$x_{13} = x_{34} + x_{36} \text{ 또는 } -x_{13} + x_{34} + x_{36} = 0 \text{ (마디 3)}$$
$$x_{14} + x_{24} + x_{34} = x_{45} + x_{46} + x_{47} \text{ 또는 }$$
$$-x_{14} - x_{24} - x_{34} + x_{45} + x_{46} + x_{47} = 0 \text{ (마디 4)}$$

$$x_{25} + x_{45} = x_{57} \text{ 또는 } -x_{25} - x_{45} + x_{57} = 0 \text{ (마디 5)}$$
$$x_{36} + x_{46} = x_{67} \text{ 또는 } -x_{36} - x_{46} + x_{67} = 0 \text{ (마디 6)}$$

예를 들어, 마디 2의 경우 마디 2로 들어오는 경로는 x_{12}이고 마디 2에서 나가는 경로는 x_{24}와 x_{25}이다. 따라서 두 번째 제약조건은 $x_{12} = x_{24} + x_{25}$ 이다. 이 제약조건에서 만일 x_{12} =1이면 x_{24}와 x_{25} 중에서 하나는 1이 되어야 하고 만일 x_{12} =0이면 x_{24}와 x_{25} 모두 0이어야 한다는 의미이다.

도착지 마디의 수요량이 1이어야 한다는 마지막 제약조건은 첫 번째 제약조건과 유사하게 도착지의 세 가지 경로 중에서 한 가지가 선택되어야 함을 나타낸다. 이에 관한 제약식은 다음과 같다.

$$x_{47} + x_{57} + x_{67} = 1 \text{ 또는 } -x_{47} - x_{57} - x_{67} = -1$$

4) 비음조건

최단거리문제는 이진정수조건(x_{ij} =0 또는 1)이 추가적으로 있지만 수송문제나 할당문제처럼 특수한 형태의 선형계획문제이므로 일반 선형계획모형으로 풀어도 이진정수조건이 자동으로 만족된다. 따라서 이진정수조건 없이 각 경로가 최단경로에 할당되는지의 여부는 음수가 될 수 없다는 비음조건을 추가한다.

$$x_{ij} \ge 0 \ (i,\ j=1,\ 2,\ 3,\ 4,\ 5,\ 6,\ 7)$$

5) 완성된 선형계획모형

[예제 8-1]의 완성된 최단거리문제의 선형계획모형은 다음과 같다.

$$\begin{aligned}
\text{최소화} \quad & z = 14x_{12} + 11x_{13} + 23x_{14} + 13x_{24} + 29x_{25} + 17x_{34} + 25x_{36} \\
& \quad + 12x_{45} + 19x_{46} + 25x_{47} + 12x_{57} + 22x_{67} \\
\text{제약조건} \quad & x_{12} + x_{13} + x_{14} = 1 \\
& -x_{12} + x_{24} + x_{25} = 0 \\
& -x_{13} + x_{34} + x_{36} = 0 \\
& -x_{14} - x_{24} - x_{34} + x_{45} + x_{46} + x_{47} = 0 \\
& -x_{25} - x_{45} + x_{57} = 0 \\
& -x_{36} - x_{46} + x_{67} = 0 \\
& -x_{47} - x_{57} - x_{67} = -1 \\
& x_{ij} \ge 0 \ (i,\ j=1,\ 2,\ 3,\ 4,\ 5,\ 6,\ 7)
\end{aligned}$$

2 엑셀 해법 1

수송문제나 할당문제와 같이 최단경로문제도 입력방식에 따라 최단경로문제방식과 선형계획문제방식으로 구분한다. 먼저 최단경로문제방식을 살펴보기로 한다. [예제 8-1]의 문제를 최단경로문제방식으로 해를 구하는 절차는 다음과 같다.

1) 입력 창

최단경로문제를 엑셀의 [해 찾기] 메뉴를 이용하여 최적해를 구하기 위해서는 경로 부분과 마디 부분으로 나누어 다음과 같이 입력한다.

	A	B	C	D	E	F	G	H	I	J	K
1											
2		xij	출발	도착	거리		마디	좌변합계		우변상수	
3			1	2	14		1	0	=	1	
4			1	3	11		2	0	=		
5			1	4	23		3	0	=		
6			2	4	13		4	0	=		
7			2	5	29		5	0	=		
8			3	4	17		6	0	=		
9			3	6	25		7	0	=	-1	
10			4	5	12						
11			4	6	19						
12			4	7	25						
13			5	7	12						
14			6	7	22						
15	z	0									
16											

해(B3:B15), 좌변합계(H3:H9), 우변상수(J3:J9)에 다음과 같이 입력한다.

		셀 주소	입력
해	x_{ij}	B3:B14	
	z	B15	= SUMPRODUCT(E3:E14, B3:B14)
좌변합계	마디 1	H3	= SUMIF($C$3:$C$14, G3, $B$3:$B$14) − SUMIF($D$3:$D$14, G3, $B$3:$B$14)
	마디 2~7	H4:H9	셀 H3을 복사
우변상수	마디 1	J3	1
	마디 2~6	J4:J8	
	마디 7	J9	−1

2) 해 찾기 매개 변수 창

[데이터] → [해 찾기] 메뉴를 실행하여 [해 찾기 매개 변수] 창에서 다음을 수행한다.

① [목표 설정:(T)]

목적함수 z의 셀 주소를 지정한다. 여기서는 B15를 입력한다.

② [대상:]

최대화 또는 최소화를 지정해 준다. 여기서는 최소(N)를 지정해 준다.

③ [변수 셀 변경:(B)]

의사결정변수의 셀 주소를 지정한다. 여기서는 B3:B14를 지정한다.

④ [제한 조건에 종속:(U)]

[추가]를 클릭하여 [제한 조건 추가] 창에서 H3:H9 = J3:J9를 지정한 다음 [확인]을 클릭하여 [해 찾기 매개 변수] 창으로 돌아간다.

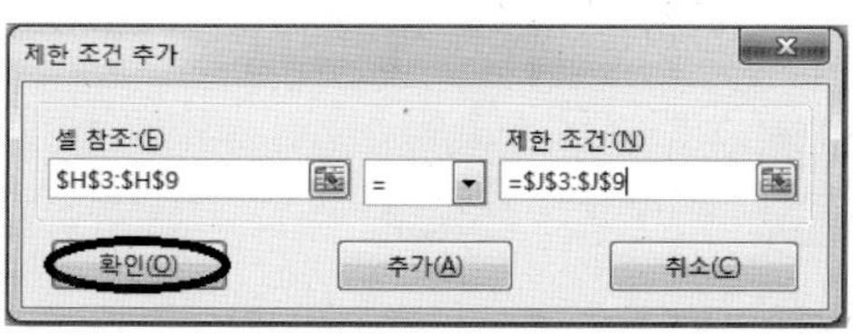

⑤ [제한되지 않는 변수를 음이 아닌 수로 설정(K)]

비음조건을 체크해준다.

⑥ **[해법 선택:(E)]**

선형계획법을 의미하는 [단순 LP]로 지정한다.

⑦ **[해 찾기]**

마지막으로 해를 찾기 위해 [해 찾기]를 클릭한다.

3) 결과 창

이상의 과정을 실행하면 다음과 같이 [예제 8-1]의 해를 찾을 수 있다.

	A	B	C	D	E	F	G	H	I	J	K
1											
2		xij	출발	도착	거리		마디	좌변합계		우변상수	
3		0	1	2	14		1	1	=	1	
4		0	1	3	11		2	0	=	0	
5		1	1	4	23		3	0	=	0	
6		0	2	4	13		4	0	=	0	
7		0	2	5	29		5	0	=	0	
8		0	3	4	17		6	0	=	0	
9		0	3	6	25		7	-1	=	-1	
10		1	4	5	12						
11		0	4	6	19						
12		0	4	7	25						
13		1	5	7	12						
14		0	6	7	22						
15	z	47									
16											

4) 결과 해석

최단경로는 경로 1에서 4, 경로 4에서 5, 경로 5에서 7을 선택한다. 이때 총거리는 47이다. 즉, 최적해는 $x_{14}=1$, $x_{45}=1$, $x_{57}=1$, 나머지 변수 모두 0, $z=47$이다. 이를 네트워크로 표시하면 [그림 8-3]과 같다.

그림 8-3 XYZ가구의 최단경로 네트워크

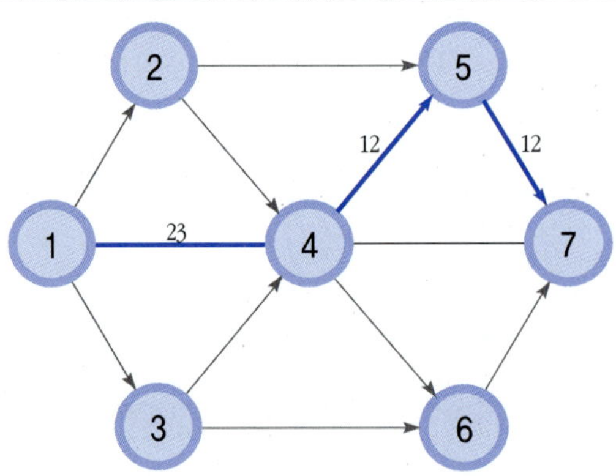

3 엑셀 해법 2

[예제 8-1]의 최단경로문제는 다음과 같이 선형계획문제방식으로 해를 구할 수 있다.

1) 입력 창

[예제 8-1]의 입력 창은 다음과 같다.

	A	B	C	D	E	F	G	H	I	J	K	L	M	N	O	P	Q
1																	
2		x12	x13	x14	x24	x25	x34	x36	x45	x46	x47	x57	x67	z			
3	해													0			
4																	
5	최소화	14	11	23	13	29	17	25	12	19	25	12	22	좌변합계		우변상수	
6	식1	1	1	1										0	=	1	
7	식2	-1			1	1								0	=	0	
8	식3		-1				1	1						0	=	0	
9	식4			-1	-1		-1		1	1	1			0	=	0	
10	식5					-1			-1			1		0	=	0	
11	식6							-1		-1			1	0	=	0	
12	식7										-1	-1	-1	0	=	-1	
13																	

해(B3:N3)와 좌변합계(N6:N12)에는 다음과 같이 입력하고 나머지 부분은 화면에 있는 내용대로 입력한다.

		셀 주소	입력
해	x_{ij}	B3:M3	
	z	N3	= SUMPRODUCT(B3:M3, B5:M5)
좌변합계	식1	N6	= SUMPRODUCT($B$3:$M$3, B6:M6)
	식2~7	N7:N12	셀 N6을 복사

2) 해 찾기 매개 변수 창

[데이터] → [해 찾기] 메뉴를 실행하여 [해 찾기 매개 변수] 창에서 다음을 수행한다.

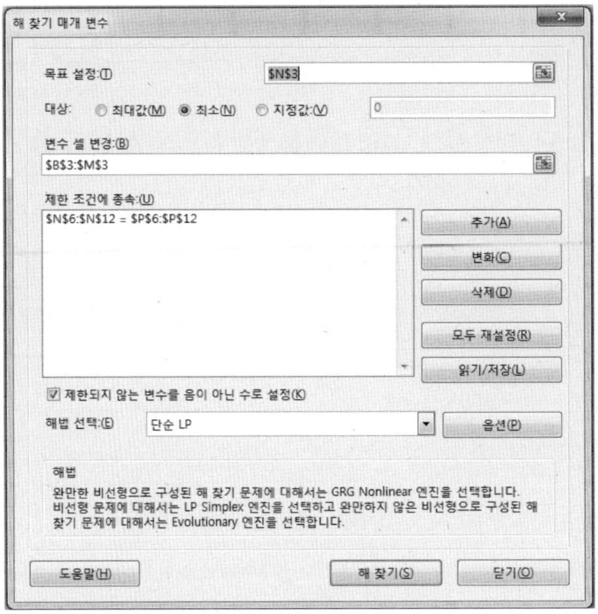

① **[목표 설정:(T)]**

목적함수 z의 셀 주소를 지정한다. 여기서는 N3을 입력한다.

② **[대상:]**

최대화 또는 최소화를 지정해 준다. 여기서는 최소(N)를 지정해 준다.

③ **[변수 셀 변경:(B)]**

의사결정변수의 셀 주소를 지정한다. 여기서는 B3:M3을 지정한다.

④ **[제한 조건에 종속:(U)]**

[추가]를 클릭하여 [제한 조건 추가] 창에서 다음과 같이 N6:N12 = P6:P12를 입력한 다음 [확인]을 클릭하여 [해 찾기 매개 변수] 창으로 돌아간다.

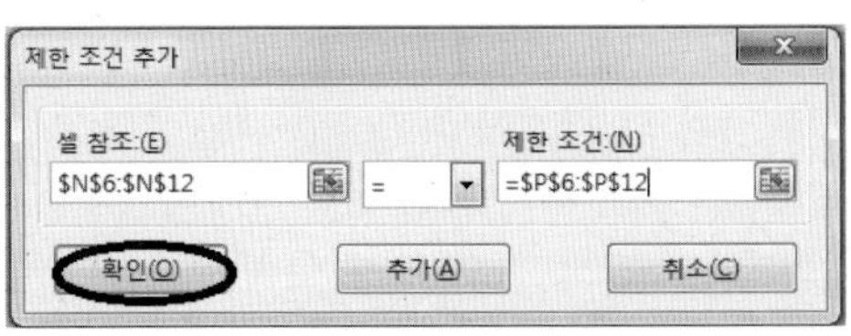

⑤ **[제한되지 않는 변수를 음이 아닌 수로 설정(K)]**

비음조건을 지정해준다.

⑥ **[해법 선택:(E)]**

선형계획법을 의미하는 [단순 LP]로 지정한다.

⑦ [해 찾기]

마지막으로 해를 찾기 위해 [해 찾기]를 클릭한다.

3) 결과 창

[예제 8-1]의 결과 창은 다음과 같다.

	A	B	C	D	E	F	G	H	I	J	K	L	M	N	O	P	Q
1																	
2		x12	x13	x14	x24	x25	x34	x36	x45	x46	x47	x57	x67	z			
3	해	0	0	1	0	0	0	0	1	0	0	1	0	47			
4																	
5	최소화	14	11	23	13	29	17	25	12	19	25	12	22	좌변합계		우변상수	
6	식1	1	1	1										1	=	1	
7	식2	-1			1	1								0	=	0	
8	식3		-1				1	1						0	=	0	
9	식4			-1	-1		-1		1	1	1			0	=	0	
10	식5					-1			-1			1		0	=	0	
11	식6							-1		-1			1	0	=	0	
12	식7										-1	-1	-1	-1	=	-1	
13																	

엑셀 해법 2의 최적해는 엑셀 해법 1과 동일한 결과이다. 하지만 엑셀 해법 2의 입력이 보다 복잡하기 때문에 일반적으로 엑셀 해법 1의 방식을 사용한다. 여기서도 엑셀 해법 1의 방식을 사용하기로 한다.

예제 8-2

경로별 환자수송에 따른 비용이 기록되어 있는 [그림 8-4]와 같은 ABC병원의 네트워크를 생각해보자.

그림 8-4 ABC병원의 네트워크

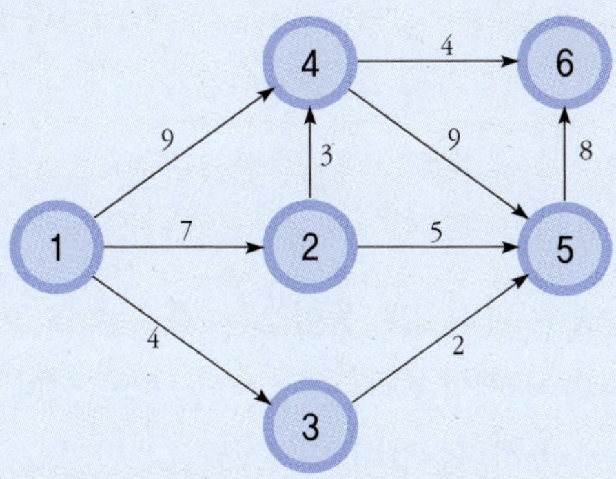

ABC병원은 출발지 1번 마디에서 도착지 6번 마디까지 가장 적은 비용으로 갈 수 있는 경로를 찾고자 한다.

1 선형계획모형

[예제 8-2]의 선형계획모형을 수립하는 절차는 다음과 같다.

1) 의사결정변수

의사결정변수는 다음과 같이 정의한다.

$$x_{ij} = \begin{cases} 1, \text{ 마디 } i\text{에서 } j\text{로의 경로가 선택되는 경우} \\ 0, \text{ 마디 } i\text{에서 } j\text{로의 경로가 선택되지 않는 경우} \end{cases}$$

2) 목적함수

총비용을 최소화하는 목적함수는 다음과 같다.

$$\text{최소화} \quad z = 7x_{12} + 4x_{13} + 9x_{14} + 3x_{24} + 5x_{25} + 2x_{35} + 9x_{45} + 4x_{46} + 8x_{56}$$

3) 제약조건

첫 번째 제약식은 출발지의 세 가지 경로 중에서 한 경로가 선택되어야 함을 나타낸다.

$$x_{12} + x_{13} + x_{14} = 1$$

두 번째부터 다섯 번째까지의 제약식은 마디별로 흐름균형을 맞추는 내용이다.

$$x_{12} = x_{24} + x_{25} \text{ 또는 } -x_{12} + x_{24} + x_{25} = 0 \text{ (마디 2)}$$
$$x_{13} = x_{35} \text{ 또는 } -x_{13} + x_{35} = 0 \text{ (마디 3)}$$
$$x_{14} + x_{24} = x_{45} + x_{46} \text{ 또는 } -x_{14} - x_{24} + x_{45} + x_{46} = 0 \text{ (마디 4)}$$
$$x_{25} + x_{35} + x_{45} = x_{56} \text{ 또는 } -x_{25} - x_{35} - x_{45} + x_{56} = 0 \text{ (마디 5)}$$

예를 들어, 마디 2의 경우 마디 2로 들어오는 경로는 x_{12}이고 마디 2에서 나가는 경로는 x_{24}와 x_{25}이다. 따라서 제약조건은 $x_{12}=x_{24}+x_{25}$이다. 이 조건에서 만일 $x_{12}=1$이면 x_{24} 또는 x_{25} 중에서 하나는 1이 되어야 하고 만일 $x_{12}=0$이면 x_{24}와 x_{25} 모두 0이어야 한다. 나머지 제약조건도 같은 해석이 가능하다.

마지막 제약조건은 첫 번째 제약조건과 유사하게 도착지로 들어오는 경로는 하나라는 것이다.

$x_{46} + x_{56} = 1$ 또는 $-x_{46} - x_{56} = -1$

4) 비음조건

각 경로가 최단경로에 할당되는지의 여부는 음수가 될 수 없다는 비음조건을 추가한다.

$x_{ij} \geq 0 \quad (i,\ j=1,\ 2,\ 3,\ 4,\ 5,\ 6)$

5) 완성된 선형계획모형

[예제 8-2]의 완성된 선형계획모형은 다음과 같다.

최소화 $z = 7x_{12} + 4x_{13} + 9x_{14} + 3x_{24} + 5x_{25} + 2x_{35} + 9x_{45} + 4x_{46} + 8x_{56}$

제약조건
$$x_{12} + x_{13} + x_{14} = 1$$
$$-x_{12} + x_{24} + x_{25} = 0$$
$$-x_{13} + x_{35} = 0$$
$$-x_{14} - x_{24} + x_{45} + x_{46} = 0$$
$$-x_{25} - x_{35} - x_{45} + x_{56} = 0$$
$$-x_{46} - x_{56} = -1$$
$$x_{ij} \geq 0 \quad (i,\ j=1,\ 2,\ 3,\ 4,\ 5,\ 6)$$

2 엑셀 해법

[예제 8-2]의 최단경로문제를 엑셀로 해를 구하는 절차는 다음과 같다.

1) 입력 창

최단경로문제를 엑셀의 [해 찾기] 메뉴를 이용하여 최적해를 구하기 위해서는 경로 부분과 마디 부분으로 나누어 다음과 같이 입력한다.

	A	B	C	D	E	F	G	H	I	J	K
1											
2		xij	출발	도착	거리		마디	좌변합계		우변상수	
3			1	2	7		1	0	=	1	
4			1	3	4		2	0	=		
5			1	4	9		3	0	=		
6			2	4	3		4	0	=		
7			2	5	5		5	0	=		
8			3	5	2		6	0	=	-1	
9			4	5	9						
10			4	6	4						
11			5	6	8						
12	z	0									
13											

해(B3:B12)와 좌변합계(H3:H8), 우변상수(J3:J8)에 다음과 같이 입력한다.

		셀 주소	입력
해	x_{ij}	B3:B11	
	z	B12	= SUMPRODUCT(E3:E11, B3:B11)
좌변합계	마디 1	H3	= SUMIF($C$3:$C$11, G3, $B$3:$B$11) −SUMIF($D$3:$D$11, G3, $B$3:$B$11)
	마디 2~6	H4:H8	셀 H3을 복사
우변상수	마디 1	J3	1
	마디 2~5	J4:J7	
	마디 6	J8	−1

2) 해 찾기 매개 변수 창

[데이터] → [해 찾기] 메뉴를 실행하여 [해 찾기 매개 변수] 창에서 다음을 수행한다.

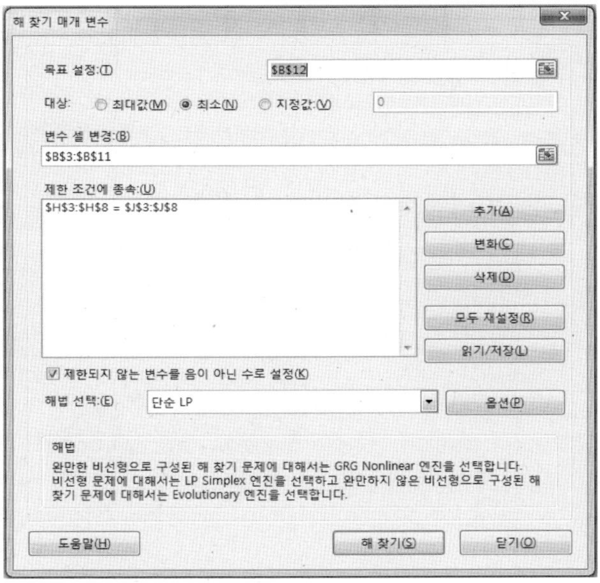

① **[목표 설정:(T)]**

목적함수 z의 셀 주소를 지정한다. 여기서는 B12를 입력한다.

② **[대상:]**

최대화 또는 최소화를 지정해 준다. 여기서는 최소(N)를 지정해 준다.

③ **[변수 셀 변경:(B)]**

의사결정변수의 셀 주소를 지정한다. 여기서는 B3:B11을 지정한다.

④ **[제한 조건에 종속:(U)]**

[추가]를 클릭하여 [제한 조건 추가] 창에서 다음과 같이 H3:H8 = J3:J8를 입력한 다음 [확인]을 클릭하여 [해 찾기 매개 변수] 창으로 돌아간다.

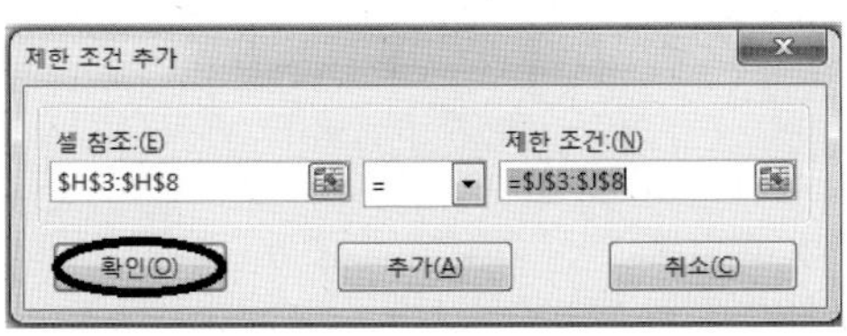

⑤ **[제한되지 않는 변수를 음이 아닌 수로 설정(K)]**

비음조건을 지정해준다.

⑥ **[해법 선택:(E)]**

선형계획법을 의미하는 [단순 LP]로 지정한다.

⑦ [해 찾기]

마지막으로 해를 찾기 위해 [해 찾기]를 클릭한다.

3) 결과 창

이상의 과정을 실행하면 다음과 같이 [예제 8-2]의 해를 찾을 수 있다.

	A	B	C	D	E	F	G	H	I	J	K
1											
2		xij	출발	도착	거리		마디	좌변합계		우변상수	
3		0	1	2	7		1	1	=	1	
4		0	1	3	4		2	0	=	0	
5		1	1	4	9		3	0	=	0	
6		0	2	4	3		4	0	=	0	
7		0	2	5	5		5	0	=	0	
8		0	3	5	2		6	-1	=	-1	
9		0	4	5	9						
10		1	4	6	4						
11		0	5	6	8						
12	z	13									
13											

4) 결과 해석

최단경로는 경로 1~4와 경로 4~6을 선택한다. 이때 총거리는 13이다. 즉, 최적해는 $x_{14}=1$, $x_{46}=1$, 나머지 변수 모두 0, $z=13$이다. 이를 네트워크로 표시하면 [그림 8-5]와 같다.

그림 8-5 ABC병원의 최단거리 네트워크

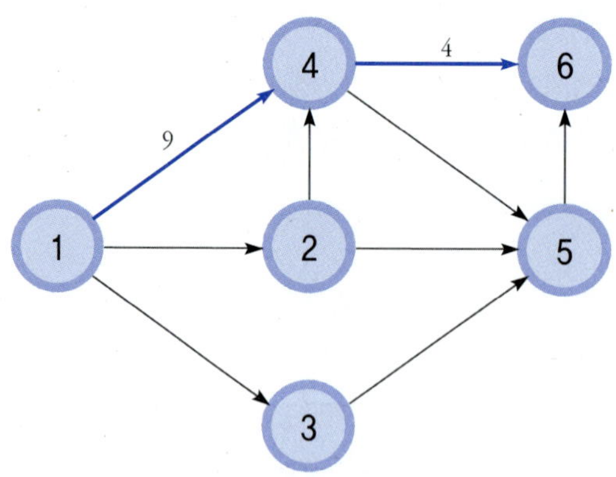

제3절 최대흐름문제

최대흐름(maximal flow)문제는 출발지에서 도착지까지 보낼 수 있는 최대량과 그 경로별 수송량을 결정하는 문제이다. 다음 예제를 통해 최대흐름문제를 선형계획법으로 해를 구하는 방법을 살펴보기로 한다.

예제 8-3

[그림 8-6]은 하수 시스템을 나타내는 네트워크이다. 1번 구역에서 출발하여 거점 구역들을 잇는 하수관을 따라 종말처리장이 있는 7번 구역까지 하수를 보내야 한다. 2번부터 6번 마디들은 하수관이 경유하는 구역들을 의미한다. 각 경로위에 기록된 숫자는 시간당 보낼 수 있는 하수의 최대량이다. 이는 각 구역을 잇는 하수관의 굵기에 따라 시간당 최대로 흘러 보낼 수 있는 하수의 양에는 차이가 있다는 의미이다. 1번 구역에서 종말처리장인 7번 구역까지 보낼 수 있는 하수의 최대량과 그 경로를 알아보고자 한다.

그림 8-6 하수 시스템 네트워크

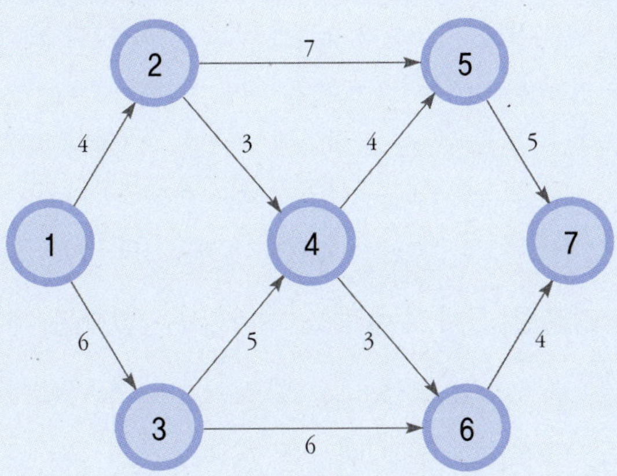

1 선형계획모형

[예제 8-3]의 최대흐름문제를 위한 선형계획모형을 작성하는 절차는 다음과 같다.

1) 의사결정변수

의사결정변수는 다음과 같이 정의한다.

x_{ij} : 마디 i에서 j로의 수송량 (i, j=1, 2, 3, 4, 5, 6, 7)

2) 목적함수

목적함수를 만들기 위하여 마디 7에서 마디 1로 가는 가상의 경로를 만들고 그 경로에 보내는 수송량을 x_{71}로 한다. 최대 수송량을 구하는 목적함수는 다음과 같다.

최대화 $z = x_{71}$

3) 제약식

제약식은 마디별 흐름균형조건과 경로별 최대흐름조건에 관한 것이다. 먼저 마디로 들어오는 양의 합과 나가는 양의 합이 같다는 마디별 흐름균형조건은 다음과 같이 나타낸다.

$x_{71} = x_{12} + x_{13}$ 또는 $x_{12} + x_{13} = x_{71}$ (마디 1)
$x_{12} = x_{24} + x_{25}$ 또는 $-x_{12} + x_{24} + x_{25} = 0$ (마디 2)
$x_{13} = x_{34} + x_{36}$ 또는 $-x_{13} + x_{34} + x_{36} = 0$ (마디 3)
$x_{24} + x_{34} = x_{45} + x_{46}$ 또는 $-x_{24} - x_{34} + x_{45} + x_{46} = 0$ (마디 4)
$x_{25} + x_{45} = x_{57}$ 또는 $-x_{25} - x_{45} + x_{57} = 0$ (마디 5)
$x_{36} + x_{46} = x_{67}$ 또는 $-x_{36} - x_{46} + x_{67} = 0$ (마디 6)
$x_{57} + x_{67} = x_{71}$ 또는 $-x_{57} - x_{67} = -x_{71}$ (마디 7)

다음의 부등식은 경로별 최대 수송량을 초과할 수 없다는 제약조건이다.

$x_{12} \leq 4,\ x_{13} \leq 6,\ x_{24} \leq 3,\ x_{25} \leq 7,\ x_{34} \leq 5,$
$x_{36} \leq 6,\ x_{45} \leq 4,\ x_{46} \leq 3,\ x_{57} \leq 5,\ x_{67} \leq 4$

4) 비음조건

최단경로문제와 같이 최대흐름문제도 정수조건을 무시하고 일반 선형계획모형으로 해를 구해도 정수조건이 자동으로 만족된다. 따라서 정수조건 없이 경로별 수송량은 음수가 될 수 없다는 비음조건을 추가한다.

$x_{ij} \geq 0$ (i, j=1, 2, 3, 4, 5, 6, 7)

5) 완성된 선형계획모형

[예제 8-3]의 최대흐름문제의 완성된 선형계획모형은 다음과 같다.

최대화 $z = x_{71}$

제약조건 $x_{12} + x_{13} = x_{71}$

$-x_{12} + x_{24} + x_{25} = 0$

$-x_{13} + x_{34} + x_{36} = 0$

$-x_{24} - x_{34} + x_{45} + x_{46} = 0$

$-x_{25} - x_{45} + x_{57} = 0$

$-x_{36} - x_{46} + x_{67} = 0$

$-x_{57} - x_{67} = -x_{71}$

$x_{12} \leq 4,\ x_{13} \leq 6,\ x_{24} \leq 3,\ x_{25} \leq 7,\ x_{34} \leq 5,$

$x_{36} \leq 6,\ x_{45} \leq 4,\ x_{46} \leq 3,\ x_{57} \leq 5,\ x_{67} \leq 4$

$x_{ij} \geq 0\ (i,\ j=1, 2, 3, 4, 5, 6, 7)$

2 엑셀 해법 1

최단경로문제처럼 입력방식에 따라 최대흐름문제방식과 선형계획문제방식으로 구분한다. 먼저 최대흐름문제방식을 살펴보기로 한다. [예제 8-3]의 문제를 최대흐름문제방식으로 해를 구하는 절차는 다음과 같다.

1) 입력 창

최대흐름문제를 엑셀의 [해 찾기] 메뉴를 이용하여 최적해를 구하기 위해서는 경로 부분과 마디 부분으로 나누어 다음과 같이 입력한다.

	A	B	C	D	E	F	G	H	I	J	K
1											
2		xij	출발	도착	최대량		마디	좌변합계		우변상수	
3			1	2	4		1	0	=	0	
4			1	3	6		2	0	=		
5			2	4	3		3	0	=		
6			2	5	7		4	0	=		
7			3	4	5		5	0	=		
8			3	6	6		6	0	=		
9			4	5	4		7	0	=	0	
10			4	6	3						
11			5	7	5						
12			6	7	4						
13	z	0									
14											

해(B3:B13), 좌변합계(H3:H9), 우변상수(J3:J9)에 다음과 같이 입력한다.

		셀 주소	입력
해	x_{ij}	B3:B12	
	z	B13	
제약식	좌변합계	H3	= SUMIF($C$3:$C$12, G3, $B$3:$B$12) – SUMIF($D$3:$D$12, G3, $B$3:$B$12)
		H4:H9	셀 H3을 복사
	우변상수	J3	B13
		J4:J8	
		J9	–B13

2) 해 찾기 매개 변수 창

[데이터] → [해 찾기] 메뉴를 실행하여 [해 찾기 매개 변수] 창에서 다음을 수행한다.

① [목표 설정:(T)]

목적함수 z의 셀 주소를 지정한다. 여기서는 B13을 지정한다.

② [대상:]

최대화 또는 최소화를 지정해 준다. 여기서는 최대화(M)를 지정해 준다.

③ [변수 셀 변경:(B)]

의사결정변수의 셀 주소를 지정한다. 여기서는 B3:B13을 지정한다. B13은 변경 셀이면서 동시에 목표 셀이 된다.

④ [제한 조건에 종속:(U)]

[추가]를 클릭하여 경로별 최대 용량 조건인 B3:B12 <= E3:E12를 지정한다. 다시 [추가]를 클릭하여 마디별 균형흐름 조건인 H3:H9 = J3:J9를 지정한 다음 [확인]을 클릭하여 [해 찾기 매개 변수] 창으로 돌아간다.

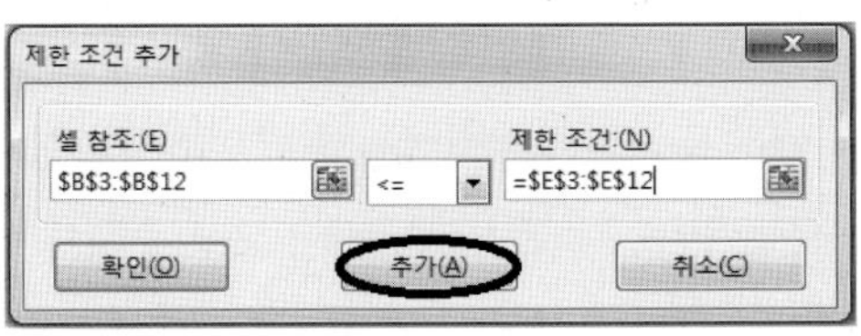

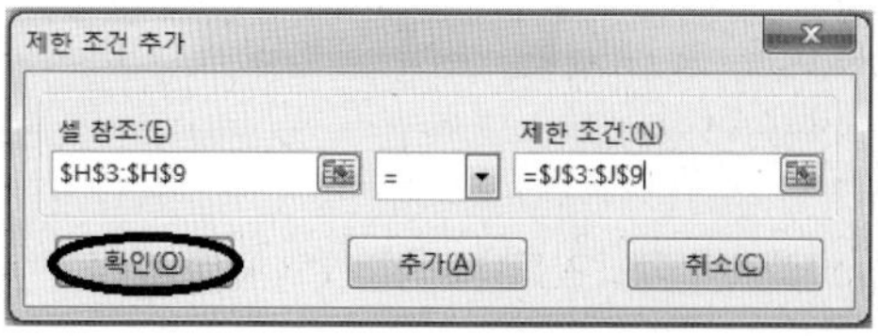

⑤ [제한되지 않는 변수를 음이 아닌 수로 설정(K)]

비음조건을 체크해준다.

⑥ [해법 선택:(E)]

선형계획법을 의미하는 [단순 LP]로 지정한다.

⑦ [해 찾기]

마지막으로 해를 찾기 위해 [해 찾기]를 클릭한다.

3) 결과 창

이상의 과정을 실행하면 다음과 같이 [예제 8-3]의 해를 찾을 수 있다.

	A	B	C	D	E	F	G	H	I	J	K
1											
2		xij	출발	도착	최대량		마디	좌변합계		우변상수	
3		4	1	2	4		1	9	=	9	
4		5	1	3	6		2	0	=	0	
5		3	2	4	3		3	0	=	0	
6		1	2	5	7		4	0	=	0	
7		1	3	4	5		5	0	=	0	
8		4	3	6	6		6	0	=	0	
9		4	4	5	4		7	-9	=	-9	
10		0	4	6	3						
11		5	5	7	5						
12		4	6	7	4						
13	z	9									
14											

4) 결과 해석

최대흐름경로는 경로 1에서 2로 4, 경로 1에서 3으로 5, 경로 2에서 4로 3, 경로 2에서 5로 1, 경로 3에서 4로 1, 경로 3에서 6으로 4, 경로 4에서 5로 4, 경로 5에서 7로 5 그리고 경로 6에서 7로 4를 보낸다. 이때 최대흐름량은 9이다. 즉, 최적해는 $x_{12}=4$, $x_{13}=5$, $x_{24}=3$, $x_{25}=1$, $x_{34}=1$, $x_{36}=4$, $x_{45}=4$, $x_{46}=0$, $x_{57}=5$, $x_{67}=4$, $z=9$이다. 이를 네트워크로 표시하면 [그림 8-7]과 같다.

그림 8-7 하수 시스템의 최대흐름 네트워크

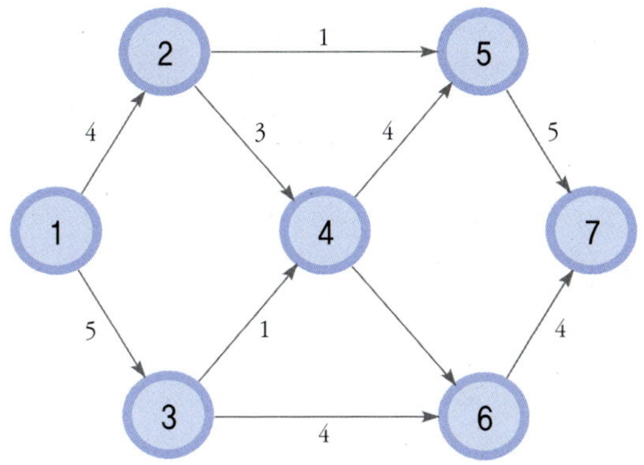

3 엑셀 해법 2

[예제 8-3]의 최대흐름문제는 다음과 같이 선형계획문제방식으로 해를 구할 수 있다.

1) 입력 창

[예제 8-3]의 입력 창은 다음과 같다.

	A	B	C	D	E	F	G	H	I	J	K	L	M	N	O
1															
2		x12	x13	x24	x25	x34	x36	x45	x46	x57	x67	z			
3	해														
4															
5	최대화											좌변합계		우변상수	
6	식1	1	1									0	=	0	
7	식2	-1		1	1							0	=	0	
8	식3		-1			1	1					0	=	0	
9	식4			-1		-1		1	1			0	=	0	
10	식5				-1			-1		1		0	=	0	
11	식6						-1		-1		1	0	=	0	
12	식7									-1	-1	0	=	0	
13	식8	1										0	<=	4	
14	식9		1									0	<=	6	
15	식10			1								0	<=	3	
16	식11				1							0	<=	7	
17	식12					1						0	<=	5	
18	식13						1					0	<=	6	
19	식14							1				0	<=	4	
20	식15								1			0	<=	3	
21	식16									1		0	<=	5	
22	식17										1	0	<=	4	
23															

해(B3:L3), 좌변합계(L6:L22), 우변상수(N6, N22)에는 다음과 같이 입력하고 나머지 부분은 화면에 있는 내용대로 입력한다.

		셀 주소	입력
해	x_{ij}	B3:K3	
	z	L3	
좌변합계	식1	L6	= SUMPRODUCT($B$3:$K$3, B6:K6)
	식2~17	L7:L22	셀 L6을 복사
우변상수	식1	N6	= L3
	식2~6		
	식7	N12	= −L3
	식8~17		

2) 해 찾기 매개 변수 창

[예제 8-3]의 해 찾기 매개 변수 창은 다음과 같다.

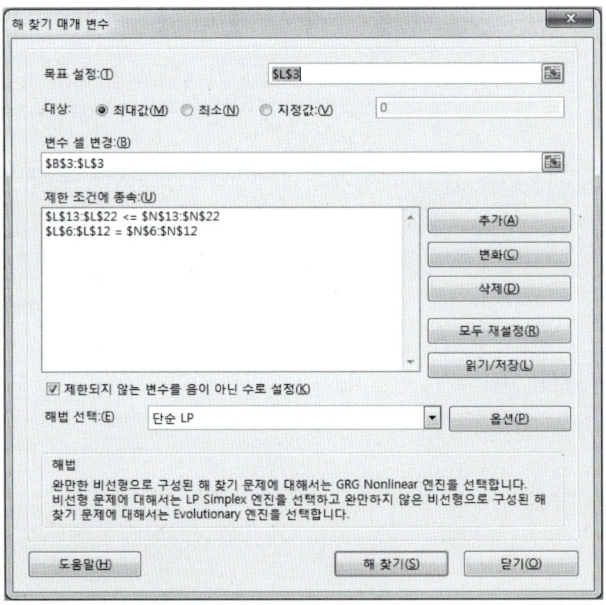

① [목표 설정:(T)]

목적함수 z의 셀 주소를 지정한다. 여기서는 L3을 입력한다.

② [대상:]

최대화 또는 최소화를 지정해 준다. 여기서는 최대값(M)을 지정해 준다.

③ [변수 셀 변경:(B)]

의사결정변수의 셀 주소를 지정한다. 여기서는 B3:L3을 지정한다. L3은 변경 셀이면서 동시에 목표 셀이 된다.

④ **[제한 조건에 종속:(U)]**

[추가]를 클릭하여 마디별 균형흐름 조건인 L6:L12 = N6:N12를 지정한다. 다시 [추가]를 클릭하여 경로별 최대 용량 조건인 L13:L22 <= N13:N22를 지정한 다음 [확인]을 클릭하여 [해 찾기 매개 변수] 창으로 돌아간다.

⑤ **[제한되지 않는 변수를 음이 아닌 수로 설정(K)]**

비음조건을 체크해준다.

⑥ **[해법 선택:(E)]**

선형계획법을 의미하는 [단순 LP]로 지정한다.

⑦ **[해 찾기]**

마지막으로 해를 찾기 위해 [해 찾기]를 클릭한다.

3) 결과 창

[예제 8-3]의 결과 창은 다음과 같다.

	A	B	C	D	E	F	G	H	I	J	K	L	M	N	O
1															
2		x12	x13	x24	x25	x34	x36	x45	x46	x57	x67	z			
3	해	4	5	3	1	1	4	4	0	5	4	9			
4															
5	최대화											좌변합계		우변상수	
6	식1	1	1									9	=	9	
7	식2	-1		1	1							0	=	0	
8	식3		-1			1	1					0	=	0	
9	식4			-1		-1		1	1			0	=	0	
10	식5				-1			-1		1		0	=	0	
11	식6						-1		-1		1	0	=	0	
12	식7									-1	-1	-9	=	-9	
13	식8	1										4	<=	4	
14	식9		1									5	<=	6	
15	식10			1								3	<=	3	
16	식11				1							1	<=	7	
17	식12					1						1	<=	5	
18	식13						1					4	<=	6	
19	식14							1				4	<=	4	
20	식15								1			0	<=	3	
21	식16									1		5	<=	5	
22	식17										1	4	<=	4	
23															

엑셀 해법 2의 최적해는 엑셀 해법 1과 동일한 결과이다. 하지만 엑셀 해법 2의 입력이 보다 복잡하기 때문에 일반적으로 엑셀 해법 1의 방식을 사용한다. 여기서도 엑셀 해법 1의 방식을 사용하기로 한다.

예제 8-4

갑을석유는 [그림 8-8]과 같은 송유관 네트워크를 가지고 출발지 1에서 도착지 7까지 최대로 보낼 수 있는 양과 경로별 수송량을 결정하고자 한다. [그림 8-8]의 경로 위에 기록된 숫자는 경로별 최대 수송 가능량을 나타낸다.

그림 8-8 갑을석유의 송유관 네트워크

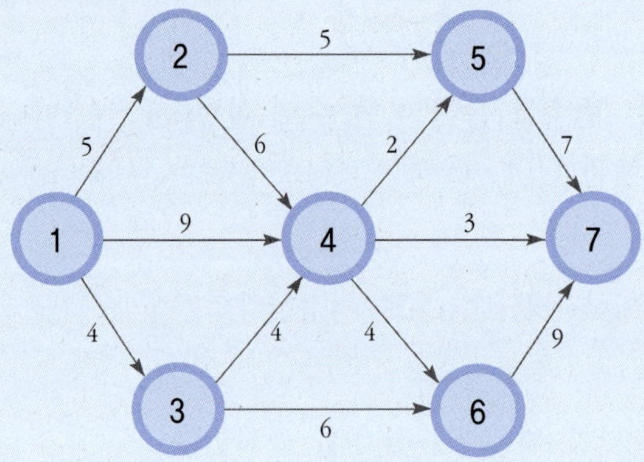

1 선형계획모형

[예제 8-4]의 최대흐름문제를 위한 선형계획모형을 작성하는 절차는 다음과 같다.

1) 의사결정변수

의사결정변수는 다음과 같이 정의한다.

x_{ij} : 마디 i에서 j로의 수송량 (i, j=1, 2, 3, 4, 5, 6, 7)

2) 목적함수

목적함수를 만들기 위하여 마디 7에서 마디 1로 가는 가상의 경로를 만들고 그 경로에 보내는 수송량을 x_{71}로 한다. 최대 수송량을 구하는 목적함수는 다음과 같다.

최대화 $z = x_{71}$

3) 제약식

다음의 등호로 나타낸 제약조건들은 마디별 흐름균형을 나타낸다. 즉, 마디로 들어오는 양의 합과 나가는 양의 합은 같다는 것을 나타낸다.

$x_{71} = x_{12} + x_{13} + x_{14}$ 또는 $x_{12} + x_{13} + x_{14} - x_{71} = 0$ (마디 1)
$x_{12} = x_{24} + x_{25}$ 또는 $-x_{12} + x_{24} + x_{25} = 0$ (마디 2)
$x_{13} = x_{34} + x_{36}$ 또는 $-x_{13} + x_{34} + x_{36} = 0$ (마디 3)
$x_{14} + x_{24} + x_{34} = x_{45} + x_{46} + z_{47}$
또는 $-x_{14} - x_{24} - x_{34} + x_{45} + x_{46} + x_{47} = 0$ (마디 4)
$x_{25} + x_{45} = x_{57}$ 또는 $-x_{25} - x_{45} + x_{57} = 0$ (마디 5)
$x_{36} + x_{46} = x_{67}$ 또는 $-x_{36} - x_{46} + x_{67} = 0$ (마디 6)
$x_{47} + x_{57} + x_{67} = x_{71}$ 또는 $-x_{47} - x_{57} - x_{67} + x_{71} = 0$ (마디 7)

다음의 부등호로 나타낸 제약조건들은 경로별 최대 수송량을 초과할 수 없음을 나타낸다.

$x_{12} \le 5,\ x_{13} \le 4,\ x_{14} \le 9,\ x_{24} \le 6,\ x_{25} \le 5,\ x_{34} \le 4,$
$x_{36} \le 6,\ x_{45} \le 2,\ x_{46} \le 4,\ x_{47} \le 3,\ x_{57} \le 7,\ x_{67} \le 9$

4) 비음조건

마지막으로 경로별 수송량은 음수가 될 수 없다는 비음조건을 추가한다.

$x_{ij} \ge 0\ (i,\ j=1, 2, 3, 4, 5, 6, 7)$

5) 완성된 선형계획모형

[예제 8-4]의 완성된 선형계획모형은 다음과 같다.

최대화 $z = x_{71}$
제약조건 $x_{12} + x_{13} + x_{14} - x_{71} = 0$
$-x_{12} + x_{24} + x_{25} = 0$
$-x_{13} + x_{34} + x_{36} = 0$
$-x_{14} - x_{24} - x_{34} + x_{45} + x_{46} + x_{47} = 0$
$-x_{25} - x_{45} + x_{57} = 0$

$$-x_{36}-x_{46}+x_{67}=0$$
$$-x_{47}-x_{57}-x_{67}+x_{71}=0$$
$$x_{12}\le 5,\ x_{13}\le 4,\ x_{14}\le 9,\ x_{24}\le 6,\ x_{25}\le 5,\ x_{34}\le 4,$$
$$x_{36}\le 6,\ x_{45}\le 2,\ x_{46}\le 4,\ x_{47}\le 3,\ x_{57}\le 7,\ x_{67}\le 9$$
$$x_{ij}\ge 0\ (i,\ j=1,\ 2,\ 3,\ 4,\ 5,\ 6,\ 7)$$

2 엑셀 해법

최대흐름문제를 엑셀로 해를 구하는 절차는 다음과 같다.

1) 입력 창

최대흐름문제를 엑셀의 [해 찾기] 메뉴를 이용하여 최적해를 구하기 위해서는 다음과 같이 입력한다.

	A	B	C	D	E	F	G	H	I	J	K
1											
2		xij	출발	도착	최대량		마디	좌변합계		우변상수	
3			1	2	5		1	0	=	0	
4			1	3	4		2	0	=		
5			1	4	9		3	0	=		
6			2	4	6		4	0	=		
7			2	5	5		5	0	=		
8			3	4	4		6	0	=		
9			3	6	6		7	0	=	0	
10			4	5	2						
11			4	6	4						
12			4	7	3						
13			5	7	7						
14			6	7	9						
15	z	0									
16											

해(B3:B15), 좌변합계(H3:H9), 우변상수(J3:J9)에 다음과 같이 입력한다.

		셀 주소	입력
해	x_{ij}	B3:B14	
	z	B15	
제약식	좌변합계	H3	= SUMIF($C$3:$C$14, G3, $B$3:$B$14) − SUMIF($D$3:$D$14, G3, $B$3:$B$14)
		H4:H9	셀 H3을 복사
	우변상수	J3	B15
		J4:J8	
		J9	−B15

2) 해 찾기 매개 변수 창

[데이터] → [해 찾기] 메뉴를 실행하여 [해 찾기 매개 변수] 창에서 다음을 수행한다.

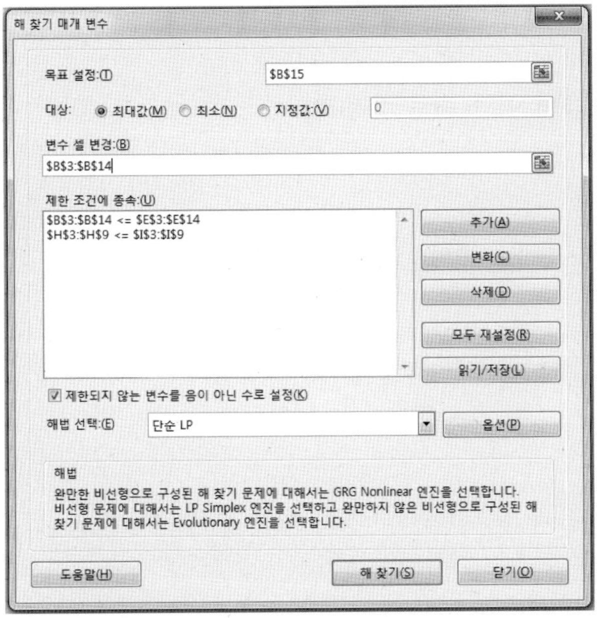

① [목표 설정:(T)]

목적함수 z의 셀 주소를 지정한다. 여기서는 B15을 입력한다.

② [대상:]

최대화 또는 최소화를 지정해 준다. 여기서는 최대값(M)을 지정해 준다.

③ [변수 셀 변경:(B)]

의사결정변수의 셀 주소를 지정한다. 여기서는 B3:B15를 지정한다. B15는 변경 셀 이면서 동시에 목표 셀이다.

④ [제한 조건에 종속:(U)]

[추가]를 클릭하여 경로별 최대 용량 조건인 B3:B14 <= E3:E14를 지정한다. 다시 [추가]를 클릭하여 마디별 균형흐름 조건인 H3:H9 = J3:J9를 지정한 다음 [확인]을 클릭하여 [해 찾기 매개 변수] 창으로 돌아간다.

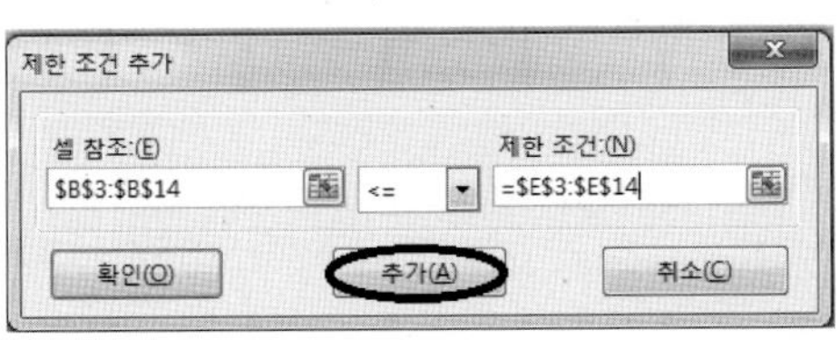

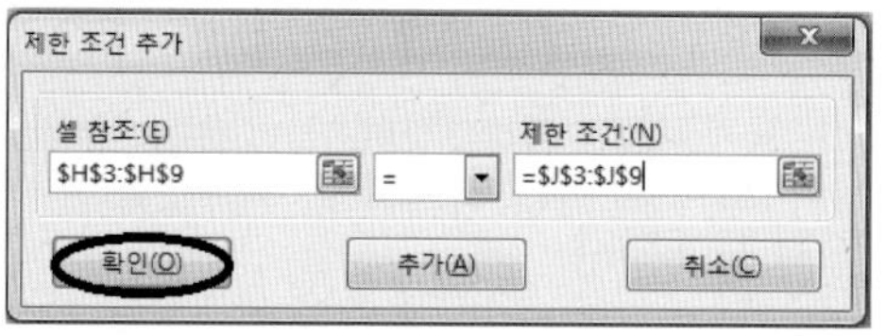

⑤ [제한되지 않는 변수를 음이 아닌 수로 설정(K)]

비음조건을 지정해준다.

⑥ [해법 선택:(E)]

선형계획법을 의미하는 [단순 LP]로 지정한다.

⑦ [해 찾기]

마지막으로 해를 찾기 위해 [해 찾기]를 클릭한다.

3) 결과 창

이상의 과정을 실행하면 다음과 같이 [예제 8-4]의 해를 찾을 수 있다.

	A	B	C	D	E	F	G	H	I	J	K
1											
2		xij	출발	도착	최대량		마디	좌변합계		우변상수	
3		5	1	2	5		1	18	=	18	
4		4	1	3	4		2	0	=	0	
5		9	1	4	9		3	0	=	0	
6		0	2	4	6		4	0	=	0	
7		5	2	5	5		5	0	=	0	
8		0	3	4	4		6	0	=	0	
9		4	3	6	6		7	-18	=	-18	
10		2	4	5	2						
11		4	4	6	4						
12		3	4	7	3						
13		7	5	7	7						
14		8	6	7	9						
15	z	18									
16											

4) 결과 해석

최적해는 $x_{12}=5$, $x_{13}=4$, $x_{14}=9$, $x_{24}=0$, $x_{25}=5$, $x_{34}=0$, $x_{36}=4$, $x_{45}=2$, $x_{46}=4$, $x_{47}=3$, $x_{57}=7$, $x_{67}=8$, $z=18$이다. 이를 네트워크로 표시하면 [그림 8-9]와 같다.

그림 8-9 갑을석유 송유관의 최대흐름 네트워크

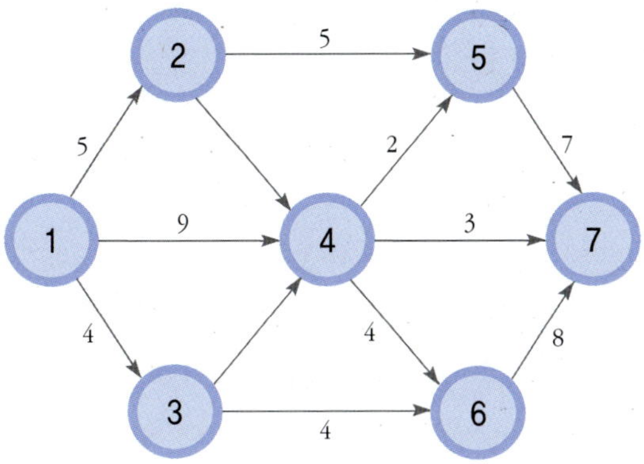

연습문제

1. 다음과 같은 네트워크의 출발지에서 도착지까지 최단시간에 가기 위해 어떤 경로를 택할지를 결정하고자 한다. 즉, 출발지 1번 마디에서 도착지 7번 마디까지 가장 적은 시간으로 갈 수 있는 경로를 찾고자 한다. 각 경로에 있는 숫자는 소요시간을 나타낸다. 선형계획모형을 작성하고 해를 구하라.

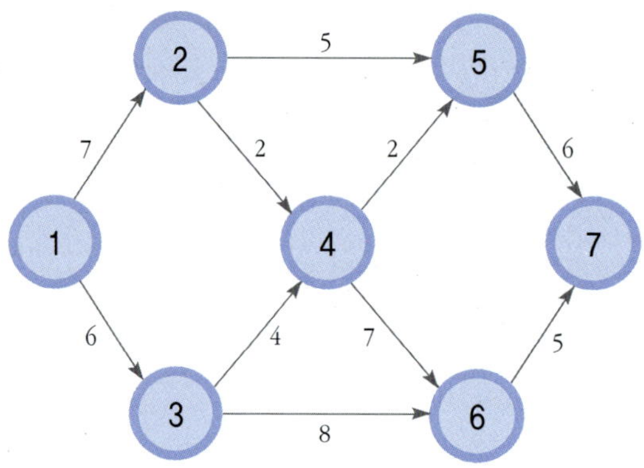

2. 새로 이사 온 H씨는 집에서 직장까지 갈 수 있는 가장 빠른 길을 알고자 한다. 경험에 의해 집에서 직장까지 갈 수 있는 여러 가지 길을 고려해 다음과 같은 네트워크를 그렸다. 각 경로에 있는 숫자는 경로를 통과하는데 필요한 거리를 나타낸다. 선형계획모형을 작성하고 해를 구하라.

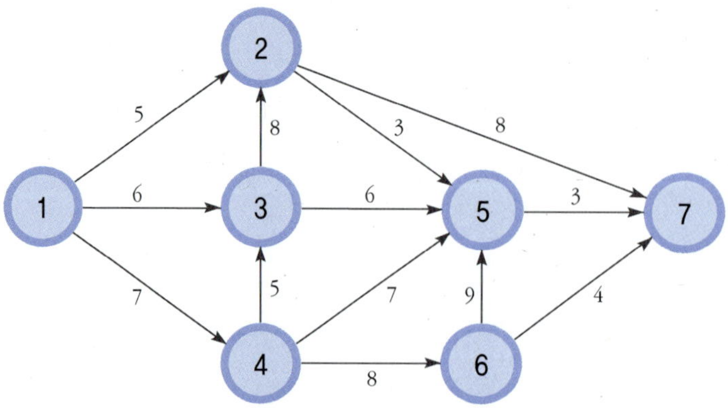

3. 김씨는 출발지에서 도착지까지 갈 수 있는 여러 가지 경로를 통과하는데 필요한 시간을 다음과 같은 네트워크로 표시하였다. 김씨가 출발지 1에서 도착지 7까지 자동차로 최단시간으로 갈 수 있는 경로를 찾기 위한 선형계획모형과 해를 구하라.

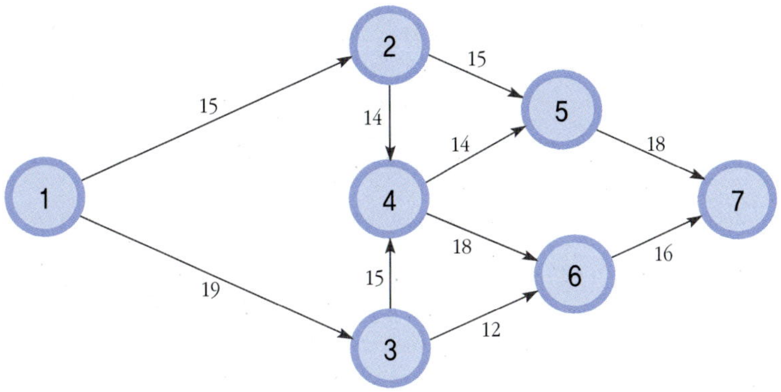

4. 다음과 같은 네트워크가 있다고 가정하고 출발지 1에서 도착지 7까지 최대로 보낼 수 있는 양과 경로별 수송량을 결정하기 위한 선형계획모형을 만들어 최적해를 구하라. 그림의 경로 위에 기록된 숫자는 경로별로 최대 수송이 가능한 양을 나타낸다.

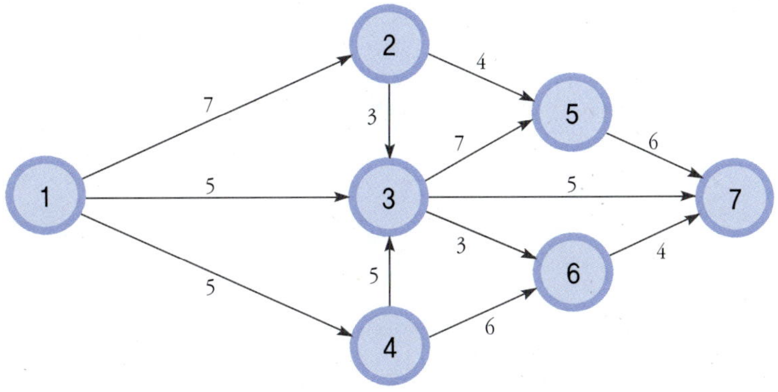

5. 신도시는 다음과 같은 도로망 네트워크에서 출발지 1에서 도착지 7까지 최대로 보낼 수 있는 시간당 최대 자동차 통행량을 결정하고자 한다. 이를 위한 선형계획모형을 작성하고 해를 구하라. 그림의 경로 위에 기록된 숫자는 경로별로 최대 자동차 통행량을 나타낸다.

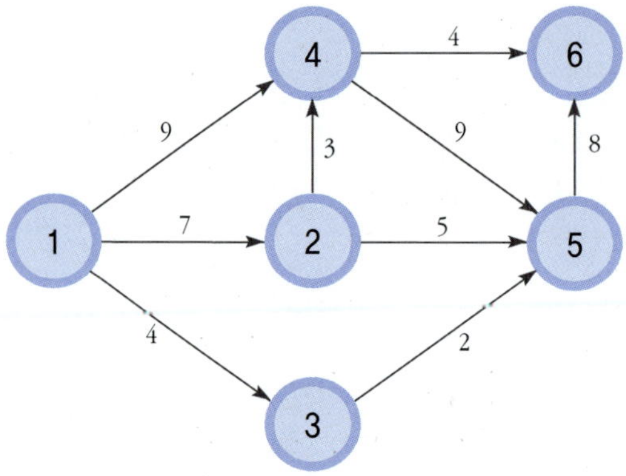

6. 아래에 주어진 네트워크에서 경로에 표시된 숫자는 각 구역 간의 유량을 나타낸다. 출발지 마디 1에서 목적지인 마디 7로 이어지는 최대유량과 각 경로에서의 유량을 구하라.

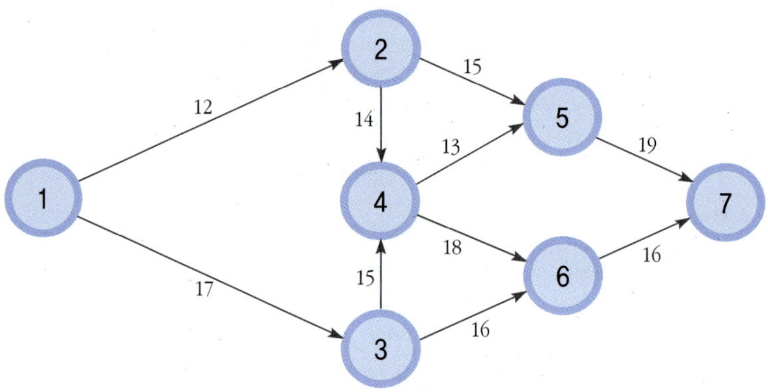

CHAPTER

09

프로젝트관리

제 1 절 서론
제 2 절 간트차트
제 3 절 PERT/CPM 네트워크
제 4 절 열거법
제 5 절 활동시간분석
제 6 절 가상활동
제 7 절 CPM의 시간과 비용분석
제 8 절 선형계획법의 시간과 비용분석
제 9 절 PERT에 의한 프로젝트관리

제 1 절 서론

프로젝트(project)란 투자 규모가 크고 내용이 복잡하여 완성에 오랜 시간이 소요되는 비반복적인 성격을 가지는 단일 사업을 말한다. 건설공사(빌딩, 댐, 교량, 주택 등), 주문제작(선박, 항공기, 대형기계 등), 도입(새로운 시스템, 새로운 절차 등) 등이 프로젝트의 예이다. 이러한 프로젝트는 특정 목적을 달성하기 위해 상호 연관된 많은 활동으로 구성되어져 있다. 프로젝트완료에 필요한 시간과 비용을 최소화하기 위해서는 상호 연관된 활동들을 계획하고 통제하는 프로젝트관리(project management)를 수행하여야 한다. 프로젝트의 관리는 간트차트와 PERT/CPM에 의해 수행될 수 있다.

간트차트는 프로젝트의 일정계획(scheduling)을 수립할 수 있는 간편한 방법이다. 하지만 복잡한 프로젝트를 분석하는 경우에는 많은 활동의 상호관계를 간트차트로 나타내기란 쉬운 일이 아니다. 따라서 복잡한 대규모 프로젝트를 효율적으로 계획하고 통제하기 위해 PERT(program evaluation and review technique)와 CPM(critical path method)이 개발되어 사용되고 있다. PERT는 1958년 미사일 프로젝트의 계획과 통제를 위해 개발된 기법이고 CPM은 1957년 화학공장의 정비에 필요한 일정계획을 수립하는 도구로서 개발된 기법이다.

PERT는 활동의 소요시간이 불확실한 경우에 프로젝트의 일정계획수립을 위한 확률적 기법(probabilistic technique)으로 주어진 기간 내에 프로젝트를 완료하게 될 확률을 구할 수 있다. 한편 CPM은 활동의 소요시간이 확실한 경우에 프로젝트의 일정계획수립을 위한 확정적 기법(deterministic technique)으로 프로젝트의 여러 활동에 대한 시간과 비용 간의 관계를 분석할 수 있다. PERT와 CPM은 기본적인 접근방법에 있어서는 별 차이가 없기 때문에 현재는 PERT/CPM으로 표시한다.

제 2 절 간트차트

프로젝트의 일정계획을 수립할 수 있는 간편한 방법인 간트차트는 1918년에 간트(Henry L. Gantt)에 의해 개발되었다. 간트차트는 프로젝트의 활동, 활동 간의 선후관계, 활동소요시간을 이용하여 일정계획을 수립한다. 다음의 예제를 통해 간트차트에 대해 살펴보기로 한다.

예제 9-1

ABC극단은 새로운 연극을 무대에 올리기 위한 준비과정으로 〈표 9-1〉과 같이 6개의 활동, 활동 간의 관계, 그리고 각 활동의 소요시간을 제시하였다.

표 9-1 연극 프로젝트

활동	내용	선행활동	소요시간(주)
A	계획수립	−	9
B	배우선정	A	7
C	무대준비	A	5
D	예비연습	B	6
E	최종연습	C	4
F	공연	D,E	3

ABC극단의 연극 프로젝트 책임자는 간트차트를 통해 다음의 물음에 대해 알고자 한다.

① 연극 프로젝트를 완료하는 데 소요되는 시간

② 소요시간에 여유가 있는 활동

③ 각 활동의 시작시간과 완료시간

[그림 9-1]은 연극 프로젝트의 계획수립에서 공연까지 일련의 활동에 대한 일정을 보여주는 간트차트이다.

그림 9-1 연극 프로젝트의 간트차트

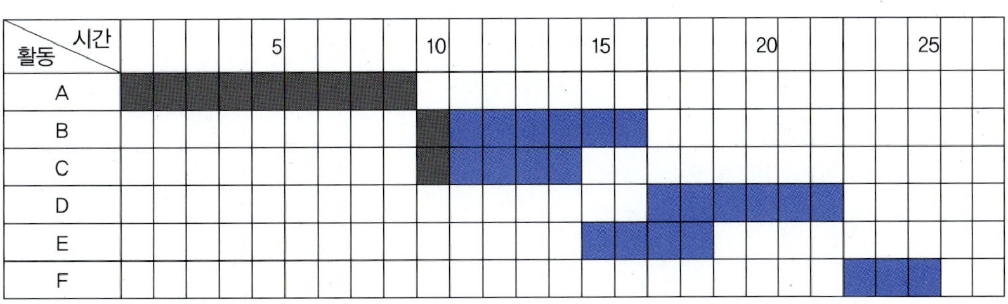

[그림 9-1]에서 왼쪽 수직축은 활동을 나타내고 수평축은 시간을 표시한다. 각 활동의 소요시간은 막대의 길이로 표시되므로 막대의 크기를 살펴보면 각 활동의 일정을 쉽게 확인할 수 있다. [그림 9-1]에서 막대의 검은 색 부분은 활동이 완료된 것을 나타낸다.

첫 번째 질문인 연극 프로젝트를 완료하는 데 소요되는 시간은 25주인 것을 알 수 있다. 프로젝트에 포함된 6개 활동에 대한 소요시간의 합이 34주이나 [그림 9-1]에서 알 수 있듯이 몇 가지 활동은 동시에 수행할 수 있기 때문에 연극 프로젝트의 완료시간은 이보다 단축되어 25주이다.

두 번째 질문인 소요시간에 여유가 없는 활동은 A, B, D, F이고 있는 활동은 C와 E이다. 이에 대한 보다 자세한 설명이 주경로분석에서 이루어진다.

세 번째 질문인 각 활동의 시작시간과 완료시간은 [그림 9-1]에서 보듯이 A는 0과 9, B는 9와 16, C는 9와 14, D는 16과 22, E는 14와 18, F는 22와 25이다. 이에 대한 보다 자세한 설명이 활동시간분석에서 이루어진다.

예제 9-2

XYZ인테리어는 가옥수리 프로젝트를 위한 활동, 활동 간의 선후관계 및 활동의 소요시간을 〈표 9-2〉와 같이 추정하였다.

표 9-2 가옥수리 프로젝트

활동	내용	선행활동	소요시간(주)
A	기초공사	–	3
B	자재구입	–	2
C	내부공사	A	5
D	외부공사	B	4
E	가구배치	C	2
F	마감공사	C	4
G	마감검사	D,E	3
H	입주	F,G	2

가옥수리 프로젝트 책임자는 간트차트를 통해 다음의 물음에 대해 알고자 한다.

① 가옥수리 프로젝트를 완료하는데 소요되는 시간

② 소요시간에 여유가 있는 활동

③ 각 활동의 시작시간과 완료시간

그림 9-2 가옥수리 프로젝트의 간트차트

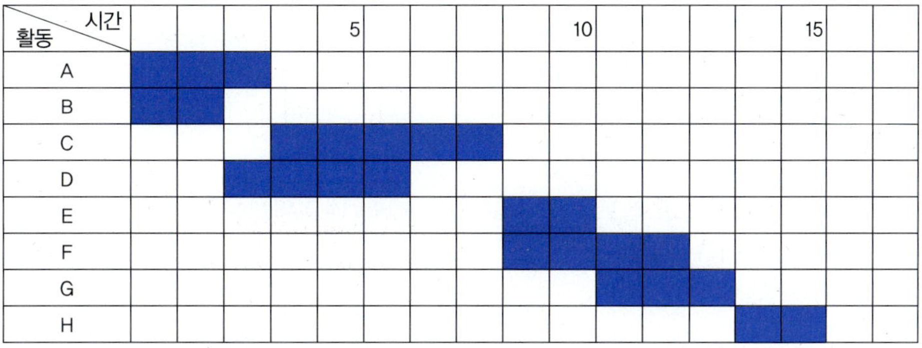

[그림 9-2]는 가옥수리 프로젝트의 기초공사에서 입주까지에 대한 일정을 보여주는 간트차트이다. 그림을 보면 프로젝트에 포함된 8개의 활동에 대한 소요시간의 합이 25주이나 몇 가지 활동은 동시에 수행할 수 있기 때문에 프로젝트 완료시간은 이보다 단축되어 15주가 된다. 소요시간에 여유가 없는 활동은 A, C, E, G, H이고 있는 활동은 B, D, F이다. 각 활동의 시작시간과 완료시간은 A는 0과 3, B는 0과 2, C는 3과 8, D는 2와 6, E는 8과 10, F는 8과 12, G는 10과 13, H는 13과 15이다.

제 3 절 PERT/CPM 네트워크

PERT/CPM 네트워크는 활동(activity)과 마디(node)를 사용하여 표시한다. 활동과 마디의 정의와 부호는 〈표 9-3〉과 같다.

표 9-3 활동과 마디

	정의	부호
활동	자원과 시간이 필요한 작업	⟶
마디	작업의 시작과 완료 시점	O
가상활동	자원과 시간이 불필요한 명목상의 작업	·······➤

활동과 마디로 구성되는 네트워크는 화살표로 연결된 원으로 구성된다고 할 수 있다.

1 [예제 9-1]의 네트워크

[예제 9-1]의 연극 프로젝트를 가지고 PERT/CPM 네트워크를 설명하기로 한다. 〈표 9-1〉의 활동 A를 네트워크로 표시하면 다음과 같다.

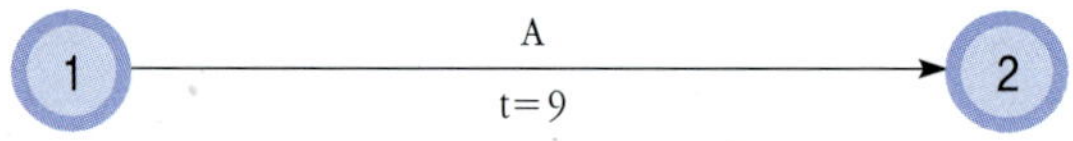

위의 네트워크는 활동 A가 마디 1에서 시작하여 마디 2에서 완료되고 예상소요시간(t)이 9주라는 것을 표시하고 있다. 〈표 9-1〉에서 어떤 활동의 선행활동이란 그 활동을 시작하기 전에 마쳐야 하는 활동을 말한다. 활동 B와 C를 시작하기 위해서는 활동 A를 먼저 마쳐야 하므로 활동 A는 활동 B와 C의 선행활동이 된다. 활동 A는 활동 B와 C의 선행활동이라는 관계를 네트워크로 표시하면 다음과 같다.

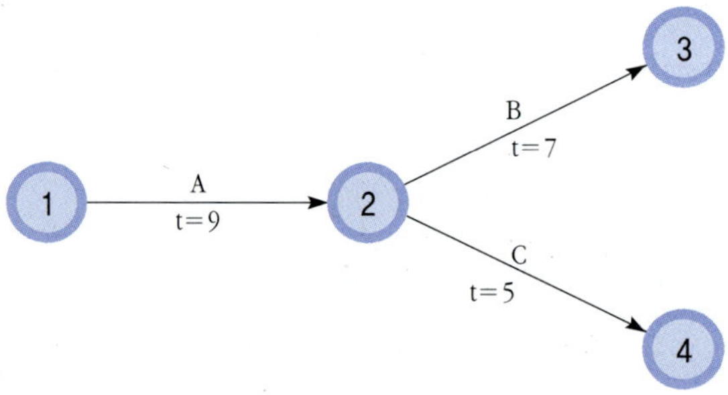

원 안의 숫자는 특별한 의미가 없으며 단지 활동의 시작이나 완료를 나타내거나 전체 활동의 선후관계를 나타내는 데 이용된다. 이상과 같은 과정을 반복하여 [예제 9-1]의 연극 프로젝트의 네트워크를 작성하면 [그림 9-3]과 같다.

그림 9-3 연극 프로젝트의 네트워크

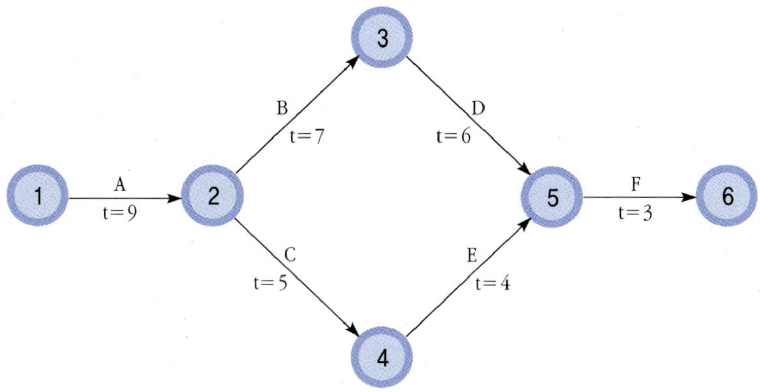

2 [예제 9-2]의 네트워크

[예제 9-1]과 같은 과정을 반복하여 [예제 9-2]의 가옥수리 프로젝트의 네트워크를 작성하면 [그림 9-4]와 같다. [그림 9-4]에서 활동 H를 시작하기 위해서는 활동 F와 G를 마쳐야 하므로 활동 F와 G는 활동 H의 선행활동이 된다. 마찬가지로 활동 D와 E는 활동 G의 선행활동이 된다. 활동 F와 E의 선행활동은 C, 활동 D의 선행활동은 B, 활동 C의 선행활동은 A가 된다. 한편 활동 A와 B는 선행활동이 없으므로 동시에 시작할 수 있음을 보여준다.

그림 9-4 가옥수리 프로젝트의 네트워크

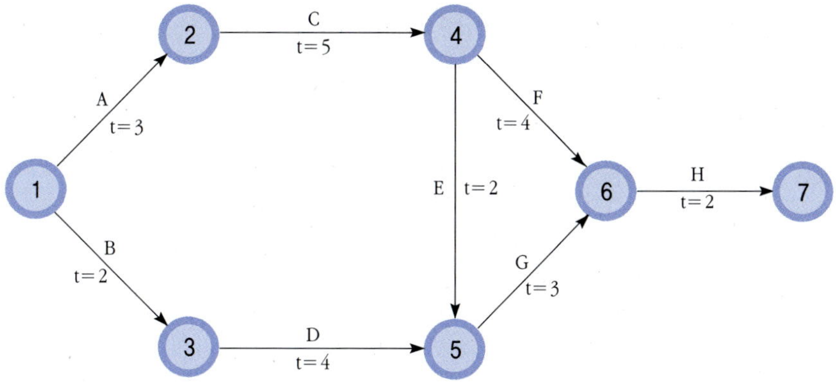

제4절 열거법

〈표 9-1〉을 보면 [예제 9-1]의 프로젝트에 포함된 6개 활동의 소요시간의 합이 34주이나 [그림 9-1]에서 알 수 있듯이 몇 가지 활동은 동시에 시작할 수 있기 때문에 프로젝트의 최단완료시간은 이보다 단축될 수 있다. 프로젝트의 최단완료시간을 추정하기 위해서는 네트워크의 주경로(critical path)를 찾아야 한다. 주경로란 프로젝트를 완료하는 데 소요되는 시간이 가장 긴 경로를 의미하고 주경로상에 있는 활동을 주활동(critical activity)이라 한다.

프로젝트의 최단완료시간을 나타내는 주경로는 열거법이나 활동시간분석법으로 구할 수 있다. 열거법은 모든 경로를 찾아야 하므로 활동이 많은 프로젝트에서는 사용하기가 곤란하다. 따라서 일반적으로 주경로를 찾기 위해서는 활동시간분석법을 사용한다. 열거법을 먼저 살펴본 다음에 활동시간분석법을 소개하기로 한다.

1 [예제 9-1]의 주경로

[그림 9-3]의 네트워크에는 〈표 9-4〉와 같이 두개의 경로가 있다. 연극 프로젝트가 완료되기 위해서는 모든 경로가 완료되어야 하므로 네트워크의 경로 중에서 가장 긴 시간이 소요되는 최장경로가 주경로가 되고 프로젝트의 최단완료시간은 최장경로의 소요시간이다.

[예제 9-1]의 주경로는 A－B－D－F이고 프로젝트의 최단완료시간은 주경로의 소요시간인 25주이다. 만일 연극 프로젝트의 최단완료시간을 단축하려면 주경로상에 있는 활동의 소요시간을 단축시켜야 한다. 반대로 주경로상에 있는 활동의 소요시간이 지연되면 연극 프로젝트의 최단완료시간 또한 지연되게 된다.

표 9-4 열거법에 의한 연극 프로젝트의 주경로

경로	소요시간	주경로
A－B－D－F	9 + 7 + 6 + 3 = 25	⟵
A－C－E－F	9 + 5 + 4 + 3 = 21	

예를 들어, 활동 B가 예정소요시간인 7주보다 지연되어 8주에 완료되면 프로젝트는 26주에 완성되고 반대로 7주보다 빠른 5주에 완료되면 프로젝트는 23주에 완성된다. 그러나 주경로상의 활동이 아닌 활동 C가 예정소요시간인 5주보다 늦은 6주에 완료되든지 5주보다 빠른 4주에 완료되더라도 프로젝트의 최단완료시간 25주에는 영향을 미치지 않는다.

2 [예제 9-2]의 주경로

[그림 9-4]의 네트워크에는 〈표 9-5〉와 같이 세 개의 경로가 있다. 프로젝트가 최종적으로 완료되기 위해서는 모든 경로가 완료되어야 하므로 네트워크의 경로 중에서 가장 긴 시간의 경로가 주경로가 되고 프로젝트의 최단완료시간은 최장경로의 소요시간이다.

표 9-5 열거법에 의한 가옥수리 프로젝트의 주경로

경로	소요시간	주경로
A−C−F−H	3+5+4+2=14	
A−C−E−G−H	3+5+2+3+2=15	←
B−D−G−H	2+4+3+2=11	

[예제 9-2]의 주경로는 A−C−E−G−H이고 프로젝트의 최단완료시간은 주경로의 소요시간인 15주이다. 만일 가옥수리 프로젝트의 완료시간을 단축하려면 주경로상에 있는 A, C, E, G, H 활동의 소요시간을 단축시켜야 한다. 반대로 주경로상에 있는 활동들의 소요시간이 지연되면 가옥수리 프로젝트의 최단완료시간에 지장을 주게 된다.

제 5 절 활동시간분석

복잡한 네트워크의 주경로는 열거법보다 활동시간분석으로 쉽게 구할 수 있다. 활동시간분석으로 주경로를 구하기 위해서는 네트워크의 각 활동에 대해 다음과 같은 시간을 계산한다.

① ES(earliest start time) : 선행활동이 정상적으로 완료될 때 활동을 가장 빨리 시작할 수 있는 시간

② EF(earliest finish time) : 선행활동이 정상적으로 완료될 때 활동을 가장 빨리 완료할 수 있는 시간

③ LS(latest start time) : 프로젝트의 최단완료시간에 지장을 주지 않으면서 활동을 가장 늦게 시작할 수 있는 시간

④ LF(latest finish time) : 프로젝트의 최단완료시간에 지장을 주지 않으면서 활동을 가장 늦게 완료할 수 있는 시간

1 [예제 9-1]의 활동시간분석

1) ES와 EF의 계산

각 활동의 ES와 EF는 다음과 같이 구한다.

ES = 선행활동들의 EF 중에서 가장 큰 값
EF = ES + 소요시간(t)

활동의 ES를 구한 다음에 EF를 구한다. 각 활동에 대한 ES를 구하기 위해서는 먼저 모든 선행활동의 EF를 찾아야 한다. 예를 들어, 활동 A의 선행활동은 없으므로 ES=0, EF=0+9=9가 된다. 여기서 네트워크의 원점인 마디 1의 출발시간은 항상 0으로 한다. 한편 활동 B의 선행활동은 활동 A이므로 활동 A의 EF가 활동 B의 ES가 된다. 따라서 활동 B는 ES=9, EF=9+7=16이 된다. 같은 방법으로 C, D, E 활동의 ES와 EF를 구한다.

한편 활동 F는 선행활동인 D와 E가 모두 끝나야 시작할 수 있으므로 D와 E 중에서 늦게 끝나는 활동의 EF가 F의 ES가 된다. 그러므로 D의 EF=22와 E의 EF=18 중에서 큰 값이 활동 F의 ES가 된다. 따라서 활동 F의 ES=22가되고 EF=22+3=25가 된다. 활동 F의 가장 빠른 시작시간은 22주이고 가장 빠른 완료시간은 25주가 된다. 이와 같이 계산된 각 활동의 ES와 EF는 〈표 9-6〉에 나타나 있다.

표 9-6 연극 프로젝트의 ES와 EF

활동	선행활동	t	ES(선행활동의 EF 중 큰 값)	EF(ES+t)
A	–	9	0	0+9=9
B	A	7	A의 EF=9	9+7=16
C	A	5	A의 EF=9	9+5=14
D	B	6	B의 EF=16	16+6=22
E	C	4	C의 EF=14	14+4=18
F	D, E	3	D와 E 중 큰 EF=22	22+3=25

〈표 9-6〉을 네트워크로 표현하면 [그림 9-5]와 같다.

그림 9-5 연극 프로젝트의 ES와 EF

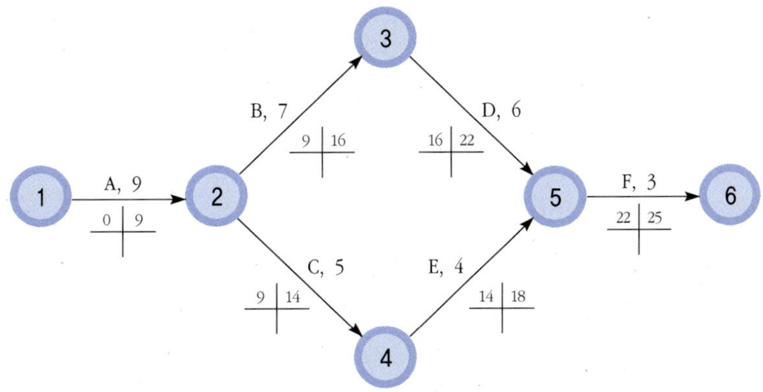

[그림 9-5]는 각 활동의 이름과 소요시간 그리고, ES, EF, LS, LF를 보여주고 있다. 네트워크에서 ES, EF, LS, LF의 위치는 다음과 같다.

ES	EF
LS	LF

예를 들어, 활동 C는 t=5, ES=9와 EF=14이고 활동 F는 t=3, ES=22와 EF=25임을 보여주고 있다. 활동의 LS와 LF는 아직 계산되지 않아 빈칸으로 나타나고 있다.

2) LS와 LF의 계산

지금까지 살펴본 바와 같이 모든 활동에 대한 ES와 EF는 네트워크의 원점에서 출발하여 종점으로 향하는 전진연산(forward-pass) 개념을 이용한다. 반면 활동에 대한 LS와 LF는 네트워크의 종점에서 출발하여 원점으로 거슬러 올라가는 후진연산(backward-pass) 개념을 적용한다.

다음의 식을 이용하여 활동의 LF를 먼저 구한 후 LS를 구한다.

LF = 후속활동들의 LS 중에서 가장 작은 값

LS = LF − 소요시간(t)

먼저 최종활동의 EF를 최종활동의 LF로 정한다. 여기서는 최종활동 F의 EF=25를 LF=25로 한다. 활동 F의 LF=25이므로 LS=21(25−3)이 된다. 활동 D와 E의 후속활동은 F밖에 없기 때문에 활동 F의 LS가 활동 D와 E의 LF값이 된다. 따라서 활동 D는 LF=22, LS=22−6=16이고 활동 E는 LF=22, LS=22−4=18이 된다.

한편 활동 A의 후속활동은 B와 C이기 때문에 B의 LS=9와 C의 LS=13 중에서 작은 값인 9가 활동 A의 LF가 되어야 한다. 만약 활동 A의 LF가 13이면 다음과 같이 경로가 진행되어 프로젝트의 완료시간은 29주가 되어 지연된다.

A−B−D−F → 13 + 7 + 6 + 3 = 29

A−C−E−F → 13 + 5 + 4 + 3 = 25

반면 활동 A의 LF가 9이면 다음과 같이 진행되어 프로젝트의 최단완료시간에는 영향이 없다.

A−B−D−F → 9 + 7 + 6 + 3 = 25

A−C−E−F → 9 + 5 + 4 + 3 = 21

따라서 후속활동들의 LS 중에서 작은 값을 그 활동의 LF로 한다. 이상과 같은 방법으로 연극 프로젝트의 모든 활동에 대한 LS와 LF를 계산하면 〈표 9-7〉과 같다.

표 9-7 각 활동의 LS와 LF

활동	후속활동	t	LF(후속활동의 LS 중 작은 값)	LS(LF − t)
F	-	3	25	25−3=22
E	F	4	F의 LS=22	22−4=18
D	F	6	F의 LS=22	22−6=16
C	E	5	E의 LS=18	18−5=13
B	D	7	D의 LS=16	16−7=9
A	B,C	9	B와 C 중 작은 LS=9	9−9=0

그림 9-6 연극 프로젝트의 일정계획

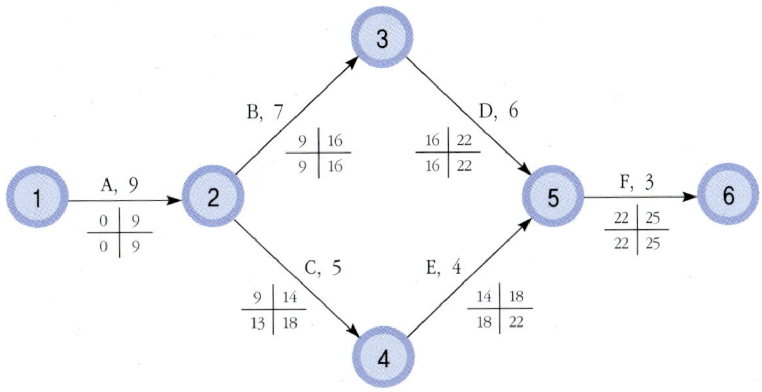

[예제 9-1]의 연극 프로젝트를 위한 활동별 ES, EF, LS, LF는 [그림 9-6]에 나타나 있다. [그림 9-6]에서와 같이 소요시간이 7주인 활동 B는 ES=9와 EF=16이므로 B가 가장 빨리 시작할 수 있는 시간은 9주이고 가장 빨리 완료할 수 있는 시간은 16주이다. 그리고 활동 B의 LS=9와 LF=16이므로 프로젝트의 최단완료시간(25주)에 지장을 주지 않으려면 B는 늦어도 9주에 시작해야 하고 늦어도 16주에는 마쳐야 한다.

마찬가지로 소요시간이 5주인 활동 C는 ES=9와 EF=14이므로 C가 가장 빨리 시작할 수 있는 시간은 9주이고 가장 빨리 완료할 수 있는 시간은 14주이다. 그리고 활동 C의 LS=13와 LF=18이므로 프로젝트의 최단완료시간(25주)에 지장을 주지 않으려면 C는 늦어도 13주에 시작해야 하고 늦어도 18주에는 마쳐야 한다.

3) 여유시간

여유시간(slack time)이란 프로젝트의 완료에 영향을 주지 않으면서 각 활동을 지연할 수 있는 시간을 의미한다. 여유시간을 식으로 나타내면 다음과 같다.

$$\text{여유시간} = LS - ES$$
$$= LF - EF$$

〈표 9-8〉은 연극 프로젝트의 모든 활동에 대해 ES, EF, LS, LF 및 여유시간을 계산한 것이다.

표 9-8 연극 프로젝트의 일정계획

활동	소요시간	ES	EF	LS	LF	여유시간	주경로
A	9	0	9	0	9	0	☆
B	7	9	16	9	16	0	☆
C	5	9	14	13	18	4	
D	6	16	22	16	22	0	☆
E	4	14	18	18	22	4	
F	3	22	25	22	25	0	☆

활동 C의 경우 LS−ES=13−9=4 혹은 LF−EF=18−14=4이므로 여유시간은 4주이고 활동 E의 경우 LS−ES=18−14=4 혹은 LF−EF=22−18=4이므로 여유시간은 4주이다. 이는 활동 C와 E가 4주 지연되어도 프로젝트의 최단완료시간에는 영향을 미치지 않는다는 의미이다. 한편 활동 A, B, D 및 F는 여유시간이 없으므로 이들 활동 중 어느 하나라도 지연되면 프로젝트의 최단완료시간에 지장을 초래하게 된다. 이와 같은 활동들을 주활동이라 하고 이 활동들로 이루어진 경로를 주경로라 한다.

주경로상에 있는 활동들의 LS와 ES 그리고 LF와 EF는 항상 같으므로 여유시간은 전부 0이 된다. 따라서 여유시간이 전부 0인 경로가 주경로이다. 연극 프로젝트의 주경로는 A−B−D−F이고 이 주경로에 따라 프로젝트를 진행할 경우 프로젝트의 최단완료시간은 25주이다. 〈표 9-8〉 또는 [그림 9-6]에서 주활동들의 LS와 ES 그리고 LF와 EF는 항상 일치한다.

2 [예제 9-2]의 활동시간분석

1) ES와 EF의 계산

[예제 9-2]의 가옥수리 프로젝트를 위한 활동별 ES와 EF는 〈표 9-9〉에 나타나 있다.

표 9-9 가옥수리 프로젝트의 ES와 EF

활동	선행활동	t	ES(선행활동의 EF 중 큰 값)	EF(ES+t)
A	–	3	0	0+3=3
B	–	2	0	0+2=2
C	A	5	A의 EF=3	3+5=8
D	B	4	B의 EF=2	2+4=6
E	C	2	C의 EF=8	8+2=10
F	C	4	C의 EF=8	8+4=12
G	D, E	3	D와 E 중 큰 EF=10	10+3=13
H	F, G	2	F와 G 중 큰 EF=13	13+2=15

2) LS와 LF의 계산

[예제 9-2]의 가옥수리 프로젝트를 위한 활동별 LS와 LF를 계산하면 〈표 9-10〉과 같다. 지금까지 계산된 각 활동의 ES, EF, LS, LF는 [그림 9-7]에 나타나 있다.

[그림 9-7]에서와 같이 소요시간이 4주인 활동 D는 ES=2와 EF=6이므로 D가 가장 빨리 시작할 수 있는 시간은 2주이고 가장 빨리 완료할 수 있는 시간은 6주이다. 그리고 활동 D의 LS=6과 LF=10이므로 프로젝트의 최단완료시간(15주)에 지장을 주지 않으려면 D는 늦어도 6주에 시작해야 하고 늦어도 10주에는 마쳐야 한다.

마찬가지로 소요시간이 4주인 활동 F는 ES=8과 EF=12이므로 F가 가장 빨리 시작할 수 있는 시간은 8주이고 가장 빨리 완료할 수 있는 시간은 12주이다. 그리고 활동 F의 LS=9와 LF=13이므로 프로젝트의 최단완료시간(15주)에 지장을 주지 않으려면 F는 늦어도 9주에 시작해야 하고 늦어도 13주에는 마쳐야 한다.

표 9-10 가옥수리 프로젝트의 LS와 LF

활동	후속활동	t	LF(후속활동의 LS 중 작은 값)	LS(LF－t)
H	–	2	15	15−2=13
G	H	3	H의 LS=13	13−3=10
F	H	4	H의 LS=13	13−4=9
E	G	2	G의 LS=10	10−2=8
D	G	4	G의 LS=10	10−4=6
C	E, F	5	E와 F 중 작은 LS=8	8−5=3
B	D	2	D의 LS=6	6−2=4
A	C	3	C의 LS=3	3−3=0

그림 9-7 가옥수리 프로젝트의 일정계획

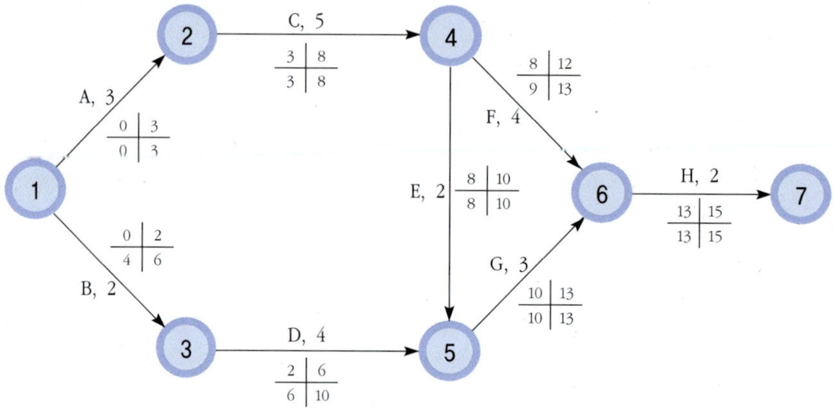

3) 여유시간

〈표 9-11〉은 가옥수리 프로젝트의 모든 활동에 대해 ES, EF, LS, LF 및 여유시간을 계산한 것이다. 가옥수리 프로젝트의 주경로는 A−C−E−G−H이고 이 주경로에 따라 프로젝트를 진행할 경우 프로젝트의 최단완료시간은 15주이다. 〈표 9-11〉 또는 [그림 9-7]에서 주활동들인 A−C−E−G−H의 ES와 LS 또는 EF와 LF는 일치한다.

표 9-11 가옥수리 프로젝트의 일정계획

활동	소요시간	ES	EF	LS	LF	여유시간	주경로
A	3	0	3	0	3	0	☆
B	2	0	2	4	6	4	
C	5	3	8	3	8	0	☆
D	4	2	6	6	10	4	
E	2	8	10	8	10	0	☆
F	4	8	12	9	13	1	
G	3	10	13	10	13	0	☆
H	2	13	15	13	15	0	☆

제 6 절 가상활동

PERT/CPM 네트워크에서는 두 개 이상의 활동이 동시에 동일한 시작 마디와 끝 마디를 가질 수 없다는 규칙이 있다. 이를 위해 가상활동(dummy activity)의 도입이 필요하다. 가상활동이란 시간과 비용을 전혀 소비하지 않는 활동으로서 단지 네트워크가 논리적인 선행관계를 유지하기 위한 목적으로 도입된다. 예를 들어, 〈표 9-12〉와 같은 활동과 선후관계가 있다고 가정하고 네트워크를 그리면 [그림 9-8]과 같다.

표 9-12 가상활동이 필요한 예

활동	선행활동
A	–
B	A
C	A
D	B, C

그림 9-8 〈표 9-12〉의 네트워크

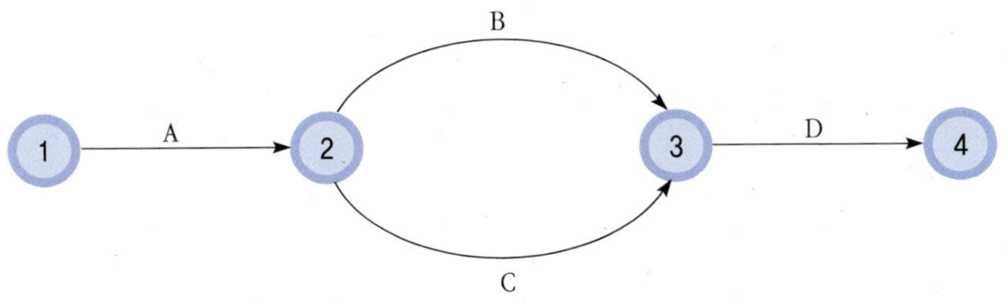

[그림 9-8]에서는 활동들 간의 선후관계는 나타낼 수 있지만 활동 B와 C는 동시에 동일한 시작 마디와 끝 마디를 가질 수 없다는 규칙에 위반되기 때문에 [그림 9-9]와 같이 수정하여야 한다. [그림 9-9]에서 점선은 가상활동을 나타낸다.

그림 9-9 가상활동이 추가된 네트워크

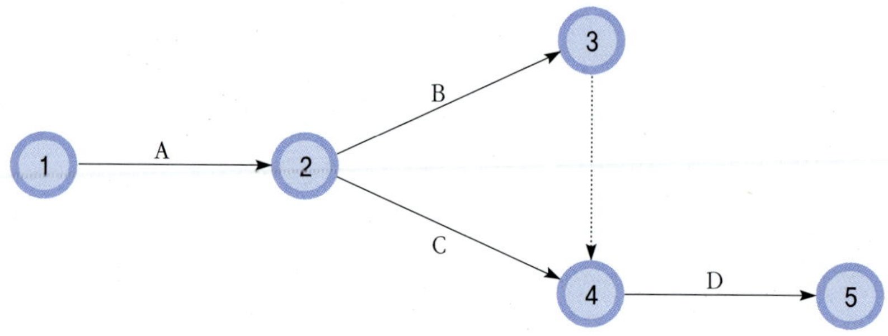

[그림 9-8]에서처럼 활동 B와 C가 동일한 시작 및 완료마디를 갖지 않으면서 활동 간의 선후관계는 유지하기 위해 가상활동을 도입하여 [그림 9-9]와 같이 표시할 수 있다. 또 다른 예로 [예제 9-1]의 연극 프로젝트에서 활동 E의 선행활동이 〈표 9-13〉과 같이 활동 C에서 B와 C로 변경되었다고 가정하자.

표 9-13 수정된 연극 프로젝트

활동	내용	선행활동	소요시간(주)
A	계획수립	–	9
B	배우선정	A	7
C	무대준비	A	5
D	예비연습	B	6
E	최종연습	B,C	4
F	공연	D,E	3

〈표 9-13〉의 경우에도 활동 B와 C가 동일한 시작 및 완료마디를 갖지 않으면서 활동의 선후관계가 구분되도록 가상활동을 도입한다. 이를 네트워크로 표시하면 [그림 9-10]과 같다.

그림 9-10 가상활동이 추가된 연극 프로젝트의 네트워크

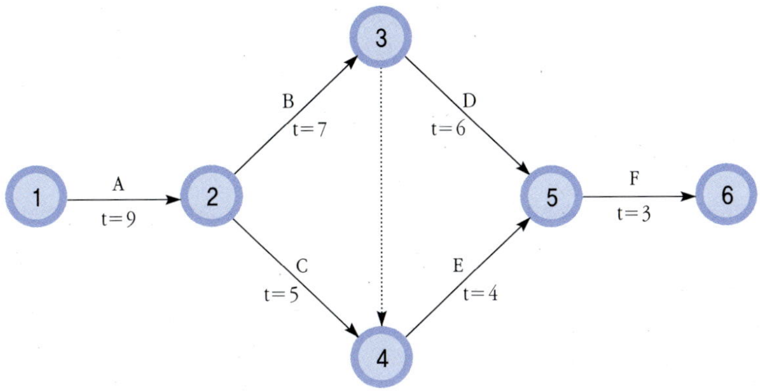

제 7 절 CPM의 시간과 비용분석

지금까지는 활동의 소요시간이 확정적이라고 가정하고 프로젝트의 일정계획을 수립하였다. 그러나 노동, 시간, 시설 및 자재 등의 자원을 추가로 투입하여 활동의 소요시간을 단축하면 프로젝트의 최단완료시간을 단축할 수 있다. 따라서 시간과 비용 간의 보상관계(trade-off)를 검토함으로써 최소비용으로 프로젝트 완료시간을 최대로 단축할 수 있는 방법을 찾아야 한다. 시간과 비용분석은 다음과 같은 각 활동의 시간과 비용에 대한 정보를 필요로 한다.

① **정상시간**(normal time) : 정상적인 조건에서 소요되는 시간
② **정상비용**(normal cost) : 정상적인 조건에서 소요되는 비용
③ **속성시간**(crash time) : 자원을 추가로 투입할 때 소요되는 시간
④ **속성비용**(crash cost) : 자원을 추가로 투입할 때 소요되는 비용

[그림 9-11]은 활동의 시간과 비용 간의 관계를 보여주고 있다. [그림 9-11]에서 시간과 비용의 관계는 선형이라고 가정하면서 속성점은 활동의 속성시간과 속성비용을 그리고 정상점은 활동의 정상시간과 정상비용을 나타낸다. 각 점을 연결한 직선은 활동의 소요시간을 한 단위 단축하는 데 필요한 추가비용을 제시해 준다.

그림 9-11 활동의 시간과 비용 간의 관계

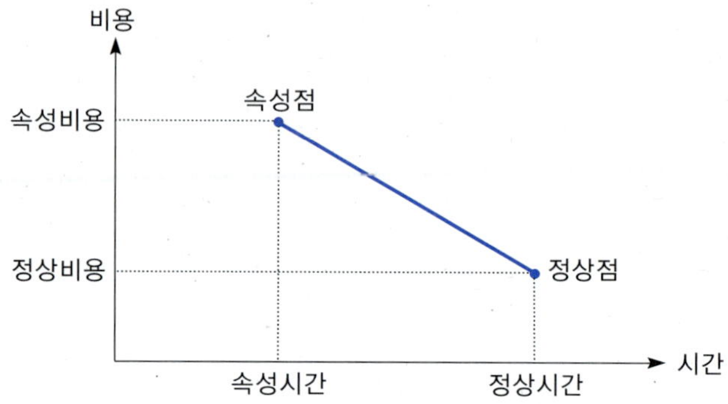

한 단위의 시간을 단축하는 데 필요한 추가비용은 다음 식을 이용하여 계산할 수 있다.

$$\text{단위시간당 단축비용} = \frac{\text{속성비용} - \text{정상비용}}{\text{정상시간} - \text{속성시간}}$$

예를 들어, 활동 X는 정상비용 2,000만 원으로는 정상시간이 6주이지만 속성비용 2,400만 원으로는 속성시간이 4주라 가정한다. 이 경우 활동 X는 비용 400만 원을 추가하면 2주 단축할 수 있음을 알 수 있다. 따라서 1주 단축하는 데는 200만 원의 추가비용이 소요되므로 단위시간당 단축비용은 200만 원이다.

1 [예제 9-1]의 시간과 비용분석

시간과 비용분석의 목적은 단축비용을 최소화하면서 프로젝트 완료시간을 최대로 단축시키는 방안을 찾는 것이다. [예제 9-1]의 연극 프로젝트 문제를 가지고 최소의 단축비용으로 최대로 프로젝트 완료시간을 단축하기 위한 방안에 대해 살펴보기로 하자. [예제 9-1]의 ABC극단은 연극 프로젝트를 위한 활동별 시간과 비용 그리고 단위시간당 단축비용 등을 추정하여 〈표 9-14〉와 같이 제시하였다.

표 9-14 연극 프로젝트의 활동별 시간과 비용

활동	시간(주)		비용(백만)		단위시간당 단축비용(백만)
	정상	속성	정상	속성	
A	9	7	40	52	6
B	7	4	30	39	3
C	5	4	25	27	2
D	6	4	20	24	2
E	4	3	15	18	3
F	3	3	30	30	–
			160	190	

[그림 9-12]는 연극 프로젝트를 네트워크로 표시한 것이다. 화살표 위의 숫자는 정상시간을 괄호 속 숫자는 속성시간을 나타낸다. 또한 화살표 밑에 있는 숫자는 단위시간당 단축비용을 나타낸다.

단계 0: 정상시간 및 속성시간을 적용하여 각각의 주경로를 찾는다. 정상시간에 의한 주경로는 A–B–D–F(25주)이고 프로젝트 완료비용은 160백만 원이다. 속성시간에 의한 주경로는 A–B–D–F(18주)이고 프로젝트 완료비용은 190백만 원이다. 이 프로젝트는 18주 이전에는 완료할 수 없다.

그림 9-12 연극 프로젝트의 네트워크

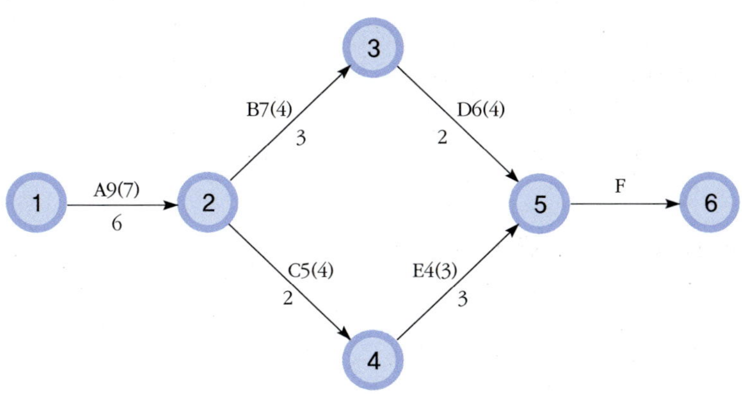

단계	경로	정상소요시간	속성소요시간	주경로
0	A−B−D−F	25	18	←
	A−C−E−F	21	17	

단계 1: 정상시간에 의한 주경로상에 있는 활동들 중 최소의 단위시간당 단축비용을 갖는 활동을 찾아 주경로가 변경되지 않는 범위 내에서 단축한다. 반드시 프로젝트의 완료시간을 단축하기 위해서는 주경로상의 활동들의 소요시간을 단축시켜야만 한다. [그림 9-12]를 보면 활동 D가 가장 적은 단위시간당 단축비용(2백만 원)을 가지므로 이 활동을 단축한다. 단축시킬 수 있는 최대시간은 2주이다. 따라서 단축비용 4백만 원을 투입하여 D를 2주 단축하면 최단완료시간은 23주이다. 단계 1에서의 단축 내용은 다음과 같고 네트워크는 [그림 9-13]과 같다.

단계	경로	단축활동	단축시간	추가비용	완료시간	주경로
1	A−B−D−F	D	2	4	23	←
	A−C−E−F				21	

단계 2: 단계 1에서 주경로는 변하지 않았다. 따라서 주경로상의 활동들 중에서 단위시간당 단축비용이 가장 적은 활동 B를 2주 단축한다. 활동 B는 3주 단축할 수 있지만 3주를 단축하면 주공정이 A−C−E−F로 바뀌게 되므로 2주만 단축한다. 단축비용 6백만 원을 투입하여 활동 B를 2주 단축하면 주경로는 A−B−D

그림 9-13 활동 D가 단축된 후의 네트워크

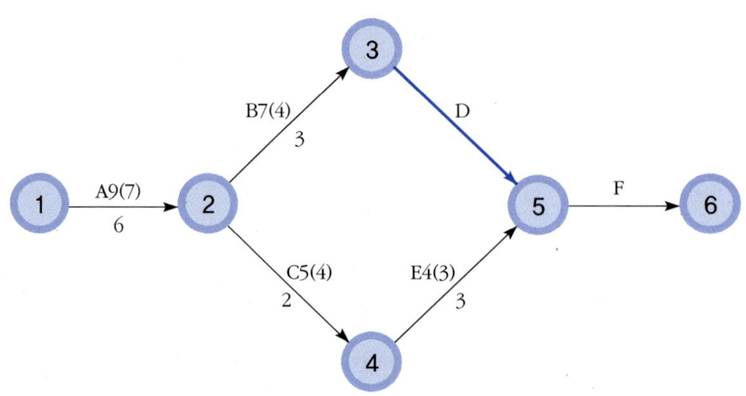

−F와 A−C−E−F가 된다. 이 때 완료시간은 21주가 된다. 단계 2에서의 단축 내용은 다음과 같고 네트워크는 [그림 9-14]와 같다.

단계	경로	단축활동	단축시간	추가비용	완료시간	주경로
2	A−B−D−F	B	2	6	21	←
	A−C−E−F				21	←

단계 3: 주경로가 2개 이상인 경우에는 모든 주경로를 동시에 단축시켜야 한다. 그러므로 활동 B를 1주 단축하고 활동 C를 1주 단축해야 최소의 단축비용으로 2개의 주경로를 동시에 단축할 수 있다. 이렇게 함으로써 단축비용 5백만 원으로 프로젝트 완료시간은 20주가 되면서 주경로는 그대로 A−B−D−F와 A−C−E−F가 된다. 단계 3에서의 단축 내용은 다음과 같고 네트워크는 [그림 9-15]와 같다.

단계	경로	단축활동	단축시간	추가비용	완료시간	주경로
3	A−B−D−F	B	1	3	20	←
	A−C−E−F	C	1	2	20	←

그림 9-14 활동 B가 단축된 후의 네트워크

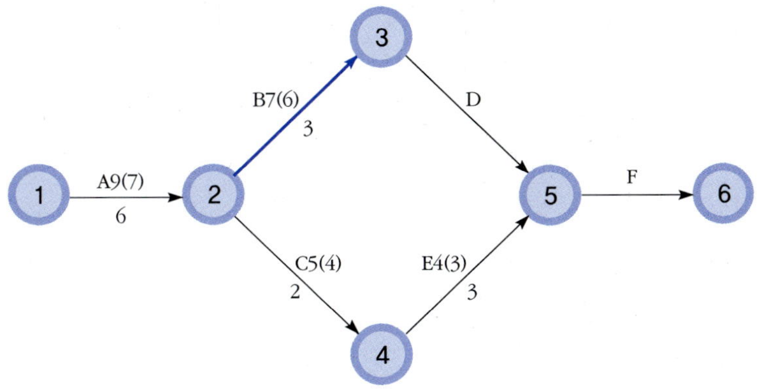

그림 9-15 활동 B와 C가 단축된 후의 네트워크

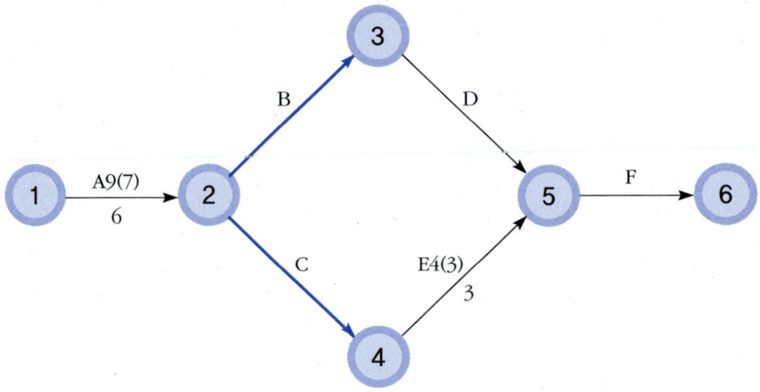

단계 4: 활동 A를 2주 단축하면 단축비용 12백만 원으로 프로젝트의 완료시간은 18주가 된다. 이때 주경로는 변하지 않는다. 단계 4에서의 단축 내용은 다음과 같고 네트워크는 [그림 9-16]과 같다.

단계	경로	단축활동	단축시간	추가비용	완료시간	주경로
4	A−B−D−F	A	2	12	18	←
	A−C−E−F				18	←

그림 9-16 활동 A가 단축된 후의 네트워크

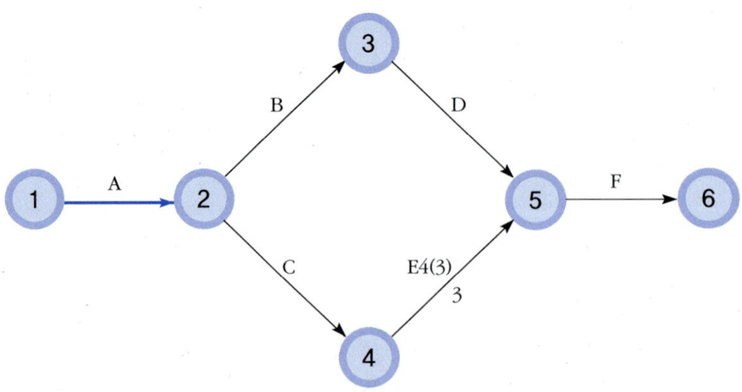

주경로상에 있는 모든 활동의 완료시간이 최대한으로 단축되었기 때문에 더 이상의 단축은 의미가 없다. 예를 들어, 현재의 주경로는 A−B−D−F와 A−C−E−F이기 때문에 활동 E를 1주 단축시키면 A−C−E−F의 완료시간은 17주로 단축되지만 A−B−D−F의 완료시간은 18주이기 때문에 완료시간은 18주이다. 따라서 활동 E를 단축하더라도 단축비용만 발생할 뿐 프로젝트 완료시간은 단축할 수 없다. 이상의 결과를 정리하면 〈표 9−15〉와 같다.

〈표 9−15〉와 같이 단축함으로써 연극 프로젝트의 완료시간은 18주이고 단축비용은 27백만 원이다. 연극 프로젝트는 정상비용 160백만 원으로는 정상시간 25주에 완료할 수 있지만 187백만 원(정상비용+단축비용=160+27)으로는 18주에 완료할 수 있어 7주를 단축할 수 있다. 만약 모든 활동을 속성으로 처리한다면 190백만 원으로 18주에 완료할 수 있지만 여기서는 187백만 원으로 18주에 완료할 수 있음을 알 수 있다.

2 [예제 9−2]의 단축

가옥수리 프로젝트를 가지고 최소의 단축비용으로 최대의 완료시간을 구하는 방안에 대해 살펴보기로 한다. [예제 9−2]의 XYZ인테리어는 가옥수리 프로젝트를 위한 활동별 시간과 비용 그리고 단위시간당 단축비용 등을 추정하여 〈표 9−16〉과 같이 제시하였다.

표 9−15 연극 프로젝트의 단축 과정

단계	단축활동	단축시간	추가비용(백만)	경로	소요시간
0	−	−	−	A−B−D−F	25
				A−C−E−F	21
1	D	2	4	A−B−D−F	23
				A−C−E−F	21
2	B	2	6	A−B−D−F	21
				A−C−E−F	21
3	B	1	3	A−B−D−F	20
	C	1	2	A−C−E−F	20
4	A	2	12	A−B−D−F	18
				A−C−E−F	18
합계		7	27		

표 9-16 가옥수리 프로젝트의 시간과 비용

활동	시간(주)		비용(백만)		단위시간당 단축비용(백만)
	정상	속성	정상	속성	
A	3	2	4	5	1
B	2	1	2	4	2
C	5	3	1	3	1
D	4	2	2	3	0.5
E	2	1	2	5	3
F	4	2	3	4	0.5
G	3	1	2	6	2
H	2	1	1	2	1
			17	32	

[그림 9-17]은 가옥수리 프로젝트를 네트워크로 표시한 것이다. 화살표 위의 숫자는 정상시간을 괄호 속 숫자는 속성시간을 나타낸다. 또한 화살표 밑에 있는 숫자는 단위시간당 단축비용을 나타낸다.

정상시간 및 속성시간을 적용하여 각각의 주경로를 〈표 9-17〉과 같이 찾는다. 정상시간에 의한 주경로는 A−C−E−G−H(15주)이고 속성시간에 의한 주경로는 A−C−F−H와 A−C−E−G−H(8주)이다. 따라서 이 프로젝트는 8주 이전에는 완료할 수 없다. 정상시간의 프로젝트 완료비용은 17백만 원이고 속성시간의 완료비용은 32백만 원이다.

그림 9-17 가옥수리 프로젝트의 네트워크

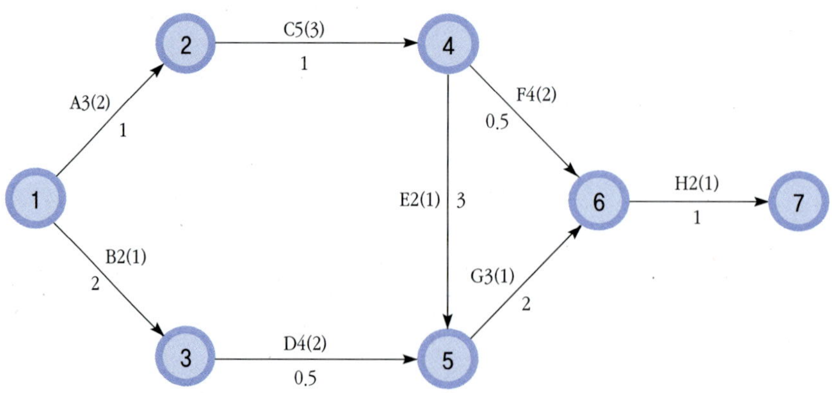

표 9-17 가옥수리 프로젝트의 정상 및 속성시간에 따른 주경로

경로	정상시간	속성시간	주경로
A−C−F−H	14	8	
A−C−E−G−H	15	8	←
B−D−G−H	11	5	

[예제 9-2]의 가옥수리 프로젝트의 시간과 비용분석에 의한 단축 결과를 정리하면 〈표 9-18〉과 같다. 〈표 9-18〉과 같이 단축함으로써 가옥수리 프로젝트의 완료시간은 8주이고 단축비용은 12백만 원이다. 가옥수리 프로젝트는 정상비용 17백만 원을 투입하면 정상시간 15주에 완료할 수 있으나 단축비용 12백만 원을 추가로 투입하면 29백만 원으로 8주에 완료할 수 있어 7주를 단축할 수 있다. 만약 모든 활동을 속성으로 처리한다면 32백만 원으로 8주에 완료할 수 있지만 여기서는 29백만 원으로 8주에 완료할 수 있음을 알 수 있다.

표 9-18 가옥수리 프로젝트의 단축 과정

단계	단축활동	단축시간	추가비용(백만)	경로	소요시간
0	-	-	-	A−C−F−H A−C−E−G−H B−D−G−H	14 15 11
1	A	1	1	A−C−F−H A−C−E−G−H B−D−G−H	13 14 11
2	C	2	2	A−C−F−H A−C−E−G−H B−D−G−H	11 12 11
3	H	1	1	A−C−F−H A−C−E−G−H B−D−G−H	10 11 10
4	G	1	2	A−C−F−H A−C−E−G−H B−D−G−H	10 10 9
5	F G	1	0.5 2	A−C−F−H A−C−E−G−H B−D−G−H	9 9 8
6	E F	1	3 0.5	A−C−F−H A−C−E−G−H B−D−G−H	8 8 8
합계		7	12		

제 8 절 선형계획법의 시간과 비용분석

프로젝트 일정단축은 CPM의 시간과 비용분석에 의해 수행할 수 있지만 복잡한 네트워크를 보다 효율적으로 수행하는 선형계획법은 또 다른 접근방법이다. [예제 9-1]과 [예제 9-2]를 통해 선형계획법으로 프로젝트 일정단축 방법에 대해 살펴보기로 한다.

1 [예제 9-1]의 일정단축

(1) 선형계획모형

선형계획법으로 프로젝트의 완료시간을 단축하는 방안을 구하기 위해서는 〈표 9-14〉처럼 시간과 비용에 관한 자료나 [그림 9-12]와 같은 네트워크 자료가 필요하다. [예제 9-1]의 연극 프로젝트의 일정단축을 위한 선형계획모형을 작성하는 절차는 다음과 같다.

1) 의사결정변수

x_i = 활동 i의 시작시간 (i =1, 2, 3, 4, 5, 6)

y_i = 활동 i의 단축시간 (i =A, B, C, D, E, F)

x_i는 각 마디에서 출발하는 활동의 ES이다. 예를 들어, x_1은 마디 1의 ES이고 x_7은 마디 7의 ES이다. 한편 y_i는 각 활동에 의해 단축되어지는 시간으로 정의된다. 예를 들어, y_A는 활동 A에 의해 단축되는 시간을 의미하고 y_F는 활동 F에 의해 단축되는 시간을 의미한다.

2) 목적함수

프로젝트의 단축비용을 최소화는 것이 목적이므로 다음과 같이 목적함수를 정의한다.

최소화 $z = 6y_A + 3y_B + 2y_C + 2y_D + 3y_E + 99y_F$

여기서 목적함수의 계수는 단위시간당 단축비용이다. 활동 A의 단축비용은 단위시간당 단축비용(6)에다 단축시간(y_A)을 곱한 $6y_A$가 된다. 한편 활동 F는 단축할 수 없으므로 아주 큰 단위당 단축비용(M)을 할당하면 최소화문제이므로 이 활동으로는 단축이 이루어지지 않는다. 하지만 제약식에서 이 활동의 단축가능시간이 0이라는 조건을 부여하므로 목적함수의 계수는 어떤 값을 사용하여도 된다.

3) 제약식

네트워크에 관한 조건, 프로젝트 완료일에 관한 조건, 단축시간에 관한 조건으로 제약식이 구성된다. 우선 네트워크에 관한 제약조건은 각 마디의 시작시간에 관해 1개 이상이 필요하다. 마디 1의 시작시간을 다음과 같이 0으로 정의한다.

$$x_1 = 0 \text{ (마디 1)}$$

마디 2의 시작시간은 마디 1의 시작시간에다 9를 더하고 활동 A의 단축시간 y_A를 차감한 시간 이후가 된다. 따라서 마디 2의 조건은 다음과 같이 된다.

$$x_2 \geq x_1 + 9 - y_A \text{ 또는 } -x_1 + x_2 + y_A \geq 9 \text{ (마디 2)}$$

같은 방법으로 마디 3과 4의 시작시간을 다음과 같이 표현한다.

$$x_3 \geq x_2 + 7 - y_B \text{ 또는 } -x_2 + x_3 + y_B \geq 7 \text{ (마디 3)}$$
$$x_4 \geq x_2 + 5 - y_C \text{ 또는 } -x_2 + x_4 + y_C \geq 5 \text{ (마디 4)}$$

한편 마디 5의 시작시간 x_5는 후행활동인 D와 E를 동시에 고려하여야 한다. 먼저 x_5는 x_3에다 활동 D의 소요시간 6을 더하고 활동 D의 단축시간 y_D를 차감한 시간이 되어야 한다. 또한 x_5는 x_4에다 활동 E의 소요시간 4를 더하고 활동 E의 단축시간 y_E를 차감한 시간이 되어야 한다. 따라서 마디 5에 대한 조건은 다음과 같다.

$$x_5 \geq x_3 + 6 - y_D \text{ 또는 } -x_3 + x_5 + y_D \geq 6 \text{ (마디 5)}$$
$$x_5 \geq x_4 + 4 - y_E \text{ 또는 } -x_4 + x_5 + y_E \geq 4 \text{ (마디 5)}$$

마지막으로 마디 6에 대한 조건은 다음과 같다.

$$x_6 \geq x_5 + 3 - y_F \text{ 또는 } -x_5 + x_6 + y_F \geq 3 \text{ (마디 6)}$$

프로젝트 완료일에 관한 제약조건은 프로젝트를 완료하기를 원하는 시간을 정하는 것이다. 예를 들어, 프로젝트를 18주에 완료하기를 원한다면 마지막 마디의 ES가 18 이하가 되어야 하므로 제약조건은 다음과 같다.

$$x_6 \leq 18$$

프로젝트의 원하는 완료시간을 알 수 없다면 다음과 같이 임의로 큰 시간을 부여하면 된다.

$$x_6 \leq 99$$

단축시간에 관한 제약조건은 각 활동의 단축가능시간이다. 각 활동의 단축가능시간은 정상시간과 속성시간과의 차이로 이 시간 이상의 단축은 불가능하다. 단축시간에 관한 조건은 다음과 같다.

$$y_A \leq 2$$
$$y_B \leq 3$$
$$y_C \leq 1$$
$$y_D \leq 2$$
$$y_E \leq 1$$
$$y_F \leq 0$$

마지막 비음조건은 다음과 같다.

$$x_i \geq 0 \ (i=1, 2, 3, 4, 5, 6)$$
$$y_i \geq 0 \ (i=A, B, C, D, E, F)$$

5) 완성된 선형계획모형

이상의 내용을 바탕으로 연극 프로젝트의 일정단축을 위해 완성한 선형계획모형은 다음과 같다.

최소화 $z = 6y_A + 3y_B + 2y_C + 2y_D + 3y_E + 99y_F$

제약조건 $x_1 = 0$

$$-x_1 + x_2 + y_A \geq 9$$
$$-x_2 + x_3 + y_B \geq 7$$
$$-x_2 + x_4 + y_C \geq 5$$
$$-x_3 + x_5 + y_D \geq 6$$
$$-x_4 + x_5 + y_E \geq 4$$
$$-x_5 + x_6 + y_F \geq 3$$
$$x_6 \leq 99$$
$$y_A \leq 2$$
$$y_B \leq 3$$

$$y_C \le 1$$
$$y_D \le 2$$
$$y_E \le 1$$
$$y_F \le 0$$
$$x_i \ge 0 \ (i=1,\ 2,\ 3,\ 4,\ 5,\ 6)$$
$$y_i \ge 0 \ (i=A,\ B,\ C,\ D,\ E,\ F)$$

(2) 엑셀 해법

연극 프로젝트의 일정단축계획을 엑셀로 구하는 방법은 다음과 같다.

1) 입력 창

엑셀을 활용하여 최적해를 구하기 위해서는 선형계획모형을 다음과 같이 엑셀의 워크시트에 입력한다.

	A	B	C	D	E	F	G	H	I	J	K	L	M	N	O	P	Q
1																	
2		x1	x2	x3	x4	x5	x6	yA	yB	yC	yD	yE	yF	z			
3	해값													0			
4																	
5	최소화							6	3	2	2	3	99	좌변합계		우변상수	
6	마디1	1												0	=	0	
7	마디2	-1	1					1						0	>=	9	
8	마디3		-1	1					1					0	>=	7	
9	마디4		-1		1					1				0	>=	5	
10	마디5			-1		1					1			0	>=	6	
11	마디5				-1	1						1		0	>=	4	
12	마디6					-1	1						1	0	>=	3	
13	완료						1							0	<=	99	
14	단축A							1						0	<=	2	
15	단축B								1					0	<=	3	
16	단축C									1				0	<=	1	
17	단축D										1			0	<=	2	
18	단축E											1		0	<=	1	
19	단축F												1	0	<=	0	
20																	

해(B3:N3)와 좌변합계(N6:N19)에는 다음과 같이 수식을 입력하고 나머지 부분은 화면에 있는 내용대로 입력한다.

		셀 주소	입력
해	$x_1 \sim y_F$	B3:M3	
	z	N3	= SUMPRODUCT(B3:M3, B5:M5)
좌변합계	마디 1	N6	= SUMPRODUCT($B$3:$M$3, B6:M6)
	마디 2 ~ 단축 F	N7:N19	셀 N6를 복사

2) 해 찾기 매개 변수 창

[데이터] → [해 찾기] 메뉴를 실행하여 [해 찾기 매개 변수] 창에서 다음을 수행한다.

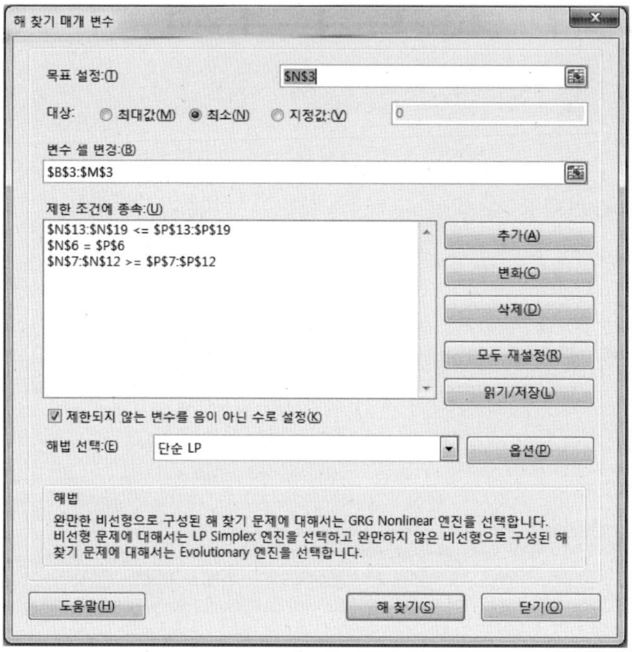

① **[목표 설정:(T)]**

목적함수 z의 셀 주소를 지정한다. 여기서는 N3을 입력한다.

② **[대상:]**

최대화 또는 최소화를 지정해 준다. 여기서는 최소(N)를 지정해 준다.

③ **[변수 셀 변경:(B)]**

의사결정변수의 셀 주소를 지정한다. 여기서는 B3:M3를 지정한다.

④ **[제한 조건에 종속:(U)]**

좌변합계와 우변상수 간의 관계를 지정한다. [추가]를 클릭하여 [제한 조건 추가] 창에 마디 1의 조건인 N6 = P6를 지정한다. [추가]를 클릭하여 마디별 조건인 N7:N12 >= P7:P12를 지정한다. 다시 [추가]를 클릭하여 완료일과 단축가능시간 조건인 N13:N19 <= P13:P19를 지정한 다음 [확인]을 클릭하여 [해 찾기 매개 변수] 창으로 돌아간다.

⑤ **[제한되지 않는 변수를 음이 아닌 수로 설정(K)]**

비음조건을 체크해준다. 여기서는 기본 값을 그대로 두면 된다.

⑥ **[해법 선택:(E)]**

선형계획법을 의미하는 [단순 LP]로 지정한다.

⑦ **[해 찾기]**

마지막으로 해를 찾기 위해 [해 찾기]를 클릭한다.

3) 결과 창

이상의 과정을 실행하면 다음과 같이 연극 프로젝트의 해를 찾을 수 있다.

	A	B	C	D	E	F	G	H	I	J	K	L	M	N	O	P	Q
1																	
2		x1	x2	x3	x4	x5	x6	yA	yB	yC	yD	yE	yF	z			
3	해값	0	9	16	18	22	25	0	0	0	0	0	0	0			
4																	
5	최소화							6	3	2	2	3	99	좌변합계		우변상수	
6	마디1	1												0	=	0	
7	마디2	-1	1					1						9	>=	9	
8	마디3		-1	1					1					7	>=	7	
9	마디4		-1		1					1				9	>=	5	
10	마디5			-1		1					1			6	>=	6	
11	마디5				-1	1						1		4	>=	4	
12	마디6					-1	1						1	3	>=	3	
13	완료						1							25	<=	99	
14	단축A							1						0	<=	2	
15	단축B								1					0	<=	3	
16	단축C									1				0	<=	1	
17	단축D										1			0	<=	2	
18	단축E											1		0	<=	1	
19	단축F												1	0	<=	0	
20																	

4) 결과 해석

정상시간에 의한 완료일을 구하기 위해서는 완료일에 임의의 큰 수를 입력하여 해를 구하면 된다. 여기서는 완료일에 99를 입력하여 해를 구하면 $x_6=25$이므로 정상시간에 의한 연극 프로젝트의 최단완료시간은 25이다. 완료일을 25에서 시작하여 1주씩 줄여 나가면 완료일에 따른 단축일정을 알 수 있다. 예를 들어, 완료일을 23주 즉, 2주 단축한 결과를 보기 위해서는 다음과 같이 완료일을 23으로 수정한 후 [해 찾기]를 수행하여야 한다.

	A	B	C	D	E	F	G	H	I	J	K	L	M	N	O	P	Q
1																	
2		x1	x2	x3	x4	x5	x6	yA	yB	yC	yD	yE	yF	z			
3	해값	0	9	16	16	20	23	0	0	0	2	0	0	4			
4																	
5	최소화							6	3	2	2	3	99	좌변합계		우변상수	
6	마디1	1												0	=	0	
7	마디2	-1	1					1						9	>=	9	
8	마디3		-1	1					1					7	>=	7	
9	마디4		-1		1					1				7	>=	5	
10	마디5			-1		1					1			6	>=	6	
11	마디5				-1	1						1		4	>=	4	
12	마디6					-1	1						1	3	>=	3	
13	완료						1							23	<=	23	
14	단축A							1						0	<=	2	
15	단축B								1					0	<=	3	
16	단축C									1				0	<=	1	
17	단축D										1			2	<=	2	
18	단축E											1		0	<=	1	
19	단축F												1	0	<=	0	
20																	

완료일을 23으로 하여 해를 구하면 활동 D를 2주(y_D) 단축하여 완료일이 23(x_6)이 되고 단축비용은 4(z)가 됨을 알 수 있다. 〈표 9-19〉는 완료일에 따른 최적해의 변화를 보여주고 있다.

표 9-19 선형계획법에 의한 일정단축 방안

완료일	y_A	y_B	y_C	y_D	y_E	y_F	z
25	0	0	0	0	0	0	0
24	0	0	0	1	0	0	2
23	0	0	0	2	0	0	4
22	0	1	0	2	0	0	7
21	0	2	0	2	0	0	10
20	0	3	1	2	0	0	15
19	1	3	1	2	0	0	21
18	2	3	1	2	0	0	27
17	최적 해를 찾지 못했습니다						

완료일이 20주 즉, 5주 단축하기 위해서는 활동 B를 3주, 활동 C를 1주, 활동 D를 2주 단축하면 이때 추가비용은 15백만 원임을 알 수 있다. 연극 프로젝트는 27백만 원을 추가로 투입하면 7주 단축하여 18주에 연극 프로젝트를 마칠 수 있음을 알 수 있다. 만약 완료일을 17로 하여 해를 구하면 '최적 해를 찾지 못했습니다'라는 메시지를 보여준다. 이는 17주 이하로는 단축이 불가능하다는 의미이므로 최단완료시간이 18주임을 알 수 있다.

2 [예제 9-2]의 일정단축

(1) 선형계획모형

선형계획법으로 [예제 9-2]의 가옥수리 프로젝트를 위한 일정단축 방안을 구하기 위해서는 〈표 9-16〉 또는 [그림 9-17]의 자료가 필요하다. 이들 자료를 가지고 선형계획모형을 작성하는 절차는 다음과 같다.

1) 의사결정변수

x_i = 활동 i의 시작시간 (i =1, 2, 3, 4, 5, 6, 7, 8)

y_i = 활동 i의 단축시간 (i =A, B, C, D, E, F, G, H)

x_i는 각 마디에서 출발하는 활동의 ES이다. 예를 들어, x_2는 단계 2의 ES이고 x_6은 단계 6의 ES이다. 한편 y_i는 활동 i에 의해 단축되어지는 시간으로 정의된다. 예를 들어, y_B는 활동 B에 의해 단축되는 시간을 의미하고 y_D는 활동 D에 의해 단축되는 시간을 의미한다.

2) 목적함수

프로젝트의 단축비용을 최소화하는 목적함수는 다음과 같다.

$$\text{최소화} \quad z = y_{\mathrm{A}} + 2y_{\mathrm{B}} + y_{\mathrm{C}} + 0.5y_{\mathrm{D}} + 3y_{\mathrm{E}} + 0.5y_{\mathrm{F}} + 2y_{\mathrm{G}} + y_{\mathrm{H}}$$

여기서 목적함수의 계수는 단위시간당 단축비용이 된다. 활동 A의 단축비용은 단위시간당 단축비용(1)에다 단축시간(y_{A})을 곱한 y_{A}가 된다.

3) 제약식

네트워크에 관한 조건, 프로젝트 완료일에 관한 조건, 단축시간에 관한 조건으로 제약식이 구성되어 진다. 우선 네트워크에 관한 제약조건은 각 마디에 관하여 다음과 같이 1개 이상이 필요하다.

$x_1 = 0$ (마디 1)
$x_2 \geq x_1 + 3 - y_A$ 또는 $-x_1 + x_2 + y_A \geq 3$ (마디 2)
$x_3 \geq x_1 + 2 - y_B$ 또는 $-x_1 + x_3 + y_B \geq 2$ (마디 3)
$x_4 \geq x_2 + 5 - y_C$ 또는 $-x_2 + x_4 + y_C \geq 5$ (마디 4)
$x_5 \geq x_3 + 4 - y_D$ 또는 $-x_3 + x_5 + y_D \geq 4$ (마디 5)
$x_5 \geq x_4 + 2 - y_E$ 또는 $-x_4 + x_5 + y_E \geq 2$ (마디 5)
$x_6 \geq x_4 + 4 - y_F$ 또는 $-x_4 + x_6 + y_F \geq 4$ (마디 6)
$x_6 \geq x_5 + 3 - y_G$ 또는 $-x_5 + x_6 + y_G \geq 3$ (마디 6)
$x_7 \geq x_6 + 2 - y_H$ 또는 $-x_6 + x_7 + y_H \geq 2$ (마디 7)

예를 들어, 마디 3의 시작시간 x_3은 x_1에다 활동 B의 소요시간 2를 더하고 활동 B의 단축시간 y_B를 차감한 시간이 된다. 한편 마디 6의 시작시간 x_6는 활동 F와 G를 동시에 고려하여야 한다. 먼저 x_6는 x_4에다 활동 F의 소요시간 4를 더하고 활동 F의 단축시간 y_F를 차감한 시간이 되어야 한다. 또한 x_6는 x_5에다 활동 G의 소요시간 3을 더하고 활동 G의 단축시간 y_G를 차감한 시간이 되어야 한다.

프로젝트 완료일에 관한 제약조건은 프로젝트를 완료하기를 원하는 시간을 정하는 것이다. 예를 들어, 프로젝트를 8주에 완료하기를 원한다면 마지막 마디의 ES가 8 이하가 되어야 하므로 제약조건은 다음과 같다.

$x_7 \leq 8$

한편 프로젝트의 특정 완료시간이 정해져 있지 않으면 임의로 큰 수를 다음과 같이 부여한다.

$x_7 \leq 99$

마지막 단축시간에 관한 제약조건은 다음과 같이 각 활동의 단축가능시간이다.

$y_A \leq 1$
$y_B \leq 1$
$y_C \leq 2$
$y_D \leq 2$

$y_E \leq 1$
$y_F \leq 2$
$y_G \leq 2$
$y_H \leq 1$

5) 완성된 선형계획모형

가옥수리 프로젝트의 일정단축을 위해 완성된 선형계획모형은 다음과 같다.

최소화 $z = y_A + 2y_B + y_C + 0.5y_D + 3y_E + 0.5y_F + 2y_G + y_H$

제약조건 $x_1 = 0$

$-x_1 + x_2 + y_A \geq 3$
$-x_1 + x_3 + y_B \geq 2$
$-x_2 + x_4 + y_C \geq 5$
$-x_3 + x_5 + y_D \geq 4$
$-x_4 + x_5 + y_E \geq 2$
$-x_4 + x_6 + y_F \geq 4$
$-x_5 + x_6 + y_G \geq 3$
$-x_6 + x_7 + y_H \geq 2$
$x_7 \leq 99$
$y_A \leq 1$
$y_B \leq 1$
$y_C \leq 2$
$y_D \leq 2$
$y_E \leq 1$
$y_F \leq 2$
$y_G \leq 2$
$y_H \leq 1$
$x_i \geq 0 \ (i = 1, 2, 3, 4, 5, 6, 7, 8)$
$y_i \geq 0 \ (i = A, B, C, D, E, F, G, H)$

(2) 엑셀 해법

가옥수리 프로젝트의 일정단축계획을 엑셀로 구하는 방법은 다음과 같다.

1) 입력 창

엑셀을 활용하여 최적해를 구하기 위해서는 우선 선형계획모형을 다음과 같이 엑셀의 워크시트에 입력한다.

	A	B	C	D	E	F	G	H	I	J	K	L	M	N	O	P	Q	R	S	T
1																				
2		x1	x2	x3	x4	x5	x6	x7	yA	yB	yC	yD	yE	yF	yG	yH	z			
3	해값																0			
4																				
5	최소화	0	0	0	0	0	0	0	1	2	1	0.5	3	0.5	2	1	좌변합계		우변상수	
6	마디1	1															0	=	0	
7	마디2	-1	1						1								0	>=	3	
8	마디3	-1		1						1							0	>=	2	
9	마디4		-1		1						1						0	>=	5	
10	마디5			-1		1						1					0	>=	4	
11	마디5				-1	1							1				0	>=	2	
12	마디6				-1		1							1			0	>=	4	
13	마디6					-1	1								1		0	>=	3	
14	마디7						-1	1								1	0	>=	2	
15	완료							1									0	<=	99	
16	단축A								1								0	<=	1	
17	단축B									1							0	<=	1	
18	단축C										1						0	<=	2	
19	단축D											1					0	<=	2	
20	단축E												1				0	<=	1	
21	단축F													1			0	<=	2	
22	단축G														1		0	<=	2	
23	단축H															1	0	<=	1	
24																				

해(B3:Q3)와 좌변합계(Q6:Q23)에는 다음과 같이 수식을 입력하고 나머지 부분은 화면에 있는 내용대로 입력한다.

		셀 주소	입력
해	$x_1 \sim y_H$	B3:P3	
	z	Q3	= SUMPRODUCT(B3:P3, B5:P5)
좌변합계	마디 1	Q6	= SUMPRODUCT($B$3:$P$3, B6:P6)
	마디 2 ~ 단축 H	Q7:Q23	셀 Q6를 복사

2) 해 찾기 매개 변수 창

[데이터] → [해 찾기] 메뉴를 실행하여 [해 찾기 매개 변수] 창에서 다음을 수행한다.

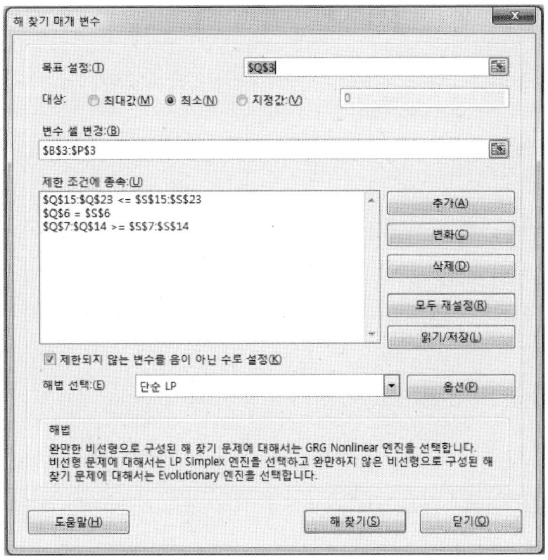

① **[목표 설정:(T)]**

목적함수 z의 셀 주소를 지정한다. 여기서는 Q3을 입력한다.

② **[대상:]**

최대화 또는 최소화를 지정해 준다. 여기서는 최소(N)를 지정해 준다.

③ **[변수 셀 변경:(B)]**

의사결정변수의 셀 주소를 지정한다. 여기서는 B3:P3를 지정한다.

④ **[제한 조건에 종속:(U)]**

좌변합계와 우변상수 간의 관계를 지정한다. [추가]를 클릭하여 마디 1의 조건인 Q6 = S6을 지정한다. [추가]를 클릭하여 마디별 조건인 Q7:Q14 >= S7:S14를 입력한다. 다시 [추가]를 클릭하여 완료일과 단축가능시간 조건인 Q15:Q23 <= S15:S23을 지정한 다음 [확인]을 클릭하여 [해 찾기 매개 변수] 창으로 돌아간다.

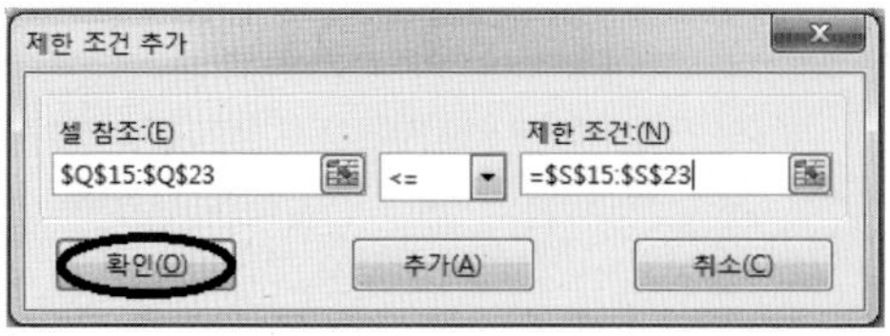

⑤ [제한되지 않는 변수를 음이 아닌 수로 설정(K)]

비음조건을 체크해준다. 여기서는 기본 값을 그대로 두면 된다.

⑥ [해법 선택:(E)]

선형계획법을 의미하는 [단순 LP]로 지정한다.

⑦ [해 찾기]

마지막으로 해를 찾기 위해 [해 찾기]를 클릭한다.

3) 결과 창

이상의 과정을 실행하면 다음과 같이 가옥수리 프로젝트의 해를 찾을 수 있다.

	A	B	C	D	E	F	G	H	I	J	K	L	M	N	O	P	Q	R	S	T
1																				
2		x1	x2	x3	x4	x5	x6	x7	yA	yB	yC	yD	yE	yF	yG	yH	z			
3	해값	0	3	6	8	10	13	15	0	0	0	0	0	0	0	0	0			
4																				
5	최소화	0	0	0	0	0	0	0	1	2	1	0.5	3	0.5	2	1	좌변합계		우변상수	
6	마디1	1															0	=	0	
7	마디2	-1	1						1								3	>=	3	
8	마디3	-1		1						1							6	>=	2	
9	마디4		-1		1						1						5	>=	5	
10	마디5			-1		1						1					4	>=	4	
11	마디5				-1	1							1				2	>=	2	
12	마디6				-1		1							1			5	>=	4	
13	마디6					-1	1								1		3	>=	3	
14	마디7						-1	1								1	2	>=	2	
15	완료							1									15	<=	99	
16	단축A								1								0	<=	1	
17	단축B									1							0	<=	1	
18	단축C										1						0	<=	2	
19	단축D											1					0	<=	2	
20	단축E												1				0	<=	1	
21	단축F													1			0	<=	2	
22	단축G														1		0	<=	2	
23	단축H															1	0	<=	1	
24																				

4) 결과 해석

완료일에 99을 입력하여 해를 구하면 $x_7 = 15$이므로 정상시간에 의한 가옥수리 프로젝트의 최단완료시간은 15주이다. 완료일이 10주인 결과를 보기 위해서는 완료일을 10으로 수정한 후 [해 찾기]를 수행하여야 한다.

〈표 9-20〉은 완료일에 따라 최적해의 변화를 보여주고 있다. 예를 들어, 완료일이 12주 즉, 3주 단축하기 위해서는 활동 A를 1주, 활동 C를 2주 단축하여야 하고 이때 추가비용은 3백만 원임을 알 수 있다. 가옥수리 프로젝트는 12백만 원을 추가로 투입하

표 9-20 완료일에 따른 일정 단축 방안

완료일	y_A	y_B	y_C	y_D	y_E	y_F	y_G	y_H	z
15	0	0	0	0	0	0	0	0	0
14	1	0	0	0	0	0	0	0	1
13	1	0	1	0	0	0	0	0	2
12	1	0	2	0	0	0	0	0	3
11	1	0	2	0	0	0	0	1	4
10	1	0	2	0	0	0	1	1	6
9	1	0	2	0	0	1	2	1	8.5
8	1	0	2	0	1	2	2	1	12
7	최적 해를 찾지 못했습니다								

면 7주 단축하여 8주에 마칠 수 있음을 알 수 있다. 완료일을 7로 하여 해를 구하면 '최적 해를 찾지 못했습니다'라는 메시지를 보여준다. 이는 7 이하는 단축이 불가능하다는 의미이므로 최단 완료일은 8주임을 알 수 있다.

제 9 절 PERT에 의한 프로젝트 관리

1 활동시간의 추정

PERT/CPM기법을 사용하기 위해서는 활동의 소요시간을 정확히 추정해야 한다. CPM에서는 활동의 소요시간이 확정적이라고 가정하고 있지만 신제품개발과 같이 과거의 자료가 없는 경우에는 활동의 소요시간을 하나의 값으로 추정하는 것은 어려운 일이다. 이와 같이 활동의 소요시간을 확실하게 추정할 수 없는 경우에는 PERT를 사용하여 활동의 소요시간을 추정할 수 있다. 이를 위해 PERT에서는 활동에 대해 다음과 같은 세 가지 시간 추정치를 기초로 하여 하나의 시간 추정치를 계산한다.

① 낙관시간(optimistic time: a) : 모든 상황이 최상으로 진행될 경우에 소요될 시간

② 최빈시간(most likely time: m) : 정상적인 조건하에서 가장 흔히 발생하는 시간

③ 비관시간(pessimistic time: b) : 모든 상황이 최악으로 진행될 경우에 소요될 시간

PERT에서의 활동시간은 베타분포(beta distribution)를 가진다고 가정한다. 베타분포에 근거하여 활동을 완료하는 데 소요되는 시간의 평균(t)과 분산(σ^2)은 다음과 같다.

$$t = \frac{a + 4m + b}{6}$$

$$\sigma^2 = \left(\frac{b - a}{6}\right)^2$$

[예제 9-1]의 연극 프로젝트를 위한 각 활동의 낙관시간, 최빈시간, 비관시간 그리고 평균과 분산이 〈표 9-21〉에 제시되어 있다. 〈표 9-21〉의 시간에 대한 평균을 가지고 활동시간분석으로 주경로와 각 활동의 ES, EF, LS, LF를 구할 수 있다.

2 프로젝트의 완료확률

일부 활동의 소요시간이 변하면, 특히 주경로상에 있는 활동들의 소요시간이 변하면 프로젝트의 완료시간에 영향을 미칠 수 있으므로 특정 기간 내에 프로젝트를 완료할 확률에 관심을 가지게 된다. PERT에서는 프로젝트의 완료시간에 대한 분산은 주경로상에 있는 활동들의 분산을 단순히 합한 것이다. 즉, 다음과 같다.

프로젝트의 분산(σ^2)$=\sum$주활동의 분산

프로젝트의 표준편차(σ)$=\sqrt{\text{프로젝트의 분산}}$

〈표 9-22〉는 [예제 9-1] 연극 프로젝트의 완료에 대한 분산은 주활동들의 분산의 합과 같음을 보여주고 있다.

표 9-21 연극 프로젝트 활동의 시간추정

활동	낙관시간(a)	최빈시간(m)	비관시간(b)	평균(t)	분산(σ^2)
A	6	9	12	9	36/36
B	5	7	9	7	16/36
C	3	4	11	5	64/36
D	5	6	7	6	4/36
E	2	3	10	4	64/36
F	2	3	4	3	4/36

표 9-22 연극 프로젝트의 분산

주활동	분산
A	$\frac{36}{36}$
B	$\frac{16}{36}$
D	$\frac{4}{36}$
E	$\frac{4}{36}$
합계	$\frac{60}{36}$

연극 프로젝트의 분산은 60/36이고 표준편차는 $\sqrt{60/36}=1.291$(주)이다. 프로젝트의 완료시간과 관련하여 PERT에서는 다음 두 가지의 기본 가정을 설정하고 있다.

① 프로젝트의 완료시간은 정규분포를 따른다.

② 활동시간들은 상호독립적이다.

연극 프로젝트를 27주 이내에 마칠 확률을 구하기 위해서는 이 기간에 해당하는 [그림 9-18]의 정규분포곡선 아래의 면적을 구하여야 한다. 이를 위해 먼저 다음과 같이 표준정규방정식(standard normal equation)을 이용하여 Z값을 구한다.

그림 9-18 연극 프로젝트의 완료확률

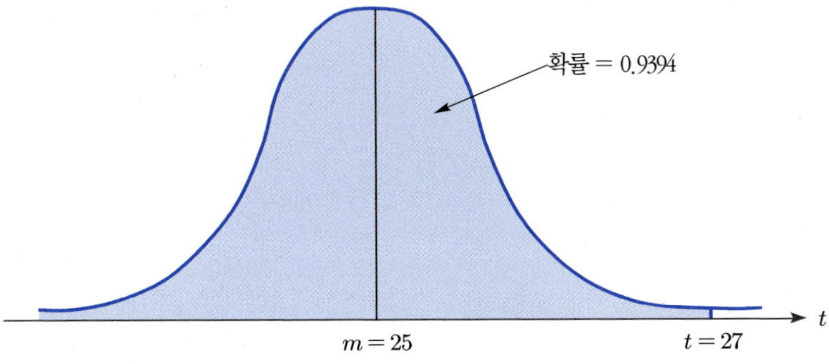

$$Z = \frac{\text{예상완료시간} - \text{평균완료시간}}{\text{표준편차}}$$

$$Z = \frac{27 - 25}{1.291} = 1.55$$

정규분포표에서 Z가 1.55일 경우의 확률은 0.4394이다. 따라서 27주 이내에 완료할 수 있는 확률은 약 0.5+0.4394=0.9394이다. 또한 [그림 9-18]에 의하면 주어진 프로젝트를 예상완료기일인 25주 이내에 완료할 확률과 25주 이후에 완료할 확률은 각각 50%임을 알 수 있다. 프로젝트의 완료확률은 다음의 엑셀 함수를 사용하여 구할 수 있다.

= NORM.DIST(x, mean, standard_dev, cumulative)

- mean : 필수요소로 분포의 평균
- standard_dev : 필수요소로 분포의 표준편차
- cumulative : 필수요소로 1이면 누적분포함수가 0이면 확률분포함수가 반환

위 함수는 x에 해당하는 정규분포의 왼쪽 면적을 구해준다. 예를 들어, 평균이 25이고 표준편차가 1.291일 때 27이내에 마칠 확률을 구하기 위해 = NORM.DIST(27, 25, 1.291, 1)를 입력하면 다음과 같이 확률이 0.9393인 것을 알 수 있다. 앞의 결과와는 반올림 관계로 정확히 일치하지 않는다.

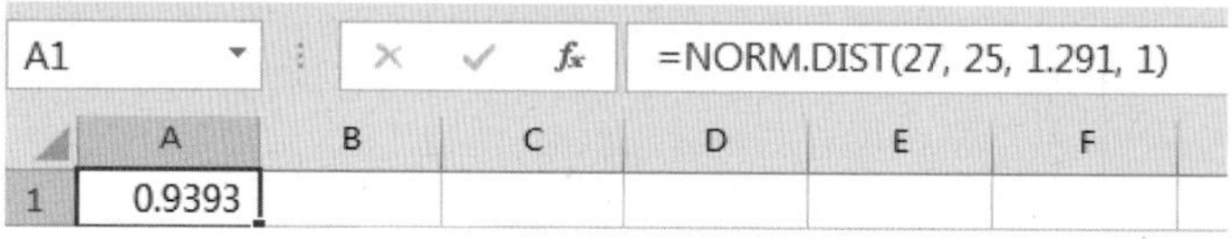

연습문제

1. 프로젝트를 설명하라.
2. 프로젝트관리를 설명하라.
3. 간트차트는 언제 사용되는지를 설명하라.
4. PERT와 CPM의 차이점을 설명하라.
5. PERT/CPM 네트워크는 무엇으로 구성되는지를 설명하라.
6. 주경로란 무엇이며 어떻게 결정되는지를 설명하라.
7. ES, EF, LS, LF의 계산방법을 설명하라.
8. 여유시간을 설명하라.
9. 가상활동이란 무엇이며 언제 사용되는지를 설명하라.
10. 선형계획법에 의한 프로젝트 일정단축에는 어떤 제약조건이 있는지를 설명하라.
11. PERT에서 세 가지 시간을 이용하여 평균과 분산을 계산하는 방법을 설명하라.
12. XYZ회사는 활동별 선행활동, 시간, 비용을 다음과 같이 제시하였다. 다음의 물음에 답하라.

활동	선행활동	정상시간	속성시간	정상비용	속성비용
A	–	5	3	20	26
B	–	6	5	15	17
C	A	3	3	20	20
D	A	4	2	30	32
E	B, C	2	1	25	29

(1) 간트차트를 작성하라.
(2) 네트워크로 표현하라.
(3) 열거법으로 주경로를 구하라.
(4) 활동시간분석으로 일정계획을 수립하라.
(5) 최소의 추가비용으로 최대로 프로젝트 완료시간을 단축시키는 선형계획 모형과 단계별 해를 구하라.

13. ABC회사는 활동별 선행활동, 시간, 비용을 다음과 같이 추정하였다. 다음의 물음에 답하라.

활동	선행활동	정상시간	속성시간	정상비용	속성비용
A	–	6	4	20	28
B	A	4	2	20	26
C	A	3	2	15	16
D	B	4	2	10	16
E	C	2	2	12	12
F	D, E	3	2	20	22

(1) 간트차트를 작성하라.
(2) 네트워크로 표현하라.
(3) 열거법으로 주경로를 구하라.
(4) 활동시간분석으로 일정계획을 수립하라.
(5) 최소의 추가비용으로 최대로 프로젝트 완료시간을 단축시키는 선형계획 모형과 해를 단계별로 구하라.

14. DEF사는 활동별 선행활동, 시간, 비용을 다음과 같이 제시하였다. 다음의 물음에 답하라.

활동	선행활동	정상시간	속성시간	정상비용	속성비용
A	–	7	5	15	17
B	–	9	7	12	18
C	A	8	8	15	15
D	A	5	4	20	22
E	B	3	2	10	12
F	D, E	7	6	29	30
G	C, F	6	6	45	45

(1) 간트차트를 작성하라.
(2) 네트워크로 표현하라.
(3) 열거법으로 주경로를 구하라.
(4) 활동시간분석으로 일정계획을 수립하라.
(5) 최소의 추가비용으로 최대로 프로젝트 완료시간을 단축시키는 선형계획 모형과 해를 단계별로 구하라.

15. 다음은 DEF회사의 경영자 훈련 프로그램의 활동에 관련된 자료이다. DEF회사는 활동별 선행활동, 시간, 비용을 추정하여 다음과 같이 제시하였다. 다음의 물음에 답하라.

활동	선행활동	정상시간	속성시간	정상비용	속성비용
A	–	2	1	10	12
B	–	6	4	20	26
C	–	3	2	15	16
D	B	3	1	24	30
E	A, D	4	3	16	20
F	C	6	4	30	32
G	E, F	5	4	25	28

(1) 간트차트를 작성하라.

(2) 네트워크로 표현하라.

(3) 열거법으로 주경로를 구하라.

(4) 활동시간분석에 의한 일정계획을 수립하라.

(5) 최소의 추가비용으로 최대로 프로젝트 완료시간을 단축시키는 선형계획모형과 해를 구하라.

16. XYZ회사는 각 활동에 대한 시간을 다음과 같이 추정하였다. [문제 12]의 자료를 이용하여 활동별 시간의 평균과 분산을 구한 다음 프로젝트를 12일 전에 완료할 확률을 구하라.

활동	선행활동	낙관시간(a)	최빈시간(m)	비관시간(b)
A	–	3	5	7
B	–	4	6	8
C	A	1	3	5
D	A	2	4	6
E	B, C	1	2	3

17. ABC회사는 각 활동에 대한 시간을 추정하여 다음과 같이 제시하였다. [문제 13]의 자료를 이용하여 활동별 시간의 평균과 분산을 구한 다음 프로젝트를 15일 전에 완료할 확률을 구하라.

활동	선행활동	낙관시간(a)	최빈시간(m)	비관시간(b)
A	–	4	5	12
B	A	2	4	6
C	A	1	2	9
D	B	2	3	10
E	C	1	1	7
F	D, E	1	2	9

CHAPTER

10

의사결정분석

제 1 절 서론

의사결정분석(decision analysis)은 불확실한 미래 상황에서 여러 대안 중에서 최적의 대안을 선택해야 할 때 이용될 수 있는 기법이다. 예를 들어, XYZ패션은 가을철에 판매할 의류의 수요가 불확실한 상황에서 미리 여름에 얼마나 생산할지를 결정해야 하고 또한 ABC전자는 판매 수개월 전에 수요가 불확실한 특정 제품을 얼마나 생산할지를 결정해야 한다. 이와 같이 불확실한 미래 상황에서 합리적인 대안을 선택하는 데 도움을 주는 기법 중의 하나가 의사결정분석이다.

의사결정을 하는 환경은 주어진 상황에 따라 첫째, 미래에 전개될 각 상황의 발생 가능성을 예측할 수 있는 경우에 의사결정을 하는 확실성하의 의사결정(decision-making under certainty) 둘째, 미래에 전개될 각 상황의 발생 가능성을 확률로 나타낼 수 있는 경우에 이 확률을 이용하여 의사결정을 하는 위험하의 의사결정(decision-making under risk) 셋째, 미래에 전개될 각 상황의 발생 가능성을 예측할 수 없는 경우에 의사결정을 하는 불확실성하의 의사결정(decision-making under uncertainty) 넷째, 미래에 전개될 각 상황의 발생가능성을 예측할 수 없고 또한 다른 의사결정자의 의사결정이 그 상황에 영향을 주는 경우에 의사결정을 하는 상충하의 의사결정(decision-making under conflict)으로 구분한다.

본 장에서는 위험하의 의사결정과 불확실성하의 의사결정에 대해 살펴보기로 한다. 위험하의 의사결정은 불확실한 미래상황에 대하여 추정 확률을 부여하여 의사결정을 하는 경우이고 불확실성하의 의사결정은 불확실한 미래상황에 대하여 확률을 부여하지 않고 의사결정을 하는 경우이다. 일반적으로 많이 이용되는 방법은 전자로 발생할 미래상황에 추정 확률을 부여하고 대안별로 기대치를 구하여 기대치가 가장 큰 대안을 선택하는 기대치 접근법이다.

제 2 절 불확실성하의 의사결정

자연적으로 발생하는 미래상황에 대하여 확률을 부여하기가 어려운 경우에는 확률을 부여하지 않고 의사결정을 할 수도 있다. 이러한 환경에서의 의사결정을 불확실성하의 의사결정이라 한다. [예제 10-1]과 [예제 10-2]를 통해 불확실성하의 의사결정 방법에 대해 살펴보기로 한다.

예제 10-1

우주전자는 새로운 스피커를 생산하기 위해 공장을 건설하려고 한다. 미래수요에 따라 결정되는 공장 크기는 대, 중, 소 가운데 하나를 선택해야 한다. 대안과 미래상황 및 그에 상응하는 성과를 가지고 우주전자의 의사결정문제를 성과표로 만들면 〈표 10-1〉과 같다.

표 10-1 우주전자의 성과표(단위: 억원)

대안 \ 미래상황	높은 수요	중간 수요	낮은 수요
소형공장	14	9	7
중형공장	25	15	5
대형공장	60	10	−10

우주전자는 어느 대안을 선택하는 것이 바람직한가를 알고자 한다.

우주전자의 공장 크기는 대안(alternatives)이고 미래수요는 자연적으로 발생하는 미래상황(state of nature)이다. 우주전자의 대안 선택은 미래수요에 따라 결정된다. 예를 들어, 미래수요가 많다면 공장을 크게 건설하는 것이 유리하고 반면 미래수요가 적다면 공장을 작게 건설하는 것이 유리하다. 우주전자는 공장 크기에 대한 세 가지 대안과 자연적으로 발생하는 세 가지 미래상황에 직면해 있다. 하지만 어느 대안이 바람직한지를 결정하기 위해서는 특정 대안을 선택했을 때 미래상황이 무엇이냐에 따라 성과(payoff)가 달라지므로 올바른 의사결정을 위해서는 성과에 대한 정보가 필요하다. 따라서 의사결정문제는 대안과 미래상황 및 성과로 구성된다. 우주전자의 성과표(payoff table)를 가지고 불확실성 아래에서 의사결정을 하는 방법은 다음과 같다.

Maximax기준

이 기준은 낙관적인 의사결정기법으로 대안별로 가장 높은 성과를 선택한 다음 선택된 성과들 중에서 가장 높은 성과를 가진 대안을 선택한다. 낙관적인 의사결정자(optimist)란 한 대안을 선택하였을 때 그 후 전개되는 미래상황은 언제나 자신에게 가장 유리하게 전개될 것으로 생각하는 사람이다. 예를 들어, 낙관적인 의사결정자는 자신이 대안 1인 소형공장을 선택하면 미래상황은 자신에게 가장 유리한 상황인 높은 수요가 나타나 자신에게 14억 원의 이익을 가져다준다고 생각한다. 마찬가지로 대안 2인 중형공장을 건설하면 가장 좋은 미래상황인 높은 수요가 나타나 자신에게 25억 원의 이익을 가져다준다고 생각한다. 또 대안 3을 선택해도 역시 높은 수요가 발생하여 60억 원의 이익이 발생할 것으로 추정한다.

우주전자의 경우에 Maximax기준을 적용하면 〈표 10-2〉와 같이 대안별로 가장 높은 14, 25, 60이 선택되고 그 중에서 가장 높은 60이 선택된다. 즉, 대안 3인 대형공장이 선택된다.

대부분의 사람은 극단적인 낙관주의자가 아니기 때문에 이 기준은 누구에게나 적용할 수 있는 객관적인 최적의 의사결정기준은 아니다. 이러한 의사결정은 큰 이익만 생각하고 큰 손실이 발생할 가능성은 고려하지 않는다는 단점이 있다.

Maximin기준

이 기준은 비관적인 의사결정기법으로 대안별로 가장 낮은 성과를 선택한 다음 선택된 성과들 중에서 가장 높은 성과를 가진 대안을 선택한다. 비관적인 의사결정자(optimist)란 한 대안을 선택하였을 때 그 후 전개되는 미래상황은 언제나 자신에게 가장 불리하게 전개될 것으로 생각하는 사람이다. 예를 들어, 비관적인 의사결정자는 자신이 대안 1인 소형공장을 선택하면 미래상황은 자신에게 가장 불리한 상황인 낮은 수요가 나타나 자신에게 7억 원의 이익을 가져다준다고 생각한다. 마찬가지로 대안 2인 중형공장을 건설하면 가장 나쁜 미래상황인 낮은 수요가 나타나 자신에게 5억 원의 이익을 가져다준다고 생각한다. 또 대안 3을 선택해도 역시 낮은 수요가 발생하여 10억 원의 손실이 발생할 것으로 추정한다.

우주전자의 경우에 Maximin기준을 적용하면 〈표 10-3〉과 같이 대안별로 가장 낮은 7, 5, −10이 선택되고 그 중에서 가장 높은 7이 선택된다. 즉, 대안 1인 소형공장이 선택된다.

표 10-2 우주전자의 Maximax 결정 결과

대안 \ 미래상황	높은 수요	중간 수요	낮은 수요	max	
소형공장	14	9	7	14	
중형공장	25	15	5	25	
대형공장	60	10	−10	60	← max

표 10-3 우주전자의 Maximin 결정 결과

대안 \ 미래상황	높은 수요	중간 수요	낮은 수요	min	
소형공장	14	9	7	7	← max
중형공장	25	15	5	5	
대형공장	60	10	−10	−10	

낙관주의자와 마찬가지로 대부분의 사람은 극단적인 비관주의자가 아니기 때문에 이 기준도 누구에게나 적용될 수 있는 객관적인 최적의 의사결정기준은 아니다. 이러한 의사결정은 최대의 손실을 줄이는 것만 생각하고 큰 이익을 얻을 수 있는 가능성은 고려하지 않는다는 단점이 있다.

Minimax기준

쌔비지(Savage)기준으로도 부르는 이 보수적인 기준은 후회를 가장 적게 할 대안을 선택한다. Minimax기준을 적용하기 위해서는 기존의 성과표를 후회표(regret table) 또는 기회손실표(opportunity loss table)로 변환해야 한다. 후회는 기회손실을 의미하는데 기회손실이란 어떤 상황에서 최대이익을 가져오는 의사결정을 하지 못하고 다른 의사결정을 함으로써 발생하는 손실이다. 즉, 미래상황의 최대성과와 각 대안의 성과 간의 차이를 말한다. 예를 들어, 우주전자에서 수요가 높은 경우를 먼저 생각해 보자. 수요가 높을 경우의 최대성과는 대형공장의 60억 원이므로 대형공장을 선택했다면 기회손실은 0(60−60)이고 중형공장을 선택했다면 기회손실은 35(60−25)이고 소형공장을 선택했다면 기회손실은 46(60−14)이다. 수요가 중간이거나 낮은 경우에도 이와 유사하게 기회손실을 계산하여 기회손실표를 만들면 〈표 10-4〉와 같다.

우주전자의 경우에 Minimax기준을 적용하여 의사결정을 하면 〈표 10-5〉와 같이 이루어진다. 먼저 대안별로 가장 큰 기회손실을 찾는다. 여기서는 46, 35, 17이 된다.

표 10-4 우주전자의 기회손실표

대안 \ 미래상황	높은 수요	중간 수요	낮은 수요
소형공장	46	6	0
중형공장	35	0	2
대형공장	0	5	17

표 10-5 우주전자의 Minimax 결정 결과

대안 \ 미래상황	높은 수요	중간 수요	낮은 수요	max	
소형공장	46	6	0	46	
중형공장	35	0	2	35	
대형공장	0	5	17	17	← min

후회를 적게 하기 위해 이들 기회손실 중에서 가장 작은 것을 찾는다. 여기서는 17인 대안 3이 선택된다.

다른 방법과 마찬가지로 이 방법의 단점은 새로운 대안이 추가되면 선택되지 않았던 대안이 선택되는 현상이 발생할 수 있다는 점이다.

후르비쯔기준

이 기준은 대부분의 의사결정자는 극단적인 낙관주의자나 비관주의자라기보다는 이 두 가지의 중간에 있다고 가정하고 대안을 선택한다. 후르비쯔(Hurwicz)기준은 낙관적으로 예상되는 최대성과와 비관적으로 예상되는 최소성과에 낙관계수(coefficient of optimism)라고 부르는 α를 부여하여 다음과 같이 가중평균을 구하여 대안을 선택하는 방법이다.

$$\alpha(\text{낙관적인 성과}) + (1-\alpha)(\text{비관적인 성과})$$

α는 0과 1 사이의 값으로 $\alpha=1$은 극단적인 낙관주의자이고 $\alpha=0$은 극단적인 비관주의자이다. 우주전자에서 $\alpha=0.4$일 때 후르비쯔기준에 따른 각 대안의 성과는 〈표 10-6〉과 같아 대안 3인 대형공장을 선택하게 된다.

이 기준은 극단적인 낙관주의자나 극단적인 비관주의자처럼 한쪽 끝으로 치우치지 않는다는 장점이 있다. 하지만 의사결정자의 주관적인 판단에 의해 결정되는 낙관계수를 합리적으로 측정하는 것이 어렵다는 단점이 있다. 또한 각 대안의 최대성과와 최소성과만을 의사결정에 반영하고 중간에 있는 성과는 고려하지 않는다는 단점도 있다.

표 10-6 우주전자의 후르비쯔 결정 결과($\alpha=0.4$)

대안 \ 미래상황	높은 수요	중간 수요	낮은 수요	가중평균	
소형공장	14	9	7	$(0.4\times14)+(0.6\times7)=9.8$	
중형공장	25	15	5	$(0.4\times25)+(0.6\times5)=13$	
대형공장	60	10	−10	$(0.4\times60)+(0.6\times-10)=18$	← max

표 10-7 우주전자의 평균값 결정 결과

대안 \ 미래상황	높은 수요	중간 수요	낮은 수요	평균	
소형공장	14	9	7	$\frac{14+9+7}{3}=10$	
중형공장	25	15	5	$\frac{25+15+5}{3}=15$	
대형공장	60	10	−10	$\frac{60+10-10}{3}=20$	← max

평균값기준

라플라스(Laplace)기준으로도 부르는 이 기준은 어떤 미래상황이 발생할지는 모르지만 각 미래상황이 발생할 가능성이 동일하다는 가정에 근거하여 대안을 선택한다. 즉, 대안별 성과들의 평균을 구하여 평균이 제일 큰 대안을 선택한다.

우주전자에 평균값기준을 적용하면 〈표 10-7〉과 같이 의사결정자는 대안 3인 대형공장을 선택하게 된다. 이때 대안 3의 성과에 대한 평균은 20이다.

한 미래상황이 다른 미래상황보다 발생 가능성이 높다고 믿을 근거가 전혀 없다면 이 기준은 상당한 타당성을 가질 수 있다. 그러나 대부분의 현실문제는 유사한 경험 등에 따른 부분적인 정보가 존재하므로 한 미래상황이 다른 미래상황보다 발생 가능성이 높다고 믿을 근거가 있는 경우가 대부분이다.

예제 10-2

대박유통이 만약 축제가 시작되기 전에 미리 기념품을 구입한다면 박스당 50만 원에 구입이 가능하지만 축제기간 동안에 구입한다면 박스당 80만 원에 구입하여야 한다. 기념품은 축제기간 동안에는 박스당 100만 원에 판매할 수 있지만 축제기간 동안 팔지 못하면 축제가 끝난 후에 박스당 20만 원에 되팔아야 한다. 축제기간 동안 기념품은 2박스 아니면 3박스를 팔수 있어 축제가 시작되기 전에 2박스 아니면 3박스를 미리 구입하여야 한다. 대안, 미래상황, 성과를 가지고 대박유통의 의사결정문제를 성과표로 만들면 〈표 10-8〉과 같다.

표 10-8 대박유통의 성과표(단위: 만원)

구입 \ 수요	2	3
2	100	120
3	70	150

대박유통은 축제기간 전에 2박스 또는 3박스 중 무엇을 주문하는 것이 유리한지를 결정하고자 한다.

대박유통이 예상할 수 있는 수익은 다음과 같은 세 가지 경우이다.

1) 축제기간 전에 구입하여 축제기간에 판매하면 박스당 50(100−50)만 원의 수익
2) 축제기간에 구입하여 축제기간에 판매하면 박스당 20(100−80)만 원의 수익
3) 축제기간 전에 구입하여 축제기간에 판매 못하면 박스당 −30(20−50)만 원의 수익

대박유통이 예상할 수 있는 미래상황은 다음과 같은 경우이다.

1) 축제기간 전에 2박스를 구입하고 축제기간 동안 수요가 2박스가 되는 경우
2) 축제기간 전에 2박스를 구입하고 축제기간 동안 수요가 3박스가 되는 경우
3) 축제기간 전에 3박스를 구입하고 축제기간 동안 수요가 2박스가 되는 경우
4) 축제기간 전에 3박스를 구입하고 축제기간 동안 수요가 3박스가 되는 경우

이처럼 2가지 대안과 2가지 미래상황이 주어질 때 그에 상응하는 성과는 다음과 같다.

2박스 구입, 2박스 수요 : $50 \times 2 =$ 100만 원
2박스 구입, 3박스 수요 : $50 \times 2 + 20 \times 1 =$ 120만 원
3박스 구입, 2박스 수요 : $50 \times 2 - 30 \times 1 =$ 70만 원
3박스 구입, 3박스 수요 : $50 \times 3 =$ 150만 원

대박유통의 의사결정문제도 대안과 미래상황 및 성과로 구성된다. 대박유통의 성과표을 가지고 불확실성하에 의사결정하는 기준은 다음과 같다.

Maximax기준

대박유통의 문제에 Maximax기준을 적용하면 〈표 10-9〉와 같이 대안별로 최대성과인 120과 150이 선택되고 그 중에서 큰 150이 선택된다. 즉, 대안 2인 축제기간 전에 3박스를 구입한다.

표 10-9 대박유통의 Maximax 결정 결과

구입 \ 수요	2	3	max	
2	100	120	120	
3	70	150	150	← max

Maximin기준

대박유통의 문제에 Maximin기준을 적용하면 〈표 10-10〉과 같이 대안별로 최소성과인 100과 70이 선택되고 그 중에서 큰 100이 선택된다. 즉, 대안 1인 축제기간 전에 2박스를 구입한다.

표 10-10 대박유통의 Maximin 결정 결과

구입 \ 수요	2	3	min	
2	100	120	100	← max
3	70	150	70	

Minimax기준

대박유통의 문제에 Minimax기준을 적용하면 〈표 10-11〉과 같이 먼저 대안별로 큰 기회손실인 30과 30이 선택되고 그 중에서 작은 기회손실이 선택되지만 여기서는 30으로 같으므로 어느 대안을 선택하여도 무방하다. 즉, 어느 대안을 선택하여도 후회의 정도는 같다.

표 10-11 대박유통의 Minimax 결정 결과

구입 \ 수요	2	3	max	
2	0	30	30	← min
3	30	0	30	← min

후르비쯔기준

대박유통의 α가 0.6이라 가정하면 후르비쯔기준에 따른 각 대안의 성과는 〈표 10-12〉와 같아 낙관주의계수가 60%인 대박유통은 축제기간 전에 3박스를 주문한다.

표 10-12 대박유통의 후르비쯔 결정 결과($\alpha=0.6$)

구입 \ 수요	2	3	가중평균	
2	100	120	$0.6\times120+0.4\times100=112$	
3	70	150	$0.6\times150+0.4\times70=118$	← max

평균값기준

대박유통의 문제에 평균값기준을 적용하면 각 대안의 성과는 〈표 10-13〉과 같아 어느 대안을 선택하여도 무방하다.

표 10-13 대박유통의 평균값 결정 결과

구입 \ 수요	2	3	평균	
2	100	120	$\frac{100+120}{2}=110$	← max
3	70	150	$\frac{70+150}{2}=110$	← max

제3절 위함하의 의사결정

기대치기준

일반적으로 유사한 경험 등에 의해 미래의 발생 가능한 상황에 대하여 확률을 추정할 수 있다. 이렇게 미래상황에 확률 부여가 가능할 경우에는 기대치기준(expected value approach)을 이용할 수 있다. 기대치는 다음과 같이 구한다.

$$EV_i=\sum_i p_j\, r_{ij}$$

EV_i : 대안 i의 기대치

p_j : 미래상황 j가 발생할 확률

r_{ij} : 미래상황 j가 발생할 경우의 대안 i의 성과

예제 10-3

[예제 10-1]의 우주전자는 전문기관에 의뢰하여 공장 크기에 영향을 주는 미래수요가 높을 확률이 0.3, 중간일 확률이 0.5, 낮을 확률이 0.2라는 정보를 얻었다. 대안, 미래상황 및 확률, 성과가 〈표 10-14〉와 같이 주어진다면 우주전자는 어떤 의사결정을 하는 것이 바람직한가를 알고자 한다.

표 10-14 우주전자의 성과표(단위: 억원)

대안 \ 미래상황	높은 수요(0.3)	중간 수요(0.5)	낮은 수요(0.2)
소형공장	14	9	7
중형공장	25	15	5
대형공장	60	10	−10

우주전자의 수요가 높을 확률이 0.3, 중간일 확률이 0.5, 낮을 확률이 0.2라고 한다면 대안별 기대치는 〈표 10-15〉와 같이 구한다.

표 10-15 우주전자의 대안별 기대치

대안 \ 미래상황	높은 수요 (0.3)	중간 수요 (0.5)	낮은 수요 (0.2)	기대치	
소형공장	14	9	7	(0.3×14)+(0.5×9)+(0.2×7)=10.1	
중형공장	25	15	5	(0.3×25)+(0.5×15)+(0.2×5)=16.0	
대형공장	60	10	−10	(0.3×60)+(0.5×10)+(0.2×−10)=21.0	← max

따라서 기대치기준에 의하면 우주전자는 기대치가 가장 큰 대안 3을 선택한다.

의사결정나무

의사결정문제를 성과표로 표현할 수도 있지만 의사결정나무(decision tree)로 나타낼 수도 있다. 따라서 동일한 문제를 성과표가 아닌 의사결정나무를 이용하여 의사결정을 할 수도 있다.

의사결정나무는 네모와 원으로 표시되는 마디(node)와 선으로 표시되는 가지(branch)로 구성된다. 네모로 표시되는 마디를 의사결정마디(decision node)라 하고 대안을 표시한다. 한편 원으로 표시되는 마디를 기회마디(chance node, event node)라 하고 미래상황과 그에 따른 확률을 표시한다.

[그림 10-1]의 의사결정나무에서 네모에는 대형, 중형, 소형 3개의 가지가 연결된다. 이는 의사결정마디이므로 대형, 중형, 소형 중에서 하나가 선택되어야 함을 의미한다. 이와 같이 의사결정마디는 의사결정자가 대안 중에서 특정 대안을 선택해야 하는 단계에 이용된다. 한편 대안별 가지의 끝에는 원이 연결되고 원에는 높은 수요, 중간 수요, 낮은 수요를 나타내는 3개의 가지가 연결된다. 이러한 기회마디에는 대안별 미래상황에 대한 확률을 기록한다. 즉, 높은 수요 가지에 0.3, 중간 수요 가지에 0.5, 낮은 수요 가지에 0.2를 기록한다. 최종적으로 가지의 끝에는 성과가 기록된다.

의사결정나무를 이용하여 대안을 선택하는 경우에는 의사결정나무의 뒤쪽에서부터 앞쪽으로 후진하면서 기대치를 구하여 대안선택이 이루어진다. 먼저 기회마디별로 기대치를 다음과 같이 계산하여 각 기회마디 위에 기록한다.

소형의 기대치: $(0.3\times14) + (0.5\times9) + (0.2\times7) = 10.1$
중형의 기대치: $(0.3\times25) + (0.5\times15) + (0.2\times5) = 16.0$
대형의 기대치: $(0.3\times60) + (0.5\times10) + (0.2\times-10) = 21.0$

마지막으로 기대치 중에서 가장 큰 값을 의사결정마디 위에 기록함으로써 특정 대안이 선택되었음을 나타낸다. 이와 같이 완성된 의사결정나무는 [그림 10-2]와 같다.

그림 10-1 우주전자의 의사결정나무

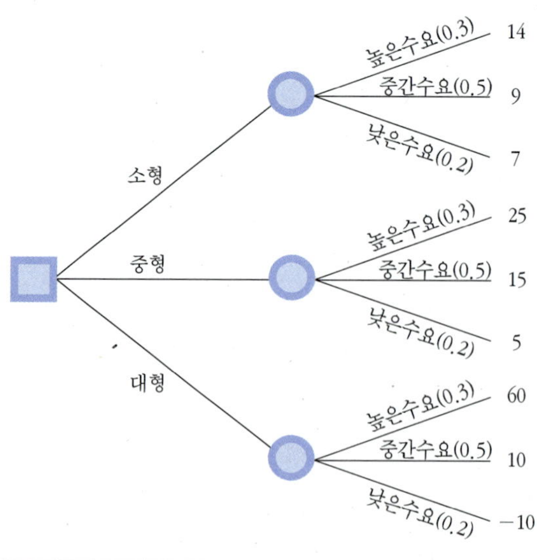

그림 10-2 우주전자의 기대치 의사결정나무

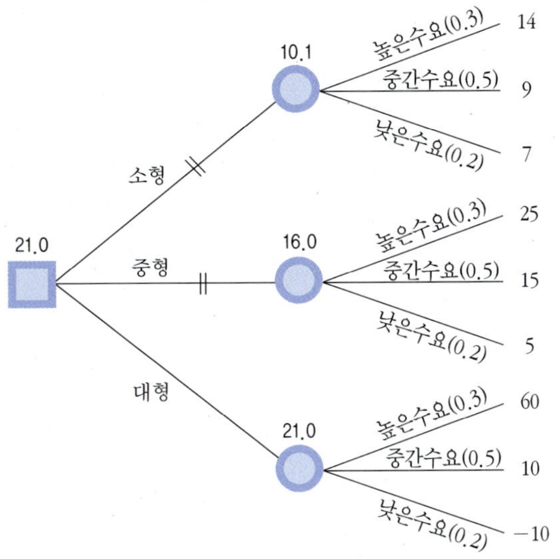

완전정보의 가치

우주전자에서 미래에 발생 가능한 상황인 높은 수요, 중간 수요, 낮은 수요에 부여하는 확률은 의사결정자의 추정치로 이를 사전 확률(prior probability)이라고 한다. 이러한 사전 확률은 실제 확률에 대한 추정치에 불과하므로 정확할 가능성이 낮다. 따라서 추가적인 정보를 획득하여 보다 정확한 의사결정을 할지에 대하여 검토할 필요가 있다.

그런데 추가정보를 획득할지의 여부는 그 추가정보의 가치가 어느 정도인가에 달려있다. 즉, 추가정보를 얻는 데 지불해야 하는 금액이 추가정보를 획득함으로써 얻는 가치에 비하여 작을 경우에만 추가정보를 획득할 가치가 있다. 따라서 추가정보의 가치를 계산하는 것이 중요하다.

만일 미래에 발생 가능한 상황에 대하여 사전에 100% 정확한 정보가 있다면 그 정보의 가치, 즉 완전정보의 가치가 얼마나 되는지를 살펴보기로 한다. 100% 정확한 정보를 완전정보라고 하면 완전정보의 가치(Expected Value of Perfect Information : EVPI)는 다음과 같이 산출한다.

완전정보 가치 = 완전정보가 있을 때 기대치 − 완전정보가 없을 때 기대치

즉, 완전정보의 가치는 완전정보가 있을 때의 기대치에서 완전정보가 없을 때의

기대치를 차감하여 구한다. 먼저 완전정보가 없을 경우의 기대치는 사전 확률을 고려하여 계산한 대안별 기대치 중에서 가장 큰 값을 말한다. 예를 들어, 우주전자의 경우에 대안별 기대치는 다음과 같다.

소형공장 : (0.3×14) + (0.5×9) + (0.2×7) = 10.1
중형공장 : (0.3×25) + (0.5×15) + (0.2×5) = 16.0
대형공장 : (0.3×60) + (0.5×10) + (0.2× −10) = 21.0

가장 큰 기대치를 가져다주는 대형공장의 기대치가 다음과 같이 완전정보가 없을 경우의 기대치이다.

완전정보가 없을 때 기대치 = 21.0

완전정보가 있을 경우의 기대치를 구하는 방법을 살펴보자. 〈표 10-14〉에서 높은 수요가 확실하다면 대형을 선택하여 60이라는 수익을 얻는다. 만일 중간 수요가 확실하다면 중형을 선택하여 15만큼의 수익을 얻는다. 반면 낮은 수요가 확실하다면 소형을 선택하여 7만큼의 수익을 얻는다. 그런데 높은 수요, 중간수요, 낮은 수요가 발생할 확률이 각각 0.3, 0.5, 02이므로 완전정보가 있을 경우의 기대치는 다음과 같이 산출된다.

완전정보가 있을 때 기대치 = 0.3(60) + 0.5(15) + 0.2(7) = 26.9

완전정보가 있을 경우에 기대치를 구하는 것을 의사결정나무로 그리면 [그림 10-3]과 같다. 따라서 완전정보의 가치는 다음과 같이 계산된다.

EVPI = 26.9 − 21.0 = 5.9

이 경우 완전정보의 가치는 5.9이다. 즉, 완전정보를 얻는 데 지불해야 하는 금액이 5.9보다 작다면 완전정보를 획득할 가치가 있다.

그림 10-3 우주전자의 완전정보가 있을 때 기대치

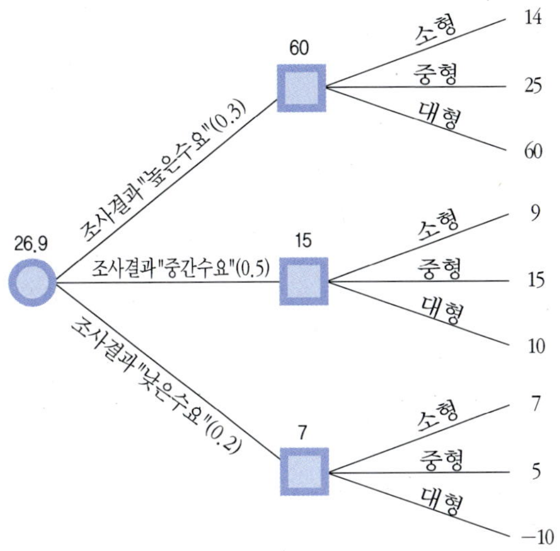

예제 10-4

[예제 10-2]의 대박유통은 전문가들과 상의한 결과 축제기간 동안의 수요가 2박스 또는 3박스 될 확률이 각각 0.4와 0.6으로 추정하였다. 대안, 미래상황 및 확률, 성과를 가지고 대박유통의 의사결정문제를 성과표로 만들면 〈표 10-16〉과 같다.

표 10-16 대박유통의 성과표(단위: 만원)

구입 \ 수요	2(0.4)	3(0.6)
2	100	120
3	70	150

대박유통은 축제기간 전에 2박스 또는 3박스 중 무엇을 주문하는 것이 유리한지를 결정하고자 한다.

대박유통의 경우에 수요가 2박스일 확률이 0.4이고 3박스일 확률이 0.6이라고 한다면 대안별 기대치는 〈표 10-17〉과 같이 구한다. 따라서 기대치기준에 의하면 대박유통은 기대치가 큰 3박스 구입을 선택한다.

표 10-17 대박유통의 대안별 기대치

구입 \ 수요	2(0.3)	3(0.5)	기대치	
2	100	120	(0.4×100)+(0.6×120)=112	
3	70	150	(0.4×70)+(0.6×150)=118	← max

의사결정나무

[그림 10-4]의 의사결정마디에는 2박스 구입과 3박스 구입을 나타내는 2개의 가지가 연결되어 있다. 이는 의사결정마디를 나타내는 네모에서 2박스 또는 3박스 중에서 하나가 선택되어야 함을 의미한다. 한편 대안별 가지의 끝에는 원이 연결되고 원에는 2박스 수요와 3박스 수요를 나타내는 2개의 가지가 연결된다. 미래상황에 따른 확률 즉, 수요 2박스 가지에 0.4를 수요 3박스 가지에 0.6을 기록한다. 최종적으로 가지의 끝에는 성과가 기록된다.

의사결정나무를 이용하여 의사결정을 하는 경우에는 의사결정나무의 뒤쪽에서부터 앞쪽으로 후진하면서 의사결정이 이루어진다. 기회마디별로 기대치를 다음과 같이 계산하여 각 기회마디 위에 기록한다.

2박스 구입의 기대치: (0.4×100) + (0.6×120) = 112

3박스 구입의 기대치: (0.4×70) + (0.6×150) = 118

그림 10-4 대박유통의 의사결정나무

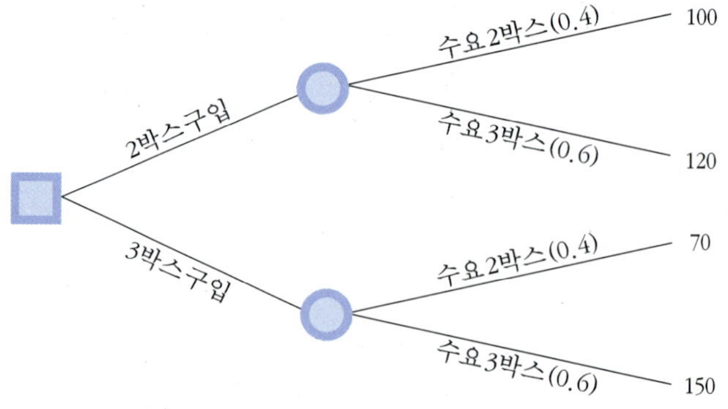

기대치 중에서 가장 큰 값을 의사결정마디 위에 기록함으로써 특정 대안이 선택되었음을 나타낸다. 이와 같이 완성된 의사결정나무는 [그림 10-5]와 같다.

추가정보의 가치

대박유통의 경우 대안별 기대치는 다음과 같다.

2박스 구입의 기대치: $0.4 \times 100 + 0.6 \times 120 = 112$

3박스 구입의 기대치: $0.4 \times 70 + 0.6 \times 150 = 118$

3박스 구입의 기대치가 더 크기 때문에 완전정보가 없을 경우의 기대치는 다음과 같다.

완전정보가 없을 때 기대치 = 118

완전정보가 있을 경우의 기대치는 다음과 같이 계산한다. 〈표 10-16〉에서 수요가 2박스로 확실하다면 2박스를 구입하여 100의 수익을 얻는다. 만일 수요가 3박스로 확실하다면 3박스를 구입하여 150만큼의 수익을 얻는다. 여기서 수요가 2박스와 3박스가 될 확률이 각각 0.4와 0.6이므로 완전정보가 있을 경우의 기대치는 다음과 같이 산출된다.

완전정보가 있을 때 기대치 = 0.4(100) + 0.6(150) = 130

완전정보가 있을 경우에 기대치를 구하는 과정을 의사결정나무로 그리면 [그림 10-6]과 같다.

그림 10-5 대박유통의 기대치 의사결정나무

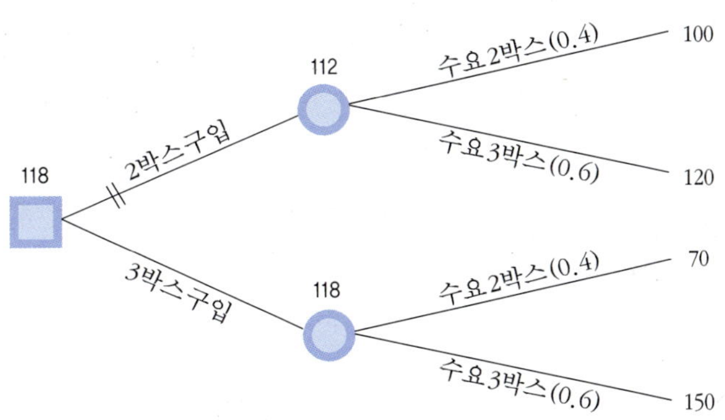

따라서 대박유통의 경우 완전정보의 가치는 다음과 같이 계산된다.

$$EVP = 130 - 118 = 12$$

완전정보의 가치는 12이다. 즉, 완전정보를 얻는 데 지불해야 하는 금액이 12보다 작다면 완전정보를 획득할 가치가 있다.

그림 10-6 대박유통의 완전정보가 있을 때 기대치

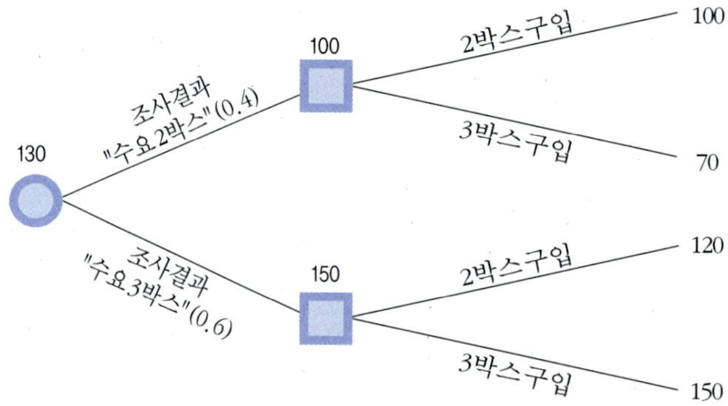

연습문제

1. 의사결정의 환경에 따른 의사결정의 유형을 설명하라.
2. 의사결정분석은 어떤 환경의 의사결정에 사용되는지를 설명하라.
3. 의사결정분석을 위해 필요한 정보는 무엇인지를 설명하라.
4. 다음 기준의 장단점을 설명하라.
   1) Maximax기준 2) Maximin기준 3) Minimax기준
   4) 후르비쯔기준 5) 평균값기준
5. 기대치를 설명하라.
6. 의사결정나무를 그리는 방법을 설명하라.
7. 의사결정나무를 가지고 의사결정을 하는 방법을 설명하라.
8. 완전정보를 설명하라.
9. 완전정보가 있을 때와 없을 때의 기대치를 구하는 방법을 설명하라.
10. 완전정보의 가치를 설명하라.
11. ABC는 신제품의 가격을 결정하려고 한다. 가격을 결정하는 중요한 요인은 신제품에 대한 장기적인 시장수요이다. 장기적인 시장수요가 소, 중, 대일 경우의 가격별 성과를 다음과 같이 추정하였다. 아래 물음에 답하라.

(단위: 억원)

	수요(소)	수요(중)	수요(대)
높은 가격	0	10	20
낮은 가격	10	12	15

(1) Maximax기준을 적용하면 어떤 대안이 선택되는가?

(2) Maximin기준을 적용하면 어떤 대안이 선택되는가?

(3) Minimax기준을 적용하면 어떤 대안이 선택되는가?

(4) 후르비쯔기준($\sigma=0.7$)을 적용하면 어떤 대안이 선택되는가?

(5) 평균값기준을 적용하면 어떤 대안이 선택되는가?

12. [문제 11]에서 시장수요가 소, 중, 대가 될 확률이 각각 0.2, 0.5, 0.3이라는 정보를 얻었다고 가정하고 아래 물음에 답하라.
    (1) 기대치 접근법을 이용하여 대안을 선택하라.
    (2) 의사결정나무로 대안을 선택하라.

13. K음료는 시장에 출시할 예비 음료가 있는데 이 예비 음료를 실제로 제품화할지 또는 포기할지에 대하여 결정하고자 한다. 예비 음료가 성공적일 경우 10억 원의 수익을 얻고 실패할 경우 2억 원의 손실을 입는다고 가정하자. 예비 음료의 성공 확률은 20%이다. 의사결정나무를 이용하여 예비 음료를 제품화할 것인지에 대하여 답하라.

14. 어떤 사람이 며칠 후의 야구시합에서 오징어, 땅콩, 아이스크림 중에서 어느 것을 팔 것인지를 결정하고자 한다. 이 사람의 경험에 근거하여 그 날의 날씨에 따라 판매수익을 다음과 같이 추정하였다. 일기예보에 의하면 날씨가 맑을 확률이 0.2, 추울 확률이 0.35, 비가 올 확률이 0.45라고 한다. 이런 환경에서는 어떤 결정이 바람직한가를 결정하라.

대안＼상황	맑음	추움	비
오징어	300	300	300
땅콩	260	560	560
아이스크림	2,000	750	−450

15. A스포츠는 대형 또는 소형 수영장을 건설하려고 한다. 수영장에 대한 수요는 낮을 확률이 0.4이고 높을 확률이 0.6으로 추정된다. 만약 대형 수영장을 건설하고 수요가 높으면 50억 원의 이익을 소형 수영장을 건설하고 수요가 높으면 소형 확장 또는 대형 확장 중 하나를 선택할 예정이다. 이 경우 소형 확장은 20억 원을 대형 확장은 30억 원의 이익을 예상한다. 만약 대형 수영장을 건설하고 수요가 낮으면 광고를 하거나 무대응을 할 예정이다. 무대응을 하면 8억 원의 이익이 예상된다. 광고는 성공하면 20억 원이 실패하면 −15억 원의 이익을 예상하고 또한 성공할 확률이 0.8로 실패할 확률이 0.2로 추정한다. 소형 수영장을 건설하고 수요가 낮으면 10억 원의 이익이 예상된다. A스포츠가 대형과 소형 중 어느 것을 선택해야 하는지를 의사결정나무로 분석하라.

16. 광산 A는 개발하면 무조건 수익이 80억 원이 예상된다. 반면 광산 B는 개발이 성공이면 100억 원의 수익이 예상되지만 실패이면 50억 원의 수익이 예상된

다. 과거의 경험에 의하면 광산 B를 개발하면 성공할 확률이 0.4이고 실패할 확률이 0.6으로 추정된다.

(1) 광산 A와 B 중에서 어느 것을 선택할 것인지 의사결정나무를 그려서 답하라.

(2) 광산 B의 개발에 관한 성공과 실패에 대한 정확한 정보가 있다면 의사결정나무를 이용하여 완전정보의 가치를 구하라.

17. 김씨는 내일의 야구시합에서 우산과 모자 중에서 어느 것을 팔 것인지를 오늘 결정하려고 한다. 내일의 날씨가 정상이면 모자와 우산의 수익은 300과 30이지만 비가 온다면 모자와 우산의 수익은 40과 400의 수익을 예상한다. 기상예보에 의하면 비가 올 확률이 40%이고 정상일 확률이 60%라 한다.

1) 김씨는 모자와 우산 중 내일 어느 것을 팔아야 할지를 의사결정나무로 분석하라.

2) 또한 결정에 앞서 100의 비용으로 완벽시장연구소에 의뢰하는 방법이 있는데 이 연구소의 예측결과는 100% 정확성을 가진다. 즉, 연구소에서 비가 온다면 반드시 비가 오고 정상이라 하면 반드시 정상이다. 완벽시장연구소에서 얻는 완전정보의 가치는 얼마인가? 또 이 경우 김씨는 모자와 우산 중 어느 것을 선택할지를 의사결정나무로 분석하라.

3) 만약 기상예보가 없는 불확실성 아래에서의 의사결정이라 할 때 성과표를 작성하고 다음에 답하라.

① Maximax기준을 적용하면 어떤 대안이 선택되는가?

② Maximin기준을 적용하면 어떤 대안이 선택되는가?

③ Minimax기준을 적용하면 어떤 대안이 선택되는가?

④ 후르비쯔기준($\sigma=0.7$)을 적용하면 어떤 대안이 선택되는가?

⑤ 평균값기준을 적용하면 어떤 대안이 선택되는가?

18. ABC건설은 광산을 직접 개발하거나 아니면 개발권을 팔려고 한다. 첫 번째 대안인 직접 개발은 성공하거나 실패할 수 있다. 이때 성공할 확률은 60%이고 이에 따른 수익은 100억 원으로 추정되고 반면 실패할 확률은 40%이고 이에 따른 수익은 −20억 원으로 예상된다. 두 번째 대안은 직접 개발 대신 개발권을 다른 사람에게 50억 원에 판매하는 것이다.

1) 의사결정나무를 그려 ABC건설이 어떻게 의사결정을 하는 것이 바람직한지를 답하라.

2) 이러한 결정에 앞서 20억의 비용으로 확실연구소에 의뢰하는 방법이 있는데 이 연구소의 예측결과는 100% 정확성을 가진다. 즉, 연구소에서 성공한다면 실제로 성공하고 실패한다면 실제로 실패한다. 확실연구소에서 얻는 완전정보의 가치는 얼마인가? 의뢰하는 것이 유리한가? ABC 건설은 어떤 의사결정이 바람직한가?

3) 성공과 실패에 대한 확률을 모르는 불확실성 아래에서의 의사결정이라 할 때 성과표를 작성하고 다음에 답하라.

① Maximax기준을 적용하면 어떤 대안이 선택되는가?

② Maximin기준을 적용하면 어떤 대안이 선택되는가?

③ Minimax기준을 적용하면 어떤 대안이 선택되는가?

④ 후르비쯔기준($\sigma=0.4$)을 적용하면 어떤 대안이 선택되는가?

⑤ 평균값기준을 적용하면 어떤 대안이 선택되는가?

CHAPTER

11

예측

제 1 절 서론

과거의 안정적인 환경에서는 예측이 별로 중요하지 않았지만 현대와 같이 급변하는 경영환경에서 예측은 기업의 현재 및 미래의 경영활동에 크게 영향을 미치므로 매우 중요하다. 경영환경은 시간이 흐름에 따라 항상 변하기 때문에 기업이 생존하고 발전하려면 미래의 환경변화를 정확하게 예측할 수 있는 능력을 갖추어야 하고 또한 변화하는 환경에 적응할 수 있어야 한다. 그러므로 기업은 관련된 미래 사건의 발생 시기, 크기 및 영향을 예측하여 적절한 대응책을 마련할 수 있어야 한다. 이러한 의미에서 예측이란 기업과 환경 사이를 연결시키는 역할을 하는 것이다.

기술예측, 인구예측, 날씨예측 등 다양한 유형의 예측이 있지만 여기서는 수요예측에 대해 살펴보기로 한다. 수요를 예측하는 방법에는 정성적 접근방법과 계량적 접근방법 두 가지가 있다. 정성적 접근방법은 계량적 접근방법에 대칭되는 질적 접근방법이다. 질적 접근방법은 의사결정자의 주관적인 경험, 직관, 육감, 통찰력, 판단력 등의 주관적인 요소에 의해 예측되는 것이다. 정성적 접근방법에는 델파이법(Delphi method), 시장조사법, 수명주기유추법, 자료유추법 등이 있다. 이러한 정성적 접근방법은 정확성에 한계를 갖고 있으나 계량적 접근방법들의 한계를 보완해 주는 기능이 있기 때문에 널리 이용된다.

계량적 접근방법은 과거의 자료로 미래를 추정하기 위해 미리 정한 체계적인 방법으로 자료를 분석하여 미래를 추정한다. 그러므로 계량적 접근방법은 정성적 접근방법에서 사용되는 주관적인 견해나 경험 등은 제외하고 과거자료와 정해진 절차를 사용한다. 이 접근방법은 다시 시계열분석과 인과분석으로 나눌 수 있다.

시계열분석에는 전기수요법, 단순이동평균법, 가중이동평균법, 지수평활법, 시계열분해법 등이 있고 인과분석에는 회귀분석법, 계량경제모델, 투입산출모델, 시뮬레이션모델 등이 있다. [그림 11-1]과 같이 본 장에서는 엑셀을 활용하여 시계열분석의 단순이동평균법, 가중이동평균법, 지수평활법 그리고 인과관계분석의 회귀분석에 대해 살펴보기로 한다.

그림 11-1 수요예측방법의 분류

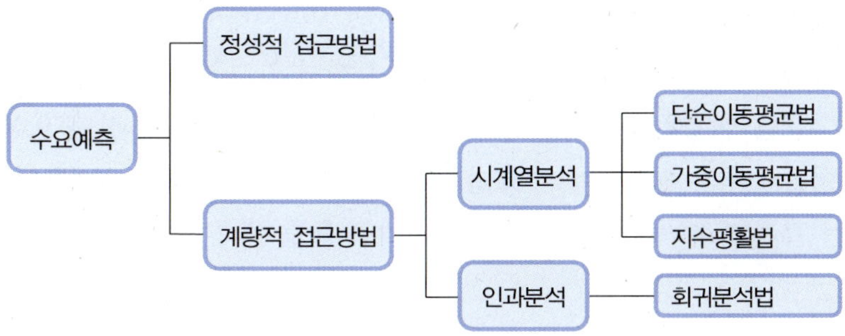

제 2 절 수요변동의 원인

제품이나 서비스에 대한 고객의 수요는 변하기 쉽다. 이러한 수요변화의 원인을 찾을 수 있다면 수요예측은 쉽고 정확하게 할 수 있다. 그러나 수요변동을 유발하는 원인은 〈표 11-1〉처럼 매우 복잡하고 다양하므로 수요예측은 어려운 일이다.

수요변동에 영향을 주지만 경영자가 통제 불가능한 요인을 외적요인이라 한다. 경제상황, 고객욕구, 경쟁사(가격, 광고, 신제품), 정부정책, 대체품, 기술발전 등이 수요변동에 영향을 주는 외적요인의 예들이다. 수요에 영향을 주지만 경영자가 통제 가능한 요인을 내적요인이라 한다. 제품설계, 제품디자인, 판매원, 판매촉진, 제품구색, 가격 등이 경영자의 결정에 따라 수요가 달라지는 내적요인의 예들이다.

표 11-1 수요변동의 요인

외적 요인	내적 요인
경제상황	제품설계
고객욕구	제품디자인
경쟁사 대응	판매원
정부정책	판매촉진
대체품	제품구색
기술발전	가격

이와 같이 수요변동에 영향을 미치는 요인들이 다양하고 복잡하지만 이들 요인의 영향을 모두 반영한 것이 과거의 수요자료라고 할 수 있다. 즉, 과거의 수요변동에 미친 요인들의 영향이 미래의 수요변동에도 그대로 지속된다고 가정하면 과거 수요패턴이 미래 수요패턴이 된다. 그러므로 과거의 수요변화를 관찰하여 찾은 수요패턴에 의해 미래의 수요를 추정할 수 있다. 이러한 측면에서 수요예측에 가장 중요하게 사용되는 것이 과거자료이다. 경영자는 수요변동에 영향을 미친 외적 및 내적요인 모두를 함축하고 있는 과거자료를 활용해서 제품의 미래 수요를 예측하여 수요변화에 대응하여야 한다.

제 3 절 예측오차

예측은 오차가 있다. 예측오차는 다음과 같이 실제치와 예측치 간의 차이이다.

$$E_t = D_t - F_t$$

여기서 E_t = 기간 t의 예측오차
D_t = 기간 t의 실제치
F_t = 기간 t의 예측치

예측오차의 크기는 예측방법의 정확성을 평가하는 기준이고 또한 예측방법을 선택하는 기준이 되기도 한다. 예측오차의 측정방법에는 평균자승오차(mean squared error: MSE)와 절대평균편차(mean absolute deviation: MAD)가 널리 사용된다. 먼저 평균자승오차(MSE)는 다음과 같이 개별오차를 제곱하여 합한 다음 평균한 것이다.

$$MSE = \frac{\sum_{t=1}^{n}(D_t - F_t)^2}{n}$$

평균자승오차는 개별오차를 제곱하기 때문에 오차가 작은 경우보다 큰 경우에 더 영향을 받는다. 또 다른 예측오차의 측도로서 절대평균편차(MAD)가 있다. MAD는 다음과 같이 개별오차의 절대값을 합한 다음 평균한 것이다.

$$MAD = \frac{\sum_{t=1}^{n} |D_t - F_t|}{n}$$

MAD는 오차값의 방향(음의 값, 양의 값)을 무시하고 오차의 크기만 측정하는 것이므로 계산이 간편하다. MAD 값이나 MSE 값이 작을수록 예측기법의 정확성이 높다고 할 수 있다.

예제 11-1

다음과 같은 자료가 있을 경우 MSE와 MAD를 구하라.

실제수요	예측수요
7	5
6	6
5	4
4	7

예측오차와 E_t^2 및 $|E_t|$는 다음과 같다.

실제수요	예측수요	예측오차	E_t^2	$\|E_t\|$
7	5	2	4	2
6	6	0	0	0
5	4	1	1	1
4	7	−3	9	3
합			14	6

MSE와 MAD는 다음과 같다.

$$MSE = \frac{\sum E_t^2}{4} = \frac{14}{4} = 3.5$$

$$MAD = \frac{\sum |E_t|}{4} = \frac{6}{4} = 1.5$$

제 4 절 단순이동평균법

단순이동평균법(simple moving average)은 예측시점으로부터 거꾸로 몇 기간 동안의 평균을 예측치로 이용하는 방법이다. 예를 들어, 4개월 단순이동평균법은 예측시섬을 기준으로 거꾸로 4개월간의 평균을 예측치로 이용한다. 단순이동평균법에서 $t+1$기의 예측치 계산식은 다음과 같다.

$$X_{t+1} = \frac{\text{최근 } n \text{개 자료의 합}}{n} = \frac{X_{t-n+1} + \cdots + X_{t-1} + X_t}{n}$$

예제 11-2

대한패션의 최근 2년간 월별 의류 판매량 자료는 다음과 같다.

1	2	3	4	5	6	7	8	9	10	11	12	13	14	15	16	17	18	19	20	21	22	23	24
50	52	45	48	49	50	45	53	50	50	52	45	51	50	55	50	45	50	43	48	51	55	52	58

25기의 예측치를 2개월, 3개월 그리고 4개월 단순이동평균법을 이용하여 구하라.

2개월 단순이동평균법에 의한 25기의 예측치는 다음과 같다.

$$X_{25} = \frac{X_{23} + X_{24}}{2} = \frac{52 + 58}{2} = 55$$

3개월 단순이동평균법에 의한 25기의 예측치는 다음과 같다.

$$X_{25} = \frac{X_{22} + X_{23} + X_{24}}{3} = \frac{55 + 52 + 58}{3} = 55$$

4개월 단순이동평균법에 의한 25기의 예측치는 다음과 같다.

$$X_{25} = \frac{X_{21} + X_{22} + X_{23} + X_{24}}{4} = \frac{51 + 55 + 52 + 58}{4} = 54$$

엑셀해법

엑셀을 활용하여 $n=2$, $n=3$, $n=4$일 때 단순이동평균법으로 대한패션의 의류 판매량 예측치를 계산하는 절차는 다음과 같다.

1) 입력 창

입력창에 다음과 같이 입력한다.

	A	B	C	D	E	F	G
1							
2				단순이동평균법			
3		기간	판매량	n=2	n=3	n=4	
4		1	50				
5		2	52				
6		3	45				
7		4	48				
8		5	49				
9		6	50				
10		7	45				
11		8	53				
12		9	50				
13		10	50				
14		11	52				
15		12	45				
16		13	51				
17		14	50				
18		15	55				
19		16	50				
20		17	45				
21		18	50				
22		19	43				
23		20	48				
24		21	51				
25		22	55				
26		23	52				
27		24	58				
28			MSE=				
29							

예측치와 예측오차를 구하기 위해 다음과 같이 입력한다.

$n=2$의 예측치

셀 D6에는 =AVERAGE(C4:C5)를 입력한다.

셀 D7:D27에는 셀 D6을 복사한다.

$n=3$의 예측치

셀 E7에는 =AVERAGE(C4:C6)를 입력한다.

셀 E8:E27에는 셀 E7을 복사한다.

$n=4$의 예측치

셀 F8에는 =AVERAGE(C4:C7)를 입력한다.

셀 F9:F27에는 셀 F8을 복사한다.

MSE

셀 D28에는 =SUMXMY2(C6:C27, D6:D27)/COUNT(D6:D27)를 입력한다.

셀 E28에는 =SUMXMY2(C7:C27, E7:E27)/COUNT(E7:E27)를 입력한다.

셀 F28에는 =SUMXMY2(C8:C27, F8:F27)/COUNT(F8:F27)를 입력한다.

여기서 사용한 n은 2, 3, 4이다. $n=2$인 경우 기간 $t=1$과 $t=2$에 대해서는 과거 자료가 없기 때문에 예측치를 구할 수 없어 $t=3$부터 예측치를 구할 수 있게 된다. 예를 들어, $n=2$일 때 $t=3$의 예측치는 다음과 같다.

$$X_3 = \frac{50+52}{2} = 51$$

$n=3$일 때는 $t=4$부터 예측치를 구할 수 있게 된다. $t=4$의 예측치는 다음과 같다.

$$X_4 = \frac{50+52+45}{3} = 49$$

$n=4$일 때는 $t=5$부터 예측치를 구할 수 있게 된다. $t=5$의 예측치는 다음과 같다.

$$X_5 = \frac{50+52+45+48}{3} = 48.75$$

2) 결과 창

엑셀을 활용하여 단순이동평균법으로 구한 예측치와 *MSE*는 다음 그림과 같다.

단순이동평균법을 이용하기 위해서는 몇 기간의 평균을 이용할 것인지를 정해야 한다. 즉, 해당 문제에 적합한 n을 찾아야 한다. n이 작을수록 최근 자료의 특성을 직접적으로 반영할 수 있다는 장점이 있지만 최근 자료가 만약 돌발적인 자료이면 예측이 왜곡될 수도 있다. 반면 n을 큰 값으로 정하면 시계열 자료의 변화를 상쇄시키는 평활(smoothing)효과로 인해 시간에 따른 자료의 변화추세를 올바르게 반영하지 못하게 된다.

n을 정하는 하나의 방법으로는 *MSE*나 *MAD*값을 비교하여 n을 택할 수도 있다. [예제 11-2]의 엑셀 결과에 의하면 $n=2$의 $MSE=15.55$, $n=3$의 $MSE=14.89$, $n=4$의 $MSE=16.37$이므로 이 경우에는 $n=3$인 모형이 $n=2$와 $n=4$인 모형보다 정확한 예측 결과를 제시할 수 있는 것을 알 수 있다. 일단 n의 값이 결정되면 미래 시점에 대한 예측이 필요하다. $n=3$일 때 25기의 예측치는 22기, 23기, 24기의 평균값으로 다음과 같이 구할 수 있다.

	A	B	C	D	E	F	G
1							
2				단순이동평균법			
3		기간	판매량	n=2	n=3	n=4	
4		1	50				
5		2	52				
6		3	45	51.00			
7		4	48	48.50	49.00		
8		5	49	46.50	48.33	48.75	
9		6	50	48.50	47.33	48.50	
10		7	45	49.50	49.00	48.00	
11		8	53	47.50	48.00	48.00	
12		9	50	49.00	49.33	49.25	
13		10	50	51.50	49.33	49.50	
14		11	52	50.00	51.00	49.50	
15		12	45	51.00	50.67	51.25	
16		13	51	48.50	49.00	49.25	
17		14	50	48.00	49.33	49.50	
18		15	55	50.50	48.67	49.50	
19		16	50	52.50	52.00	50.25	
20		17	45	52.50	51.67	51.50	
21		18	50	47.50	50.00	50.00	
22		19	43	47.50	48.33	50.00	
23		20	48	46.50	46.00	47.00	
24		21	51	45.50	47.00	46.50	
25		22	55	49.50	47.33	48.00	
26		23	52	53.00	51.33	49.25	
27		24	58	53.50	52.67	51.50	
28			MSE=	15.55	14.89	16.37	
29							

$$X_{25} = \frac{55+52+58}{3} = 55$$

26기의 예측치는 23기, 24기, 25기의 평균값으로 다음과 같이 구할 수 있다.

$$X_{26} = \frac{52+58+55}{3} = 55$$

25기의 실제치는 존재하지 않으므로 예측치를 사용하여야 한다.

제 5 절 가중이동평균법

단순이동평균법에서는 과거의 자료에 동일한 가중치를 부여한다. 예를 들어, 3개월 단순이동평균법의 경우에는 각각의 자료에 가중치 1/3을 부여한다. 이에 반하여 가중이동평균법(weighted moving average)에서는 가중치를 달리하는데 예측시점에 가까운 자료일수록 높은 가중치를 부여한다. 여기서 가중치의 합은 1이 되어야 한다. 가중이동평균을 계산하는 식은 다음과 같다.

$$X_{t+1} = w_1 X_{t-n+1} + w_2 X_{t-n+2} + \dots + w_n X_t$$

예를 들어, $n=3$일 때 기간 $t=3$ 이후의 가중이동평균은 다음과 같이 계산한다.

$$X_4 = w_1 X_1 + w_2 X_2 + w_3 X_3$$
$$X_5 = w_1 X_2 + w_2 X_3 + w_3 X_4$$
$$X_6 = w_1 X_3 + w_2 X_4 + w_3 X_5$$

예제 11-3

$w_1=0.2$, $w_2=0.3$, $w_3=0.5$이고 $n=3$일 때 대한패션의 의류 판매량 자료에서 $t=5$와 $t=6$ 기간의 예측치를 구하라.

$$X_5 = w_1 X_2 + w_2 X_3 + w_3 X_4 = 0.2 \times 52 + 0.3 \times 45 + 0.5 \times 48 = 47.9$$
$$X_6 = w_1 X_3 + w_2 X_4 + w_3 X_5 = 0.2 \times 45 + 0.3 \times 48 + 0.5 \times 49 = 47.9$$

엑셀활용

엑셀을 활용하여 $n=3$, $w_1=0.2$, $w_2=0.3$, $w_3=0.5$일 때 가중이동평균법으로 대한패션의 의류 판매량 예측치를 계산하는 절차는 다음과 같다.

1) 입력 창

입력창에 다음과 같이 입력한다.

	A	B	C	D	E	F	G	H
1								
2				가중이동평균법				
3		기간	판매량					
4		1	50				가중치	
5		2	52			w1		
6		3	45			w2		
7		4	48			w3		
8		5	49			합		
9		6	50					
10		7	45					
11		8	53					
12		9	50					
13		10	50					
14		11	52					
15		12	45					
16		13	51					

17		14	50					
18		15	55					
19		16	50					
20		17	45					
21		18	50					
22		19	43					
23		20	48					
24		21	51					
25		22	55					
26		23	52					
27		24	58					
28			MSE=					
29								

예측치와 예측오차를 구하기 위해 다음과 같이 입력한다.

가중치

셀 G5:G7에는 0.2, 0.3, 0.5를 입력한다.

셀 G8에는 =SUM(G5:GF7)를 입력한다.

$n=3$의 예측치

셀 D7에는 =SUMPRODUCT($G$5:$G$7, C4:C6)를 입력한다.

셀 D8:D27에는 셀 D7을 복사한다.

MSE

셀 C28에는 =SUMXMY2(C7:C27, D7:D27)/COUNT(D7:D27)를 입력한다.

2) 결과 창

엑셀을 활용하여 가중이동평균법으로 구한 예측치와 *MSE*는 다음과 같다.

	A	B	C	D	E	F	G	H
1								
2				가중이동평균법				
3		기간	판매량					
4		1	50				가중치	
5		2	52			w1	0.2	
6		3	45			w2	0.3	
7		4	48	48.10		w3	0.5	
8		5	49	47.90		합	1	
9		6	50	47.90				
10		7	45	49.30				
11		8	53	47.30				
12		9	50	50.00				
13		10	50	49.90				
14		11	52	50.60				
15		12	45	51.00				
16		13	51	48.10				
17		14	50	49.40				
18		15	55	49.30				
19		16	50	52.70				
20		17	45	51.50				
21		18	50	48.50				

22		19	43	48.50				
23		20	48	45.50				
24		21	51	46.90				
25		22	55	48.50				
26		23	52	52.40				
27		24	58	52.70				
28			MSE=	14.83				
29								

제6절 지수평활법

지수평활법(exponential smoothing)은 가중이동평균법이 가지고 있는 이동평균의 기간 수(n)와 가중치(w)의 산정에 따른 어려움을 개선한 방법이다. 지수평활법은 예측하려는 시점에 가까운 자료일수록 높은 가중치를 부여하고 오래된 자료일수록 기하학적으로 감소되는 가중치를 부여한다. 즉, 지수평활법에서 가중치의 부여는 예측하려는 시점에 가까운 자료일수록 지수함수적으로 증가한다. 지수평활법에 의한 예측식은 다음과 같다.

$$\hat{X}_{t+1} = \alpha X_t + (1-\alpha)\hat{X}_t$$

여기서, $\hat{X}_t$: t시점의 예측치

X_t : t시점의 실제치

α : 지수평활계수($0<\alpha<1$)

$t=1$의 예측치 $\hat{X}_1$은 다음과 같이 $t=1$의 실제치를 사용하기로 한다.

$$\hat{X}_1 = X_1$$

$t=2$와 $t=3$의 예측치는 다음과 같이 계산되어진다.

$$\hat{X}_2 = \alpha X_1 + (1-\alpha)\hat{X}_1 \qquad (0 \le \alpha \le 1)$$

$$\hat{X}_3 = \alpha X_2 + (1-\alpha)\hat{X}_2 \qquad (0 \le \alpha \le 1)$$

다음은 $\alpha=0.6$일 때 지수평활법을 이용한 대한패션의 의류 판매량 자료의 $t=2$와 $t=3$의 예측 결과를 보여준다.

$$\hat{X}_2 = \alpha X_1 + (1-\alpha)\hat{X}_1 = 0.6 \times 50 + 0.4 \times 50 = 50$$

$$\hat{X}_3 = \alpha X_2 + (1-\alpha)\hat{X}_2 = 0.6 \times 52 + 0.4 \times 50 = 51.2$$

엑셀활용

지수평활계수 0.6을 사용한 지수평활법으로 대한패션의 의류 판매량 예측치를 계산하는 절차는 다음과 같다.

1) 입력 창

입력창에 다음과 같이 입력한다.

	A	B	C	D	E	F	G	H
1								
2				지수평활법				
3		기간	판매량					
4		1	50			알파		
5		2	52					
6		3	45					
7		4	48					
8		5	49					
9		6	50					
10		7	45					
11		8	53					
12		9	50					
13		10	50					
14		11	52					
15		12	45					
16		13	51					
17		14	50					
18		15	55					
19		16	50					
20		17	45					
21		18	50					
22		19	43					
23		20	48					
24		21	51					
25		22	55					
26		23	52					
27		24	58					
28			MSE=					
29								

예측치와 예측오차를 구하기 위해 다음과 같이 입력한다.

지수평활계수

셀 G4에는 지수평활계수 0.6을 입력한다.

예측치

셀 D4에는 초기값을 지정하기 위해 =C4를 입력한다.

셀 D5에는 =$G$4*C4+(1-$G$4)*D4를 입력한다.

셀 D6:D27에는 셀 D5를 복사한다.

MSE

셀 D28에는 =SUMXMY2(C5:C27, D5:D27)/COUNT(D5:D27)를 입력한다.

2) 결과 창

엑셀을 활용하여 지수평활법으로 구한 예측치와 *MSE*는 다음과 같다.

	A	B	C	D	E	F	G	H
1								
2				지수평활법				
3		기간	판매량					
4		1	50	50.00		알파	0.6	
5		2	52	50.00				
6		3	45	51.20				
7		4	48	47.48				
8		5	49	47.79				
9		6	50	48.52				
10		7	45	49.41				
11		8	53	46.76				
12		9	50	50.51				
13		10	50	50.20				
14		11	52	50.08				
15		12	45	51.23				
16		13	51	47.49				
17		14	50	49.60				
18		15	55	49.84				
19		16	50	52.94				
20		17	45	51.17				
21		18	50	47.47				
22		19	43	48.99				
23		20	48	45.40				
24		21	51	46.96				
25		22	55	49.38				
26		23	52	52.75				
27		24	58	52.30				
28			MSE=	15.80				
29								

지수평활계수 α는 수요가 불안정할 때는 1에 가까운 값, 즉 0.7, 0.8, 0.9를 이용하고 수요가 안정적일 때는 0에 가까운 0.1, 0.2, 0.3을 이용하는 것이 보통이다. [그림 11-2]는 α에 따른 예측치의 변화를 보여준다.

지수평활계수는 기업마다 그 기업에 적합한 값을 선택해야 한다. 지수평활계수를 정하는 방법 중의 하나는 과거자료를 이용하여 여러 가지 지수평활계수를 적용하여 지수평활계수 값에 따른 *MSE*나 *MAD* 값을 계산하여 *MSE*나 *MAD* 값이 제일 작은 지수평활계수를 선택하는 것이다.

그림 11-2 α에 따른 예측추이

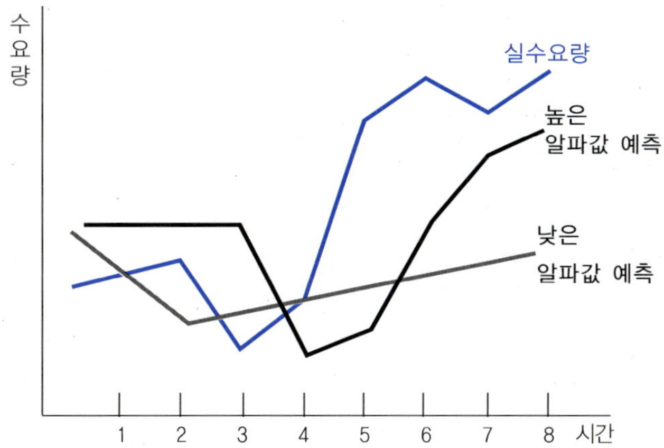

제 7 절 회귀분석법

1 시계열회귀분석과 일반회귀분석의 차이

시계열회귀분석법은 독립변수와 종속변수와의 관계를 다루는 일반적인 회귀분석에서 독립변수가 시간(time)인 특수한 경우이다. 즉, 독립변수인 시간과 종속변수인 수요 간의 관계를 찾아내어 미래의 수요를 예측하는 것이 시계열회귀분석법이다. 반면 일반회귀분석법은 수요에 영향을 미치는 독립변수(예: 광고비)와 종속변수인 수요 간의 관계를 찾아내어 미래의 수요를 예측하는 것이다. [그림 11-3]처럼 시계열회귀분석법은 일반회귀분석법의 특수한 경우로 독립변수가 시간이라는 점이고 일반회귀분석법은 독립변수가 수요에 영향을 미치는 변수이다.

그림 11-3 시계열회귀선과 일반회귀선

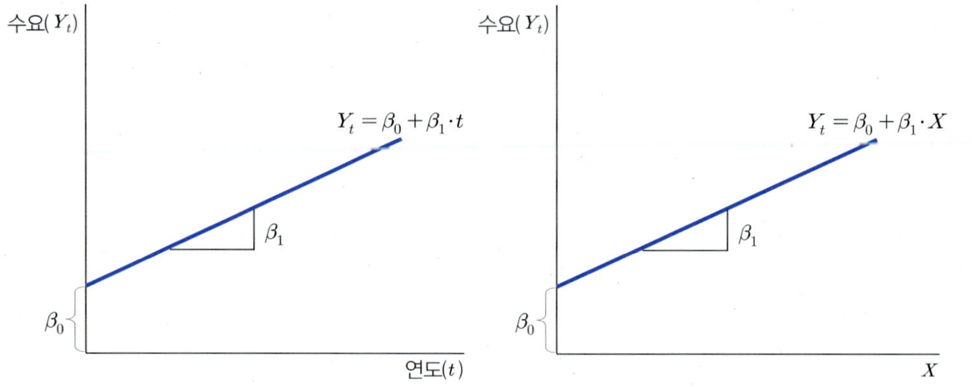

시간과 수요와의 관계가 직선인 시계열회귀분석모형은 다음과 같다.

$$Y = \beta_0 + \beta_1 \cdot t$$

여기서, Y : 수요
t : 시점
β_0 : 절편
β_1 : 기울기

반면 일반회귀분석모형은 다음과 같다.

$$Y = \beta_0 + \beta_1 \cdot X$$

여기서, Y : 수요
X : 독립변수
β_0 : 절편
β_1 : 기울기

시계열회귀분석법은 계절적 요소가 있는 경우와 없는 경우에 모두 적용이 가능하다. 연도별 자료와 같이 계절적 요소가 거의 없는 경우에는 추세에만 중점을 두는 추세선분석모형을 이용하고 분기별 자료나 월별 자료 등과 같이 계절적 요소가 있을 가능성이 높은 자료의 경우에는 추세선분석모형에 더미(dummy)변수와 삼각함수를 추가한 모형을 이용한다. 또한 추세에는 선형추세(linear trend)와 2차곡선추세(quadratic trend) 등이 있다. 계절적 요소가 있는 경우와 독립변수와 종속변수 간의 관계가 직선이 아닌 경우는 본 장의 범위를 벗어나므로 여기에서는 추세선분석모형만 살펴보기로 한다.

2 회귀식

자료들이 수집되고 산점도를 통하여 변수 간의 관계가 선형임이 확인되면 회귀식을 도출하여야 한다. 회귀분석은 산점도에 있는 모든 자료들을 가장 공평하게 통과하는 하나의 직선을 찾는 방법이다. 자료들을 통과하는 직선은 무수히 많이 존재하는데 [그림 11-4]는 그 중에서 세 가지 직선을 보여 주고 있다. 어느 직선을 선택하느냐에 따라 예측 값은 달라진다.

자료들을 통과하는 다양한 직선 중에서 예측에 가장 적합한 직선을 찾는 방법을 회귀분석에서는 최소자승법(least square method)이라고 한다. 최소자승법은 독립변수의 값(X)에 대응하는 종속변수의 실제값(Y)과 회귀식에서 얻어진 종속변수의 예측값($\hat{Y}$)과의 차이, 즉 잔차의 제곱 합이 최소가 되는 회귀계수(b_0, b_1)를 구하는 방법이다. 즉, 최소자승법은 추정된 선형회귀식 $\hat{Y}=b_0+b_1X$이 가장 작은 잔차의 제곱 합(sum of squared residuals : SSE)을 갖도록 회귀계수 b_0와 b_1을 추정한다. 이를 식으로 표현하면 다음과 같다.

$$\text{최소화}\sum_{i=1}^{n}e_i^2=\text{최소화}\sum_{i=1}^{n}(Y-\hat{Y})^2=\text{최소화}\sum_{i=1}^{n}(Y_i-b_0-b_1X_i)^2$$

b_0와 b_1에 대하여 각각 편미분하여 연립방정식을 풀면 다음과 같은 추정량을 구할 수 있다.

그림 11-4 표본 회귀식

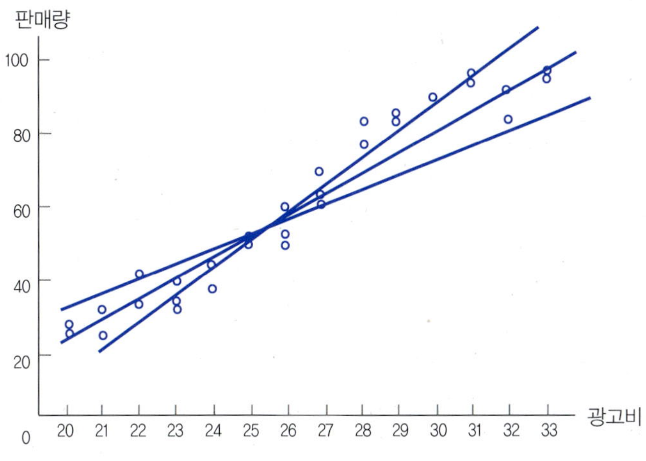

$$b_1 = \frac{\sum_{i=1}^{n}(X_i - \overline{X})(Y_i - \overline{Y})}{\sum_{i=1}^{n}(X - X)^2}$$

$$b_0 = \overline{Y} - b_1\overline{X}$$

최소자승법에 의해 구해진 회귀선은 [그림 11-5]에서 볼 수 있듯이 다음과 같은 특성을 가지고 있다.

① 회귀선은 $\overline{X}$와 $\overline{Y}$ 모두를 통과한다.
② 회귀선에 대한 잔차의 합은 0이다. 즉, $\sum e = \sum(Y - \hat{Y}) = 0$이다.
③ 회귀선에 대한 잔차의 제곱 합은 최소가 된다. 즉, $\min\sum e^2 = \min\sum(Y - \hat{Y})^2$이다.

3 다중회귀식

다중회귀모형을 추정하기 위해서는 종속변수 Y와 독립변수 $X_1, X_2, \ldots\ldots X_k$에 대해 n개의 관측치를 필요로 한다. 즉, Y값에 대한 하나의 열과 X값에 대한 k개의 열을 가지므로 〈표 11-2〉와 같이 $n \times k$ 행렬구조로 구성된다. 두 개의 독립변수를 가지고 있는 표본회귀식은 다음과 같이 나타낼 수 있다.

그림 11-5 회귀선의 특성

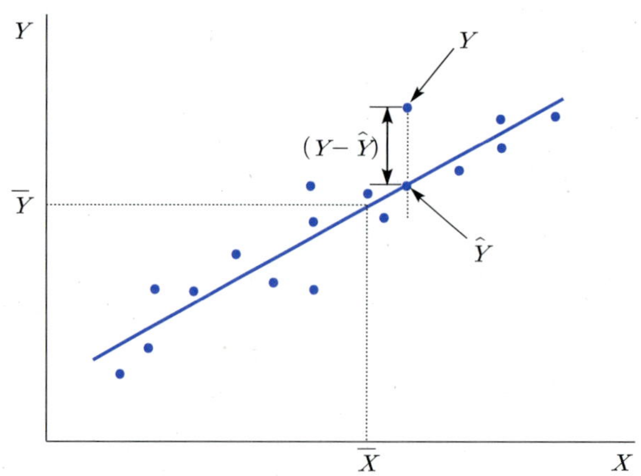

표 11-2 다중회귀분석의 행렬구조

종속변수	독립변수			
Y	X_1	X_2	$\cdots$	X_k
Y_1	X_{11}	X_{12}	$\cdots$	X_{1k}
Y_2	X_{21}	X_{22}	$\cdots$	X_{2k}
$\vdots$	$\vdots$	$\vdots$	$\vdots$	$\vdots$
Y_n	X_{n1}	X_{n2}	$\cdots$	X_{nk}

$$\widehat{Y} = b_0 + b_1 X_1 + b_2 X_2$$

표본자료에 가장 적합한 표본회귀식을 구하기 위해서는 단순회귀분석에서와 마찬가지로 최소자승법을 이용한다. 즉, 잔차의 제곱 합을 최소화하는 다음의 조건을 만족하는 b_0, b_1, b_2의 값을 구한다.

$$\min \sum e^2 = \min \sum (Y - \widehat{Y})^2$$

두 개의 독립변수를 포함하는 다중회귀식에서 잔차의 제곱 합을 최소화하는 정규방정식(normal equation)은 다음과 같다.

$$\sum Y = nb_0 + b_1 \sum X_1 + b_2 \sum X_2$$
$$\sum X_1 Y = b_0 \sum X_1 + b_1 \sum X_1^2 + b_2 \sum X_1 X_2$$
$$\sum X_2 Y = b_0 \sum X_2 + b_1 \sum X_1 X_2 + b_2 \sum X_2^2$$

세 개 이상의 독립변수를 갖는 모형에 대한 다중회귀식은 더 복잡하지만 계산은 같은 절차를 따른다. 회귀계수에 대한 표본추정치(sample estimates)는 로마문자 $b_0, b_1, b_2, \cdots, b_k$로 표시한다. 표본자료들로부터 도출된 계수 b_0와 계수 b_j의 의미는 다음과 같다.

b_0: 절편계수로 모든 X_j값들이 0일 때 기대되는 Y값을 나타내는 상수
b_j: 특정 X_j변수를 제외한 다른 X변수들이 일정할 때 특정 X_j변수 한 단위가 변할 때 종속변수 Y의 예상 변화분

예를 들어, 자동차의 제동거리를 Y, 속도를 X_1, 무게를 X_2, 그리고 운전경력을 X_3으로 두고 추정한 회귀모형이 다음과 같다고 가정한다.

$$\hat{Y} = 10 + 15X_1 + 5X_2 + 20X_3$$

위의 모형에서 $15X_1$은 속도가 1단위 증가하면 제동거리는 15단위 증가함을 의미하는데 이 때 무게와 운전경력이 제동거리에 미치는 효과는 일정하다고 보고 고려 대상에서 제외된 것이다. 마찬가지로 $5X_2$도 유사한 해석이 가능한데 만일 무게가 한 단위 증가한다면 제동거리는 5단위 증가한다는 의미인데 이 경우에도 속도와 운전경력의 효과는 같다고 가정한다.

4 상관계수

두 변수 사이의 상관관계를 분석하는 데 직관이나 상관도를 사용하기도 하지만 보다 객관적인 분석을 위해서는 변수 간의 관련성을 수치적으로 나타내는 상관분석(correlation analysis)을 하여야 한다. 상관분석에 의해 계산된 수치를 상관계수라 한다.

단순선형상관계수(simple linear correlation coefficient: r)는 [그림 11-6]처럼 두 변수가 얼마나 강한 선형의 관계를 가지고 있는지를 측정하는 -1부터 $+1$ 사이의 숫자이다. 상관계수는 첫째, 두 변수 간의 관계가 정(+)인지 부(−)인지를 알려준다. 즉, r값이 양수이면 x값이 증가함에 따라 y값도 증가하고 음수이면 x값이 증가함에 따라 y값은 감소한다. 둘째, 직선에 얼마나 많은 자료들이 모여 있는지를 나타내 준다. 즉, r값이 $+1$ 또는 -1에 근접할수록 자료들이 직선 가까이 모여 있어 강한 선형관계를 나타낸다. 표본상관계수는 다음과 같이 구해진다.

그림 11-6 상관계수의 특성

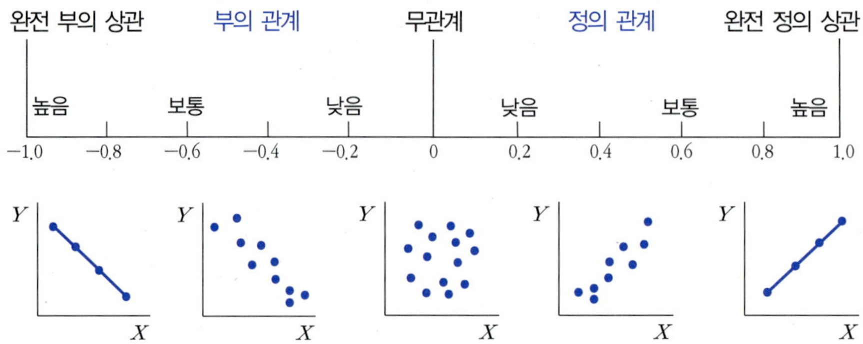

$$r = \frac{\sum_{i=1}^{n}(X_i - \overline{X})(Y_i - \overline{Y})}{\sqrt{\sum_{i=1}^{n}(X_i - \overline{X})^2}\sqrt{\sum_{i=1}^{n}(Y_i - \overline{Y})^2}}$$

상관계수는 변수 간의 선형관계에만 관심을 두고 있기 때문에 어느 변수가 독립변수이고 종속변수인지를 구별하지 않는다.

5 엑셀 활용

다음의 자료를 가지고 엑셀로 예측하는 방법을 살펴보기로 한다.

판매량	24	34	45	32	35	42	25	26	48	38
광고비	15	21	30	20	25	36	16	18	35	22

① 다음과 같이 자료를 입력한다.

	A	B	C
1	판매량	광고비	
2	24	15	
3	34	21	
4	45	30	
5	32	20	
6	35	25	
7	42	36	
8	25	16	
9	26	18	
10	48	35	
11	38	22	
12			

② [데이터] ➡ [데이터 분석] ➡ [통계 데이터 분석] ➡ [회귀분석]을 지정한 후 [확인] 버튼을 누른다.

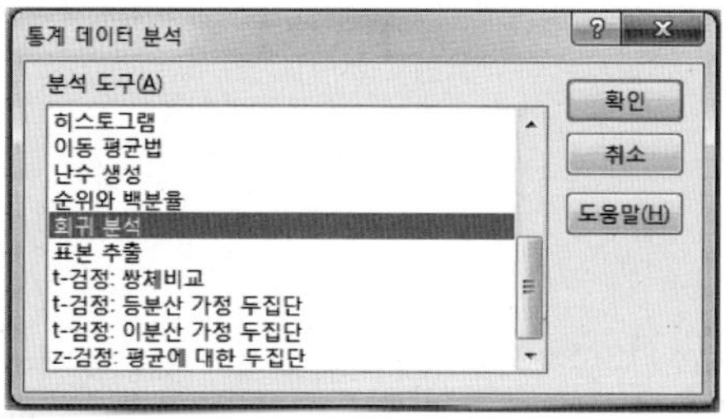

③ [Y축 입력 범위] ➡ [X축 입력 범위] ➡ [이름표] ➡ [신뢰수준] ➡ [출력범위]에 관한 정보를 입력한 후 [확인] 버튼을 누른다.

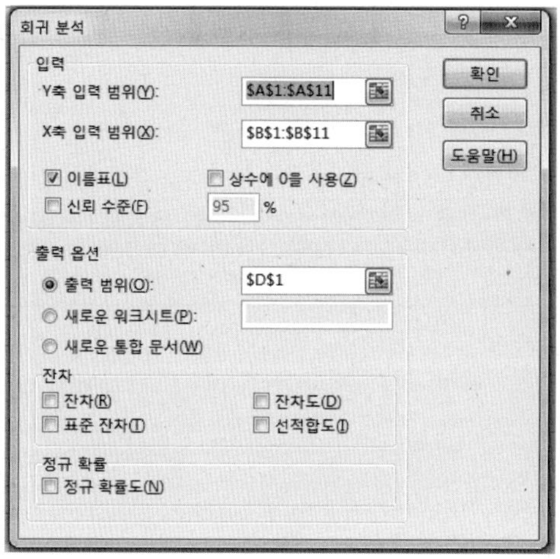

④ 이상의 과정을 마치면 회귀분석의 결과가 다음과 같이 나타난다.

요약 출력

회귀분석 통계량	
다중 상관;	0.924932
결정계수	0.855499
조정된 결;	0.837436
표준 오차	3.397089
관측수	10

분산 분석

	자유도	제곱합	제곱 평균	F 비	유의한 F
회귀	1	546.5783	546.5783	47.36291	0.000127
잔차	8	92.32174	11.54022		
계	9	638.9			

	계수	표준 오차	t 통계량	P-값	하위 95%	상위 95%	하위 95.0%	상위 95.0%
Y 절편	10.29984	3.732462	2.759531	0.024693	1.692771	18.90692	1.692771	18.90692
광고비	1.03362	0.15019	6.882072	0.000127	0.687281	1.379959	0.687281	1.379959

⑤ 결과를 해석한다. 엑셀의 여러 가지 결과 중에서 여기서는 예측에 필요한 결과를 중심으로 살펴보기로 한다.

가) 다중상관계수

다중상관계수는 다중회귀분석에서 방향이 서로 다른 독립변수들 사이의 상관관계를 종합적으로 측정한 값이다. 따라서 단순상관계수처럼 상관관계의 방향을 나타내는 부호(+, −)는 존재하지 않고 항상 양(+)의 값을 취한다. 단순회귀분석에서는 회귀계수의 기울기에 따라 상관계수의 기울기가 결정된다. 즉, 회귀계수의 기울기가 양수이면 상관계수도 양수이고 반대로 회귀계수의 기울기가 음수이면 상관계수도 음수이다. 여기서는 회귀선의 기울기가 양수이므로 $r = +0.924932$이다.

나) 계수

표본회귀식에서의 b_0과 b_1의 값을 보여준다. 따라서 표본회귀식은 $Y = 10.29984 + 1.03362$이다.

다) p값

p값은 다음의 가설을 검정하는데 사용된다.

H_0: $\beta_1 = 0$ (X는 Y에 영향을 미치지 않는다)

H_1: $\beta_1 \neq 0$ (X는 Y에 영향을 미친다)

p값은 α와 비교하여 $p < \alpha$이면 H_0를 기각하고 H_1을 채택한다. 여기서는 $p = 0.0000127 < \alpha = 0.05$이므로 H_0를 기각하고 H_1을 채택한다. α는 일반적으로 0.05를 사용한다. 절편에 대해서도 같은 방법으로 검정한다. 절편과 기울기 모두 예측에 유의한 것으로 나타났다. 따라서 표본회귀식 $Y = 10.29984 + 1.03362$는 예측에 유의하다고 볼 수 있다. 그러므로 내년도 광고비 40을 대입하면 예상 판매량은 다음과 같다.

$$Y = 10.29984 + 1.03362(40) = 51.64464$$

[그림 11-7]은 회귀선과 자료의 각 점을 보여준다. 자료의 각 점과 관련된 회귀선을 보면 자료는 증가 추세를 따름을 알 수 있다.

그림 11-7 판매량과 광고비

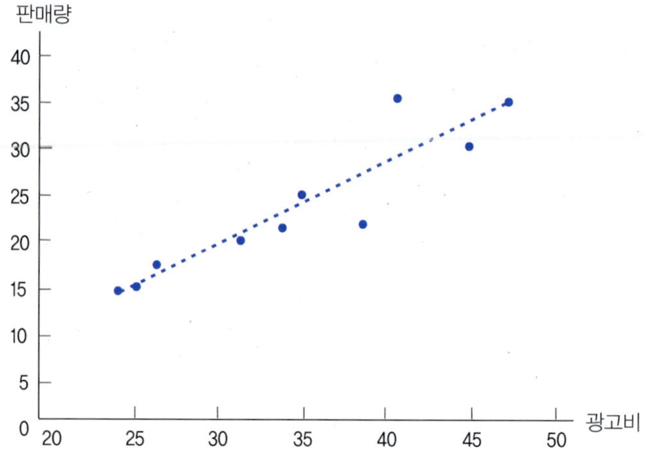

연습문제

1. 수요예측을 위해 과거데이터를 사용하는 이유를 설명하라.
2. 수요예측은 부정확한데도 수요예측을 기본으로 계획을 수립해야 하는 이유를 설명하라.
3. 정성적 예측기법과 계량적 예측기법의 근본적인 차이점을 설명하라.
4. 계량적 예측기법이 정성적 예측기법에 비하여 더 정확하다고 할 수 있는지를 설명하라.
5. 단순이동평균법과 가중이동평균법을 비교 설명하라.
6. 지수평활법이 단순이동평균법과 가중이동평균법보다 나은 점을 설명하라.
7. 지수평활계수의 크기는 어떻게 정하는지를 설명하라.
8. 시계열회귀분석법과 일반회귀분석법의 차이를 설명하라.
9. 상관계수를 설명하라.
10. 예측오차는 어떻게 활용되는지를 설명하라.
11. 다음은 제품 A의 11년간 수요에 대한 자료이다. 3년 단순이동평균법에 의한 수요예측치와 3년 가중이동평균법에 의한 수요 예측치를 구하고 MSE 관점에서 어느 방법이 더 우수한지를 살펴보라. 단 가중이동평균법의 가중치는 아래와 같다.

기간	가중치
1년 전	0.50
2년 전	0.25
3년 전	0.25

연도	수요(단위: 천)
2008	14
2009	15
2010	16
2011	14
2012	10
2013	12
2014	16
2015	14
2016	12
2017	14
2018	16

12. [문제 11]의 자료를 이용하여 2년, 3년, 4년 단순이동평균법 중에서 어느 것이 MSE를 최소화하는가?

13. 지난 8년 동안 제품 X의 수요는 다음 표에서 보여주듯 지속해서 증가하였다. $\alpha=0.3$, 2011년의 예측치=154라고 가정하고 2019년의 수요예측치를 지수평활법을 이용하여 구하라.

연도	수요(단위: 천)
2011	154
2012	178
2013	190
2014	195
2015	212
2016	200
2017	220
2018	235

14. 다음은 제품 A의 8년간 수요에 대한 자료이다. 2010년도의 수요 예측치가 29라고 가정하고 MSE를 최소화하기 위하여 지수평활법의 $\alpha=0.1$, $\alpha=0.5$, $\alpha=0.9$ 중에서 어느 것을 사용하여야 하는지를 결정하라.

연도	2010	2011	2012	2013	2014	2015	2016	2017	2018
수요	29	28	29	27	26	27	26	25	24

15. 다음과 같은 회귀식에 의거하여 아래 물음에 답하라.

$Y' = 30 + 4X$ (여기서 X=가격, Y=판매량)

1) 가격이 3,000원일 때의 판매량의 예측치는?
2) 가격이 4,000원일 때의 판매량의 예측치는?

16. 다음은 어느 식당의 연도별 요리 A의 수요에 대한 자료이다. 최소자승법을 이용하여 2019년 요리 A의 수요를 예측하라.

연도	2010	2011	2012	2013	2014	2015	2016	2017	2018
수요	21	22	23	24	26	25	24	25	26

17. 다음은 어느 호텔의 연도별 수영장 수요에 대한 자료이다. 단순회귀분석을 이용하여 다음 연도의 수요를 예측하라.

연도	2010	2011	2012	2013	2014	2015	2016	2017	2018
수요	35	30	29	27	26	22	20	22	20

18. 다음은 12명 학생들의 학부성적과 내신등급에 대한 자료이다. 내신등급이 5등급인 경우 그 학생의 학부성적은 얼마로 예상되는지 알아보라. 또한 학부성적과 내신등급 간에 상관관계가 있는지를 알아보라.

학생	학부성적	내신등급
1	3.5	3
2	4.2	2
3	3.1	8
4	3.8	4
5	2.9	9
6	3.6	6
7	3.2	7
8	4.3	3
9	3.5	5
10	3.8	1
11	3.9	2
12	4.3	1

19. 다음은 어느 은행에서 과거 12년간 연도별 광고비와 대출수입에 대한 자료이다. 광고비를 독립변수로 하는 회귀방정식을 구하고 만일 2019년의 광고비가 4억 원일 것으로 예상한다면 대출수입은 얼마나 될 것인지를 살펴보라.

(단위: 억원)

연도	대출수입	광고비
2007	3,565	3.5
2008	4,200	4.1
2009	3,100	1.8
2010	3,875	3.2
2011	2,985	1.3
2012	3,600	2.4
2013	3,200	1.5
2014	4,300	3.5
2015	3,525	2.5
2016	3,600	4.5
2017	3,850	4.1
2018	4,250	4.5

부 록

표준정규분포표

연습문제 해답

〈표준정규분포표〉

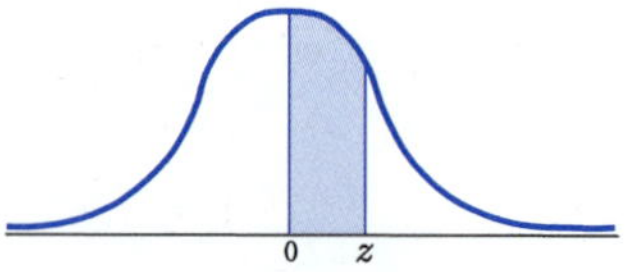

Z	.00	.01	.02	.03	.04	.05	.06	.07	.08	.09
0.0	.0000	.0040	.0080	.0120	.0160	.0199	.0239	.0279	.0319	.0359
0.1	.0398	.0438	.0478	.0517	.0557	.0596	.0636	.0675	.0714	.0753
0.2	.0793	.0832	.0871	.0910	.0948	.0987	.1026	.1064	.1103	.1141
0.3	.1179	.1217	.1255	.1293	.1331	.1368	.1406	.1443	.1480	.1517
0.4	.1554	.1591	.1628	.1664	.1700	.1736	.1772	.1808	.1844	.1879
0.5	.1915	.1950	.1985	.2019	.2054	.2088	.2123	.2157	.2190	.2224
0.6	.2257	.2291	.2324	.2357	.2389	.2422	.2454	.2486	.2517	.2549
0.7	.2580	.2611	.2642	.2673	.2704	.2734	.2764	.2794	.2823	.2852
0.8	.2881	.2910	.2939	.2967	.2995	.3023	.3051	.3078	.3106	.3133
0.9	.3159	.3186	.3212	.3238	.3264	.3289	.3315	.3340	.3365	.3389
1.0	.3413	.3438	.3461	.3485	.3508	.3531	.3554	.3577	.3599	.3621
1.1	.3643	.3665	.3686	.3708	.3729	.3749	.3770	.3790	.3810	.3830
1.2	.3849	.3869	.3888	.3907	.3925	.3944	.3962	.3980	.3997	.4015
1.3	.4032	.4049	.4066	.4082	.4099	.4115	.4131	.4147	.4162	.4177
1.4	.4192	.4207	.4222	.4236	.4251	.4265	.4279	.4292	.4306	.4319
1.5	.4332	.4345	.4357	.4370	.4382	.4394	.4406	.4418	.4429	.4441
1.6	.4452	.4463	.4474	.4484	.4495	.4505	.4515	.4525	.4535	.4545
1.7	.4554	.4564	.4573	.4582	.4591	.4599	.4608	.4616	.4625	.4633
1.8	.4641	.4649	.4656	.4664	.4671	.4678	.4686	.4693	.4699	.4706
1.9	.4713	.4719	.4726	.4732	.4738	.4744	.4750	.4756	.4761	.4767
2.0	.4772	.4778	.4783	.4788	.4793	.4798	.4803	.4808	.4812	.4817
2.1	.4821	.4826	.4830	.4834	.4838	.4842	.4846	.4850	.4854	.4857
2.2	.4861	.4864	.4868	.4871	.4875	.4878	.4881	.4884	.4887	.4890
2.3	.4893	.4896	.4898	.4901	.4904	.4906	.4909	.4911	.4913	.4916
2.4	.4918	.4920	.4922	.4925	.4927	.4929	.4931	.4932	.4934	.4936
2.5	.4938	.4940	.4941	.4943	.4945	.4946	.4948	.4949	.4951	.4952
2.6	.4953	.4955	.4956	.4957	.4959	.4960	.4961	.4962	.4963	.4964
2.7	.4965	.4966	.4967	.4968	.4969	.4970	.4971	.4972	.4973	.4974
2.8	.4974	.4975	.4976	.4977	.4977	.4978	.4979	.4979	.4980	.4981
2.9	.4981	.4982	.4982	.4983	.4984	.4984	.4985	.4985	.4986	.4986
3.0	.4987	.4987	.4987	.4988	.4988	.4989	.4989	.4989	.4990	.4990
3.1	.4990	.4991	.4991	.4991	.4992	.4992	.4992	.4992	.4993	.4993
3.2	.4993	.4993	.4994	.4994	.4994	.4994	.4994	.4995	.4995	.4995
3.3	.4995	.4995	.4995	.4996	.4996	.4996	.4996	.4996	.4996	.4997
3.4	.4997	.4997	.4997	.4997	.4997	.4997	.4997	.4997	.4997	.4998

연습문제 해답

제 2 장

13. $(x_1, x_2, z) = (2, 2, 10)$
14. $(x_1, x_2, z) = (5, 0, 25)$
15. $(x_1, x_2, z) = (4, 2, 10)$
16. $(x_1, x_2, z) = (0, 15, 45)$
17. $(x_1, x_2, z) = (5, 2, 9)$
18. $(x_1, x_2, z) = (0, 5, 10)$
19. 실행불가능해
20. 무한해
21. 복수의 해: $(x_1, x_2, z) = (5, 0, 20) = (10/3, 10/3, 20)$
22. 실행불가능해
23. 무한해
24. 복수의 해: $(x_1, x_2, z) = (0, 2, 10) = (10, 0, 10)$
25. $x_1 =$ 일반용 생산량

    $x_2 =$ 고급용 생산량

    최대화 $z = 10x_1 + 15x_2$

    제약조건 $4x_1 + 2x_2 \leq 1200$

    $2x_1 + 4x_2 \leq 1000$

    $-x_1 + x_2 = 10$

    $x_1, x_2 \geq 0$

    $(x_1, x_2, z) = (160, 170, 4{,}150)$
26. $x_1 =$ 농지 A의 재배면적(평수)

    $x_2 =$ 농지 B의 재배면적(평수)

    최소화 $z = 13x_1 + 10x_2$

    제약조건 $6x_1 + 3x_2 \leq 3000$

    $8x_1 + 4x_2 \geq 4000$

    $x_1 \geq 100$

    $x_2 \geq 100$

    $x_1, x_2 \geq 0$

    $(x_1, x_2, z) = (450, 100, 6{,}850)$
27. $x_1 =$ 사료 X의 생산량(부대)

    $x_2 =$ 사료 Y의 생산량(부대)

$$\begin{aligned} \text{최대화} \quad & z = 16x_1 + 20x_2 \\ \text{제약조건} \quad & 4x_1 + 6x_2 \le 80 \\ & 6x_1 + 4x_2 \le 90 \\ & x_1,\ x_2 \ge 0 \end{aligned}$$

$(x_1,\ x_2,\ z) = (11,\ 6,\ 296)$

28. x_1 = 점심때 제공할 우유의 양(컵)

x_2 = 점심때 제공할 치즈의 양(조각)

$$\begin{aligned} \text{최소화} \quad & z = 10x_1 + 18x_2 \\ \text{제약조건} \quad & 4x_1 + 2x_2 \ge 80 \\ & 2x_1 + 6x_2 \ge 90 \\ & 2x_1 - x_2 = 0 \\ & x_1,\ x_2 \ge 0 \end{aligned}$$

$(x_1,\ x_2,\ z) = (10,\ 20,\ 460)$

29. $x_1 = x_A$의 생산량(병)

$x_2 = x_B$의 생산량(병)

$$\begin{aligned} \text{최대화} \quad & z = 3x_1 + 2x_2 \\ \text{제약조건} \quad & 2x_1 + 4x_2 \le 40 \\ & 6x_1 + 2x_2 \le 40 \\ & x_1,\ x_2 \ge 0 \end{aligned}$$

$(x_1,\ x_2,\ z) = (4,\ 8,\ 28)$

제 3 장

1. $(x_1,\ x_2,\ z) = (0,\ 2,\ 10)$
2. $(x_1,\ x_2,\ z) = (5,\ 0,\ 25)$
3. $(x_1,\ x_2,\ z) = (0,\ 2,\ 26)$
4. $(x_1,\ x_2,\ z) = (1.1,\ 0.6,\ 11.4)$
5. $(x_1,\ x_2,\ z) = (5,\ 10,\ 115)$
6. 실행불가능해
7. 무한해
8. 복수해: $(x_1,\ x_2,\ z) = (0,\ 8,\ 32) = (1.3333,\ 7.3333,\ 32)$
9. 복수해: $(x_1,\ x_2,\ z) = (1.3333,\ 7.3333,\ 32) = (16,\ 0,\ 32)$
10. $(x_1,\ x_2,\ z) = (0,\ 5,\ 10)$
11. $(x_1,\ x_2,\ x_3 z) = (0,\ 1,\ 3,\ 14)$
12. $(x_1,\ x_2,\ x_3 z) = (3,\ 0,\ 0,\ 12)$
13. $(x_1,\ x_2,\ x_3 z) = (3.5,\ 2.5,\ 3.5,\ 25)$
14. $(x_1,\ x_2,\ x_3 z) = (0,\ 4.8,\ 4.8\ 14.4)$
15. $(x_1,\ x_2,\ x_3 z) = (3,\ 0,\ 0,\ 6)$

16. $(x_1,\ x_2,\ x_3 z) = (1.8,\ 1.8,\ 0,\ 10.8)$
17. 실행불가능해
18. 무한해
19. 복수의 해: $(x_1,\ x_2,\ x_3 z) = (0,\ 4,\ 0,\ 12) = (0,\ 0,\ 6,\ 12) = (3,\ 0,\ 0,\ 12)$
$= (1,\ 2,\ 1,\ 12) = (0,\ 2,\ 3,\ 12) = (2,\ 0,\ 2,\ 12)$

제 4 장

1. x_1: 커피 A의 생산량(박스)
x_2: 커피 B의 생산량(박스)
최대화 $z = 2x_1 + 4x_2$
제약조건 $3x_1 + 2x_2 \leq 15$
$2x_1 + 4x_2 \leq 30$
$x_2 \leq 6$
$x_1,\ x_2 \geq 0$
해: $x_1 = 1,\ x_2 = 6,\ z = 26$
2. x_1 =쿨에 포함될 A의 양(병)
x_2 =쿨에 포함될 B의 양(병)
최소화 $z = 500x_1 + 700x_2$
제약조건 $15x_1 + 10x_2 \geq 200$
$20x_1 + 30x_2 \geq 100$
$x_1 - 2x_2 = 0$
$x_1,\ x_2 \geq 0$
해: $x_1 = 10,\ x_2 = 5,\ z = 8{,}500$
3. x_{ij} =공장 i에서 대리점 j로 생산하여 수송해야 할 양
최소화 $z = (5+4)x_{A1} + (5+5)x_{A2} + (5+6)x_{A3} + (7+5)x_{B1} + (7+6)x_{B2} + (7+3)x_{B3}$
제약조건 $x_{A1} + x_{B1} = 800$
$x_{A2} + x_{B2} = 700$
$x_{A3} + x_{B3} = 500$
$x_{A1} + x_{A2} + x_{A3} \leq 1{,}200$
$x_{B1} + x_{B2} + x_{B3} \leq 1{,}000$
$x_{ij} \geq 0\ \ (i = \text{A, B};\ j = 1,\ 2,\ 3)$
해: $x_{A1} = 800,\ x_{A2} = 400,\ x_{A3} = 0,\ x_{B1} = 0,\ x_{B2} = 300,\ x_{B3} = 500,\ z = 20{,}100$
4. x_1 =근무조 1(02시~14시)에 배치해야 할 종업원 수
x_2 =근무조 2(6시~18시)에 배치해야 할 종업원 수
x_3 =근무조 3(10시~22시)에 배치해야 할 종업원 수
x_4 =근무조 4(14시~02시)에 배치해야 할 종업원 수
x_5 =근무조 5(18시~06시)에 배치해야 할 종업원 수
x_6 =근무조 6(22시~10시)에 배치해야 할 종업원 수

최소화 $z=x_1+x_2+x_3+x_4+x_5+x_6$

제약조건 $x_5+x_6+x_1 \geq 40$

$x_6+x_1+x_2 \geq 30$

$x_1+x_2+x_3 \geq 20$

$x_2+x_3+x_4 \geq 10$

$x_3+x_4+x_5 \geq 20$

$x_4+x_5+x_6 \geq 30$

$x_j \geq 0 \ (j=1,\ 2,\ 3,\ 4,\ 5,\ 6)$

해: $x_1=20,\ x_2=0,\ x_3=0,\ x_4=10,\ x_5=10,\ x_6=10,\ z=50$

5. x_1 =근무조 1(02시~10시)에 배치해야 할 종업원 수
x_2 =근무조 2(6시~14시)에 배치해야 할 종업원 수
x_3 =근무조 3(10시~18시)에 배치해야 할 종업원 수
x_4 =근무조 4(14시~22시)에 배치해야 할 종업원 수
x_5 =근무조 5(18시~02시)에 배치해야 할 종업원 수
x_6 =근무조 6(22시~06시)에 배치해야 할 종업원 수

최소화 $z=x_1+x_2+x_3+x_4+x_5+x_6$

제약조건 $x_6+x_1 \geq 40$

$x_1+x_2 \geq 30$

$x_2+x_3 \geq 20$

$x_3+x_4 \geq 10$

$x_4+x_5 \geq 20$

$x_5+x_6 \geq 30$

$x_j \geq 0 \ (j=1,\ 2,\ 3,\ 4,\ 5,\ 6)$

해: $x_1=20,\ x_2=10,\ x_3=10,\ x_4=0,\ x_5=20,\ x_6=x_6=20,\ z=80$

6. x_1 =A의 양(kg), x_2 =B의 양(kg), x_3 =C의 양(kg)

최소화 $z=60x_1+70x_2+50x_3$

제약조건 $x_1+x_2+x_3 \geq 2{,}000$

$x_2-x_3=100$

$x_1-1.5x_2=0$

$0.7x_1-0.3x_2-0.3x_3 \geq 0$

$x_1,\ x_2,\ x_3 \geq 0$

해: $x_1=900,\ x_2=600,\ x_3=500,\ z=121{,}000$

7. x_1 =원료 A의 양(갤론)
x_2 =원료 B의 양(갤론)
x_3 =원료 C의 양(갤론)
x_4 =원료 D의 양(갤론)

최소화 $z=3x_1+5x_2+3x_3+4x_4$

제약조건 $20x_1+10x_2 \geq 10$

$20x_1 + 10x_2 \le 15$

$15x_2 + 20x_3 = 20$

$10x_1 + 15x_2 + 10x_3 + 20x_4 \ge 25$

$10x_1 + 15x_2 + 10x_3 + 20x_4 \le 40$

$x_1 + x_2 + x_3 + x_4 = 2$

$x_1,\ x_2,\ x_3,\ x_4 \ge 0$

해: $x_1 = 0.5,\ x_2 = 0,\ x_3 = 1,\ x_4 = 0.5\ \ z = 6.5$

8. $x_i = i$분기 정상근무생산량($i = 1,\ 2,\ 3,\ 4$)

$y_i = i$분기 특별근무생산량($i = 1,\ 2,\ 3,\ 4$)

$s_i = i$분기 기말재고량($i = 1,\ 2,\ 3,\ 4$)

최소화 $z = 1.0x_1 + 1.0x_2 + 1.2x_3 + 1.2x_4 + 1.8y_1 + 1.8y_2 + 2.0y_3 + 2.0y_4 + 0.2s_1 + 0.2s_2 + 0.4s_3 + 0.4s_4$

제약조건 $x_1 + y_1 - s_1 = 60$

$x_2 + y_2 + s_1 - s_2 = 50$

$x_3 + y_3 + s_2 - s_3 = 70$

$x_4 + y_4 + s_3 - s_4 = 80$

$x_1 \le 60$

$x_2 \le 60$

$x_3 \le 50$

$x_4 \le 50$

$y_1 \le 25$

$y_2 \le 20$

$y_3 \le 30$

$y_4 \le 30$

$s_4 \ge 50$

$x_i,\ y_i,\ s_i \ge 0\ \ (i = 1,\ 2,\ 3,\ 4)$

해: $x_1 = 60,\ x_2 = 60,\ x_3 = 50,\ x_4 = 50,$

$y_1 = 10,\ y_2 = 20,\ y_3 = 30,\ y_4 = 30,$

$s_1 = 10,\ s_2 = 40,\ s_3 = 50,\ s_4 = 50,$

$z = 464$

9. x_{11} = 일반조사하는 독신가구 수

x_{12} = 심층조사하는 독신가구 수

x_{21} = 일반조사하는 고령가구 수

x_{22} = 심층조사하는 고령가구 수

x_{31} = 일반조사하는 일반가구 수

x_{32} = 심층조사하는 일반가구 수

최소화 $z = 2x_{11} + 4x_{12} + 4x_{21} + 6x_{22} + 3x_{31} + 5x_{32}$

제약조건 $x_{11} + x_{12} + x_{21} + x_{22} + x_{31} + x_{32} = 1{,}000$

$-x_{11} - x_{12} + x_{31} + x_{32} \ge 100$

$x_{21}+x_{22} \geq 200$

$3x_{11}+3x_{21}+3x_{31}-x_{12}-x_{22}-x_{32} \leq 0$

$x_{ij} \geq 0 \ (i=1, 2, 3; \ j=1, 2)$

해: $x_{11}=250, \ x_{12}=100, \ x_{21}=0, \ x_{22}=200, \ x_{31}=0, \ x_{32}=450, \ z=4,350$

제 5 장

7. (1) 수송계획표

	1	2	3	공급량
1	6	8	5	100
2	4	9	7	200
3	5	6	8	100
수요량	100	150	150	

(2) 수송실행표

	가	나	다	공급량
A	0	0	100	100
B	100	50	50	200
C	0	100	0	100
수요량	100	150	150	2300

8. (1) 최소화 $z=6x_{A가}+5x_{A나}+9x_{A다}+5x_{A라}+5x_{B가}+4x_{B나}+6x_{B다}+3x_{B라}+6x_{C가}+7x_{C나}+5x_{C다}+9x_{C라}$

제약조건 $x_{A가}+x_{A나}+x_{A다}+x_{A라}=40$

$x_{B가}+x_{B나}+x_{B다}+x_{B라}=40$

$x_{C가}+x_{C나}+x_{C다}+x_{C라}=40$

$x_{A가}+x_{B가}+x_{C가}=30$

$x_{A나}+x_{B나}+x_{C나}=30$

$x_{A다}+x_{B다}+x_{C다}=30$

$x_{A라}+x_{B라}+x_{C라}=30$

$x_{ij} \geq 0 \ (i=\text{A, B, C}; \ j=\text{가, 나, 다, 라})$

(2) 수송실행표

공장 \ 시장	가	나	다	라	공급량
A	10	30	0	0	40
B	10	0	0	30	40
C	10	0	30	0	40
수요량	30	30	30	30	560

(3) 수송실행표

공장 \ 시장	가	나	다	라	공급량
A	0	10	30	0	40
B	30	10	0	0	40
C	0	10	0	30	40
수요량	30	30	30	30	850

(4) 목적함수: 최소화 $z=6x_{A가}+5x_{A나}+9x_{A다}+5x_{A라}+5x_{B가}+4x_{B나}+6x_{B다}+3x_{B라}+6x_{C가}+7x_{C나}$
$+999x_{C다}+9x_{C라}$

수송실행표

공장 \ 시장	가	나	다	라	공급량
A	0	20	0	20	40
B	0	0	30	10	40
C	30	10	0	0	40
수요량	30	30	30	30	660

9. (1) 최소화 $z=6x_{A가}+5x_{A나}+3x_{A다}+5x_{B가}+4x_{B나}+9x_{B다}+4x_{C가}+8x_{C나}+2x_{C다}$

제약조건 $x_{A가}+x_{A나}+x_{A다}\leq 50$

$x_{B가}+x_{B나}+x_{B다}\leq 50$

$x_{C가}+x_{C나}+x_{C다}\leq 50$

$x_{A가}+x_{B가}+x_{C가}=50$

$x_{A나}+x_{B나}+x_{C나}=40$

$x_{A다}+x_{B다}+x_{C다}=40$

$x_{ij}\geq 0$ (i=A, B, C; j=가, 나, 다)

(2) 수송실행표

창고 \ 지역	가	나	다	공급량
A	0	0	30	30
B	10	40	0	50
C	40	0	10	50
수요량	50	40	40	480

(3) 수송실행표

창고 \ 지역	가	나	다	공급량
A	50	0	0	50
B	0	0	40	40
C	0	40	0	40
수요량	50	40	40	980

(4) 목적함수: 최소화 $z=6x_{A가}+5x_{A나}+3x_{A다}+5x_{B가}+4x_{B나}+9x_{B다}+999x_{C가}+8x_{C나}+2x_{C다}$

수송실행표

창고 \ 지역	가	나	다	공급량
A	0	40	0	40
B	50	0	0	50
C	0	0	40	40
수요량	50	40	40	530

10. 최소화의 수송실행표

창고 \ 지역	가	나	다	라	마	공급량
A	0	40	0	0	0	40
B	50	0	0	0	0	50
C	0	10	0	50	0	60
D	0	0	0	0	0	0
E	0	0	50	0	0	50
F	0	0	0	0	50	50
수요량	50	50	50	50	50	850

최대화의 수송실행표

창고 \ 지역	가	나	다	라	마	공급량
A	0	0	0	0	0	0
B	0	0	50	0	0	50
C	50	0	0	0	0	50
D	0	0	0	0	50	50
E	0	50	0	10	0	60
F	0	0	0	40	0	40
수요량	50	50	50	50	50	1870

11. (1) x_{ij}: 공장 i에서 물류센터 j로의 수송량($i=1, 2, 3;\ j=1, 2$)

y_{ij}: 물류센터 i에서 대리점 j로의 수송량($i=1, 2;\ j=1, 2, 3$)

최소화 $z=4x_{11}+3x_{12}+2x_{21}+4x_{22}+3x_{31}+5x_{32}+2y_{11}+5y_{12}+3y_{13}+5y_{21}+4y_{22}+2y_{23}$

제약조건
$$x_{11}+x_{12}=200$$
$$x_{21}+x_{22}=200$$
$$x_{31}+x_{32}=300$$
$$y_{11}+y_{21}=200$$
$$y_{12}+y_{22}=200$$
$$y_{13}+y_{23}=300$$
$$x_{11}+x_{21}+x_{31}-y_{11}-y_{12}-y_{13}=0$$
$$x_{12}+x_{22}+x_{32}-y_{21}-y_{22}-y_{23}=0$$

$x_{ij} \geq 0,\ y_{ij} \geq 0$

해: $x_{12}=200,\ x_{21}=200,\ x_{31}=300,\ y_{11}=200,\ y_{12}=200,\ y_{13}=100,\ y_{23}=200,$

나머지 변수 모두 0, $z=4{,}000$

수송실행표

공장 \ 창고	창고1	창고2	공급량
공장1	0	200	200
공장2	200	0	200
공장3	300	0	300

창고 \ 지역	대리점1	대리점2	대리점3
창고1	200	200	100
창고2	0	0	200
수요량	200	200	300

(2) x_{ij}: 공장 i에서 물류센터 j로의 수송량($i=1,\ 2,\ 3;\ j=1,\ 2$)

y_{ij}: 물류센터 i에서 대리점 j로의 수송량($i=1,\ 2;\ j=1,\ 2,\ 3$)

최소화 $z=4x_{11}+3x_{12}+2x_{21}+4x_{22}+3x_{31}+5x_{32}+2y_{11}+5y_{12}+3y_{13}+5y_{21}+4y_{22}+2y_{23}$

제약조건 $x_{11}+x_{12} \leq 300$

$x_{21}+x_{22} \leq 200$

$x_{31}+x_{32} \leq 300$

$y_{11}+y_{21}=200$

$y_{12}+y_{22}=200$

$y_{13}+y_{23}=300$

$x_{11}+x_{21}+x_{31}-y_{11}-y_{12}-y_{13}=0$

$x_{12}+x_{22}+x_{32}-y_{21}-y_{22}-y_{23}=0$

$x_{ij} \geq 0,\ y_{ij} \geq 0$

해: $x_{12}=300,\ x_{21}=200,\ x_{31}=200,\ y_{11}=200,\ y_{13}=200,\ y_{22}=200,\ y_{23}=100,$

나머지 변수 모두 0, $z=3{,}900$

수송실행표

공장 \ 창고	창고1	창고2	공급량
공장1	0	300	300
공장2	200	0	200
공장3	200	0	200

창고 \ 지역	대리점1	대리점2	대리점3
창고1	200	0	200
창고2	0	200	100
수요량	200	200	300

제 6 장

7. 최소화 $z=7x_{1A}+5x_{1B}+5x_{1C}+6x_{2A}+7x_{2B}+8x_{2C}+8x_{3A}+4x_{3B}+6x_{3C}+4x_{4A}+6x_{4B}+7x_{4C}$

제약조건
$x_{1A}+x_{1B}+x_{1C}\leq 1$
$x_{2A}+x_{2B}+x_{2C}\leq 1$
$x_{3A}+x_{3B}+x_{3C}\leq 1$
$x_{4A}+x_{4B}+x_{4C}\leq 1$
$x_{1A}+x_{2A}+x_{3A}+x_{4A}=1$
$x_{1B}+x_{2B}+x_{3B}+x_{4B}=1$
$x_{1C}+x_{2C}+x_{3C}+x_{4C}=1$
$x_{ij}\geq 0$ ($i=1, 2, 3, 4$; $j=$A, B, C)

할당실행표

연구원 \ 과제	A	B	C	공급량
1	0	0	1	1
2	1	0	0	1
3	0	1	0	1
4	0	0	0	0
수요량	1	1	1	15

8. (1) 최소화 $z=2x_{1A}+3x_{1B}+4x_{1C}+3x_{1D}+4x_{2A}+3x_{2B}+2x_{2C}+3x_{2D}+3x_{3A}+2x_{3B}+4x_{3C}+2x_{3D}+3x_{4A}+4x_{4B}+5x_{4C}+3x_{4D}$

제약조건
$x_{1A}+x_{1B}+x_{1C}+x_{1D}=1$
$x_{2A}+x_{2B}+x_{2C}+x_{2D}=1$
$x_{3A}+x_{3B}+x_{3C}+x_{3D}=1$
$x_{4A}+x_{4B}+x_{4C}+x_{4D}=1$
$x_{1A}+x_{2A}+x_{3A}+x_{4A}=1$
$x_{1B}+x_{2B}+x_{3B}+x_{4B}=1$
$x_{1C}+x_{2C}+x_{3C}+x_{4C}=1$
$x_{1D}+x_{2D}+x_{3D}+x_{4D}=1$
$x_{ij}\geq 0$ ($i=1, 2, 3, 4$; $j=$A, B, C, D)

할당실행표

판매원 \ 지역	A	B	C	D	공급량
1	1	0	0	0	1
2	0	0	1	0	1
3	0	1	0	0	1
4	0	0	0	1	1
수요량	1	1	1	1	9

(2) 최소화 $z=2x_{1A}+3x_{1B}+4x_{1C}+3x_{1D}+4x_{2A}+3x_{2B}+2x_{2C}+3x_{2D}$
$+3x_{3A}+999x_{3B}+4x_{3C}+2x_{3D}+3x_{4A}+4x_{4B}+5x_{4C}+3x_{4D}$

제약조건 $x_{1A}+x_{1B}+x_{1C}+x_{1D}=1$

$x_{2A}+x_{2B}+x_{2C}+x_{2D}=1$

$x_{3A}+x_{3B}+x_{3C}+x_{3D}=1$

$x_{4A}+x_{4B}+x_{4C}+x_{4D}=1$

$x_{1A}+x_{2A}+x_{3A}+x_{4A}=1$

$x_{1B}+x_{2B}+x_{3B}+x_{4B}=1$

$x_{1C}+x_{2C}+x_{3C}+x_{4C}=1$

$x_{1D}+x_{2D}+x_{3D}+x_{4D}=1$

$x_{ij}\geq 0$ $(i=1, 2, 3, 4;\ j=\text{A, B, C, D})$

할당실행표

판매원 \ 지역	A	B	C	D	공급량
1	1	0	0	0	1
2	0	0	1	0	1
3	0	0	0	1	1
4	0	1	0	0	1
수요량	1	1	1	1	10

(3) 최소화 $z=2x_{1A}+3x_{1B}+4x_{1C}+3x_{1D}+4x_{2A}+3x_{2B}+2x_{2C}+3x_{2D}$
$+3x_{3A}+2x_{3B}+4x_{3C}+2x_{3D}$

제약조건 $x_{1A}+x_{1B}+x_{1C}+x_{1D}=1$

$x_{2A}+x_{2B}+x_{2C}+x_{2D}=1$

$x_{3A}+x_{3B}+x_{3C}+x_{3D}=1$

$x_{1A}+x_{2A}+x_{3A}\leq 1$

$x_{1B}+x_{2B}+x_{3B}\leq 1$

$x_{1C}+x_{2C}+x_{3C}\leq 1$

$x_{1D}+x_{2D}+x_{3D}\leq 1$

$x_{ij}\geq 0$ $(i=1, 2, 3;\ j=\text{A, B, C, D})$

할당실행표

판매원 \ 지역	A	B	C	D	공급량
1	1	0	0	0	1
2	0	0	1	0	1
3	0	0	0	1	1
수요량	1	0	1	1	6

(4) 할당실행표

판매원 \ 지역	A	B	C	D	공급량
1	0	0	0	1	1
2	1	0	0	0	1
3	0	0	1	0	1
4	0	1	0	0	1
수요량	1	1	1	1	15

9. (1) 최소화 $z=5x_{1A}+8x_{1B}+9x_{1C}+4x_{1D}+7x_{2A}+6x_{2B}+8x_{2C}+5x_{2D}$
$+6x_{3A}+4x_{3B}+9x_{3C}+9x_{3D}+7x_{4A}+6x_{4B}+5x_{4C}+7x_{4D}$

제약조건 $x_{1A}+x_{1B}+x_{1C}+x_{1D}=1$
$x_{2A}+x_{2B}+x_{2C}+x_{2D}=1$
$x_{3A}+x_{3B}+x_{3C}+x_{3D}=1$
$x_{4A}+x_{4B}+x_{4C}+x_{4D}=1$
$x_{1A}+x_{2A}+x_{3A}+x_{4A}=1$
$x_{1B}+x_{2B}+x_{3B}+x_{4B}=1$
$x_{1C}+x_{2C}+x_{3C}+x_{4C}=1$
$x_{1D}+x_{2D}+x_{3D}+x_{4D}=1$
$x_{ij}\geq 0\ (i=1,\ 2,\ 3,\ 4;\ j=\text{A, B, C, D})$

할당실행표

과업 \ 기계	A	B	C	D	공급량
1	1	0	0	0	1
2	0	0	0	1	1
3	0	1	0	0	1
4	0	0	1	0	1
수요량	1	1	1	1	19

(2) 최소화 $z=999x_{1A}+8x_{1B}+9x_{1C}+4x_{1D}+7x_{2A}+6x_{2B}+8x_{2C}+5x_{2D}$
$+6x_{3A}+4x_{3B}+9x_{3C}+9x_{3D}+7x_{4A}+6x_{4B}+5x_{4C}+7x_{4D}$

제약조건 $x_{1A}+x_{1B}+x_{1C}+x_{1D}=1$
$x_{2A}+x_{2B}+x_{2C}+x_{2D}=1$
$x_{3A}+x_{3B}+x_{3C}+x_{3D}=1$
$x_{4A}+x_{4B}+x_{4C}+x_{4D}=1$
$x_{1A}+x_{2A}+x_{3A}+x_{4A}=1$
$x_{1B}+x_{2B}+x_{3B}+x_{4B}=1$
$x_{1C}+x_{2C}+x_{3C}+x_{4C}=1$
$x_{1D}+x_{2D}+x_{3D}+x_{4D}=1$
$x_{ij}\geq 0\ (i=1,\ 2,\ 3,\ 4;\ j=\text{A, B, C, D})$

할당실행표

과업 \ 기계	A	B	C	D	공급량
1	0	0	0	1	1
2	1	0	0	0	1
3	0	1	0	0	1
4	0	0	1	0	1
수요량	1	1	1	1	20

(3) 최소화 $z=5x_{1A}+8x_{1B}+9x_{1C}+7x_{2A}+6x_{2B}+8x_{2C}$
$+6x_{3A}+4x_{3B}+9x_{3C}+7x_{4A}+6x_{4B}+5x_{4C}$

제약조건 $x_{1A}+x_{1B}+x_{1C} \leq 1$
$x_{2A}+x_{2B}+x_{2C} \leq 1$
$x_{3A}+x_{3B}+x_{3C} \leq 1$
$x_{4A}+x_{4B}+x_{4C} \leq 1$
$x_{1A}+x_{2A}+x_{3A}+x_{4A} = 1$
$x_{1B}+x_{2B}+x_{3B}+x_{4B} = 1$
$x_{1C}+x_{2C}+x_{3C}+x_{4C} = 1$
$x_{ij} \geq 0$ ($i=1, 2, 3, 4$; $j=$A, B, C)

할당실행표

과업 \ 기계	A	B	C	공급량
1	1	0	0	1
2	0	0	0	0
3	0	1	0	1
4	0	0	1	1
수요량	1	1	1	14

(4) 할당실행표

과업 \ 기계	A	B	C	D	공급량
1	0	1	0	0	1
2	0	0	1	0	1
3	0	0	0	1	1
4	1	0	0	0	1
수요량	1	1	1	1	32

제 7 장

1. (1) x_i : i지역의 개발여부 (i=A, B, C, D, E)

최소화 $z=20x_A+30x_B+40x_C+20x_D+30x_E$

제약조건 $4x_A+4x_B+5x_C+7x_D+9x_E \geq 20$

$9x_A+8x_B+4x_C+7x_D+6x_E \geq 20$

x_A, x_B, x_C, x_D, x_E는 0 또는 1

해: $x_A=1$, $x_D=1$, $x_E=1$, 나머지 변수 모두 0, $z=70$

(2) x_i : i지역의 개발여부 (i=A, B, C, D, E)

최소화 $z=20x_A+30x_B+40x_C+20x_D+30x_E$

제약조건 $4x_A+4x_B+5x_C+7x_D+9x_E \geq 20$

$9x_A+8x_B+4x_C+7x_D+6x_E \geq 20$

$x_B+x_C-x_E=0$

x_A, x_B, x_C, x_D, x_E는 0 또는 1

해: $x_B=1$, $x_D=1$, $x_E=1$, 나머지 변수 모두 0, $z=80$

2. x_{ij}: i공장에서 j 대리점으로의 수송량 (i=1, 2; j=1, 2)

최대화 $z=4x_{11}+5x_{12}+8x_{21}+7x_{22}$

제약조건 $x_{11}+x_{12} \leq 300$

$x_{21}+x_{22} \leq 300$

$x_{11}+x_{21} = 250$

$x_{12}+x_{22} = 250$

$x_{ij} \geq 0$, x_{ij}는 정수 (i=1, 2; j=1, 2)

해: $x_{11}=0$, $x_{12}=200$, $x_{21}=250$, $x_{22}=50$, $z=3{,}350$

3. x_i = 주인이 i일을 담당하면 1, 아니면 0 (i=A, B, C, D)

y_i = 조수가 i일을 담당하면 1, 아니면 0 (i=A, B, C, D)

최소화 $z=5x_1+3x_2+4x_3+2x_4+5y_1+4y_2+3y_3+2y_4$

제약조건 $x_1+y_1=1$

$x_2+y_2=1$

$x_3+y_3=1$

$x_4+y_4=1$

$x_1+x_2+x_3+x_4=2$

$y_1+y_2+y_3+y_4=2$

x_i, y_i는 0 또는 1 (i=1, 2; j=1, 2)

해: $x_1=1$, $x_2=1$, $y_3=1$, $y_4=1$, 나머지 변수는 0, $z=13$

4. (1) x_i : 제품 i의 생산량 (i=A, B, C)

최대화 $z=5x_A+4x_B+6x_C$

제약조건 $3x_A+4x_B+6x_C \leq 300$

$2x_A+5x_B+3x_C \leq 200$

$4x_A+3x_B+4x_C \leq 250$

$x_i \geq 0$, x_i는 정수

해: $x_A=25$, $x_B=2$, $x_C=36$, $z=349$

(2) x_i: 제품 i의 생산량 (i=A, B, C)

y_i: 제품 i의 생산 여부 (i=A, B, C)

최대화 $z=5x_A+4x_B+6x_C-30y_A-50y_B-35y_C$

제약조건 $3x_A+4x_B+6x_C \leq 300$

$2x_A+5x_B+3x_C \leq 200$

$4x_A+3x_B+4x_C \leq 250$

$x_A - 999999y_A \leq 0$

$x_B - 999999y_B \leq 0$

$x_C - 999999y_C \leq 0$

$x_i \geq 0$, x_i는 정수, y_i는 0 또는 1

해: $x_A=24$, $x_B=0$, $x_C=38$, $y_A=1$, $y_B=0$, $y_C=1$, $z=283$

5. x_{ij} : 공장 i에서 대리점 j로의 수송량 (i=A, B, C, D; j=1, 2, 3)

$$y_k = \begin{cases} 1: \text{후보지 } k\text{가 선정되는 경우} \\ 0: \text{후보지 } k\text{가 선정되지 않는 경우} \end{cases} \quad (k=\text{B, C, D})$$

최소화 $z=4x_{A1}+2x_{A2}+3x_{A3}+5x_{B1}+2x_{B2}+4x_{B3}+5x_{C1}+7x_{C2}+4x_{C3}$
$+3x_{D1}+6x_{D2}+5x_{D3}+2000y_B+2500y_{C2}+3000y_D$

제약조건 $x_{A1} + x_{A2} + x_{A3} \leq 500$

$x_{B1} + x_{B2} + x_{B3} - 200y_B \leq 0$

$x_{C1} + x_{C2} + x_{C3} - 250y_C \leq 0$

$x_{D1} + x_{D2} + x_{D3} - 200y_D \leq 0$

$x_{A1} + x_{B1} + x_{C1} + x_{D1} = 200$

$x_{A2} + x_{B2} + x_{C2} + x_{D2} = 300$

$x_{A3} + x_{B3} + x_{C3} + x_{D3} = 300$

$x_{ij} \geq 0$, x_{ij}는 정수, y_k는 0 또는 1

해: $x_{A1}=200$, $x_{A2}=100$, $x_{A3}=200$, $x_{B2}=200$, $x_{C3}=100$, $y_B=1$, $y_C=1$, 나머지 변수는 모두 0, $z=6{,}900$

6. x_{ij} : 공장 i에서 유통센터 j로의 수송량 (i=1, 2, 3, 4, 5; j=1, 2, 3)

$$y_k = \begin{cases} 1: \text{후보지 } k\text{가 선정되는 경우} \\ 0: \text{후보지 } k\text{가 선정되지 않는 경우} \end{cases} \quad (k=2, 3, 4, 5)$$

최소화 $z=5x_{11}+3x_{12}+2x_{13}+4x_{21}+3x_{22}+4x_{23}+8x_{31}+6x_{32}+8x_{33}$
$+7x_{41}+3x_{42}+6x_{43}+9x_{51}+3x_{52}+5x_{53}+9000y_2+8000y_3+7000y_4+6000y_5$

제약조건 $x_{11} + x_{12} + x_{13} \leq 1500$

$x_{21} + x_{22} + x_{23} - 1800y_2 \leq 0$

$x_{31} + x_{32} + x_{33} - 2500y_3 \leq 0$

$x_{41} + x_{42} + x_{43} - 2000y_4 \leq 0$

$x_{51} + x_{52} + x_{53} - 2000y_5 \leq 0$

$x_{11} + x_{21} + x_{31} + x_{41} + x_{51} = 1500$

$x_{12} + x_{22} + x_{32} + x_{42} + x_{52} = 2000$

$x_{13} + x_{23} + x_{33} + x_{43} + x_{53} = 2000$

$x_{ij} \geq 0$, x_{ij}는 정수, y_k는 0 또는 1

해: $x_{13}=1{,}500$, $x_{41}=1{,}500$, $x_{42}=500$, $x_{52}=1{,}500$, $x_{53}=500$, $y_4=1$, $y_5=1$, 나머지 변수는 모두 0, $z=35{,}000$

7. x_i : 후보지 i에 소방서의 설치 여부 ($i=1, 2, 3, 4, 5, 6\ 7$)

최소화 $z=x_1 + x_2 + x_3 + x_4 + x_5 + x_6 + x_7$

제약조건 $x_1 + x_5 \geq 1$

$x_1 + x_2 + x_6 \geq 1$

$x_3 + x_4 \geq 1$

$x_3 + x_4 + x_5 + x_7 \geq 1$

$x_2 + x_5 \geq 1$

$x_2 + x_4 + x_6 \geq 1$

$x_6 + x_7 \geq 1$

x_i는 0 또는 1

해: $x_4=1$, $x_5=1$, $x_6=1$, 나머지 변수는 모두 0, $z=3$

8. x_i: 후보지 i에 보건소의 설치 여부 ($i=1, 2, 3, 4, 5$)

최소화 $z=70x_1 + 90x_2 + 60x_3 + 80x_4 + 75x_5$

제약조건 $x_1 + x_3 \geq 1$

$x_2 + x_4 \geq 1$

$x_3 + x_5 \geq 1$

$x_1 + x_4 \geq 1$

$x_3 + x_4 \geq 1$

$x_4 + x_5 \geq 1$

$x_2 + x_3 + x_5 \geq 1$

x_i는 0 또는 1

해: $x_3=1$, $x_4=1$, 나머지 변수는 모두 0, $z=140$

9. x_i : i 투자안의 선정 여부 ($i=1, 2, 3, 4, 5, 6$)

최대화 $z=16x_1 + 21x_2 + 22x_3 + 18x_4 + 16x_5 + 19x_6$

제약조건 $9x_1 + 7x_2 + 8x_3 + 6x_4 + 3x_5 + 4x_6 \leq 30$

$5x_1 + 4x_2 + 6x_3 + 3x_4 + 2x_5 + 6x_6 \leq 15$

$3x_1 + 2x_2 + 3x_3 + 2x_4 + x_5 + 2x_6 \leq 10$

$2x_1 + 3x_2 + 2x_3 + x_4 + x_5 + 3x_6 \leq 5$

$2x_1 + x_2 + x_3 + 2x_4 + x_5 + 2x_6 \leq 5$

x_i는 0 또는 1

해: $x_1=1$, $x_3=1$, $x_4=1$, 나머지 변수는 모두 0, $z=56$

제 8 장

1.

$$x_{ij} = \begin{cases} 1 : \text{마디 } i\text{에서 마디 } j\text{로의 경로가 최단경로에 선택되는 경우} \\ 0 : \text{마디 } i\text{에서 마디 } j\text{로의 경로가 최단경로에 선택되지 않는 경우} \end{cases}$$

최소화 $z = 7x_{12} + 6x_{13} + 2x_{24} + 5x_{25} + 4x_{34} + 8x_{36} + 2x_{45} + 7x_{46} + 6x_{57} + 5x_{67}$

제약조건
$x_{12} + x_{13} = 1$
$-x_{12} + x_{24} + x_{25} = 0$
$-x_{13} + x_{34} + x_{36} = 0$
$-x_{24} - x_{34} + x_{45} + x_{46} = 0$
$-x_{25} - x_{45} + x_{57} = 0$
$-x_{36} - x_{46} + x_{67} = 0$
$-x_{57} - x_{67} = -1$
$x_{ij} \geq 0$

해: $x_{12}=1$, $x_{24}=1$, $x_{45}=1$, $x_{57}=1$, 나머지 변수는 모두 0, $z=17$

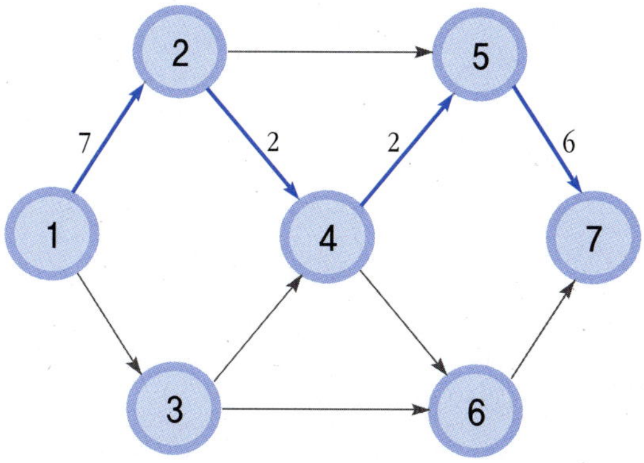

2.

$$x_{ij} = \begin{cases} 1 : \text{마디 } i\text{에서 마디 } j\text{로의 경로가 최단경로에 선택되는 경우} \\ 0 : \text{마디 } i\text{에서 마디 } j\text{로의 경로가 최단경로에 선택되지 않는 경우} \end{cases}$$

최소화 $z = 5x_{12} + 6x_{13} + 7x_{14} + 3x_{25} + 8x_{27} + 8x_{32} + 6x_{35}$
$+ 5x_{43} + 7x_{45} + 8x_{46} + 3x_{57} + 9x_{65} + 4x_{67}$

제약조건
$x_{12} + x_{13} + x_{14} = 1$
$-x_{12} - x_{32} + x_{25} + x_{27} = 0$
$-x_{13} - x_{43} + x_{32} + x_{35} = 0$
$-x_{14} + x_{43} + x_{45} + x_{46} = 0$
$-x_{25} - x_{35} - x_{45} - x_{65} + x_{57} = 0$
$-x_{46} + x_{65} + x_{67} = 0$
$-x_{27} - x_{57} - x_{67} = -1$
$x_{ij} \geq 0$

해: $x_{12}=1$, $x_{25}=1$, $x_{57}=1$, 나머지 변수는 모두 0, $z=11$

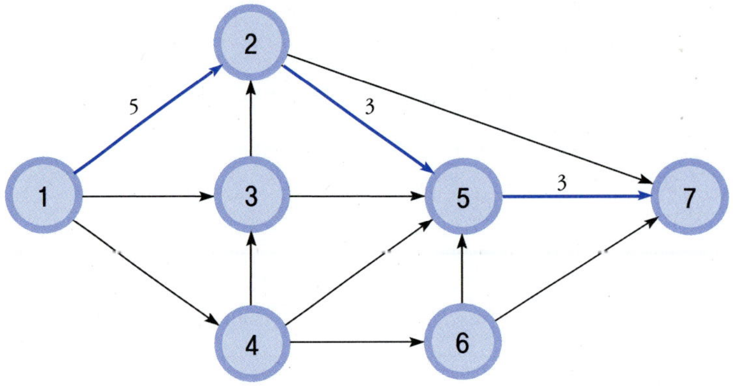

3. $x_{ij} = \begin{cases} 1 : \text{마디 } i\text{에서 마디 } j\text{로의 경로가 최단경로에 선택되는 경우} \\ 0 : \text{마디 } i\text{에서 마디 } j\text{로의 경로가 최단경로에 선택되지 않는 경우} \end{cases}$

최소화 $z = 15x_{12} + 19x_{13} + 14x_{24} + 15x_{25} + 15x_{34} + 12x_{36} + 14x_{45} + 18x_{46} + 18x_{57} + 16x_{67}$

제약조건 $x_{12} + x_{13} = 1$

$-x_{12} + x_{24} + x_{25} = 0$

$-x_{13} + x_{34} + x_{36} = 0$

$-x_{24} - x_{34} + x_{45} + x_{46} = 0$

$-x_{25} - x_{45} + x_{57} = 0$

$-x_{36} - x_{46} + x_{67} = 0$

$- x_{57} - x_{67} = -1$

$x_{ij} \geq 0$

해: $x_{13}=1$, $x_{36}=1$, $x_{67}=1$, 나머지 변수는 모두 0, $z=47$

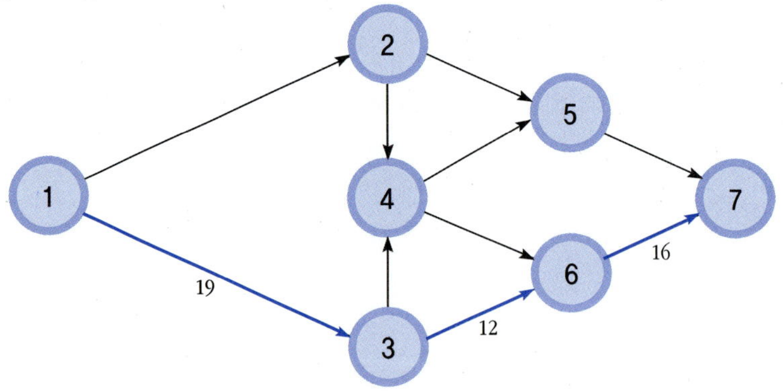

4. x_{ij} : 마디 i에서 마디 j로의 수송량 (i, j=1, 2, 3, 4, 5, 6, 7)

최대화 $z = x_{71}$

제약조건 $x_{12} + x_{13} + x_{14} = x_{71}$

$-x_{12} + x_{23} + x_{25} = 0$

$-x_{13} - x_{23} - x_{43} + x_{35} + x_{36} + x_{37} = 0$

$-x_{14} + x_{43} + x_{46} = 0$

$-x_{25} - x_{35} + x_{57} = 0$

$-x_{36} - x_{46} + x_{67} = 0$

$-x_{37} - x_{57} - x_{67} = -x_{71}$

$x_{12} \le 7,\ x_{13} \le 5,\ x_{14} \le 5,\ x_{23} \le 3,\ x_{25} \le 4,\ x_{35} \le 7,\ x_{36} \le 3,\ x_{37} \le 5,$

$x_{43} \le 5,\ x_{46} \le 6,\ x_{57} \le 6,\ x_{67} \le 4$

$x_{ij} \ge 0$

해: $x_{12}=5,\ x_{13}=5,\ x_{14}=5,\ x_{23}=1,\ x_{25}=4,\ x_{35}=2,\ x_{36}=0,\ x_{37}=5,\ x_{43}=1,\ x_{46}=4,\ x_{57}=6,\ x_{67}=4,\ z=15$

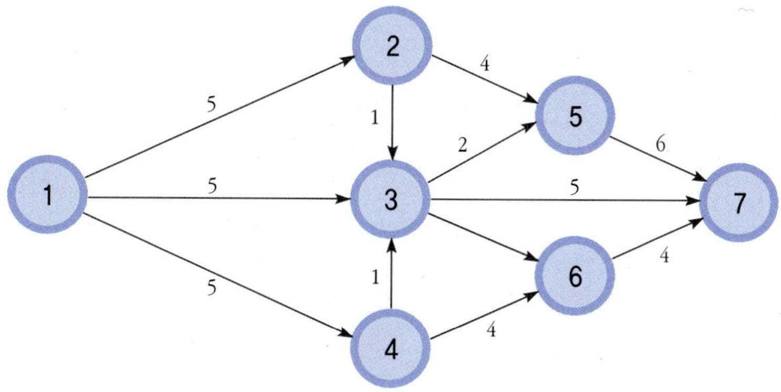

5. x_{ij}: 마디 i에서 마디 j로의 수송량 ($i,\ j=1,\ 2,\ 3,\ 4,\ 5,\ 6$)

최대화 $z = x_{61}$

제약조건 $x_{12} + x_{13} + x_{14} = x_{61}$

$-x_{12} + x_{24} + x_{25} = 0$

$-x_{13} + x_{35} = 0$

$-x_{14} - x_{24} + x_{45} + x_{46} = 0$

$-x_{25} - x_{35} - x_{45} + x_{56} = 0$

$-x_{46} - x_{56} = -x_{61}$

$x_{12} \le 7,\ x_{13} \le 4,\ x_{14} \le 9,\ x_{24} \le 3,\ x_{25} \le 5,\ x_{35} \le 2,$

$x_{45} \le 9,\ x_{46} \le 4,\ x_{56} \le 8$

$x_{ij} \ge 0$

해: $x_{12}=1,\ x_{13}=2,\ x_{14}=9,\ x_{24}=1,\ x_{25}=0,\ x_{35}=2,\ x_{45}=6,\ x_{46}=4,\ x_{56}=8,\ z=12$

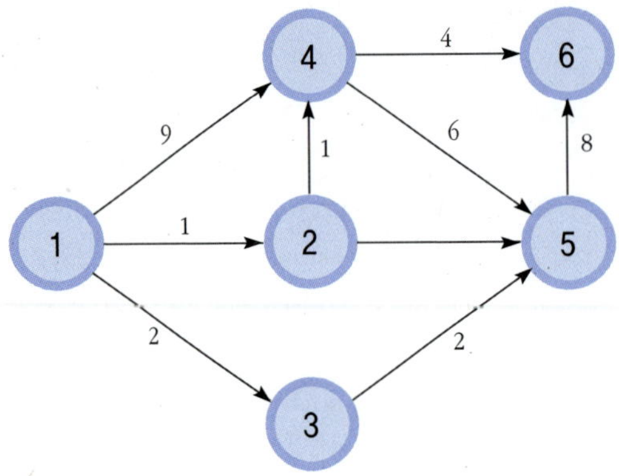

6. x_{ij}: 마디 i에서 마디 j로의 수송량 (i, j=1, 2, 3, 4, 5, 6, 7)

최대화 $z = x_{71}$

제약조건

$$x_{12} + x_{13} = x_{71}$$
$$-x_{12} + x_{24} + x_{25} = 0$$
$$-x_{13} + x_{34} + x_{36} = 0$$
$$-x_{24} - x_{34} + x_{45} + x_{46} = 0$$
$$-x_{25} - x_{45} + x_{57} = 0$$
$$-x_{36} - x_{46} + x_{67} = 0$$
$$-x_{57} - x_{67} = -x_{71}$$
$$x_{12} \le 12,\ x_{13} \le 17,\ x_{24} \le 14,\ x_{25} \le 15,\ x_{34} \le 15,\ x_{36} \le 16,$$
$$x_{45} \le 13,\ x_{46} \le 18,\ x_{57} \le 19,\ x_{67} \le 16$$
$$x_{ij} \ge 0$$

해: $x_{12}=12$, $x_{13}=7$, $x_{24}=6$, $x_{25}=6$, $x_{34}=7$, $x_{36}=0$, $x_{45}=13$, $x_{46}=0$, $x_{57}=19$, $x_{67}=0$, $z=19$

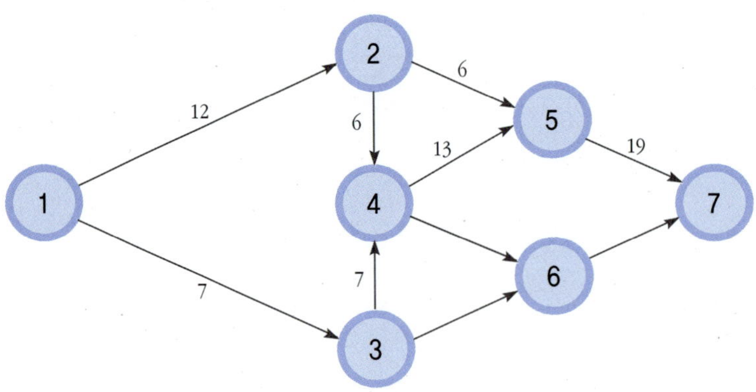

제 9 장

12. (1)

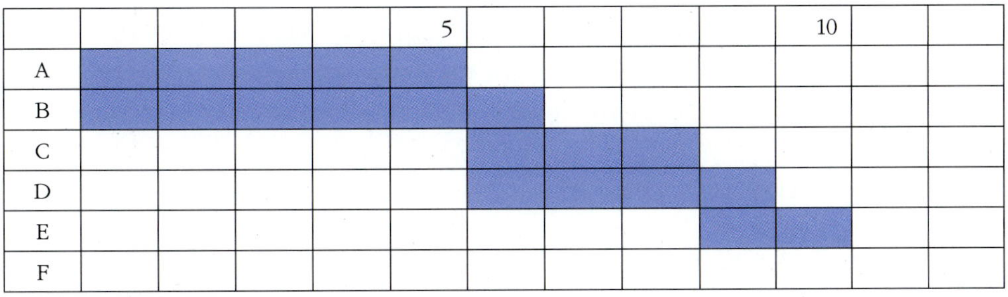

(2)

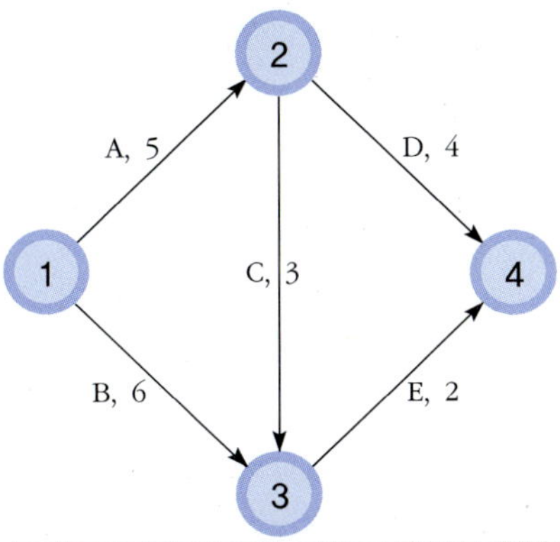

(3)

경로	소요시간	주경로
A−D	9	
A−C−E	10	←
B−E	8	

(4)

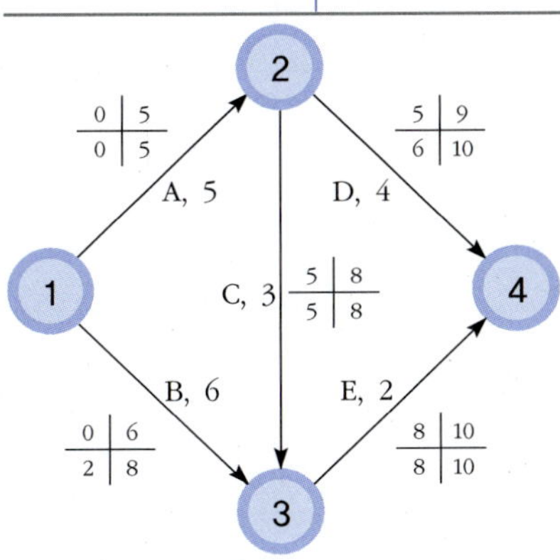

(5) 최소화 $z = 3y_A + 2y_B + 99y_C + y_D + 4y_E$

제약조건 $x_1 = 0$

$-x_1 + x_2 + y_A \geq 5$

$-x_1 + x_3 + y_B \geq 6$

$-x_2 + x_3 + y_C \geq 3$

$$-x_2 + x_4 + y_D \geq 4$$
$$-x_3 + x_4 + y_E \geq 2$$
$$x_4 \leq 99$$
$$y_A \leq 2$$
$$y_B \leq 1$$
$$y_C \leq 0$$
$$y_D \leq 2$$
$$y_E \leq 1$$
$$x_i \geq 0\ (i=1,\ 2,\ 3,\ 4),\ y_i \geq 0\ (i=\text{A, B, C, D, E})$$

단계	단축활동	단축시간	추가비용	경로	소요시간
0				A−D A−C−E B−E	9 10 8
1	A	1	3	A−D A−C−E B−E	8 9 8
2	A	1	3	A−D A−C−E B−E	7 8 8
3	E	1	4	A−D A−C−E B−E	7 7 7
합계		3	10		

완료일	y_A	y_B	y_C	y_D	y_E	z
10	0	0	0	0	0	0
9	1	0	0	0	0	3
8	2	0	0	0	0	6
7	2	0	0	0	1	10
6	최적 해를 찾지 못했습니다					

13. (1)

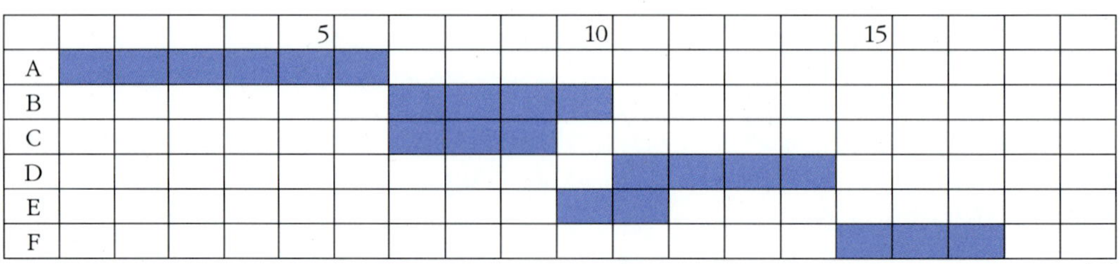

(2)

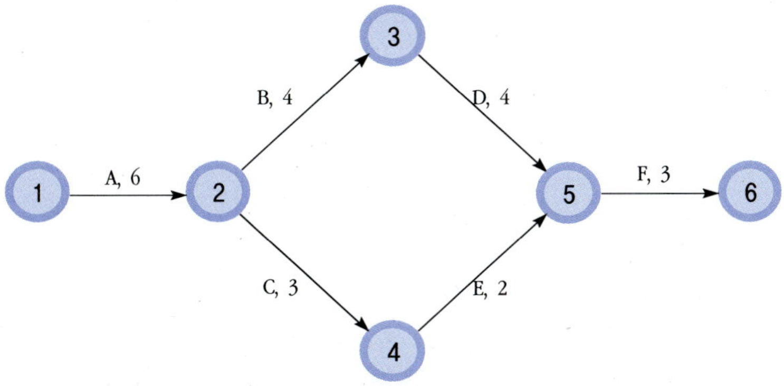

(3)

경로	소요시간	주경로
A−B−D−F	17	←
A−C−E−F	14	

(4)

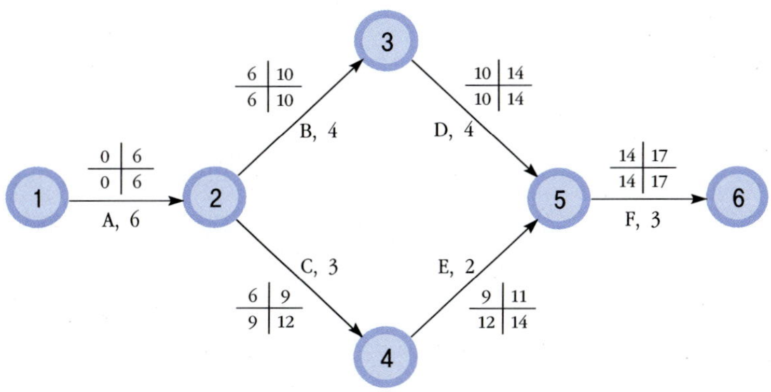

(5) 최소화 $z = 4y_A + 3y_B + y_C + 3y_D + 99y_E + 2y_F$

제약조건 $x_1 = 0$

$-x_1 + x_2 + y_A \geq 6$

$-x_2 + x_3 + y_B \geq 4$

$-x_2 + x_4 + y_C \geq 3$

$-x_3 + x_5 + y_D \geq 4$

$-x_4 + x_5 + y_E \geq 2$

$-x_5 + x_6 + y_F \geq 3$

$x_6 \leq 99$

$y_A \leq 2$

$y_B \leq 2$

$y_C \leq 1$

$y_D \leq 2$

$y_E \leq 0$

$y_F \leq 1$

$x_i \geq 0$ $(i=1, 2, 3, 4, 5, 6)$, $y_i \geq 0$ $(i=\text{A, B, C, D, E, F})$

단계	단축활동	단축시간	추가비용	경로	소요시간
0				A−B−D−F A−C−E−F	17 14
1	F	1	2	A−B−D−F A−C−E−F	16 13
2	B	1	3	A−B−D−F A−C−E−F	15 13
3	B	1	3	A−B−D−F A−C−E−F	14 13
4	D	1	3	A−B−D−F A−C−E−F	13 13
5	A	1	4	A−B−D−F A−C−E−F	12 12
6	A	1	4	A−B−D−F A−C−E−F	11 11
7	C D	1 1	1 3	A−B−D−F A−C−E−F	10 10
합계		7	23		

완료일	y_A	y_B	y_C	y_D	y_E	y_F	z
17	0	0	0	0	0	0	0
16	0	0	0	0	0	1	2
15	0	1	0	0	0	1	5
14	0	2	0	0	0	1	8
13	0	2	0	1	0	1	11
12	1	2	0	1	0	1	15
11	2	2	0	1	0	1	19
10	2	2	1	2	0	1	23
9	최적 해를 찾지 못했습니다						

14. (1)

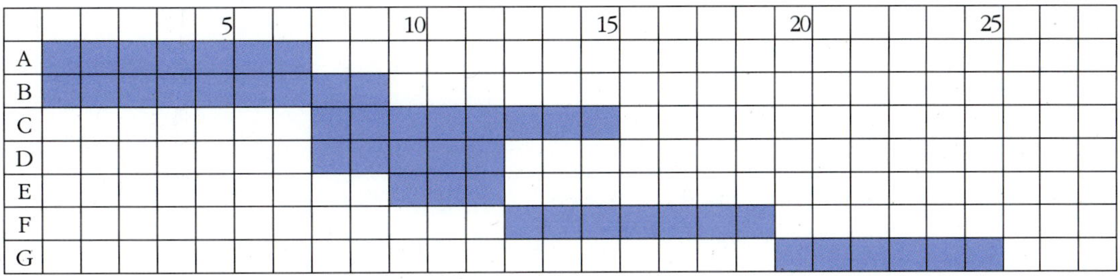

(2)

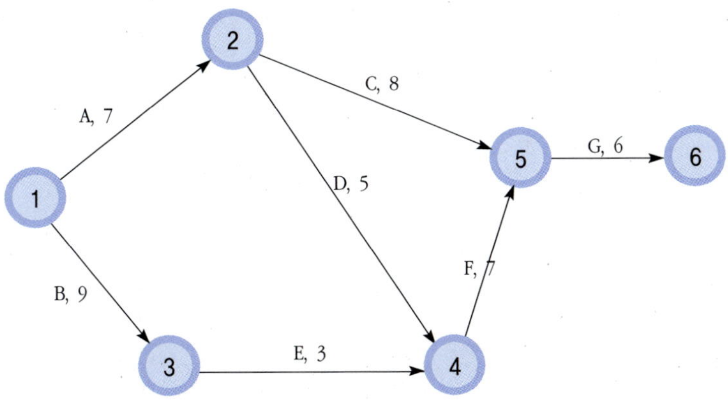

(3)

경로	소요시간	주경로
A−C−G	21	
A−D−F−G	25	←
B−E−F−G	25	←

(4)

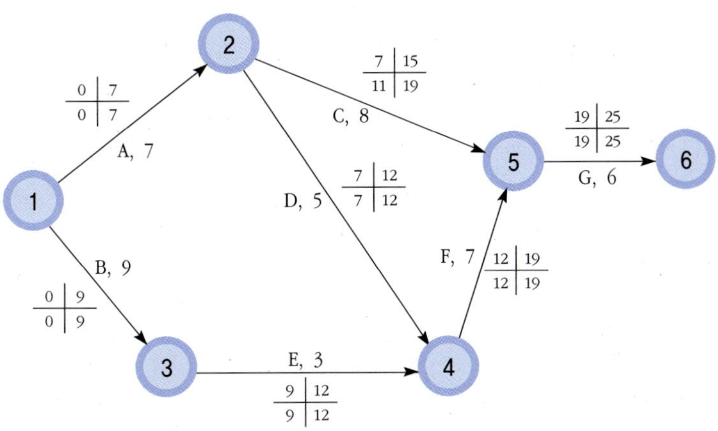

(5) 최소화 $z = y_A + 3y_B + 99y_C + 2y_D + 2y_E + y_F + 99y_G$

제약조건 $x_1 = 0$

$-x_1 + x_2 + y_A \geq 7$

$-x_1 + x_3 + y_B \geq 9$

$-x_2 + x_5 + y_C \geq 8$

$-x_2 + x_4 + y_D \geq 5$

$-x_3 + x_4 + y_E \geq 3$

$-x_4 + x_5 + y_F \geq 7$

$-x_5 + x_6 + y_G \geq 6$

$x_6 \leq 99$

$y_A \leq 2$

$y_B \leq 2$

$y_C \leq 0$

$y_D \leq 1$

$y_E \leq 1$

$y_F \leq 1$

$y_G \leq 0$

$x_i \geq 0$ $(i=1, 2, 3, 4, 5, 6)$, $y_i \geq 0$ $(i=\text{A, B, C, D, E, F, G})$

단계	단축활동	단축시간	추가비용(백만)	경로	소요시간
0	-	-	-	A−C−G A−D−F−G B−E−F−G	21 25 25
1	F	1	1	A−C−G A−D−F−G B−E−F−G	21 24 24
2	A E	1 1	1 2	A−C−G A−D−F−G B−E−F−G	20 23 23
3	A B	1 1	1 3	A−C−G A−D−F−G B−E−F−G	19 22 22
4	B D	1 1	3 2	A−C−G A−D−F−G B−E−F−G	19 21 21
합계		4	13		

완료일	y_A	y_B	y_C	y_D	y_E	y_F	y_G	z
25	0	0	0	0	0	0	0	0
24	0	0	0	0	0	1	0	1
23	1	0	0	0	1	1	0	4
22	2	1	0	0	1	1	0	8
21	2	2	0	1	1	1	0	13
20	최적 해를 찾지 못했습니다							

15. (1)

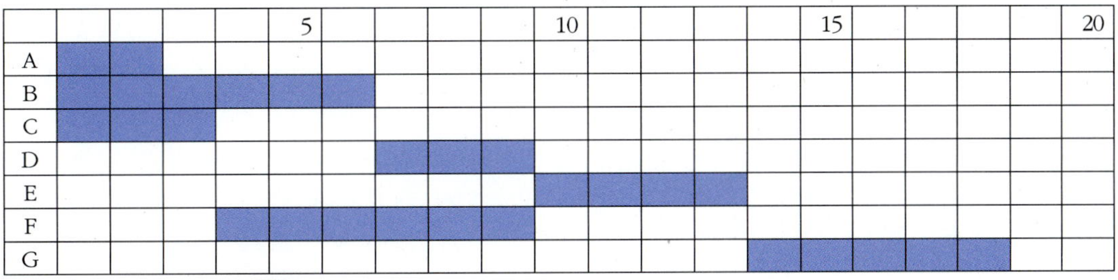

(2)

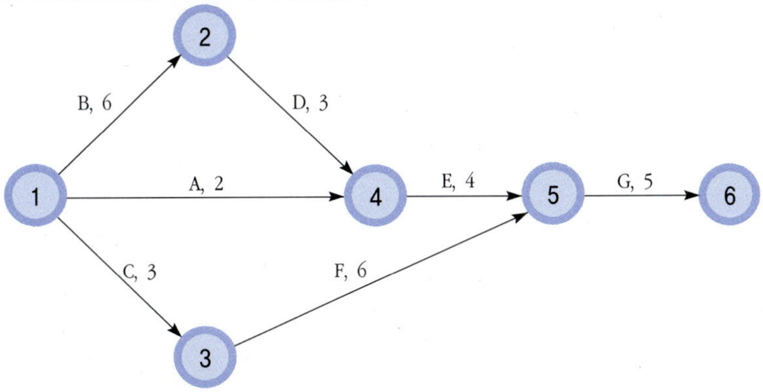

(3)

경로	소요시간	주경로
B−D−E−G	18	←
A−E−G	11	
C−F−G	14	

(4)

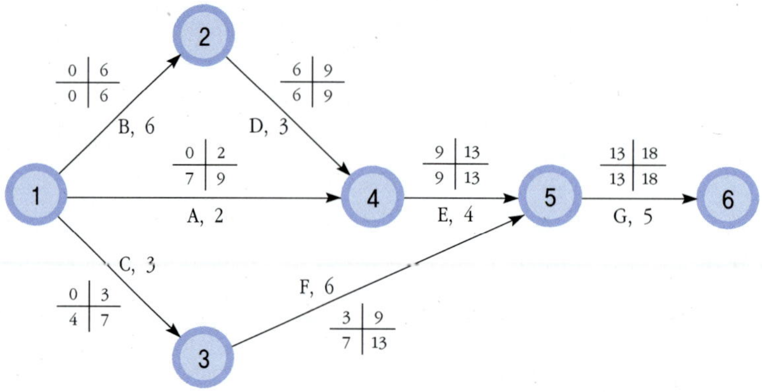

(5) 최소화 $z = 2y_A + 3y_B + y_C + 3y_D + 4y_E + y_F + 3y_G$

제약조건

$x_1 = 0$

$-x_1 + x_4 + y_A \geq 2$

$-x_1 + x_2 + y_B \geq 6$

$-x_1 + x_3 + y_C \geq 3$

$-x_2 + x_4 + y_D \geq 3$

$-x_4 + x_5 + y_E \geq 4$

$-x_3 + x_5 + y_F \geq 6$

$-x_5 + x_6 + y_G \geq 5$

$x_6 \leq 99$

$y_A \leq 1$

$y_B \leq 2$

$y_C \leq 1$

$y_D \leq 2$

$y_E \leq 1$

$y_F \leq 2$

$y_G \leq 1$

$x_i \geq 0$ (i=1, 2, 3, 4, 5, 6), $y_i \geq 0$ (i=A, B, C, D, E, F, G)

단계	단축활동	단축시간	추가비용(백만)	경로	소요시간
0				B−D−E−G A−E−G C−F−G	18 11 14
1	B	1	3	B−D−E−G A−E−G C−F−G	17 11 14
2	B	1	3	B−D−E−G A−E−G C−F−G	16 11 14
3	D	1	3	B−D−E−G A−E−G C−F−G	15 11 14
4	D	1	3	B−D−E−G A−E−G C−F−G	14 11 14
4	G	1	3	B−D−E−G A−E−G C−F−G	13 10 13
4	C E	1	1 4	B−D−E−G A−E−G C−F−G	12 9 12
합계		6	20		

완료일	y_A	y_B	y_C	y_D	y_E	y_F	y_G	z
18	0	0	0	0	0	0	0	0
17	0	1	0	0	0	0	0	3
16	0	2	0	0	0	0	0	6
15	0	2	0	1	0	0	0	9
14	0	2	0	2	0	0	0	12
13	0	2	0	2	0	0	1	15
12	0	2	1	2	1	0	1	20
11	최적 해를 찾지 못했습니다							

16.

활동	평균(t)	분산(σ^2)
A	5	0.444
B	6	0.444
C	3	0.444
D	4	0.444
E	2	0.111

주경로(A−C−E)의 분산 합 = 0.444 + 0.444 + 0.111 = 1.00
표준편차 = 1.00
$z = (12-10)/1 = 2$
$p = 0.9772$

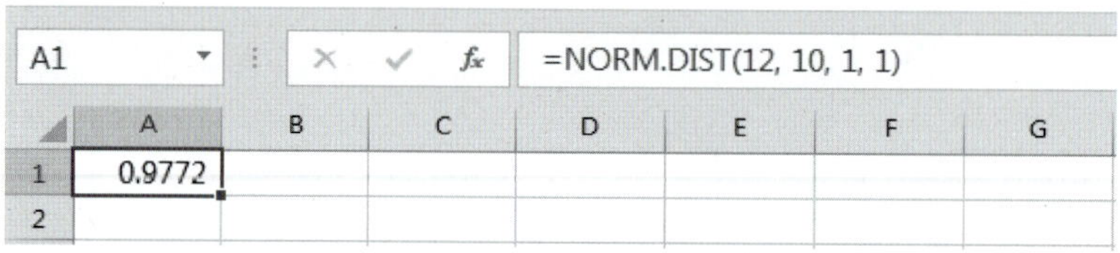

17.

활동	평균(t)	분산(σ^2)
A	6	1.778
B	4	0.444
C	3	1.778
D	4	1.778
E	2	1.000
F	3	1.778

주경로(A−B−D−F)의 분산 합 = 1.778 + 0.444 + 1.778 + 1.778 = 5.778
표준편차 = 2.404
$z = (15-17)/2.404 = -0.832$
$p = 0.2027$

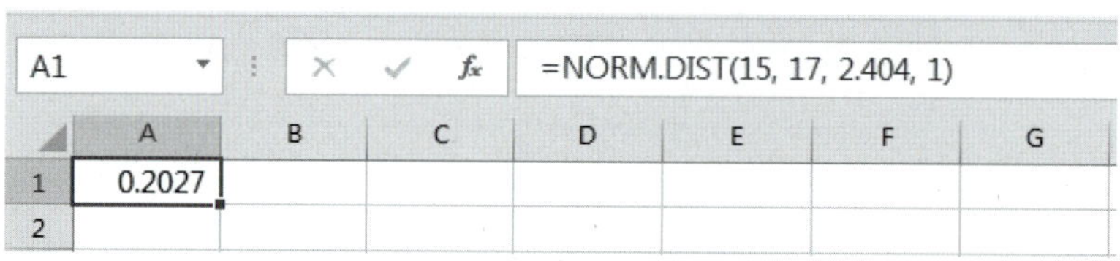

제 10 장

11. (1) Maximax 기준

구입 \ 수요	수요(소)	수요(중)	수요(대)	Max	
높은 가격	0	10	20	20	← max
낮은 가격	10	12	15	15	

(2) Maximin 기준

구입 \ 수요	수요(소)	수요(중)	수요(대)	Min	
높은 가격	0	10	20	0	
낮은 가격	10	12	15	10	← max

(3) Minimax 기준

구입 \ 수요	수요(소)	수요(중)	수요(대)	Max	
높은 가격	10	2	0	10	
낮은 가격	0	0	5	5	← min

(4) 후르비쯔 기준($\sigma=0.7$)

구입 \ 수요	수요(소)	수요(중)	수요(대)	가중평균	
높은 가격	0	10	20	$(0\times0.3)+(20\times0.7)=14$	← max
낮은 가격	10	12	15	$(10\times0.3)+(15\times0.7)=13.5$	

(5) 평균값 기준

구입 \ 수요	수요(소)	수요(중)	수요(대)	평균	
높은 가격	0	10	20	$\frac{0+10+20}{3}=\frac{30}{3}$	
낮은 가격	10	12	15	$\frac{10+12+15}{3}=\frac{37}{3}$	← max

12. (1)

구입 \ 수요	수요(소)	수요(중)	수요(대)	기대치	
높은 가격	0	10	20	$(0\times0.2)+(10\times0.5)$ $+(20\times0.3)=11.0$	
낮은 가격	10	12	15	$(10\times0.2)+(12\times0.5)$ $+(15\times0.3)=12.5$	←max

(2)

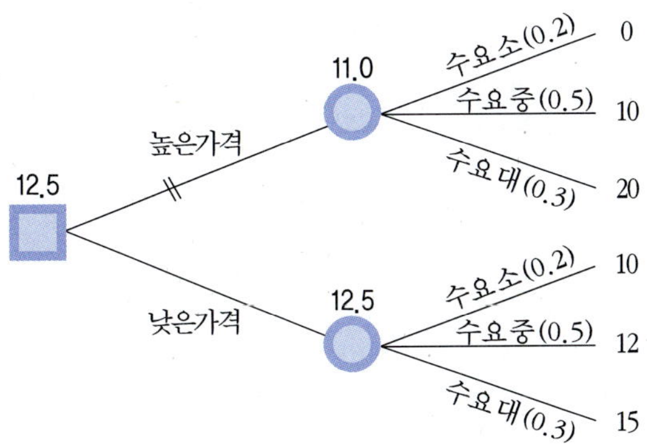

13. 제품화를 선택: 기대치 = 0,4

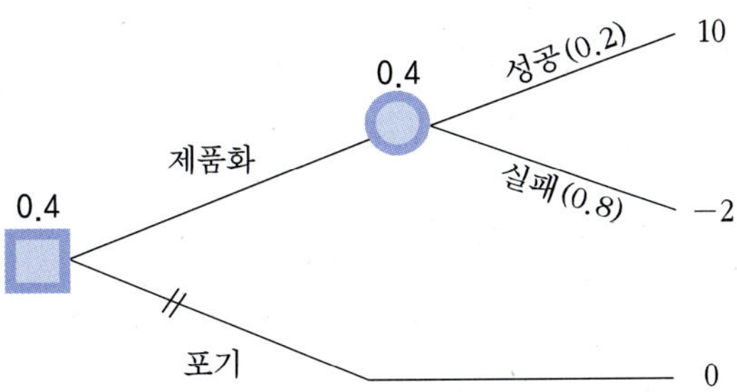

14. 땅콩을 선택: 기대치 = 500

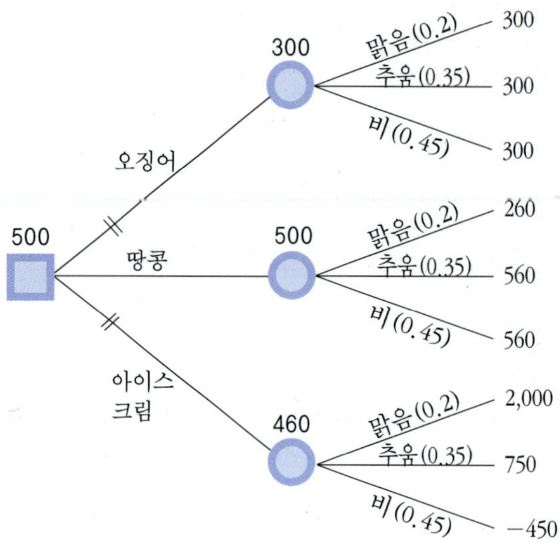

15. 대형건설: 기대치 = 35.2

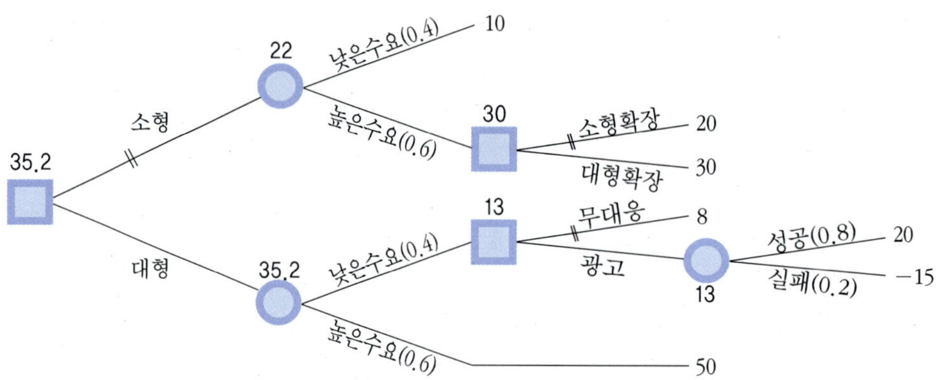

16. (1) 광산 A를 개발: 기대치 = 80

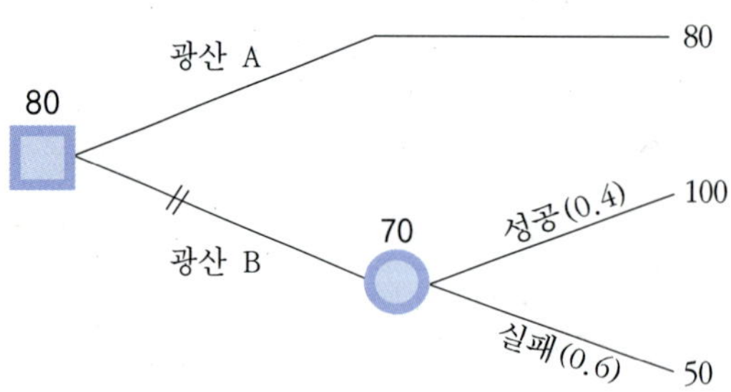

(2) 완전정보의 가치 = 88 − 80 = 8

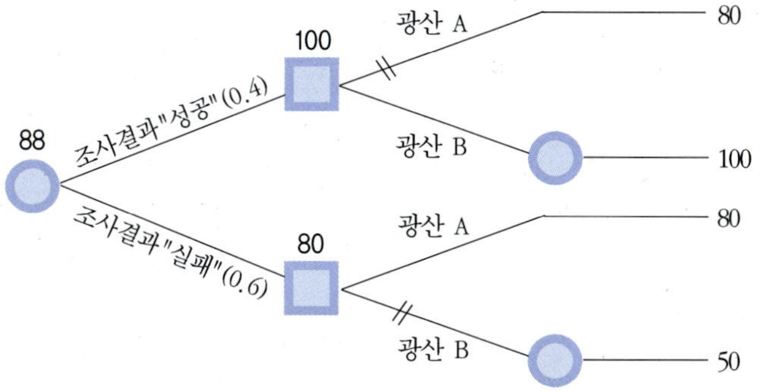

17. (1) 모자를 선택: 기대치 = 196

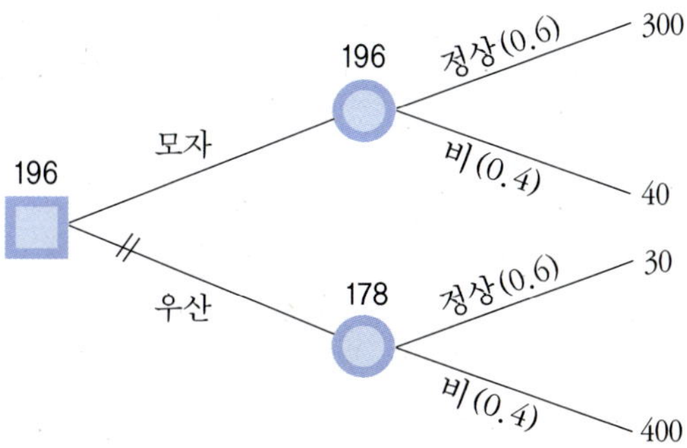

(2) 완전정보의 가치 = 340 − 196 = 144, 의뢰가 유리,
완벽시장연구소에서 정상이라면 모자를 비가 온다면 우산을 선택

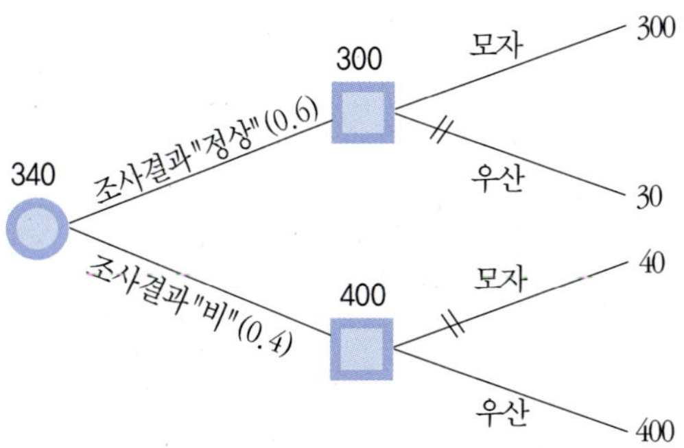

(3)

① Maximax기준

대안 \ 날씨	정상	비	Max	
모자	300	40	300	
우산	30	400	400	← max

② Maximin기준

대안 \ 날씨	정상	비	Min	
모자	300	40	40	← max
우산	30	400	30	

③ Minimax기준

대안 \ 날씨	정상	비	Max	
모자	0	360	360	
우산	270	0	270	← min

④ 후르비쯔기준(σ=0.7)

대안 \ 날씨	정상	비	가중평균	
모자	300	40	(300×0.7)+(40×0.3)=222	
우산	30	400	(400×0.7)+(30×0.3)=289	← max

⑤ 평균값기준

대안 \ 날씨	정상	비	평균	
모자	300	40	(300+40)/2=170	
우산	30	400	(30+400)/2=215	← max

18. (1) 개발을 선택: 기대치 = 52

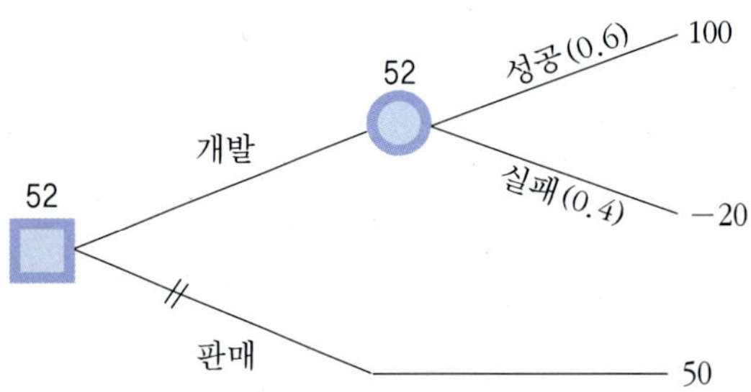

(2) 완전정보의 가치 = 80 − 52 = 28, 의뢰가 유리.
확실연구소에서 성공이라면 개발을 하고 실패라면 판매를 선택

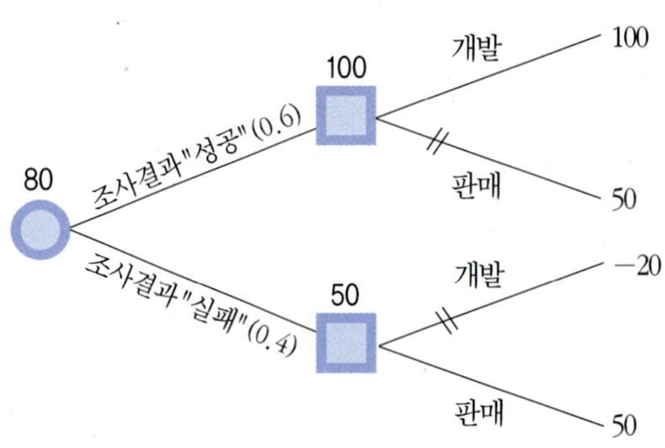

(3)

① Maximax기준

대안 \ 성공	성공	실패	Max	
개발	100	−20	100	← max
판매	50	50	50	

② Maximin기준

대안 \ 성공	성공	실패	Min	
개발	100	−20	−20	
판매	50	50	50	← max

③ Minimax기준

대안 \ 성공	성공	실패	Max	
개발	0	70	70	
판매	50	0	50	← min

④ 후르비쯔기준(σ=0.4)

대안 \ 성공	성공	실패	가중평균	
개발	100	−20	(100×0.4)−(20×0.6)=28	
판매	50	50	(50×0.4)+(50×0.6)=50	← max

⑤ 평균값기준

대안 \ 성공	성공	실패	평균	
개발	100	−20	(100−20)/2=40	
판매	50	50	(50+50)/2=50	← max

제 11 장

11. 가중이동평균법이 MSE를 최소화

년도	수요(단위: 천)	단순이동평균	가중이동평균
2008	14		
2009	15		
2010	16		
2011	14	15.00	15.25
2012	10	15.00	14.75
2013	12	13.33	12.50
2014	16	12.00	12.00
2015	14	12.67	13.50
2016	12	14.00	14.00
2017	14	14.00	13.50
2018	16	13.33	13.50
MSE		7.08	6.39

12. 4년 단순이동평균법이 *MSE*를 최소화

년도	수요(단위: 천)	$n=2$	$n=3$	$n=4$
2008	14			
2009	15			
2010	16	14.50		
2011	14	15.50	15.00	
2012	10	15.00	15.00	14.75
2013	12	12.00	13.33	13.75
2014	16	11.00	12.00	13.00
2015	14	14.00	12.67	13.00
2016	12	15.00	14.00	13.00
2017	14	13.00	14.00	13.50
2018	16	13.00	13.33	14.00
MSE		8.17	7.08	5.84

13. 2019년도 예측치 = 210.51

2011	154	154.00
2012	178	154.00
2013	190	161.20
2014	195	169.84
2015	212	177.39
2016	200	187.77
2017	220	191.44
2018	235	200.01
2019		210.51

14. $\alpha = 0.9$일 때 *MSE*가 최소화

연도	판매량	0.1	0.5	0.9
2010	29	29.00	29.00	29.00
2011	28	29.00	29.00	29.00
2012	29	28.90	28.50	28.10
2013	27	28.91	28.75	28.91
2014	26	28.72	27.88	27.19
2015	27	28.45	26.94	26.12
2016	26	28.30	26.97	26.91
2017	25	28.07	26.48	26.09
2018	24	27.76	25.74	25.11
MSE		4.78	1.56	1.21

15. Y = 30 + 4 × 3,000 = 12,030
Y = 30 + 4 × 4,000 = 16,030

16.

회귀분석 통계량	
다중 상관	0.843274
결정계수	0.711111
조정된 결	0.669841
표준 오차	0.995227
관측수	9

분산 분석

	자유도	제곱합	제곱 평균	F 비	유의한 F
회귀	1	17.06667	17.06667	17.23077	0.00429
잔차	7	6.933333	0.990476		
계	8	24			

	계수	표준 오차	t 통계량	P-값	하위 95%	상위 95%	하위 95.0%	상위 95.0%
Y 절편	-1050.13	258.7654	-4.05824	0.00482	-1662.02	-438.25	-1662.02	-438.25
연도	0.533333	0.128483	4.150996	0.00429	0.229519	0.837148	0.229519	0.837148

Y = −1050.13 + 0.533 × 2019 = 26.667

17.

회귀분석 통계량	
다중 상관:	0.953232
결정계수	0.908651
조정된 결:	0.895601
표준 오차	1.655438
관측수	9

분산 분석

	자유도	제곱합	제곱 평균	F 비	유의한 F
회귀	1	190.8167	190.8167	69.62902	6.96E-05
잔차	7	19.18333	2.740476		
계	8	210			

	계수	표준 오차	t 통계량	P-값	하위 95%	상위 95%	하위 95.0%	상위 95.0%
Y 절편	3617.3	430.4247	8.404025	6.65E-05	2599.507	4635.093	2599.507	4635.093
연도	-1.78333	0.213716	-8.3444	6.96E-05	-2.28869	-1.27797	-2.28869	-1.27797

$Y = 3617.3 - 1.783 \times 2019 = 16.75$

18.

회귀분석 통계량	
다중 상관:	0.869817
결정계수	0.756582
조정된 결:	0.73224
표준 오차	0.239807
관측수	12

분산 분석

	자유도	제곱합	제곱 평균	F 비	유의한 F
회귀	1	1.787424	1.787424	31.08153	0.000236
잔차	10	0.575076	0.057508		
계	11	2.3625			

	계수	표준 오차	t 통계량	P-값	하위 95%	상위 95%	하위 95.0%	상위 95.0%
Y 절편	4.30152	0.13199	32.58984	1.74E-11	4.007429	4.595611	4.007429	4.595611
내신등급	-0.14742	0.026442	-5.57508	0.000236	-0.20633	-0.0885	-0.20633	-0.0885

$Y = 4.30 - 0.15 \times 5 = 3.56$, $r = -0.87$이므로 높은 음의 상관관계

19.

회귀분석 통계량	
다중 상관:	0.807508
결정계수	0.652069
조정된 결:	0.617275
표준 오차	273.2186
관측수	12

분산 분석

	자유도	제곱합	제곱 평균	F 비	유의한 F
회귀	1	1399008	1399008	18.7413	0.001492
잔차	10	746483.9	74648.39		
계	11	2145492			

	계수	표준 오차	t 통계량	P-값	하위 95%	상위 95%	하위 95.0%	상위 95.0%
Y 절편	2718.39	233.7187	11.63103	3.92E-07	2197.632	3239.148	2197.632	3239.148
광고비	309.7377	71.54746	4.329122	0.001492	150.32	469.1554	150.32	469.1554

$Y = 2718.39 + 309.74 \times 4 = 3957.341$, $r = 0.81$이므로 높은 양의 상관관계

참고문헌

강금식. 2018. “Excel 경영과학”. 박영사.

권수태, 박명환, 양성민, 이운식, 주운기. 2018. “최적 의사결정을 위한 경영과학”. 청람.

김성호, 최태성, 이동원. 2008. “엑셀을 활용한 경영과학”. 서울경제경영.

민재형. 2018. “스마트 경영과학”. 생능.

이상문. 2001. “신경영과학”. 형설출판사.

이홍배, 이진춘, 김현우, 정석봉. 2015. “Excel 경영과학”. 무역경영사.

정기호, 백천현. 2006. “엑셀을 활용한 경영과학”. 비앤엠북스.

홍관수, 김남영. 2010. “경영과학”. 경문사.

홍성필. 2010. “경영과학”. 율곡출판사.

Render, B. & Stair, R. M.(강덕수, 한승우 옮김). 2012. “경영과학”. 범한.

Taylor, B. W.(박찬규, 서용원, 임성묵 옮김). 2016. “경영과학”. 시그마프레스.

Hiller, F. S. & Hiller, M. S.(김성문, 서동원, 안성제 옮김). 2014. “경영과학”. 한경사.

Anderson, D. R., Sweeney, D. J., Williams, T. A., Camm, J. D., & Cochran, J. J. 2018. An introduction to management science: Quantitative approach. Cengage learning.

Taylor, B. W. 2016. Introduction to management science. Pearson.

Frederick, H. S., & Mark, H. S. 2007. Introduction to management science: A modeling and case studies approach with spreadsheets.

Jonker, J., & Pennink, B. 2010. The essence of research methodology: A concise guide for master and PhD students in management science. Springer Science & Business Media.

Lee, S. M., & Olson, D. L. 1988. Introduction to management science. New York: Dryden Press.

Powell, S. G. 2016. Management science. John Wiley & Sons.

Rudall, B. H. 2007. Management science: Current researches and developments - part I. Kybernetes, 36(3/4).

Taylor, B. W., Bector, C. R., Bhatt, S. K., & Rosenbloom, E. S. 1996. Introduction to management science. New Jersey: Prentice Hall.

Winston, W. L., & Albright, S. C. 2015. Practical management science. Nelson Education.

찾아보기

■ 저자소개 ■

• **홍관수**

현, 계명대학교 경영대학 교수
University of Nebraska-Lincoln 경영학 박사
University of Nebraska-Lincoln 경영학 석사
영남대학교 상학사

EXCEL 경영과학

저　자　홍관수
발행자　한헌주
발행처　도서출판 **경문사**
서울특별시 서대문구 독립문로 21-9
전화 738-7035　FAX. 722-4678
E-mail : kmsp@korea.com
홈페이지 : http://www.kmsp.co.kr
등　록　1995년 11월 9일 제300-1995-138호

2019년 6월 20일 초 판 1쇄 인쇄
2019년 6월 25일 초 판 1쇄 발행

정가 24,000원

ISBN 978 89-420-0909-1 93320